125가지 문자열 알고리듬

125가지 문자열 알고리듬

막심 크로슈모르 · 티에리 르크로크 · 보이체흐 리터 지음

남기환 옮김

i!i
에이콘

에이콘출판의 기틀을 마련하신 故 정완재 선생님 (1935-2004)

| 125가지 문자열 알고리듬 |

문자열 탐색은 가장 오래된 알고리듬 기법 중 하나로, 여전히 컴퓨터과학에서 널리 사용되고 있다. 지난 20년간 응용 분야에서의 기술적 도약은 정보 복원과 압축만큼이나 다양해졌다. 단어에 대한 문자열 알고리듬과 조합론의 핵심 영역에 있는 퍼즐과 연습 문제를 모아서 설명하는 이 책은 대학원생과 학자에게 고급 개념을 배우고 연습하는 재미있고 직접적인 방법을 제공할 것이다.

이 책의 문제들은 고전과 새로운 과학적 문헌의 다양한 영역에서 골라낸 것들이다. 기초부터 시작해서 단어의 조합론 문제(피보나치 또는 투에-모스 단어를 포함한다), 패턴 찾기(크누스-모리스-프랫 알고리듬과 보이어-무어 유사 알고리듬을 포함한다), 효율적인 문자열 자료 구조(접미사 트리와 접미사 배열을 포함한다), 단어의 정규성(주기와 최장주기를 포함한다), 문자열 압축(허프만, 렘펠-지프, 버로우즈-휠러 기반 기법을 포함한다) 분야의 대표적인 문제를 다룬다.

| 지은이 소개 |

막심 크로슈모르 Maxime Crochemore

구스타프 에펠 대학Université Gustave Eiffel과 킹스 칼리지 런던King's College London의 명예교수다. 헬싱키 대학University of Helsinki에서 명예박사를 받았다. 문자열 알고리듬과 그 응용에 관한 200편 이상의 논문 저자이며, 이 주제에 관한 여러 책을 공동 저술했다.

티에리 르크로크 Thierry Lecroq

프랑스 루앙 노르망디 대학University of Rouen Normandy의 컴퓨터과학과 교수다. 현재 컴퓨터 과학, 정보 처리, 시스템 연구실의 생물학과 건강의 정보 처리 연구 팀의 수장이다. 프랑스 국립과학연구센터의 문자열학의 실무 담당자 중 한 사람으로 10년 이상 재직했다.

보이체흐 리터 Wojciech Rytter

바르샤바 대학University of Warsaw의 수학, 정보학, 기계학부 교수다. 자동자, 형식 언어, 병렬 알고리듬, 문자열 알고리듬에 대한 많은 출판물의 저자다. 『Efficient Parallel Algorithms』(Cambridge University Press, 1988), 『Analysis of Algorithms and Data Structures』(Addison-Wesley, 1991), 『Text Algorithms』(Oxford University Press, 1994) 등 이 주제에 관한 여러 책을 저술했다. 유럽 학술원의 일원이다.

| 옮긴이 소개 |

남기환(snowall@gmail.com)

중앙대학교에서 물리학과 수학을 전공하고 한국방송통신대학교에서 컴퓨터과학, 영어영문학을 전공했다. 중앙대학교에서 입자물리학 석사를 취득하고, 카이스트 물리학과 박사 과정을 중퇴했다. 광주과학기술원 고등광기술연구소를 거쳐 현재 광통신 관련 업체에서 연구원으로 재직 중이다.

컴퓨터는 대량의 자료를 자동으로 처리하기에 적합한 장치이며 처리할 수 있는 자료는 본질적으로 문자열, 또는 수열이다. 문자열이란 말 그대로 문자를 늘어놓은 것으로, 인류가 만들어낸 모든 정보는 문자열이다. 예를 들면 우리가 흔히 접하는 신문 기사, 소설과 같이 자연어로 이뤄진 것이 있고, 컴퓨터에 작업을 지시하기 위해 정해진 규칙에 의해 만들어진 프로그램 코드와 같은 인공어가 있다. 이외에도 유전 정보를 담고 있는 DNA 서열, 단백질을 구성하는 아미노산 순서, 음악을 표현하는 음표의 길이와 순서 등 생각보다 다양한 곳에 문자열이 숨어 있다.

이와 같은 문자열을 컴퓨터를 사용해 다루려면 문자열에 숨어 있는 패턴을 탐구해 그 특성에 맞는 알고리듬을 사용할 필요가 있다. 최근에는 컴퓨터 성능의 개선과 인공지능의 발달로 문자열 처리를 알고리듬 수준에서 다뤄야 할 필요성이 줄어들었다고 생각할 수도 있겠지만, 컴퓨터가 다뤄야 하는 자료가 문자열로 돼 있는 한 문자열 알고리듬의 중요성은 결코 줄지 않는다. 특히 컴퓨터의 발달에 힘입어 아무리 머신러닝을 통해 임의의 문자열을 처리할 수 있다고 하더라도, 주어진 문자열을 목적에 적합하게 처리하는 알고리듬이 존재한다면 그 알고리듬을 사용하는 편이 더 효율적인 경우가 많다. 따라서 문자열 알고리듬을 공부하고 연구하는 것은 인공지능의 시대에도 여전히 중요한 문제다.

이 책에서는 컴퓨터를 사용해 문자열을 다루기 위해 필요한 기본 지식부터 패턴 매칭, 문자열 압축과 같은 고급 알고리듬에 이르는 다양한 기법을 구체적인 문제를 통해 살펴보고 있다. 앞으로 다루게 될 문제는 앞서 언급한 자연어나 인공어의 처리, 유전 정보 해석, 음악 분석 등에서 널리 사용되는 알고리듬과 관련이 있다. 관심 있는 독자라면 각 알고리듣이 어디에서 쓰이고 있는지 눈치챌 수 있을 것이다. 독자는 이 책에서 제시하는 문제를 하나씩 해결하면서 지적인 즐거움을 얻을 수 있고, 더 나아가 새로운 문자열 처리 알고리듬을 발견할 수 있을지도 모른다. 참고문헌을 찾아서 더 자세한 내용에 대해 공부해보는 방법도 좋을 것이다.

개인적으로는 이 책을 번역하면서 컴퓨터과학의 본질적인 흥미를 다시 느낄 수 있었다. 가령 압축 알고리듬으로 쓰이는 LZW 알고리듬이나 RLE 알고리듬을 수업 시간에 배울 땐 별다른 감흥이 없었다. 하지만 이 책을 번역하면서 기초 개념부터 다시 한번 살펴본 바로는 이러한 알고리듬을 개발하기 위해 고민을 거듭했던 무수한 선배 과학자의 노력이 엿보였다.

번역 과정에 많은 도움을 주신 에이콘출판사와 고(故) 권성준 대표님에게 감사를 드린다.

차례

3장   패턴 찾기   87

| 들어가며 |

이 책은 알고리듬 문자열학^{algorithmic stringology}이라고 하는 문자열 알고리듬에 관한 책이다. 문자열[1](단어, 문자열, 수열)은 비구조적 자료형의 하나로, 컴퓨터과학의 매우 중요한 주제다.

이 주제는 다용도인데, 여러 분야의 과학, 특히 컴퓨터과학과 컴퓨터공학에서 기본적인 수요가 있기 때문이다. 비구조적 자료의 처리는 매우 생동적인 영역으로, 운영체제의 엄청나게 반복적인 명령과 디지털 네트워크와 장비에서 분석돼야 하는 대량의 자료 모두에게 효율적 방법이 필요하다. 후자는 대량의 자료를 그들의 데이터 센터에서 관리하는 정보기술 회사에 대해서 당연한 이야기이며, 또한 컴퓨터과학을 넘어서는 대부분의 과학 분야에 대해서도 성립한다.

이 책은 문자열학에서 가장 흥미롭고 대표적인 문제를 모아서 제시한다. 각 문제는 짧고 가벼운 방식으로 소개하며, 더 고급 주제로 향하는 문을 열어준다. 이 문제들은 수백 편의 중요한 과학 출간물에서 뽑아냈다. 그중 어떤 문제는 100년을 넘는 것도 있고, 최근의 신선한 문제도 있다. 이 문제들의 대부분은 연관된 응용 분야가 있지만, 어떤 것들은 보다 추상적이다. 입문을 위한 몇 가지 조합론 문제를 제외하면 대부분은 그 핵심에 기발하고 간단한 알고리듬 풀이가 있다.

이 책은 이 주제를 다루는 새로운 단편일 뿐만 아니라 문제를 순서대로 제시한다(퍼즐과 연습 문제). 문자열 알고리듬이라는 주제를 더 학술적이고 종합적으로 다루는 전문 서적을

---

1 text는 문맥에 따라 '문자열'로 번역하거나 '문서'로 번역했다. – 옮긴이

보충해준다. 그러나 대부분의 개념은 이 책에 포함돼 그 간극을 채우며 이 분야의 첫 번째 문제 풀이 교재로써 학생과 교사에게 특히 기대되고 필요하다.

이 책은 7개의 장으로 구성된다.

- **문자열학의 기초**   다음 장을 위한 용어, 기본 개념, 기본 도구를 소개하며 준비하는 장으로, 이 분야의 여섯 가지 큰 줄기를 반영한다.
- **조합론적 퍼즐**   단어에 대한 조합 문제에 대한 장으로, 많은 알고리듬이 그 입력의 조합론적 성질에 기반하기 때문에 중요한 주제다.
- **패턴 찾기**   가장 고전적인 주제인 문서 탐색과 문자열 일치를 다룬다.
- **효율적 자료 구조**   문서 색인을 위한 자료 구조에 대해 다룬다. 이 자료 구조는 문서와 관련된 특수한 배열이나 트리와 같은 여러 알고리듬에서 기본적 도구로 사용한다.
- **단어의 정규성**   단어에서 나타나는 정규성, 특히 반복과 대칭성에 대해 다루며, 알고리듬의 효율성에 큰 영향을 준다.
- **문자열 압축**   무손실 문서 압축에서 실질적으로 중요한 영역의 몇 가지 기법을 주로 다룬다.
- **그 외의 다양한 알고리듬**   이전 장에 어울리진 않지만, 확실히 알릴 가치가 있는 다양한 문제를 소개한다.

이 책에 포함된 문제는 프랑스, 폴란드, 영국, 미국 등에 있는 저자들의 소속 기관에서 수년간 축적되고 개발됐다. 이 문제들은 주로 석사과정 대학원생을 대상으로 교육했으며 그 해법뿐만 아니라 참고문헌과 더 읽을거리까지 제공됐다. 여기에는 이전 교재를 집필하면서 얻은 저자들의 경험도 녹아 있다.

자료 구조와 알고리듬에 관한 대학원 수업을 가르치는 교수자는 수강생을 위해 원하는 부분을 어디든지 선택할 수 있다. 하지만 전반적으로 기초 교재는 아니며, 연구원, 박사과정 또는 석사과정 대학원생과 문자열 알고리듬에 직접적인 연관이 없더라도 알고리듬 수업을 강의해야 하는 학자들을 위한 참고자료로 집필했다. 이 책은 이 분야의 표준 교재에 대한 참고자료라고 생각해야 한다. 문제에 포함된 설명은 이 주제에 대한 깊은 배경지식을 요구하지 않고 그 이해와 해법에 대한 빠른 접근을 제공한다.

문자열 알고리듬에 특화된 수업에 유용하며 알고리듬과 자료 구조에 대한 더 일반적인 수업에도 유용한 책이다. 문제 풀이에 필요한 개념과 지식이 소개되지만 알고리듬, 자료 구조, 이산수학에 대한 학부 수준, 또는 2학년 전공 과목 수준의 몇 가지 사전 지식이 있다면 이 내용을 더 쉽게 받아들이는 데 분명 도움이 될 것이다.

문의

한국어판의 정오표는 에이콘출판사의 도서정보 페이지(http://www.acornpub.co.kr/book/125-algorithms)에서 확인할 수 있다. 한국어판에 관해 문의 사항이 있다면 에이콘출판사 편집 팀(editor@acornpub.co.kr)이나 옮긴이의 이메일로 연락 주길 바란다.

01

문자열학의 기초

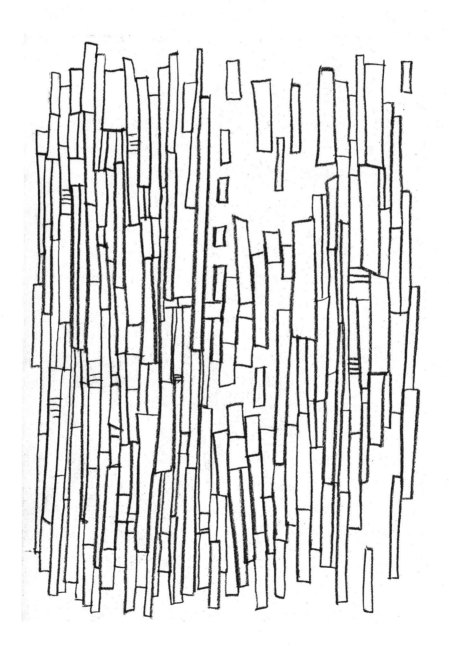

1장에서는 기초 개념과 용어의 정의를 소개하고 문자열 알고리듬에서 사용하는 몇 가지 구조를 살펴본다.

문자열은 문자열을 다루기 위한 도구를 제공하는 '문서 처리word processing' 시스템의 핵심에 있다. 이 시스템은 통상적으로 매우 큰 객체를 처리한다. 문자열 알고리듬은 과학과 정보 처리의 많은 영역에서 나타난다. 가령 분자생물학에서 문자열 알고리듬은 생물학적 분자열 분석에서 나타난다.

단어

알파벳alphabet은 그 원소를 **문자**letter나 기호라고 부르는 공집합이 아닌 집합이다. 대체로 $\mathbf{A} = \{a,b,c \ldots\}$, $\mathbf{B} = \{0,1\}$, 그리고 자연수 같은 알파벳을 사용한다. 알파벳 A에 대한 **단어**word(불어로는 *mot*) 또는 **문자열**string은 A의 원소의 나열이다.

문자가 없는 문자열은 **공단어**empty word라고 하며, ε로 나타낸다. A에 대한 모든 유한한 단어의 집합은 A^*로 나타내며, $A^+ = A^* \setminus \{\varepsilon\}$다.

단어 x의 길이 즉, 수열의 길이는 $|x|$로 나타낸다. $i = 0,1,\ldots,|x|-1$에 대해, $x[i]$는 공단어가 아닌 단어 x에서 **위치** 또는 **인덱스**가 i인 문자를 나타낸다. 그럼 $x = x[0]x[1]\cdots x[|x|-1]$은 $x[0 \,.\, .\, |x|-1]$로 나타내기도 한다. x에 나타나는 문자의 집합은 $alph(x)$로 나타낸다. 가령, $x = abaaab$에 대해, $|x| = 6$이고 $alph(x) = \{a,b\}$다.

두 단어 x와 y의 **곱**product 또는 **이어 붙이기**concatenation는 x의 문자열 뒤에 y의 문자열이 따라오는 것으로 구성된 단어다. 이것은 xy로 나타내거나, 또는 그렇게 만들어진 단어의 성분을 강조하기 위해 $x \cdot y$로 나타낸다. 이 곱에 대한 중립 원소는 ε고, x와 y가 $z = xy$일 때, 각각 zy^{-1}과 $x^{-1}z$로 나타낸다.

단어 x의 **켤레**conjugate, **회전**rotation 또는 **순환 이동**cyclic shift은 $uv = x$가 성립하는 vu로 분해되는 임의의 단어 y다. 이것은 단어의 곱 연산이 교환 가능하지 않음이 명백하므로 합당하다. 가령 켤레성은 동치 관계이므로, abba의 켤레의 집합 즉, 그 **켤레류**conjugacy class는
{aabb, abba, baab, bbaa}이고, abab의 켤레류는 {abab, baba}다.

두 단어 u와 v에 대해 만약 $y = uxv$이면 단어 x는 단어 y의 **인자**factor(때로는 **부분문자열**
substring이라고도 함)다. $u = \varepsilon$일 때, x는 y의 **접두사**prefix이고, $v = \varepsilon$일 때, x는 y의 **접미사**
suffix다. $Fact(x)$, $Pref(x)$, $Suff(x)$는 각각 x에 대한 인자, 접두사, 접미사의 집합이다.

x가 $y = y[0..n-1]$의 공집합이 아닌 인자일 때, x는 어떤 i에 대해 $y[i..i+|x|-1]$
의 형태를 갖는다. y에서 x의 **출현**occurrence은 $x = y[i..i+|x|-1]$인 경우에 대해
$[i..i+|x|-1]$의 구간이다. i는 이 출현의 y에서의 **시작 위치**(또는 왼쪽 위치)라고 하며,
$i+|x|-1$을 **끝 위치**(또는 오른쪽 위치)라고 한다. y에서 x의 출현은 $y = uxv$가 되는 삼항
(u, x, v)로 정의할 수도 있다. 그럼, 출현의 시작 위치는 $|u|$다. 가령, $y = $babaababa
에서 $x = $aba의 시작 위치와 끝 위치는

i	0	1	2	3	4	5	6	7	8
$y[i]$	b	a	b	a	a	b	a	b	a
시작 위치		1			4		6		
끝 위치				3			6		8

이다. x와 y라는 단어에 대해, $|y|_x$는 y에서 x의 출현의 수를 나타낸다. 그럼 예를 들어
$|y| = \Sigma\{|y|_a : a \in alph(y)\}$다.

만약 단어 $w_0, w_1, \ldots, w_{|x|}$에 대해 y가 $w_0x[0]w_1x[1]\ldots x[|x|-1]w_{|x|}$로 분해된다면, 단
어 x는 y의 **부분열**subsequence 또는 **부분단어**subword다.

인자 또는 단어 y의 부분열 x는 $x \neq y$인 경우 **고유하다**proper고 한다.

주기성

x가 공단어가 아닌 단어라고 하자. 만약 $i = 0, 1, \ldots, |x|-p-1$에 대해 $x[i] = x[i+p]$
이면 $0 < p \leq |x|$인 정수 p는 x의 **주기**period라고 한다. 이 단어의 길이는 이 단어의 주
기이며, 따라서 모든 공단어가 아닌 단어는 적어도 하나의 주기를 갖는다는 점을 알아
두자. x의 **진주기**the period는 $per(x)$로 나타내며 가장 짧은 주기다. 예를 들어 3, 6, 7, 8은

aabaabaa의 주기이고, $per(aabaabaa) = 3$이다. 만약 p가 x의 주기이면, $|x|$보다 크지 않은 p의 배수들도 x의 주기라는 점을 알아두자.

그럼 x의 주기 p의 정의와 동치인 성질이 몇 가지 있다. 먼저, u와 v가 단어이고, v가 공단어가 아니고, k가 양의 정수고, $p = |uv|$이면 x가 $(uv)ku$로 유일하게 인자분해^{factorisation}될 수 있다. 둘째, x가 길이 p의 단어 u에 대해 ux의 접두사다. 셋째, x가 u^k의 인자로, 여기서 u는 길이 p의 단어고, k는 양의 정수다. 넷째, x가 $p = |u| = |v|$를 만족하는 세 단어 u, v, w에 대해 $uw = wv$처럼 인자분해될 수 있다.

마지막으로 **경계**^{border}의 개념이 있다. x의 경계는 x의 접두사이면서 접미사인 x의 고유한 인자다. x의 **진경계**$^{the\ border}$는 $Border(x)$로 나타내고, 가장 긴 경계다. 따라서 ε, a, aa, aabaa는 aabaabaa의 경계고, $Border(aabaabaa) = aabaa$다.

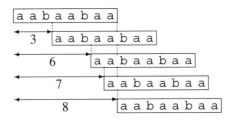

위의 네 번째 성질에 의해 x의 경계와 주기는 1대 1 대응 관계가 있다. x의 주기 p는 경계 $x[p\,.\,.\,|x| - 1]$과 연관된다.

x의 경계의 경계는, 정의가 되기만 한다면 또한 x의 경계다. 그럼 $\langle Border(x), Border^2(x), \ldots, Border^k(x) = \varepsilon \rangle$는 x의 모든 경계의 목록이다. (공단어가 아닌) 단어 x에 대해 만약 그 경계가 공단어이거나, 또는 그와 동등하게 유일한 주기가 $|x|$라면, 단어 x는 **경계가 없다**$^{border\ free}$라고 한다.

보조정리 1(주기성 보조정리)　만약 p와 q가 단어 x의 주기이고, $p + q - gcd(p, q) \le |x|$를 만족하면, $gcd(p, q)$도 x의 주기이다.

이 보조정리의 증명은 여러 교과서에서 찾을 수 있을 것이다(노트 참고). 약한 주기성 보조정리는 이 보조정리의 변형으로, 그 조건이 $p + q < |x|$로 강화된 것이다. 그 증명은 다음과 같이 쉽다.

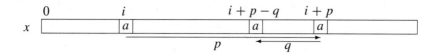

이 결론은 $p = q$일 때 명백히 성립한다. 그렇지 않은 경우, 일반성을 잃지 않고 $p > q$라고 가정해 $p - q$가 x의 주기임을 먼저 보이자. 그럼 i가 x에 대한 위치라고 하고, $i + p < |x|$라고 하자. 그럼 p와 q가 주기이므로 $x[i] = x[i + p] = x[i + p - q]$이다. 그리고 만약 $i + p \geq |x|$이면, 이 조건은 $i - q \geq 0$를 내포한다. 그럼 앞서와 마찬가지로 $x[i] = x[i - q] = x[i + p - q]$다. 따라서, $p - q$는 x의 주기다. 이 논리를 반복해, 또는 유클리드의 알고리듬[1]을 재귀적으로 사용하면, $\gcd(p, q)$가 x의 주기라고 결론지을 수 있다.

주기성 보조정리를 설명하기 위해 주기가 5와 8인 단어 x를 생각해보자. 그리고 추가로 x가 최소한 2개의 구분되는 문자로 구성됐다고 하면, $\gcd(5, 8) = 1$은 x의 주기가 아니다. 따라서 이 보조정리의 조건이 성립하지 않으며 즉, $|x| < 5 + 8 - \gcd(5, 8) = 12$이다.

$$\boxed{a}\boxed{b}\boxed{a}\boxed{b}\boxed{a}\ \boxed{a}\boxed{b}\boxed{a}\boxed{b}\boxed{a}\ \boxed{a}\boxed{b}\boxed{a}\boxed{b}\boxed{a}$$

극단적 상황은 위의 그림에 나타나 있고, (일반화됐을 때) 주기성 보조정리의 내용에서 주기에 대해 요구되는 조건이 약화될 수 없음을 보여준다.

정규성

단어 x의 거듭제곱은 $x^0 = \varepsilon$이고 양의 정수 i에 대해 $x^i = x^{i-1}x$로 정의된다. x의 k차 **거듭제곱**power은 x^k다. 만약 k가 양의 짝수라면 **제곱 단어**square이고, k의 3의 양수인 배수라면 **세제곱 단어**cube이다.

다음의 보조정리는 주기성 보조정리의 첫 번째 결과를 말한다.

---

1 유클리드의 호제법을 뜻한다. – 옮긴이

보조정리 2 단어 x와 y에 대해, $xy = yx$인 것과 x와 y가 같은 단어의 (정수) 거듭제곱인 것은 필요충분조건이다. 같은 결론이 $x^k = y^\ell$인 두 양의 정수 k와 ℓ이 존재할 때도 성립한다.

이 보조정리의 증명의 두 부분은 기본적으로 같다(사실 결론은 부호에 대한 더 일반적인 진술에서 유도된다). 예를 들어 $xy = yx$라면, x와 y는 둘 다 단어의 경계이고, 그럼 $|x|$와 $|y|$는 둘 다 그 단어의 주기이며, $\gcd(|x|, |y|)$ 또한 주기성 보조정리에 의해 주기가 된다. $\gcd(|x|, |y|)$는 $|xy|$를 나누기 때문에, 결론이 유도된다. 그 역은 쉽게 유도된다.

공단어가 아닌 단어 x가 어떤 다른 단어의 거듭제곱도 아니라면 그 단어는 **원시적**primitive이라고 한다. 말하자면, 어떤 단어 u와 양수 k에 대해 $x = u^k$이면 x가 원시적이라는 것은 $k = 1$이라는 것을 함의하며, $u = x$다. 예를 들어 abaab는 원시적이고, ε와 bababa $= (ba)^3$은 그렇지 않다.

보조정리 2로부터 공단어가 아닌 단어는 정확히 하나의 원시 단어primitive word가 있어서, 원시 단어의 거듭제곱이 그 단어가 되는 원시 단어를 가진다는 것이 유도된다. $x = u^k$이고 u가 원시적이면, u는 x의 **원시근**primitive root이라고 하고 k는 그 **지수**exponent라고 하며 $\exp(x)$라고 나타낸다. 더 일반적으로, x의 지수는 $\exp(x) = |x|/per(x)$인 양이고, 정수일 필요는 없다. 만약 그 지수가 최소한 2라면, 그 단어는 **주기적**periodic이라고 한다.

단어의 켤레의 수 즉, 켤레류의 크기는 그 (원시)근의 길이임을 알아두자.

주기성 보조정리의 또 다른 결과는 다음과 같다.

보조정리 3(원시성 보조정리, 동기화 보조정리) 공단어가 아닌 단어 x가 원시적이라는 것과, 그 제곱의 인자에 x가 접두사와 접미사로만 포함된다는 것은 서로 필요충분조건이다. 또는 동등하게 $per(x^2) = |x|$인 것과 필요충분조건이다.

$$\boxed{\text{a\,b\,b\,a\,b\,a}\,|\,\text{a\,b\,b\,a\,b\,a}} \qquad \boxed{\text{a\,b\,a\,b\,a\,b}\,|\,\text{a\,b\,a\,b\,a\,b}}$$
$$\boxed{\text{a\,b\,a\,b\,a\,b}}$$

위의 그림은 이 보조정리의 결과를 묘사한다. 단어 abbaba는 원시적이며, 그 제곱에는 딱 2번만 출현하지만, ababab는 원시적이지 않으며, 그 제곱에는 4번 출현한다.

최장 주기 또는 **최장 주기성**run 또는 maximal periodicity은 단어에서 출현하는 정규성의 몇 가지 타입을 포함한다. 단어 x의 최장 주기는 주기적 인자의 최대 출현 수다. 더 엄밀히 말하면 $\exp(x[i..j]) \geq 2$이고, 존재한다면 $x[i-1..j]$와 $x[i..j+1]$이 둘 다 $x[i..j]$의 주기보다 더 긴 주기를 가지는 위치 구간 $[i..j]$이다. 이 상황에서, 이 출현은 i와 j에 의해 식별되므로, $x[i..j]$를 최장 주기라고 할 수도 있다.

나타난 다른 타입의 정규성은 역인자reverse factor나 단어에서의 회문으로 구성된다. 단어 x의 **역**reverse, 또는 **거울상**mirror image 단어는 $x^R = x[|x|-1]x[|x|-2]\cdots x[0]$이다. 이 연산과 관련돼, **회문**palindrome의 개념이 있다. 즉, $x^R = x$인 단어 x다.

예를 들어 noon과 testset은 영어 회문이다. 앞의 것은 uu^R의 형태인 짝회문even palindrome이고, 두 번째는 어떤 문자 a를 갖는 uau^R의 형태인 홀회문odd palindrome이다. 문자 a는 짧은 단어에 의해 교체될 수 있으며, 생물학적 분자의 수열에서 나타나는 것과 같은 접힘 연산과 관련됐을 때 매우 유용한 간격 있는 회문gapped palindrome의 개념이 등장한다. 또 다른 예로는 십진기수법에서 짝회문으로 나타나는 정수는 $1661 = 11 \times 151$이나 $175571 = 11 \times 15961$과 같이 11의 배수다.

순서

어떤 알파벳은 그 알파벳에 $\leq$으로 나타내는 순서가 존재한다는 데서 이점을 얻는다. 이 순서는 단어의 **사전식 순서**lexicographic ordering, 또는 **알파벳 순서**alphabetic ordering라고 하며, 다음과 같다. 알파벳의 순서와 마찬가지로, $\leq$으로 나타낸다. $x, y \in A^*$에 대해, $x \leq y$인 것과, x가 y의 접두사이거나 또는 x와 y가 단어 u, v와 문자 a, b에 대해 $x = uav$이고 $y = ubw$로 분해될 수 있는 것은 서로 필요충분조건이다. 따라서 $a < b$일 때 그리고 더 일반적으로는 알파벳 A의 자연적 순서를 생각할 때, abababb < abba < abbaab이다.

$x \leq y$인데 x가 y의 접두사가 아닐 때, x는 y보다 **엄격하게 작다**strongly less고 하며 $x \ll y$로 나타낸다. $x \ll y$는 임의의 단어 u와 v에 대해 $xu \ll yv$임을 내포한다는 점을 알아두자.

린던 단어 Lyndon word와 **목걸이 단어**necklace의 개념은 사전식 순서에서 만들어진다.

린던 단어 x는 그 켤레 중에서 가장 작은 원시 단어다. 완전히 분명하지는 않지만 동등하게는, x는 모든 공단어가 아닌 그 단어의 고유 접미사보다 더 작으며, 그런 경우 **자기최소 단어**self-minimal word라고 한다. 결과적으로 x는 경계가 없다. 공단어가 아닌 임의의 단어 w는 $x_0 x_1 \cdots x_k$로 유일하게 인자분해되는 것이 알려져 있다. 여기서 x_i가 린던 단어이고 $x_0 \geq x_1 \geq \cdots \geq x_k$이다. 예를 들어 aababaabaaba는 aabab · aab · aab · a으로 인자분해되고, 여기서 aabab, aab, a는 린던 단어다.

목걸이 단어, 또는 **최소 단어**minimal word는 그 켤레류에서 가장 작은 단어다. 최소 단어는 린던 단어의 (정수) 거듭제곱이다. 린던 단어는 목걸이 단어지만, 예를 들어 aabaab $=$ aab^{2}라는 단어는 린던 단어가 아닌 목걸이 단어다.

놀라운 단어들

린던 단어 외에도, 단어의 세 가지 집합이 놀라운 성질을 갖고, 자주 사례로 사용된다. 이것은 투에-모스 단어Thue-Morse word, 피보나치 단어Fibonacci word, 드 브루인 단어de Bruijn word다. 앞의 둘은 (단방향으로) 무한 단어의 접두사들이다. 엄밀히 말해 알파벳 A의 **무한 단어**는 자연수에서 A로 가는 함수다. 그 집합은 A^∞으로 나타낸다.

(모노이드monoid) **함수**morphism의 개념은 단어의 몇 가지 무한 집합 또는 연관 무한 단어associate infinite word를 정의하는 데 핵심적이다. A^*에서 자기 자신(또는 또 다른 자유 모노이드)으로 향하는 함수는 $h : A^* \mapsto A^*$인 대응으로, 모든 단어 u와 v에 대해 $h(uv) = h(u)h(v)$를 만족한다. 결과적으로 어떤 함수는 $a \in A$인 단어의 **상**image $h(a)$에 의해 완전히 정의된다.

투에-모스 단어는 {a,b}*에서 자기 자신으로 향하는 **투에-모스 함수** μ를 반복 적용해 생성되며,

$$\begin{cases} \mu(\text{a}) = \text{ab}, \\ \mu(\text{b}) = \text{ba} \end{cases}$$

으로 정의된다. 단어 a로부터 함수를 반복 적용하면 $k \geq 0$에 대해 투에-모스 단어의 목록 $\mu^k(\text{a})$가 나오는데 다음과 같이 시작한다.

$$
\begin{aligned}
\tau_0 &= \mu^0(a) &&= a \\
\tau_1 &= \mu^1(a) &&= ab \\
\tau_2 &= \mu^2(a) &&= abba \\
\tau_3 &= \mu^3(a) &&= abbabaab \\
\tau_4 &= \mu^4(a) &&= abbabaabbaababba \\
\tau_5 &= \mu^5(a) &&= abbabaabbaababbabaababbaabbabaab
\end{aligned}
$$

그리고 결과적으로는 무한한 연관 단어를 생성한다.

$$
\mathbf{t} = \lim_{k \to \infty} \mu^k(a) = abbabaabbaababbabaababbaabbabaab \cdots
$$

투에-모스 단어의 동등한 정의는 다음의 재귀식으로 주어진다.

$$
\begin{cases}
\tau_0 = a, \\
\tau_{k+1} = \tau_k \overline{\tau_k}, \quad k \ge 0\text{에 대해}
\end{cases}
$$

여기서 윗줄 함수$^{\text{bar morphism}}$는 $\overline{a} = b$와 $\overline{b} = a$으로 정의된다. k차 투에-모스 단어의 길이는 $|\tau_k| = 2^k$임을 알아두자.

$\mathbf{t}$의 직접 정의는 다음과 같다. 만약 n의 이진 표현에서 1의 출현 횟수가 홀수라면 문자 $\mathbf{t}[n]$은 b이고, 아니면 a다.

무한 투에-모스 단어는 **겹침**^{overlap}을 포함하지 않는 것이 알려졌다. (단어 a와 단어 u에 대해 $auaua$ 형태의 인자) 즉, 2보다 큰 지수의 인자가 없다. 이 경우는 **겹침이 없다**$^{\text{overlap-free}}$고 한다.

피보나치 단어$^{\text{Fibonacci word}}$는 단순히 $\{a,b\}^*$에서 자기 자신으로 향하는 **피보나치 함수**$^{\text{Fibonacci morphism}}$ ϕ을 반복 적용해 생성된다. ϕ는 다음과 같이 정의된다.

$$
\begin{cases}
\phi(a) = ab, \\
\phi(b) = a
\end{cases}
$$

문자 a로부터 이 함수를 반복 적용하면 $k \ge 0$에 대해 피보나치 단어 $\phi^k(a)$의 목록을 주고, 다음과 같이 시작한다.

$$
\begin{aligned}
fib_0 &= \phi^0(\mathrm{a}) &=& \quad \mathrm{a}\\
fib_1 &= \phi^1(\mathrm{a}) &=& \quad \mathrm{ab}\\
fib_2 &= \phi^2(\mathrm{a}) &=& \quad \mathrm{aba}\\
fib_3 &= \phi^3(\mathrm{a}) &=& \quad \mathrm{abaab}\\
fib_4 &= \phi^4(\mathrm{a}) &=& \quad \mathrm{abaababa}\\
fib_5 &= \phi^5(\mathrm{a}) &=& \quad \mathrm{abaababaabaab}\\
fib_6 &= \phi^6(\mathrm{a}) &=& \quad \mathrm{abaababaabaababaababa}
\end{aligned}
$$

그리고 결국 그 무한 연관 단어는 다음과 같다.

$$
\mathbf{f} = \lim_{k\to\infty} \phi^k(\mathrm{a}) = \mathrm{abaababaabaababaababaabaababaabaab}\cdots
$$

피보나치 단어의 동등한 정의는 재귀관계식으로 주어진다.

$$
\begin{cases}
fib_0 = \mathrm{a},\\
fib_1 = \mathrm{ab},\\
fib_{k+1} = fib_k fib_{k-1}, \quad k \geq 1\text{에 대해}
\end{cases}
$$

이 단어들의 길이의 수열은 피보나치 수열이다. 즉, $|fib_k| = F_{k+2}$이다. **피보나치 수열**이 다음의 재귀식으로 정의되는 것을 생각해보자.

$$
\begin{cases}
F_0 = 0,\\
F_1 = 1,\\
F_{k+1} = F_k + F_{k-1}, \quad k \geq 1\text{에 대해}
\end{cases}
$$

이 수열이 만족하는 여러 성질 중 몇 가지는 다음과 같다.

- $n \geq 2$에 대해 $\gcd(F_n, F_{n-1}) = 1$이다.
- F_n은 $\Phi^n/\sqrt{5}$의 가장 가까운 정수다. 여기서 $\Phi = \frac{1}{2}(1 + \sqrt{5}) = 1.61803\cdots$으로, **황금비**golden ratio다.

피보나치 단어가 재미있는 점은 이들이 만족하는 조합론적 성질과 그 단어들이 반복을 매우 많이 포함한다는 점에서 기인한다. 하지만 무한 피보나치 단어는 $\Phi^2 + 1 = 3.61803\cdots$보다 큰 지수의 인자를 포함하지 않는다.

드 브루인 단어^{de Bruijn word}는 알파벳 $A = \{a,b\}$에 대해 정의되고, 양의 정수 k에 의해 매개변수화된다. 만약 A^k의 각 단어가 x에서 정확히 1번만 나온다면 단어 $x \in A^+$는 k차수 드 브루인 단어다. 첫 번째 예제로, ab와 ba는 2개뿐인 1차 드 브루인 단어다. 두 번째 예제로, aaababbbaa는 3차 드 브루인 단어다. 이것은 이 단어에서 길이가 3인 8개의 인자가 A^3의 8개의 단어 즉, aaa, aab, aba, abb, baa, bab, bba, bbb이기 때문이다.

차수가 $k \geq 2$인 드 브루인 단어의 존재성은 다음과 같이 정의된 **드 브루인 자동자**^{de Bruijn} ^{automaton}의 도움을 받아 확인할 수 있다.

- 상태는 A^{k-1}인 단어다.
- 간선은 $a, b \in A$이고 $v \in A^{k-2}$인 (av, b, vb)의 형태다.

다음의 그림은 3차 드 브루인 단어에 대한 자동자를 묘사한다. 각 상태에서 a로 표시된 것과 b로 표시되는 정확히 2개의 간선만이 탈출한 것과 같은 문자로 표시되는 정확히 2개의 간선만이 진입하는 것을 살펴두자. 이 그래프는 자동자와 연관됐으며, 따라서 오일러 조건^{Euler condition}을 만족한다. 즉, 모든 간선이 짝수 차수를 갖는다. 그럼 그래프에 오일러 회로^{Eulerian circuit}가 존재한다. 그 표시는 **순환 드 브루인 단어**^{circular de Bruijn word}라고 한다. 여기에 길이가 $k-1$인 접두사를 붙이면 보통의 드 브루인 단어가 된다.

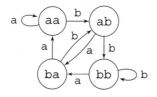

또한, k차 드 브루인 단어의 수는 k의 지수 함수적임을 확인해볼 수 있다.

드 브루인 단어는 더 큰 알파벳에서 정의될 수 있고 주어진 길이의 모든 인자를 포함하기 때문에 극한 경우의 사례로 종종 사용된다.

자동자

유한 알파벳 A에 대한 유한 **자동자**^{automaton} M은 **상태**^{state}의 유한한 집합 Q, 초기 상태^{initial state} q_0, **종결** 상태^{terminal state}의 집합 $T \subseteq Q$, 상태 **전이**^{state transition}에 해당하는 **표시**

된 변labelled edge, 혹은 **간선**arc의 집합 $F \subseteq Q \times A \times Q$으로 정의된다. 자동자 M을 사중항 (Q, q_0, T, F)으로 나타내며, 어떤 경우에는 가령 q_0가 암묵적으로 정해져 있고, $T = Q$인 경우에 단지 (Q, F)로만 나타낸다. 간선 (p, a, q)는 상태 p를 탈출해서 상태 q에 진입한다. 여기서 상태 p는 간선의 **시작점**source, 문자 a는 그 **표시**label, 상태 q는 **끝점**target이다. 자동자의 그래프 표현은 아래에 묘사했다.

주어진 상태를 탈출하는 간선의 수는 상태의 **출력 차수**outgoing degree라고 한다. 상태의 **입력 차수**incoming degree는 반대 방향으로 정의된다. 그래프와 유사하게, $(p, a, q) \in F$일 때 상태 q는 문자 a를 통한 p의 **후손**successor이다. 같은 상황에서, 짝 (a, q)는 상태 p의 **표시된 후손** labelled successor이라고 한다.

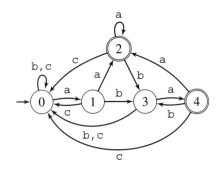

자동자 $M = (Q, q_0, T, F)$에서 길이 n인 **경로**path는 $k = 0, 1, \ldots, n - 2$에 대해 $p'_k = p_{k+1}$를 만족하는 순차적인 n개의 간선의 수열 $\langle (p_0, a_0, p'_0), (p_1, a_1, p'_1), \ldots, (p_{n-1}, a_{n-1}, p'_{n-1}) \rangle$이다. 경로의 표시는 단어 $a_0 a_1 \ldots a_{n-1}$이고, 그 **원점**origin은 상태 p_0, 그 **끝**end은 상태 p'_{n-1}이다. 만약 그 원점이 초기 상태 q_0이고 그 끝점이 T에 포함되면 자동자 M의 경로는 **성공적**successful이다. 만약 어떤 단어가 성공적 경로의 표시라면 그 단어는 자동자에게 **인식** recognised되거나 **받아들여**accepted진다. 자동자 M에 의해 인식된 단어로 구성된 언어language는 $Lang(M)$으로 나타낸다.

만약 모든 짝 $(p, a) \in Q \times A$에 대해 많아봐야 $(p, a, q) \in F$인 1개의 상태 $q \in Q$가 존재한다면, 자동자 $M = (Q, q_0, T, F)$는 **결정론적**determinisitic이다. 그런 경우, 모든 간선 $(p, a, q) \in F$에 대해 $\delta(p, a) = q$으로 정의되고, 그 외에는 정의되지 않는 자동자의 **전이 함수**transition function $\delta : Q \times A \to Q$를 생각하는 것이 자연스럽다. δ라는 함수는 단지 단어에

대한 함수일 뿐이다.

자동자에 의해 받아들여진 임의의 언어는 또한 결정론적 자동자에 의해서도 받아들여지고, 그 언어를 받아들이는 (상태 이름 붙이기를 신경 쓰지 않는다면) 유일한 최소 결정론적 자동자Minimal Deterministic Automaton가 존재함이 알려져 있다.

트라이

알파벳 A의 **트라이**trie T는 K진 트리tree의 일종으로, 그 경로가 초기 상태 즉, 루트root에서 출발해 수렴하지 않는다. 만약 집합의 어떤 단어도 그 집합에 있는 다른 단어의 접두사가 아니면 이 트라이의 리프leaf와 연관된다.

아래에 트라이 $T(\{aa, aba, abaaa, abab\})$가 있다. 상태는 집합에 있는 접두사에 해당한다. 가령 상태 3은 abaaa와 abab 둘 다의 길이 2의 접두사에 해당한다. 종결 상태(겹선 원) 2, 4, 6, 7은 이 상태의 단어에 해당한다.

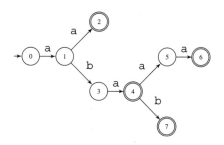

접미사 구조

단어의 접미사를 저장하는 접미사 구조는 효율적인 색인을 생성하는 데 사용하는 중요한 자료 구조다. 트라이는 그렇게 사용될 수 있지만 그 크기가 제곱으로 커질 수 있다. 이 문제에 대처하는 한 가지 해법은 트라이를 요약해 단어의 접미사 트리로 만드는 것이다. 이것은 단 하나의 출력 변을 갖는 비종결 노드node를 삭제하고, 그에 따라 단어의 인자들로 간선을 표시해 구성한다. 삭제된 노드는 때때로 접미사 트리의 묵시적 노드implicit node라고 하고, 남아 있는 노드는 명시적 노드explicit node라고 한다.

아래에 aabab의 접미사의 트라이 $T(Suff(\text{aabab}))$(왼쪽 그림)와 **접미사 트리**^{Suffix tree} $ST(Suff(\text{aabab}))$(오른쪽 그림)가 있다. 완전한 선형 크기의 구조를 얻으려면 간선을 표시하는 단어의 각 인자는 (위치, 길이)처럼 정수의 짝으로 표현돼야 한다.

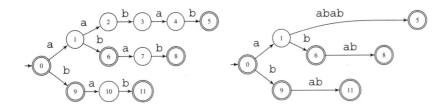

접미사 트라이의 크기를 줄이는 두 번째 해법은 최소화시키는 것이다. 이것은 **접미사 자동자**^{Suffix automaton}라고 하는, 단어의 접미사를 받아들이는 최소 결정론적 자동자를 고려한다는 뜻이다. 아래의 (왼쪽) $\mathcal{S}(\text{aabab})$가 aabab의 접미사 자동자다.

$\mathcal{S}(x)$는 $2|x|$개보다 더 적은 상태와 $3|x|$개보다 더 적은 간선을 가지며, 전체 크기가 $O(|x|)$로, $|x|$에 대해 선형임이 알려졌다. 이 단어의 인자 자동자^{factor automaton} $\mathcal{F}(x)$는 그 인자를 받아들이는 최소 결정론적 자동자로, 모든 상태가 종결 상태이기 때문에 훨씬 더 작을 수도 있다. 위의 그림에서 오른쪽 부분이 aabab의 인자 자동자로, 여기서는 $\mathcal{S}(\text{aabab})$의 상태 6이 상태 3과 합쳐진다.

접미사 배열

단어의 **접미사 배열**^{SA, Suffix Array}도 색인을 생성하는 데 사용되지만, 트리나 자동자와는 다르게 진행한다. 접미사 배열은 기본적으로 그 인자에 대해 이진 검색할 수 있도록 공단어가 아닌 접미사를 정렬해서 구성된다. 실제로 효율적인 검색을 하기 위해 다른 특징, 즉 정렬된 목록에 있는 이어지는 접미사의 최장 공통 접두사를 고려한다.

이 정보는 두 배열, SA와 LCP에 저장된다. 배열 SA는 그 시작 위치에 붙은 각 접미사의 랭크를 주는 배열인 Rank의 역방향 함수다.

아래의 표는 단어 aababa를 예로 든다. 그 정렬된 접미사의 목록은 a, aababa, aba, ababa, ba, baba로, 그 시작 위치는 각각 5, 0, 3, 1, 4, 2다. 두 번째 목록은 접미사 랭크로 색인된 SA에 저장된다.

i	0	1	2	3	4	5							
$x[i]$	a	a	b	a	b	a							
Rank$[i]$	1	3	5	2	4	0							
r	0	1	2	3	4	5	6	7	8	9	10	11	12
SA$[r]$	5	0	3	1	4	2							
LCP$[r]$	0	1	1	3	0	2	0	0	1	0	0	0	0

LCP 표는 기본적으로 이어진 접미사 사이의 공통 접두사의 최대 길이로 저장된 **최장 공통 접두사**^{LCP, Longest Common Prefix}를 포함한다.

$$\text{LCP}[r] = |lcp(x[\text{SA}[r-1]..|x|-1], x[\text{SA}[r]..|x|-1])|$$

여기서 lcp는 두 단어 사이의 가장 긴 공통 접두사를 나타낸다. 예를 들어 이 경우 LCP$[0..6]$을 준다. LCP$[7..12]$의 그 다음 값들은 (d, f) 짝이 이진 검색에서 나타날 때 d와 f의 위치에서 시작하는 접미사에 대한 같은 정보에 해당한다. 엄밀하게는, 그런 짝에 대해, 이 값은 위치 $|x|+1+[(d+f)/2]$에 저장된다. 가령 위의 LCP 배열에서 $x[5..5]$와 $x[3..5]$ 사이에 있는 접두사의 최대 길이인 $(0, 2)$ 짝에 해당하는 1이라는 값은 위치 8에 저장된다.

Rank 표는 검색보다는 접미사 배열을 응용할 때 주로 사용한다.

압축

일반적인 문자열에 대해 가장 강력한 **압축**^{compression} 기법은 단어의 지프-렘펠 인자분해 ^{Ziv-Lempel factorisation}나 단어의 버로우즈-휠러 변환^{Burrows-Wheeler transformation}에 기반한 더 쉬운 기법에 바탕을 둔다. 둘 다 간략하게 제시하겠다.

단어를 실시간으로 처리할 때, **지프-렘펠 압축 기법**의 목표는 앞에서 봤던 정보를 포착하는 것이다. 단어 x의 연관된 인자분해는 $u_0u_1\cdots u_k$로, 여기서 u_i는 x에서 이것이 출현하기 전에 나타난 $u_i\cdots u_k$의 가장 긴 접두사다. 만약 이것이 공단어라면, $u_0\cdots u_{i-1}$에서 출현하지 않는 $u_i\cdots u_k$의 첫 번째 문자가 선택된다. 인자 u_i는 때때로 x에 대한 $|u_0\cdots u_{i-1}|$ 위치에 있는 **최장 기존 인자**[LPF, Longest Previous Factor]라고도 한다.

가령 단어 abaabababaaababb의 인자분해는 a · b · a · aba · baba · aabab · b 이다.

분해 인자를 정의하는 방법에는 몇 가지 변종이 있는데, 여기에 그중 몇 가지를 소개하겠다. 인자 u_i는 위치 $|u_0\cdots u_{i-1}|$에 있는 최장 기존 인자의 출현에 즉시 따라오는 문자를 포함할 수 있고, 이것은 이전에 나타난 인자를 확장할 정도가 된다. 인자의 기존 출현은 그 인자들 $u_0\cdots u_{i-1}$ 중에서 고르거나, $u_0\cdots u_{i-1}$의 인자 전체에서 고르거나, (출현 사이의 겹침을 피하기 위해) 이전에 나타난 모든 인자 중에서 선택될 수 있다. 그 결과로 이 기법에 기반한 매우 다양한 문자열 압축 소프트웨어가 있다.

문자열 알고리듬을 설계할 때 인자의 기존 출현에 대해 이미 처리된 것을 저장해 어떤 실시간 처리량을 감소하기 위해 인자분해도 사용한다.

단어 x의 **버로우즈-휠러 변환**은 $x \in A^k$을 $\mathrm{BW}(x) \in A^k$으로 변환하는 가역적 함수다. 그 효과는 대체로 x의 같은 맥락을 갖는 문자들을 묶는 것이다. 부호화 과정은 다음과 같다. x의 회전(켤레들)의 정렬된 목록을 생각해보자. 그럼 $\mathrm{BW}(x)$는 정렬된 회전의 마지막 글자로 구성된 단어로, 대응표의 마지막 열을 참고하자.

banana라는 단어를 예로 들어보면 회전은 아래에서 왼쪽에 적혀 있고, 그 정렬된 목록은 오른쪽에 있다. 그럼 $\mathrm{BW}(\text{banana}) = \text{nnbaaa}$다.

0	b	a	n	a	n	a		5	a	b	a	n	a	n
1	a	n	a	n	a	b		3	a	n	a	b	a	n
2	n	a	n	a	b	a		1	a	n	a	n	a	b
3	a	n	a	b	a	n		0	b	a	n	a	n	a
4	n	a	b	a	n	a		4	n	a	b	a	n	a
5	a	b	a	n	a	n		2	n	a	n	a	b	a

두 켤레 단어는 이 함수에서 같은 상을 갖는다. 원시 단어 부류의 대표로 린던 단어를 선택하면, 이 함수는 전단사[bijective] 함수다. 린던 단어가 아니라 원래 단어를 복원하기 위해

x의 첫 단어의 BW(x)의 위치를 유지하면 된다.

이 변환의 핵심 성질은 주어진 문자의 출현이 BW(x)와 모든 문자의 정렬된 목록에서 같은 순서라는 것이다. 이것이 BW(x)를 복호화하는 데 사용된다.

위의 예에서 nnbaaa에 대해 해보려면 먼저 문자를 정렬해 난어 aaabnn을 얻는다. 원래 단어의 첫 번째 글자가 nnbaaa의 위치 2에 나타난다는 것을 알고 있으면, 복호화를 시작할 수 있다. 첫 번째 문자는 b고, 이어서 aaabnn의 같은 위치 2에 있는 a가 나온다. 이것은 nnbaaa의 세 번째 출현에 해당하는 aaabnn에서 a의 세 번째로 출현하며, n으로 이어지고, 그렇게 계속된다.

이 복호화 과정은 아래의 그래프에서 정확한 단어에서 시작하는 다음의 순환과 유사하다. 다른 단어에서 시작하면 원래 단어의 켤레를 생성한다.

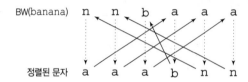

알고리듬의 표기법

여기서 사용된 알고리듬 언어의 스타일은 상대적으로 실제 프로그래밍 언어에 가깝지만, 더 높은 추상화 수준에 있다. 여기서는 다음의 관례를 채용한다.

- 들여쓰기는 복합 구문이 내재된 블록 구조를 뜻한다.
- 코드 한 줄은 본문에서 참고하기 위해 줄 번호를 붙인다.
- ▷ 기호는 주석문이다.
- 어떤 객체의 특정 속성에 대한 접근은 괄호 안의 객체와 연관된 식별자에 붙은 속성의 이름으로 나타낸다.
- 주어진 객체(테이블, 큐, 트리, 단어, 자동자)를 나타내는 변수는 이 객체에 대한 포인터다.
- 프로시저나 함수에 주어진 인자는 '값에 의한 호출call by value' 규칙을 적용한다.
- 프로시저와 함수의 변수는 별다른 언급이 없는 한, 그 안에서의 지역변수다.

- 불 표현식의 계산은 왼쪽에서 오른쪽으로, 지연된 방식으로 수행된다.
- $(m_1, m_2, \ldots) \leftarrow (exp_1, exp_2, \ldots)$ 형태의 명령은 할당을 늘어놓은 $m_1 \leftarrow exp_1$, $m_2 \leftarrow exp_2, \ldots$를 줄인 것이다.

아래의 TRIE 알고리듬은 알고리듬 작성 방법의 예제다. 이 알고리듬은 단어의 유한집합 X, 즉 사전 X의 트라이를 생성한다. 2–10줄 사이의 **for** 루프를 수행하면서 X의 각 단어를 순서대로 고려해, 4–9줄 사이의 **for** 루프를 수행하면서 이들을 구조체에 문자별로 삽입한다. 두 번째 루프가 끝났을 때, 마지막으로 고려된 상태 t는 초기 상태의 경로를 끝내고 현재 단어에 의해 표시되며 10줄에서 종결 상태로 설정된다.

```
TRIE(X finite set of words)
 1   M ← NEW-AUTOMATON( )
 2   for each string x ∈ X do
 3       t ← initial(M)
 4       for each letter a of x, sequentially do
 5           p ← TARGET(t, a)
 6           if p = NIL then
 7               p ← NEW-STATE()
 8               Succ[t] ← Succ[t] ∪ {(a, p)}
 9           t ← p
10       terminal [t] ← TRUE
11   return M
```

노트

이 절에서 소개된 단어의 기본적 사항은 [74]의 표현을 따른다. 이 내용은 크로슈모어[Crochemore]와 리터[Rytter][96], 구스필드[Gusfield][134], 크로슈모어와 리터[98], 스미스[Smyth][228]와 같은 문자열 알고리듬에 대한 다른 교과서에서도 찾아볼 수 있다. 이 개념들은 로데어[Lothaire][175–177]나 베르스텔[Berstel]과 카후마키[Karhumaki]의 자습서와 같이 단어의 조합론에 대해 더 다양한 주제를 다루는 몇몇 교과서에서도 소개된다.

02

조합론적 퍼즐

1   페르마의 작은 정리의 문자열학적인 증명

1640년 프랑스의 위대한 정수론 학자 피에르 드 페르마 Pierre de Ferma는 다음의 성질을 증명했다.

만약 p가 소수이고 k가 임의의 자연수라면, $k^p - k$는 p로 나누어 떨어진다.

이 진술은 페르마의 작은 정리 Fermat's little theorem라고 한다. 예를 들어,

$2^7 - 2$는 7로 나누어 떨어지고, $10^{101} - 10$은 101로 나누어 떨어진다.

> **질문** 페르마의 작은 정리를 문자열학적인 알고리듬만 사용해 증명하라.

 [**힌트**: 길이가 p인 단어의 켤레류를 세어라.]

풀이

이 성질을 증명하기 위해 같은 길이를 갖는 단어의 켤레류를 생각해보자. 예를 들어 aaaba를 포함하는 켤레류는 $C(\text{aaaba}) = \{\text{aaaab, aaaba, aabaa, abaaa, baaaa}\}$다. 다음의 사실은 원시성 보조정리의 결과다.

관찰   원시 단어 w의 켤레류는 정확히 $|w|$개의 서로 다른 단어를 포함한다.

알파벳 $\{1, 2, \ldots, k\}$에 대해 어떤 소수 prime number인 p의 길이를 갖는 단어의 집합을 생각해보자. $S_k(p)$가 그 집합의 원시 단어 부분집합이라고 하자. k^p개의 단어 중에 k개만이 원시 단어가 아니며 즉, 문자 a에 대해 a^p 형태의 단어들이다. 따라서 다음의 관찰을 유도한다.

관찰 k개의 문자로 된 알파벳에 대해 길이가 소수 p인 원시 단어의 수 $|S_k(p)|$는 $k^p - k$다.

$S_k(p)$에 있는 단어는 원시 단어이기 때문에, 그 단어들 각각의 켤레류는 p라는 크기를 갖는다. 켤레류는 $S_k(p)$를 크기가 p인 집합으로 분할하며, 이것은 p가 $k^p - k$를 나누며, $(k^p - k)/p$개의 분류가 있음을 뜻한다. 이것으로 정리가 증명된다.

노트

k개의 문자로 된 알파벳에 대해 길이 n인 단어 $w = u^q$가 길이 d의 원시근 u를 가질 때, $n = qd$이고, w의 켤레류는 d개의 원소로 구성된다. d를 n의 약수에서 취하면, $k^n = \Sigma\{d\psi_k(d) : d$가 n의 약수$\}$라는 등식을 얻는다. 여기서 $\psi_k(m)$는 길이가 m인 원시 단어의 켤레류의 수를 나타낸다. 이것으로 n이 소수일 때 이 정리가 증명된다. 더 자세한 건 로데어[175, 1장]를 참고하라.

---

2 부호성 검사의 간단한 경우

$\{1, 2, \ldots, n\}$에서 뽑은 인자의 모든 두 수열(단어) $i_1 i_2 \cdots i_k$와 $j_1 j_2 \cdots j_\ell$에 대해

$$i_1 i_2 \cdots i_k \neq j_1 j_2 \cdots j_\ell \;\Rightarrow\; w_{i_1} w_{i_2} \cdots w_{i_k} \neq w_{j_1} w_{j_2} \cdots w_{j_\ell}$$

이 성립하면, 알파벳 A에서 뽑아낸 단어의 집합 $\{w_1, w_2, \ldots, w_n\}$는 (유일하게 복호화할 수 있는) 부호code다. 다시 말해서 $\{1, 2, \ldots, n\}^*$에서 A^*로 향하는 함수 h를 $i \in \{1, 2, \ldots, n\}$에 대해 $h(i) = w_i$라고 정의하면, 이 조건은 이 함수가 단사injective임을 뜻한다.

임의의 정수 n에 대해, 부호성codicity 성질을 검사하는 알려진 선형 시간 알고리듬은 없다. 그러나 $n = 2$인 경우에 대해 상황은 극단적으로 단순해진다. 즉, 두 부호 단어codeword가 교환 가능한지 즉, $w_1 w_2 = w_2 w_1$인지를 검사하는 것으로 충분하다.

> **질문** $\{x, y\}$가 부호인 것은 $xy \neq yx$인 것과 필요충분조건이다.

풀이

증명 아이디어는 22쪽의 주기성 보조정리의 결과로 주어진다. 다음의 자기완결적인 수학적 귀납법적 증명을 보자.

만약 $\{x, y\}$가 부호라면, 정의에 의해 결론은 자명하다. 역으로 $\{x, y\}$가 부호가 아니라고 가정해 $xy = yx$라는 등식을 증명해보자. 이 등식은 단어 중 하나가 공단어라면 성립하고,

따라서 두 단어가 공단어가 아닌 경우를 생각하면 된다.

이 증명은 $|xy|$라는 길이에 대해 수학적 귀납법을 사용한다. 수학적 귀납법의 출발점은 $x = y$라는 간단한 경우로, 이 경우 등식은 명백히 성립한다.

$x \neq y$라고 가정하자. 그럼 단어 중 하나가 다른 단어의 고유한 접두사이고, 일반성을 잃지 않으면서 x가 y의 고유한 접두사로 공단어가 아닌 단어 z에 대해 $y = xz$라고 가정할 수 있다. 그럼 $\{x, z\}$는 부호가 아니다. 왜냐하면 같은 단어를 생성하는 x와 y의 두 가지 구분되는 이어 붙임이 그 단어를 생성하는 x와 z의 두 가지 구분되는 이어 붙임으로 번역되기 때문이다.

$|xz| < |xy|$이기 때문에 수학적 귀납법의 가정이 성립하며 $xz = zx$가 유도된다. 따라서 $xy = xxz = xzx = yzx$로, $x = y$에 대한 등식이 성립함을 보인다. 이것으로 증명이 완료된다.

노트

같은 식의 증명이 두 양의 정수 k와 ℓ에 대해 $x^k = y^\ell$이면 $\{x, y\}$가 부호가 아님을 보인다.

부등식의 고정된 집합으로 표현된 세 단어에 대해 특수한 부호성 검사가 존재하는지는 모른다. 유한한 수의 단어에 대해서, 그래프 이론의 접근을 사용한 효율적인 다항 시간 알고리듬은 52번 문제에서 제시된다.

---

3   마방진과 투에-모스 단어

이 문제의 목표는 이진 알파벳 $\{0, 1\}$에($\{a, b\}$ 대신에) 대한 무한 투에-모스 단어 **t**의 도움을 받아 마방진을 만드는 것이다. 단어 **t**는 $\mu(0) = 01$과 $\mu(1) = 10$으로 정의된 함수 μ를 반복 적용해 얻은 $\mu^\infty(0)$다.

$$\mathbf{t} = 0110100110010110100 1 \cdots$$

양의 자연수 m에 대해 $n = 2m$이 있을 때, $n \times n$ 크기의 배열 S_n은 $0 \le i, j < n$에 대해 다음과 같이 정의된다.

$$S_n[i, j] = \mathbf{t}[k](k + 1) + (1 - \mathbf{t}[k])(n^2 - k)$$

여기서, $k = i.n + j$이다. 생성된 배열 S_4는

16	2	3	13
5	11	10	8
9	7	6	12
4	14	15	1

이다. 이 배열은 1에서 16까지의 모든 정수를 포함하고, 각 행, 각 열, 대각선 성분의 합이 34이기 때문에 마방진magic square이라고 한다.

> **질문** 2의 거듭제곱인 임의의 자연수 n에 대해 $n \times n$ 크기의 배열 S_n은 마방진이라는 것을 보여라.

풀이

배열 S_n의 구조를 이해하기 위해, T_n을 $n \times n$ 의 모양을 갖는 투에-모스 2차원 단어로, $0 \le i, j < n$에 대해 $T_n[i, j] = \mathbf{t}[i.n + j]$으로 정의된다고 하자. 여기서 $n = 2^m$이다. 다음의 그림은 T_4와 T_8을 나타낸다. 여기서 *에는 0을 대입하고, 빈칸에는 1을 대입한다.

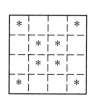

표 T_n은 다음의 두 가지 간단한 성질을 만족한다.

(i) 각 행과 각 열은 0110과 1001의 덩어리로 만들어진다.

(ii) 2개의 주 대각성분은 균일하다. 즉, 0으로만 구성되거나 1로만 구성된다(각각 위의 그림에서 별표와 빈칸에 해당한다).

$n \times n$ 행렬 S_n이 1부터 n^2의 모든 정수로 채워지는 것은 정의로부터 분명하다. 이것이 마방진임을 증명하기 위해 임의의 행, 임의의 열, 임의의 두 대각선에 대해 합이 모두 $\frac{n}{2}(n^2+1)$로 같아야 함을 보여야 한다.

행에 대한 정확성 성질 1에 따라, 행의 각 덩어리는 0110이나 1001의 모양이다. 그 첫 번째 원소가 배열의 k번째 원소인 덩어리 0110을 생각해보자. 그럼,

$$S[k, k+1, k+2, k+3] = [n^2-k, k+2, k+3, n^2-k-3]$$

이고, 그 합이 $2n^2+2$다. 그 모양이 0110과 다른 덩어리에 대해서는 $[k+1, n^2-k-1, n^2-k-2, k+4]$를 얻고, 그 값도 같은 값이다. 1줄의 행에는 $n/4$개의 그런 덩어리가 있으므로, 각 기여분의 합은 원하는 대로

$$\frac{n}{4} \cdot (2n^2+2) = \frac{n}{2}(n^2+1)$$

이다.

열에 대한 정확성도 유사하게 보일 수 있다.

대각선에 대한 정확성 $(0,0)$에서 $(n-1, n-1)$로 향하는 대각선만을 먼저 생각해보자. 다른 방향은 유사하게 처리할 수 있기 때문이다. 대각선에 있는 성분들은 아래쪽에서부터 순서대로 $1, 1+(n+1), 1+2(n+1), \ldots, 1+(n-1)(n+1)$이다. 그 합은 원하는 대로

$$n + (n+1) \sum_{i=0}^{n-1} i = n + (n+1)\frac{n}{2}(n-1) = \frac{n}{2}(n^2+1)$$

이다.

이것으로 S_n이 마방진이라는 증명이 완료된다.

노트

마방진에 대해 더 자세한 내용과 그 긴 역사에 대해서는 위키백과에서 찾을 수 있다 (https://en.wikipedia.org/wiki/Magic_square).

4 올덴버거-콜라코스키 수열

올덴버거-콜라코스키 수열Oldenburger-Kolakoski sequence은 {1, 2}의 기호로 이뤄진 자동 서술적이고 자기 생성되는 무한 수열이다. 좀 더 기술적으로 보면 이 수열은 그 자신의 실행길이 부호화RLE, Run-Length Encoding다. 여기서 이 수열은 **K**로 적는데 가장 이상한 수열 중 하나다. 생성 방법은 간단하지만 무작위적 행동을 가진 것처럼 보인다.

단어의 문자들의 덩어리는 문자의 최장 주기를 뜻한다. 즉, 같은 단어가 출현하는 것으로 구성된 최대 인자다. $blocks(S)$ 연산은 단어 S의 각 덩어리를 그 길이로 대체한다. 예를 들면,

$$blocks(2\ 1\ 1\ 1\ 2\ 2\ 1\ 2\ 2\ 2) = 1\ 3\ 2\ 1\ 3$$

이다.

수열 **K**는 알파벳 {1, 2}로 구성된 유일한 무한 수열로, 2에서 시작하며 $blocks(\mathbf{K}) = \mathbf{K}$를 만족한다.

일러두기 통상적으로 이 수열은 1부터 시작하는 것으로 정의되지만, 여기서는 2부터 시작하는 것이 더 편리하다. 사실, 둘은 1의 첫 번째 출현을 삭제하면 같은 수열이다.

[**힌트:** 2에서 $h = blocks^{-1}$을 반복 적용해 **K**를 생성하라.]

K의 생성에 사용되는 아주 작은 공간은 이 문제의 가장 흥미로운 부분이다.

해법

h의 정의에 따라, $h(x) = y$인 것과 y가 2에서 시작해 $blocks(y) = x$인 것은 필요충분조건이다.

$h^k(2)$**로부터** $h^{k+1}(2)$**를 생성하는 방법** $x = h^k(2)$라고 하자. 그럼 $y = h^{k+1}(2) = h(x)$는 x의 문자 $x[i]$를 i가 짝수면 문자 2가 $x[i]$회 출현하는 것으로, i가 홀수면 문자 1이 $x[i]$회 출현하는 것으로 바꾼 결과다. 단어 **K**는 k가 무한대로 갈 때 $\mathbf{K}_k = h^k(2)$의 극한이다. h의 첫 부분 반복 적용은

$$
\begin{cases}
h(2) & = 22 \\
h^2(2) & = 22\,11 \\
h^3(2) & = 22\,11\,2\,1 \\
h^4(2) & = 22\,11\,2\,1\,22\,1
\end{cases}
$$

을 준다. 다음의 기술적인 사실은 독자들에게 남겨둔다.

관찰 $n = O(\log |\mathbf{K}_n|)$이고 $\sum_{k=0}^{n} |\mathbf{K}_k| = O(|\mathbf{K}_n|)$이다.

T가 $\mathbf{K}_n$과 연관된 파싱 트리^parsing tree라고 하자. 그 리프는 $\mathbf{K}_n$의 위치에 해당한다. $0 \le i < |\mathbf{K}_n|$인 위치 i에 대해, $RightBranch(i)$는 i번째 리프에서 트리의 가장 왼쪽 가지에 있는 첫 번째 노드로 올라가는 경로를 나타낸다(그림 참고).

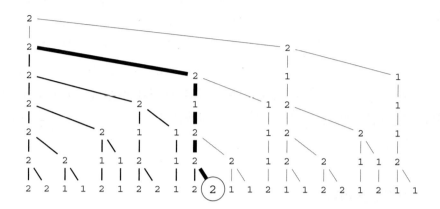

위의 그림은 $\mathbf{K}_6 = h^6(2)$의 파싱 트리를 묘사한다. 각 수준은 $k = 0, 1, \ldots, 6$에 대해 $h^k(2)$를 나타낸다. 위치 10(동그라미 쳐진 리프)의 *RightBranch*는 그 끝점과 굵은 간선으로 구성된다. *RightBranch*는 그 리프에서 시작해 가장 왼쪽 가지에 있는 첫 번째 노드에 도달할 때까지 올라간다.

*RightBranch*에 있는 모든 노드에 1비트의 정보가 붙어 있다. 그 수준에서 왼쪽에 있는 노드 수의 홀짝성이다.

만약 각 노드에 대해 그 표시를 알고 그 노드가 왼쪽 자손인지 아닌지를 안다면, 위의 관찰 사실에 의해서 *RightBranch*(i)로부터 $(i + 1)$ 위치에 있는 기호뿐만 아니라 *RightBranch* $(i + 1)$ 전체가 로그 규모의 공간 내에서 분할된 상수 시간 내에 계산된다(경로의 길이는 로그로 증가하고 전체 트리의 크기는 선형으로 증가하기 때문이다). 이 과정은 *RightBranch*의 접미사에 따라온다. 첫 번째 왼쪽 자손을 찾기 위해 트리를 올라가서, 그 부모로부터 오른쪽으로 내려오는데, 이 과정을 그 다음 리프에 도달할 때까지 계속한다. 기본적으로, 이 과정은 i번째 리프와 $i + 1$번째 리프의 가장 아래쪽의 공통 조상까지 올라간다. 어떤 점에서 보면 각 반복 과정은 작은 메모리를 사용해 파싱 트리를 순차적으로 탐색하는 것으로 볼 수 있다.

예를 들어 *RightBranch*(13)을 *RichtBranch*(14)로 교체했을 때 볼 수 있듯이 *RightBranch*는 위로 성장할 수 있다. 이것은 알고리듬의 최상위 설명이며 기술적으로 자세한 부분은 생략하겠다.

올덴버거-콜라코스키 수열은 종종 콜라코스키 수열이라고도 하는데, 올덴버거[197]에 의해 설계됐고, 훗날 콜라코스키[166]에 의해 유명해졌다. 이 수열은 매끄러운 단어 smooth word의 사례이며, [46]을 참고하라. 이 알고리듬의 밑그림은 닐슨Nilsson[195]이 제안한 판본이다. 다음 위키백과(https://en.wikipedia.org/wiki/Kolakoski_sequence)를 참고하라.

---

5 제곱이 없는 게임

비자명한 제곱은 알파벳 A로 이뤄지고 uu의 형태인 단어다. 여기서 $|u| > 1$이고, 만약 추가로 $|u|$가 홀수이면 이것은 홀제곱odd-square이라고 한다.

A에 대한 길이 n의 **제곱이 없는 게임**은 두 참여자 앤Ann과 벤Ben 사이에서 진행된다. 참여자는 서로 교대하며 초기의 공단어 w에 문자를 이어 붙여서 이 단어를 연장한다. 이 게임은 만들어진 단어의 길이가 n이 되거나 그 전에 비자명한 제곱이 만들어졌을 때 끝난다. 벤이 먼저 움직이고 n이 짝수라고 하자. 만약 비자명한 제곱이 마지막 단어까지 나타나지 않으면 앤이 이긴다. 그렇지 않으면 벤이 승자다.

홀제곱이 없는 게임 이 제한된 게임에서는 홀제곱이 나타나지 않으면 앤이 이긴다. 알파벳 $A = \{0, 1, 2\}$에 대해, 앤이 이기는 전략을 다음과 같이 설명해보자. 앤은 벤의 마지막 수와 같은 수를 절대로 만들지 않고, 만약 벤이 앤의 마지막 수를 따라 한다면, 앤은 벤의 이전 수를 따라 하지 않는다.

그렇게 하려면, 앨리스는 쌍 (b, a)를 기억해둔다. 여기서 a는 앨리스가 이전 수에 덧붙인 문자고, b는 벤이 이전 수에 덧붙인 것이다. 다른 말로 하면 단어 w는 짝수 길이이고, 첫 수를 둔 다음에는 $w = vba$의 꼴이다. 그럼 벤은 c를 더하고, 앤은 d를 붙이는 것으로 응수해 $w = vbacd$를 얻는다. 여기서,

$$d = \begin{cases} a & c \neq a \text{인 경우} \\ 3 - b - a & \text{그 외} \end{cases}$$

이다. 앤은 그 출력이 6개의 상태를 갖는 유한한 결정론적 자동자처럼 행동한다. 12로 시작하고, 앤이 잠정적으로 승리하는 것이 가능한 수열 중 하나는

$$12122010021220$$

이다.

> **질문** (A) 임의의 짝수 길이 n을 갖는 홀제곱이 없는 게임에서는 앤이 벤에게 항상 승리함을 보여라.
> (B) 9의 크기를 갖는 알파벳에 대해, 제곱이 없는 게임에서 앤이 이기기 위한 전략을 설명하라.

[**힌트:** (A)를 증명하기 위해, w가 홀제곱을 포함하지 않음을 보여라. (B)를 풀기 위해, 앞의 전략을 간단한 짝제곱 전략과 혼합하라.]

풀이

(A)의 풀이 앤의 전략이 승리하고 단어 w(게임의 과정)가 홀제곱 $uu(|u| > 1)$를 포함한다고 가정했을 때의 모순을 이끌어내서 (A)를 보이겠다.

경우 1 uu의 첫 번째 문자가 벤의 수에서 온다고 하자.

그 제곱은 다음의 형태다.

$$uu = b_0 a_1 b_1 a_2 b_2 \cdots a_k b_k \; a_0' b_1' a_1' b_2' a_2' \cdots b_k' a_k'$$

여기서 b_i와 b_j'는 벤의 수에 해당하고, 나머지는 앤의 수에 해당한다.

uu가 제곱이기 때문에 $b_0 = a_0'$, $a_1 = b_1', \ldots, b_k = a_k'$를 얻는다. 앤의 전략에 의해 $a_1 \neq b_0$, $a_2 \neq b_1$ 등등을 얻는다. 즉, uu에서 서로 마주한 두 단어는 구분된다. 특히 이것은 벤이 uu에 있는 앤의 마지막 단어를 절대로 반복할 수 없음을 내포한다.

결과적으로 앤의 모든 수는 같다. 즉, 모든 문자 a_i, a_j'는 같다. 따라서 $a_k = a_k'$이지만, uu가 제곱이기 때문에 동시에 $a_k' = b_k$다. 이것은 $b_k = a_k$를 뜻하고, 벤이 앤의 마지막 수를

반복했음을 뜻한다. 즉, 모순이다. 이것으로 이 경우에 증명을 완료한다.

경우 2 uu의 첫 번째 문자는 앤의 수에서 온다.

그 제곱은 다음의 형태다.

$$uu = a_0b_1a_1b_2a_2 \cdots b_ka_k \; b_0'a_1'b_1'a_2'b_2' \cdots a_k'b_k'$$

앞서와 마찬가지로 b_i, b_j'는 벤의 수에 해당하고, 나머지는 앤의 수에 해당한다.

앞서의 경우와 마찬가지로, $a_k = b_0'$인 경우를 제외하면 벤이 항상 앤의 마지막 수와 다른 수를 둔다는 것을 증명할 수 있다. 만약 그랬다면 $a_1 = 3 - a_k - b_k$이고, 그럼 $a_1' = a_2' = \cdots = a_k'$이기 때문에 $a_1' \neq b_k$이다. 결과적으로 $a_k' \neq b_k$지만, 또한 uu가 제곱이기 때문에 $a_k' = b_k$이며 이것은 모순이다.

만약 $a_k \neq b_0'$이면 벤의 모든 수는 앤의 수와 다르고, 따라서 uu에서 항상 같은 수를 둔다. 이것은 경우 1과 마찬가지로 모순을 이끌어낸다.

이것으로 이 경우에 대한 증명을 완료하며, 앤의 전략이 승리함을 보였다.

(B)의 풀이 이 게임이 만약 알파벳 $\{0,1,2\}$에 대해 비자명한 짝제곱을 고려하는 경우라면, 앤의 승리 전략은 극단적으로 간단해진다. 즉, 앤의 k번째 수에서 앤은 같은 알파벳에 대해 임의의 (처음에 고정된) 제곱이 없는 단어의 k번째 문자를 덧붙인다.

비자명한 홀제곱이 없는 게임과 짝제곱이 없는 게임에 대해 간단한 전략을 조합해(동시에 사용해), 앤은 아홉 문자 알파벳에 대해 일반적인 비자명한 제곱을 회피하는 승리 전략을 얻는다. 알파벳은 이제 $\{0,1,2\}$에 있는 문자들의 짝 (e,e')으로 구성된다. 게임의 과정은 $w = (e_1,e_1')(e_2,e_2')\cdots(e_k,e_k')$와 같은 형태의 어떤 단어다. 여기서 $e_1e_2\cdots e_k$는 홀제곱을 포함하지 않고, $e_1'e_2'\cdots e_k'$는 비자명한 짝제곱을 포함하지 않는다.

노트

이 문제에서 제시된 게임의 풀이는 [132]에 설명됐다. 여기서는 더 복잡한 논의를 사용해 문자의 수가 추가적으로 7까지 줄어든다. 그러나, 코신스키 등[Kosinski et al.]에 의해 결함이 발견됐다. [169]를 참고하면 여기서는 문자의 수가 8까지로 줄어든다.

6 피보나치 단어와 피보나치 기수법

$r(m)$이 음수가 아닌 정수 m의 피보나치 표현을 나타낸다고 하자. 이 표현은 알파벳 $\{0,1\}$에 대한 길이 ℓ의 단어 x로, $m = 0$을 제외하면 1로 끝나고 1이 연속적으로 2번 나오지 않으며 $m = \sum_{i=0}^{\ell-1} x[i] \cdot F_{i+2}$를 만족한다. 여기서 F_{i+2}는 $i + 2$번째 피보나치 수다($F_0 = 0$, $F_1 = 1$, $F_2 = 1$, $F_3 = 2$ 등으로 이어짐을 생각해보자).

예를 들면 $r(0) = 0$, $r(1) = 1$, $r(2) = 01$, $r(3) = 001$, $r(4) = 101$, $r(5) = 0001$, $r(6) = 1001$, $r(7) = 0101$이 있다.

정수 m의 통상적인 위치 피보나치 표현은 $r(m)^R$로, $r(m)$의 역임을 생각해보자. 또한 자료 전송에서 어떤 정수 m을 부호화하는 데 사용하는 피보나치 부호화는 $r(m)1$로, 11로 끝났을 때 복호화하면 된다.

> **질문** 문자를 숫자로 바꿔서 a를 0으로, b를 1로 생각했을 때, 증가하는 순서로 적은 자연수의 피보나치 표현의 첫 번째 자리의 수열은 무한 피보나치 단어임을 보여라.

$k > 0$에 대해 $pos(k,c)$를 무한 피보나치 단어 $\mathbf{f}$에 있는 문자 c의 k번째 출현 위치를 나타낸다고 하자.

> **질문** 피보나치 단어 $\mathbf{f}$에 있는 문자 a의 k번째 출현 위치를 $O(\log k)$시간 내에 어떻게 계산하는지 보여라. 이것은 문자 b에 대해서도 마찬가지로 적용된다.

[힌트: 다음의 공식을 증명하라. $r(pos(k,\mathrm{a})) = 0 \cdot r(k-1)$과 $r(pos(k,\mathrm{b})) = 10 \cdot r(k-1)$]

풀이

피보나치 표현의 구조를 이해하기 위해, 그 행의 표현이 첫 $|fib_n| = F_{n+2}$개의 자연수인 직사각형 R_n을 생각해보자. 이 표현에서, n자리 숫자로 만들기 위해 오른쪽에 0을 덧붙인다. 이 직사각형은 아래 그림에서 보는 것과 마찬가지로 재귀적으로 주어진다.

첫 번째 문제에 대한 답 직사각형 R_1과 R_2의 행은 각각 증가하는 순서로 적은 첫 $|fib_1|$과 $|fib_2|$개의 정수의 표현이다. 이것이 $n > 0$인 R_{n+2}에 대해서도 성립함을 재귀적으로 보이자. 실제로 R_{n+2}의 첫 $|fib_{n+1}|$개의 행은 재귀성 가정에 의해 첫 $|fib_{n+1}|$개의 정수에 0을 덧댄 표현이다. 그다음 $|fib_n|$개의 행은 $x \cdot 01$의 형태인 표현이다(11로 끝날 수는 없다). x가 R_n의 행이고 다시 재귀성 가정을 사용하면, 그 다음 행은 그 다음의 $|fib_n|$개의 정수를 나타내고, 이것은 R_{n+2}가 이 성질을 만족하고 재귀성이 증명된다.

첫 자리(극한에서의 첫 열)의 수열이 무한 피보나치 단어에 대응된다는 것은 재귀성으로부터 명백하다. 이것이 첫 문제의 답이다.

두번째 문제에 대한 답 R_n 표의 극한은 커지는 순서로 적은 연속적인 모든 자연수의 피보나치 표현에 대한 무한 표 R_∞이다. 각 행에서, 가장 오른쪽의 1의 출현에 오른쪽에 있는 문자는 0과 같은 무의미한 자릿수다.

R_∞의 첫 번째 열의 0은 피보나치 단어의 a에 해당한다. 0으로 시작하는 행은 다음의 꼴을 갖는다.

$$0 \cdot x_0, \ 0 \cdot x_1, \ 0 \cdot x_2, \ \ldots$$

여기서,

$$x_0,\ x_1,\ x_2,\ \ldots$$

은 연속된 자연수의 표현의 수열이다.

따라서 k번째 0은 x_{k-1}에 해당하고, 위치 $0 \cdot x_{k-1}$에 나타나며, 이것은 $r(pos(k,\mathrm{a})) = 0 \cdot r(k-1)$을 준다.

마찬가지로, R_∞의 첫 번째 열에 1을 포함한 모든 행이 사실은 10으로 시작하기 때문에, $r(pos(k,\mathrm{b})) = 10 \cdot r(k-1)$을 얻는다.

그러므로 피보나치 단어에서 어떤 문자의 k번째 출현을 계산하는 것은 정수의 피보나치 표현을 계산해 그 역연산을 하는 것과 같다. 예상대로 둘 다 $O(\log k)$ 시간이 걸린다.

0	a	0	0	0	0	0	·	
1	b	1	0	0	0	0	·	
2	a	0	1	0	0	0	·	
3	a	0	0	1	0	0	·	
4	b	1	0	1	0	0	·	
5	a	0	0	0	1	0	·	
6	b	1	0	0	1	0	·	
7	a	0	1	0	1	0	·	
8	a	0	0	0	0	1	·	
9	b	1	0	0	0	1	·	
10	a	0	1	0	0	1	·	
11	a	0	0	1	0	1	·	
12	b	1	0	1	0	1	·	
·	·	·	·	·	·	·		

a의 5번째 출현 위치
$(0 \cdot 101)_F = 7$

b의 4번째 출현 위치
$(10 \cdot 001)_F = 9$

노트

이 문제는 리터[216]가 제공했다.

7 와이트호프의 게임과 피보나치 단어

와이트호프^{Wythoff}의 게임은 님^{Nim} 게임의 변종으로, 두 참여자가 있는 전략 게임이다. 이 게임은 두 무더기의 토큰을 이용하며, 그중 하나는 초기에 비어 있지 않다. 참여자는 자신의 차례에 한 무더기에서 토큰의 한 양수를 삭제하거나 두 무더기 모두에서 토큰의 같은 숫자를 삭제한다. 토큰이 남지 않게 됐을 때, 게임은 종료되며 마지막 참여자가 승리한다.

이 게임의 상황은 $m \leq n$인 자연수의 짝 (m, n)으로 설명할 수 있다. 여기서 m과 n은 두 무더기에 있는 토큰의 개수다. $(0, n)$뿐만 아니라 $n > 0$인 (n, n)도 승리 상황이다. 가장 작은 패배 상황은 $(1, 2)$이고, $m > 0$에 대해 $(m + 1, m + 2)$, $(1, m)$, $(2, m)$인 모든 상황은 승리 상황이다.

패배 상황이 황금비에 의해 정해지는 정규적인 패턴을 따른다는 것이 알려져 있다. 따라서 다음의 문제를 생각해보자.

> **질문** 와이트호프의 게임과 무한 피보나치 단어 사이에 가까운 관계가 조금이라도 있는가?

풀이

와이트호프의 게임에서 패배 상황은 피보나치 단어와 가깝게 연관됐다. *WytLost*가 패배 상황의 집합을 나타낸다고 하자. 이 집합은 $0 < m < n$에 대해 (m, n)인 꼴의 짝을 포함한다.

$$WytLost = \{(1, 2), (3, 5), (4, 7), (6, 10), (8, 13), \ldots\}$$

(m_k, n_k)를 이 집합에서 사전식 순서에서 k번째로 작은 짝이라고 하면, $m_1 < m_2 < m_3 < \cdots$이고 $n_1 < n_2 < n_3 < \cdots$이라고 했을 때

$$WytLost = \{(m_1, n_1), (m_2, n_2), (m_3, n_3), \ldots\}$$

을 얻는다.

$k > 0$에 대해 $pos(k, c)$가 무한 피보나치 단어 $\mathbf{f}$에서 문자 c의 k번째 출현 위치를 나타낸다고 하자. $\mathbf{f}$와 와이트호프의 게임을 관련 짓는 다음의 성질을 설명할 수 있다.

사실 1 $m_k = pos(k, \mathrm{a}) + 1$ 그리고 $n_k = pos(k, \mathrm{b}) + 1$이다.

$M = \{m_1, m_2, m_3, \ldots\}$이고 $N = \{n_1, n_2, n_3, \ldots\}$이라고 하자. 다음의 사실은 잘 알려져 있으며, 여기서 증명하진 않겠다.

사실 2

(i) $M \cap N = \emptyset$이고 $M \cup N = \{1, 2, 3, \ldots\}$이다.

(ii) 모든 $k > 0$에 대해 $n_k = m_k + k$ 이다.

사실 2는 사실 1을 유도하는 데 사용된다. 두 성질 (i)과 (ii)가 집합 $M = \{pos(k, \mathrm{a}) + 1 : k > 0\}$과 $N = \{pos(k, \mathrm{b}) + 1 : k > 0\}$에 대해 성립하는 것을 증명하면 된다.

성질 (i)은 명백하게 성립하고, (ii)는 문제 6에서 제시하고 증명된 힌트에서 유도된다.

$$r(pos(k, \mathrm{a})) = 0 \cdot r(k-1) \quad \text{그리고} \quad r(pos(k, \mathrm{b})) = 10 \cdot r(k-1)$$

여기서 $r(i)$는 자연수 i의 피보나치 표현을 뜻한다. $pos(k, \mathrm{b}) + 1 - pos(k, \mathrm{a}) + 1 = k$임을 보이기 위해, 양의 정수의 임의의 피보나치 표현 x에 대해 $(10x)_\mathrm{F} - (0x)_\mathrm{F} = (x)_\mathrm{F} + 1$임 증명하면 충분하다. 여기서 $(y)_\mathrm{F}$는 $r(i) = y$인 수 i를 나타낸다. 하지만 이것은 피보나치 표현의 정의로부터 직접 유도되며, 증명이 끝난다.

노트

이 게임은 님 게임의 변형으로 와이트호프[240]가 소개했다. 와이트호프는 황금비와 패배 상황 사이의 관계를 밝혀냈다. 위키백과(https://en.wikipedia.org/wiki/Wythoff's_game)를 참고하라. 특히 $k > 0$에 대한 k번째 패배 상황 (m_k, n_k)은 $m_k = \lfloor k\Phi \rfloor$와 $n_k = \lfloor k\Phi^2 \rfloor = m_k + k$에 의해 주어진다. 또한 와이트호프는 m_k의 수열과 n_k의 수열이 서로 상보적임을 보였다. 즉, 양의 정수 각각이 두 수열에서 정확히 1번씩만 나타난다.

위의 성질의 또 다른 결과는 무한 피보나치 단어(또는 원하는 만큼 긴 접두사)를 생성하는 놀라운 알고리듬이다. 그렇게 하려면 무한 단어 $Fib = \sqcup^{\infty}$에서 시작하고, 다음의 절차를 적용한다.

```
1  for k ← 1 to ∞ do
2      i ← smallest position on Fib of ⊔
3      Fib[i] ← a
4      Fib[i + k] ← b
```

그럼 성질 (i)과 성질 (ii)에 의해 Fib가 피보나치 단어가 된다.

8   서로 다른 주기적 단어

이 문제에서, 같은 길이인 두 주기적 단어가 얼마나 다를 수 있는지 알아본다. 이 차이는 해밍 거리^{Hamming distance}로 측정된다. 같은 길이의 x와 y 사이의 해밍 거리는 $\mathrm{HAM}(x, y) = |\{j : x[j] \neq y[j]\}|$이다.

x가 주기 p인 단어이고, y가 길이 $|x|$이고 주기가 q인 단어로, $q \leq p$를 만족한다고 하자. 그리고 두 단어 사이에 적어도 하나 이상의 불일치가 있다고 하자. i가 x와 y가 불일치하는 위치라고 하자. 즉 $x[i] = a$이고 $y[i] = b$다. 아래의 그림에서는 $x = u^2$, $|u| = p$, $|v| = q$이다.

예제 주기가 8인 $x = (\text{abaababa})^2$과 주기가 5인 $y = (\text{abaaa})^3$이 있다고 하자. 단어들은 서로 다르며, 하나 이상의 불일치를 갖는다. 그 위치는 4, 9, 11, 12, 14다.

	0	1	2	3	**4**	5	6	7	8	**9**	10	**11**	**12**	13	**14**	15
x	a	b	a	a	b	a	b	a	a	b	a	a	b	a	b	a
y	a	b	a	a	a	a	b	a	a	a	a	a	b	a	a	a

> **질문** 같은 길이의 서로 다른 두 주기적 단어 사이의 최소 해밍 거리는 얼마인가?

[**힌트:** 주기 p와 q에 따른 위치 i의 가능한 경우를 생각해보자.]

풀이

x의 길이는 주기적이기 때문에, 그 길이는 최소한 $2p$다. 일반성을 잃지 않고 $x = x[0..2p-1] = u^2$라고 가정할 수 있다. 대칭성에 의해 불일치 위치 i가 $0 \le i < p$를 만족한다고 할 수 있다. $v = y[0..q-1]$가 y의 접두사 주기라고 하자. u와 v는 원시 단어임을 알아두자.

예를 들어 aa와 bb는 주기가 1이고 정확히 2개의 불일치가 있다. 또한 bbcabcbbcabc와 abcabcabcabc는 각각 주기가 6과 3이고 정확히 2개의 불일치가 있다. 사실 만약 p가 q의 배수라면 즉, 어떤 양의 정수 h에 대해 $p = hq$라면 다른 불일치는 $i + p$ 위치에 있음이 분명하다. 그럼 $\text{HAM}(x, y) \ge 2$이다.

만약 p가 q의 배수가 아니면, 같은 부등식을 귀류법으로 증명하겠다. 두 단어 x와 y가 i 위치를 제외하면 일치한다고 하자. 다음의 세 장의 그림으로 묘사되는 세 가지 경우를 생각해보자.

$i \geq q$**인 경우** 단어 v는 u의 접두사로 x와 y에 대해 둘 다 p 위치에서 나타난다. 그럼 이것은 내부 인자 v^2이고, 원시성 보조정리에 의해 그 원시성에 모순된다.

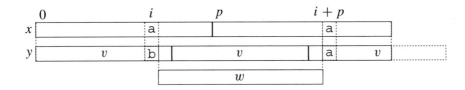

$i < q$**이고** $i + q < p$**인 경우** $y[i] = y[i+q] = x[i+q]$이기 때문에, $x[i] \neq x[i+q]$이다. 그럼 위치 p에서 v의 출현은 q의 주기를 갖는데도 q는 u의 주기가 아니다. 따라서 모순이다.

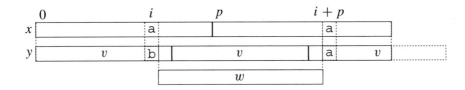

$i < q$**이고** $i + q \geq p$**인 경우** 먼저 $w = y[i+1..i+p-1]$가 $p - q$의 주기를 갖는 것을 보이자. 사실 위치 j에 대해, $i < j < p$이면

$$y[j] = x[j] = x[j + p] = y[j + p] = y[j + p - q]$$

이 성립하고, $p \leq j < i + q$라면

$$y[j] = y[j - q] = x[j - q] = x[j + p - q]$$

을 얻는다. 그럼, $p - 1$ 길이의 w는 주기 $p - q$를 갖고, 추가로 v보다 긴 y의 인자로써 주기 q를 갖는다. 주기성 보조정리는 $gcd(q, p - q)$가 또한 주기임을 뜻하므로, 이것은 $p - q < q$이기 때문에 v의 원시성과 모순이다. 결론적으로 p가 q의 배수가 아닐 때, 앞서와 마찬가지로 HAM$(x, y) \geq 2$를 얻었으며 이것으로 전체 증명을 완료한다.

노트

이 결과의 다른 증명은 아미르 등$^{Amir\ et\ al.}$이 12에서 제시했고, 더 자세한 전개 과정은 [9]에서 찾을 수 있다.

9 투에-모스 단어의 친척

$\mathbf{c} = (c_0, c_1, c_2, \dots)$가 1부터 시작하고, 다음의 조건을 만족하는 양수의 최소 증가 수열이라고 하자.

$$(*) \qquad n \in \mathbf{C} \Leftrightarrow n/2 \notin \mathbf{C}$$

여기서 $\mathbf{C}$는 수열 $\mathbf{c}$의 원소의 집합이다. 수열 $\mathbf{c}$의 앞부분 원소들은

$$1, 3, 4, 5, 7, 9, 11, 12, 13, 15, 16, 17, 19, 20, 21, 23, 25, 27, 28, 29, \dots$$

이다. 이 수열의 모든 홀수와 두 연속된 원소 사이의 간격은 모두 1이나 2임을 알아두자.

> **질문** 수열 $\mathbf{c}$와 무한 투에-모스 단어 $\mathbf{t}$ 사이의 관계는 무엇인가?

풀이

투에-모스 단어 $\mathbf{t}$가 $\mu^\infty(\mathsf{a})$임을 생각해보자. 여기서 함수 μ는 $\{\mathsf{a}, \mathsf{b}\}$에서 자기 자신으로 가는 함수로, $\mu(\mathsf{a}) = \mathsf{ab}$와 $\mu(\mathsf{b}) = \mathsf{ba}$라고 정의된다. $end\text{-}pos(x, y)$가 단어 y의 안에 있는 단어 x가 출현하는 끝 위치의 집합을 나타낸다고 하자.

핵심 성질 어떤 양의 정수 n에 대해,

$$(**)\qquad n \notin \mathbf{C} \Leftrightarrow n \in \textit{end-pos}(\mathrm{aa}, \tau) \cup \textit{end-pos}(\mathrm{bb}, \tau).$$

이다. 아래의 표는 위의 성질을 설명하기 위해 $\mathbf{t}$의 접두사와 그에 관련된 $\mathbf{C}$의 처음 몇 개의 원소(짝수는 굵은 글씨)를 보여준다.

	0	1	2	3	4	5	6	7	8	9	10	11	12	13	14	15	16	17
$\mathbf{t}$	a	b	b	a	b	a	a	b	b	a	a	b	a	b	b	a	b	a
$\mathbf{c}$		1		3	**4**	5		7		9		11	**12**	13		15	**16**	17

그 정의에 의해, $k > 0$에 대해 $\mathbf{t}$는

(i) $n = 2k + 1$이면 $\mathbf{t}[n] = \overline{\mathbf{t}[k]}$와 $\mathbf{t}[n-1] = \mathbf{t}[k]$을 만족한다.

(ii) $n = 2k$이면 $\mathbf{t}[n] = \mathbf{t}[k]$와 $\mathbf{t}[n-1] = \overline{\mathbf{t}[k-1]}$을 만족한다.

그럼 성질 (i)는 홀수에 대해 동치 관계 $(**)$를 소거하고, 성질 (ii)는 수학적 귀납법에 의해 짝수에 대해 동치 관계 $(**)$를 소거한다. 이것으로 $\mathbf{c}$와 $\mathbf{t}$ 사이의 관계를 보였다.

노트

정수의 이진수 표현에서 1의 수의 홀짝성을 사용하는 투에-모스 단어의 동등한 정의를 따르면(27쪽 참고), '$n \in \mathbf{C} \Leftrightarrow \nu(n)$이 짝수다'라는 성질도 수열 $\mathbf{c}$를 특징짓는다. 여기서 $\nu(n)$은 n의 이진수 표현에서 0의 끝부분 덩어리의 길이를 나타낸다($\nu(n) = 0$과 n이 홀수인 것은 서로 필요충분조건임을 알아두자).

10 투에-모스 단어와 거듭제곱의 합

자연수의 유한한 집합 I에 대해, $Sum_k(I) = \sum_{i \in I} i^k$이라고 하자. 자연수의 두 유한 집합 I와 J가 있을 때, 성질 $\mathbf{P}(n, I, J)$를 생각해보자.

$$\text{임의의 } k\text{에 대해, } 0 < k < n, \ Sum_k(I) = Sum_k(J)$$

그럼 길이가 2^n인 n번째 투에-모스 단어 τ_n에 있는 위치의 집합을 검토해볼 수 있다. 다시 말해 그 집합은

$$T_a(n) = \{i : \tau_n[i] = a\} \quad \text{그리고} \quad T_b(n) = \{j : \tau_n[j] = b\}$$

이다. 예를 들어, 투에-모스 단어 $\tau_3 = \text{abbabaab}$는

$$T_a(3) = \{0, 3, 5, 6\} \quad \text{그리고} \quad T_b(3) = \{1, 2, 4, 7\}$$

을 준다. 성질 $\mathbf{P}(3, T_a(3), T_b(3))$은 두 등식 때문에 성립한다.

$$0 + 3 + 5 + 6 = 1 + 2 + 4 + 7 = 14,$$
$$0^2 + 3^2 + 5^2 + 6^2 = 1^2 + 2^2 + 4^2 + 7^2 = 70$$

> **질문** 이 성질 $\mathbf{P}(n, T_a(n), T_b(n))$이 임의의 정수 $n > 1$에 대해 성립함을 보여라.

풀이

자연수 d에 대해, $I + \{d\} = \{a + d : a \in I\}$라고 하자. 임의의 수 d와 집합 I, J에 대한 다음의 사실을 알아두자. 증명은 간단한 계산을 해보면 된다.

관찰 $\mathbf{P}(n, I, J)$가 성립한다고 하자. 그러면 다음의 두 성질도 성립한다.

$$\mathbf{P}(n, I + \{d\}, J + \{d\}) \quad \text{그리고} \quad \mathbf{P}(n + 1, I \cup (J + \{d\}), J \cup (I + \{d\}))$$

이 문제의 풀이 즉, 질문에 있는 진술의 증명은 위의 관찰과 $n > 1$에 대한 다음의 재귀 관계식을 사용하면 n에 대해 간단한 수학적 귀납법으로 환원된다.

$$T_a(n+1) = T_a(n) \cup (T_b(n) + 2^n) \quad \text{그리고} \quad T_b(n+1) = T_b(n) \cup (T_a(n) + 2^n)$$

노트

이 문제는 태리–에스콧 문제$^{\text{Tarry-Escott problem}}$라는 문제의 특수한 경우다. [6]을 참고하라.

---

11 단어의 켤레와 회전

만약 $x = uv$이고 $y = vu$인 두 단어 u와 v가 존재하는 경우 두 단어 x와 y는 켤레다. 또한 둘 중 하나를 다른 하나의 회전^{rotation} 또는 순환 이동$^{\text{cyclic shift}}$이라고도 한다. 가령 단어 $abaab = aba \cdot ab$는 $ab \cdot aba$의 켤레다. 켤레성이 단어들 사이의 동치류 관계인 것은 명백하지만 단어의 곱과 호환되진 않는다.

아래에는 aabaaba의 일곱 가지 켤레(왼쪽)와 aabaabaab의 세 가지 켤레(오른쪽)가 있다.

```
a a b a a b a        a a b a a b a a b
 a b a a b a a        a b a a b a a b a
  b a a b a a a       b a a b a a b a a
   a a b a a a b
    a b a a a b a
     b a a a b a a
      a a a b a a b
```

> **질문** 같은 길이를 갖는 공단어가 아닌 두 단어가 켤레인 것은 그 (원시)근이 켤레인 것과 필요충분조건임을 보여라.

위의 예제에서는 aabaabaab = (aab)³과 baabaabaa = (baa)³은 켤레고, 각각의 근 aab와 baa도 켤레다.

켤레 단어의 더 놀라운 성질은 다음 문제에서 설명한다.

질문 공단어가 아닌 두 단어 x와 y가 켤레인 것은 어떤 단어 z에 대해 $xz = zx$인 것과 필요충분조건임을 보여라.

위의 예제(왼쪽)에서 aabaaba와 baabaaa는 켤레이고, aabaaba · aa = aa · baabaaa다.

풀이

같은 길이인 단어 x와 y가 켤레근을 갖는다고 하자. uv가 x의 근이고 vu가 y의 근이라고 하자. 그럼 두 단어는 같은 길이를 갖기 때문에 $k > 0$에 대해 $x = (uv)^k$이고 $y = (vu)^k$이다. 따라서 $x = u \cdot v(uv)^{k-1}$이고 $y = v(uv)^{k-1} \cdot u$이며, 이 단어들이 켤레임을 보인다.

역으로, x와 y가 켤레고, u와 v가 $x = uv$이고 $y = vu$를 만족한다고 하자. z가 x의 근이고 $k > 0$이 $x = zk$라고 하자. 또한 u'와 v'가 $z = u'v$로 정의된다고 하자. 여기서 u'는 u의 접미사이고 v'는 v의 접두사다.

z			z		z	
u				v		
u'	v'		u'	v'	u'	v'

그럼 $y = vu = (v'u')^{k'}v'(u'v')^{k''}u'$이다. 이때 $k' + k'' = k - 1$이다. 이것은 $y = (v'u')^k$를 주고, 보조정리 2를 사용하면 y의 근 t가 $|t| \le |u'v'| = |z|$를 만족하는 것을 보여준다. 하지만 x와 y의 역할은 대칭적이므로, 또한 $|z| \le |t|$도 증명된다. 따라서 $|z| = |t|$이고 $t = v'u'$다. 따라서 x와 y의 근인 z와 t는 켤레다.

두 번째 문제에 답하기 위해 일단 x와 y가 켤레라고 하자. 즉 $x = uv$이고 $y = vu$다. $xu = (uv)u = u(vu) = uy$이고, 이것으로 $z = u$라는 결론을 얻을 수 있다.

역으로, 어떤 단어 z에 대해 $xz = zy$라고 하자. 임의의 양의 정수 ℓ에 대해, $x^\ell z = x^{\ell-1}zy$ $= x^{\ell-2}zy^2 = \cdots = zy^\ell$을 얻는다. 이것은 다음의 도표에서 설명한다. 처음의 왼쪽의 정사각형 도표는 $xz = zy$와 연관된 것이고, ∘는 이어 붙임을 뜻한다.

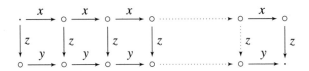

$(k-1)|x| \le |z| < k|x|$를 만족하는 정수 k를 생각해보자. z가 적어도 x^{k-1}의 접두사인 한, z는 x^k의 고유한 접두사다(아래에 $k = 3$이 그려져 있다).

x		x		x		x	
z					y		
u	v	u	v	u	v	u	v

그럼 두 단어 u와 v가 존재해, $x = uv$이고 $z = x^{k-1}u$다. 이것은 $xz = (uv)^k u = zvu$를 유도하고, 그럼 $xz = zy$라는 조건으로부터 $y = vu$가 유도된다. 따라서 x와 y는 켤레다.

노트

단어의 켤레성은 3장에서 볼 수 있는 그 주기성과 밀접하게 관련된다. 켤레 단어에 대해 더 자세한 내용은 로데어[175]를 살펴보라.

12 켤레 회문

이 문제는 단어에 대한 두 연산, 단어의 뒤집기와 그 켤레 중 하나를 취하는 연산과 관련 있다. 단어의 몇 안 되는 켤레들만이 그 단어를 뒤집은 것과 같다는 점에서 이 연산들은 기본적으로 호환이 되지 않는다.

이 상황을 알아보기 위해, 서로의 켤레인 회문을 생각해보자. 예를 들어 단어 abba와 baab는 둘 다 회문이며, 서로의 켤레다. 반대로 aabaa는 다른 켤레 회문이 없다. 즉, 켤레류가 하나의 회문만을 포함한다.

> **질문** 단어의 켤레류에 있는 회문은 최대 몇 개인가?

[**힌트**: 두 켤레 회문의 원시근을 생각해보자.]

abba의 켤레류인 집합 {abba, bbaa, baab, aabb}는 2개의 회문만을 포함한다. 이것은 또한 $(abba)^3$에 대해서도 마찬가지로, 그 켤레류는 abbaab baabba와 baabba abbaab라는 2개의 회문을 포함한다. 하지만 $(abba)^2$의 켤레류는 4개의 켤레 중 단 하나의 회문을 가진다.

풀이

앞의 예는 켤레류가 2개보다 더 많은 회문을 포함할 수 없음을 제안한다. 그걸 보이기 전에 중간 단계를 증명하겠다.

보조정리 4 만약 원시 단어 w와 양수 k에 대해 $x \neq x^R$이고 $xx^R = w^k$이면, k는 홀수이며 어떤 단어 u에 대해 $w = uu^R$이다.

증명 만약 k가 짝수라면 $xx^R = (w^{k/2})^2$이고, 그럼 $x = x^R$인데 이것은 모순이다. 따라서 k는 홀수다. 그리고 $|w|$는 짝수다. $|u| = |v|$에 대해 $w = uv$라고 하자. u가 x의 접두사이고 v가 x^R의 접미사이므로, 예상대로 $v = u^R$이다. ■

공단어가 아닌 두 단어 x와 y에 대해, 켤레 단어 xy와 yx가 서로 다른 회문이라고 가정하자. 그럼 $xy = (xy)^R = y^R x^R$과 $yx = (yx)^R = x^R y^R$이라는 것을 알 수 있다.

둘보다 더 많은 회문이 켤레가 될 수 없음을 보이기 위해, 먼저 $xy = (uu^R)^k$와 $yx = (u^R u)^k$임을 보이겠다. k는 양의 정수고, u는 uu^R이 원시 단어인 어떤 단어다. x와 y가 같은 길이를 갖는지 아닌지에 따라 두 가지 경우가 있다.

$|x| = |y|$이면, $y = x^R$이고, 이것은 $xy = xx^R$이고 $yx = x^R x$를 함의한다. 추가로 $xy \neq yx$라는 가정에 의해 $x \neq x^R$이다. 보조정리 4의 결과를 사용하면 xy의 원시근은 uu^R의 꼴이고, 어떤 홀수 k에 대해 $xy = (uu^R)^k$다.

만약 $|x| \neq |y|$라면 일반성을 잃지 않고 $|x| < |y|$라고 가정할 수 있다(위의 그림 참고). 그럼, x는 y^R의 고유한 경계고, x^R은 y의 고유한 경계다. 이것은 xx^R이 xy의 고유한 경계임을 뜻한다. $z = (x^R)^{-1}y$도 또한 xy의 경계다. 그럼 단어 xy는 주기성 보조정리 조건을 만족하는 두 주기 $|xx^R|$과 $|z|$를 갖는다. 따라서 $q = \gcd(|xx^R|, |x|)$도 또한 xy의 주기이며, 그 길이를 나눈다. xy의 원시근 w를 생각해보면, 그다음 단어는 $k > 1$에 대해 w^k의 꼴이다. 여기서 $p = |w|$는 q의 약수다. 보조정리 4를 다시 사용하면, 원시근은 원시적이기 때문에 uu^R의 꼴이고, $u \neq u^R$이다. 그럼 어떤 홀수 k에 대해 $xy = (uu^R)^k$이다.

x와 y가 같은 길이를 갖든 아니든 같은 결론을 얻는다. 증명을 완성하기 위해, 회문 $(uu^R)^k$의 켤레류를 생각해보면 된다. 여기서 uu^R은 원시적이다. 그런 부류는 다른 회문인 $(u^R u)^k$를 포함한다.

st가 uu^R의 켤레일 때 $(u^R u)^k$의 켤레는 $(st)^k$의 꼴이기 때문에 위의 논증을 다시 적용하면 $u \neq u^R$과 $s \neq u^R$이라는 부등식은 uu^R의 원시성과 모순을 일으킨다. 이것으로 켤레류가 둘보다 더 많은 회문을 포함하지 않는다는 증명을 완료한다.

이 문제의 결과는 궈 등$^{Guo\ et\ al.}$[133]에 의한 것이고, 여기서 제시한 증명은 이 논문에서 채용한 것이다.

13 많은 회문을 갖는 많은 단어

이 문제는 가능한 한 많은 회문 인자를 포함하는 단어의 수를 다룬다. 어떤 단어 w가 한 글자짜리 회문을 포함해 공단어가 아닌 서로 다른 $|w|$개의 회문을 인자로 포함한다면 회문이 풍부하다^{rich}고 한다.

예제 단어 poor, rich, abac는 풍부하고, maximal과 abca는 풍부하지 않다. 실제로 abac에서 등장하는 회문의 집합은 {a, aba, b, c}인데 abca에 대해서는 {a, b, c}다.

$Rich_k(n)$가 크기가 k인 알파벳에 대한 길이 n을 갖는 풍부한 단어의 수를 나타낸다고 하자.

단어의 각 위치는 회문이 나타난 위치 중 그 회문을 많아봐야 한 번 포함하도록 하는 가장 오른쪽의 (시작) 위치다. 이것은 위치를 공유하는 두 번째로 짧은 회문이 더 긴 회문의 고유한 접미사라서 나중에 나타날 수도 있다는 사실 때문이며, 모순이다. 이는 다음 사실을 내포한다.

관찰 단어 w의 인자 중에는 많아봐야 $|w|$개의 회문이 존재한다.

이것을 논의하기에 가장 흥미로운 경우는 이진 단어인 경우 즉, $k = 2$인 경우다. 왜냐하면

$$\begin{cases} Rich_2(n) = 2^n & (n < 8) \\ Rich_2(n) < 2^n & (n \geq 8) \end{cases}$$

[**힌트:** 정수의 분할^{partition}의 수는 지수 함수적으로 증가한다는 사실을 사용하라.]

풀이

서로 다른 양의 정수로 이뤄진 수 n의 모든 분할을 생각해보자.

$$n = n_1 + n_2 + \cdots + n_k \quad \text{그리고} \quad n_1 < n_2 < \cdots < n_k$$

그런 분할 $\pi = (n_1, n_2, \ldots, n_k)$ 각각에 대해, 다음과 같이 정의되는 길이 $n + k - 1$의 단어 w_π를 생각해보자.

$$w_\pi = \mathrm{a}^{n_1}\mathrm{ba}^{n_2}\mathrm{b}\ldots\mathrm{ba}^{n_k}$$

w_π가 회문이 풍부함을 보이는 것은 간단하다.

아래의 그림은 17 (1,2,3,5,6)과 연관된 길이 21의 단어 $\mathrm{aba}^2\mathrm{ba}^3\mathrm{ba}^5\mathrm{ba}^6$에서 나타나는 단일 문자가 아닌 회문을 나타낸다. 아래에 그려진 14개의 회문에 추가로, 이 단어는 전체 21개의 회문에 단일 문자 회문인 a, aa, aaa, aaaa, aaaaa, aaaaaa와 b를 포함한다.

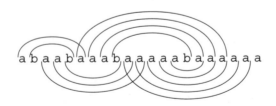

b^{n-k+1}를 w_π에 덧붙이면 추가적으로 $\mathrm{ba}^{n_k}\mathrm{b}, \mathrm{b}^2, \mathrm{b}^3, \ldots, \mathrm{b}^{n-k+1}$라는 회문을 포함하는 길이가 $2n$인 단어 $v_\pi = w_\pi \mathrm{b}^{n-k+1}$를 생성한다. 그럼 v_π는 또한 풍부하다. 정수 n에 대해 서로 다른 양의 정수로의 분할의 수는 n에 대해 지수 함수적으로 증가하는 것이 알려져 있다. 따라서 $Rich_2(2n)$도 n에 대해 지수 함수적으로 증가한다.

노트

이 문제는 단어의 회문의 풍부함에 대해 글렌 등[Glen et al.][130]이 수행한 조사에 기반한다.

14 순열의 짧은 초단어

이 문제의 목표는 패턴의 어떤 집합이 공간 절약적인 방식을 통해 한 단어로 포장될 수 있음을 보이는 것이다. 이것은 특정한 집합에 대한 압축 기법으로 볼 수 있다.

이번 패턴은 n-순열[permutation]이라고 하는데, 자연수의 알파벳에서 뽑힌다. 이 패턴은 알파벳 $\{1, 2, \ldots, n\}$에 대한 단어로, 각 숫자 $\{1, 2, \ldots, n\}$은 정확히 한 번씩만 등장한다. 목표는 단어를 만드는 것으로, n-초단어[superword]라고 말하며 모든 n-순열을 인자로 포함한다.

$n = 2$에 대해, 단어 121이 가장 짧은 2-초단어다. 2개의 2-순열인 12와 21을 포함하기 때문이다. $n = 3$에 대해서는 123121321이 가장 짧은 3-초단어다. 6개의 3-순열이 다음의 순서대로 등장한다.

$$\pi_1 = 123, \pi_2 = 231, \pi_3 = 312, \pi_4 = 213, \pi_5 = 132, \pi_6 = 321$$

123121321의 구조가 어떤지 알아두자. 문자 3이 출현할 때마다 그 옆에 2-순열이 두 번 등장한다.

위의 초단어의 두 사례는 각각 $\alpha_2 = 3$과 $\alpha_3 = 9$인 길이를 갖는다. 여기서 $\alpha_n = \sum_{i=1}^{n} i!$ 이다. 하지만 $n \geq 4$에 대해 가장 짧은 n-초단어가 길이 α_n을 갖는진 분명하지 않다.

이 문제는 최소 길이가 아닐 수도 있는 짧은 n-초단어를 구성하는 것이다.

각 자연수 n에 대해 길이 α_n의 n-초단어를 어떻게 구성하는지 보여라.

[힌트: 위의 일러두기를 123121321의 구조에 사용해 $(n-1)$-초단어로부터 n-초단어를 구성하라.]

풀이

이 구성은 반복적으로 수행되며, 다음과 같이 기초 경우인 $n=2$(또는 $n=3$)에서 시작한다.

w_{n-1}이 길이가 α_{n-1}인 $(n-1)$-초단어라고 하자. $(n-1)$-순열은 w_{n-1}을 따라 출현한 순서대로 고려된다. i_k가 w_{n-1}의 k번째 $(n-1)$-순열이 처음으로 출현하는 w_{n-1}에서의 끝 위치라고 하자. 이것은 정확히 $k-1$개의 서로 다른 $(n-1)$-순열이 끝 위치 $i < i_k$를 갖고 존재한다는 뜻이다(어떤 $(n-1)$-순열은 반복될 수 있다).

n-초단어 w_n은 어떤 n-순열을 w_{n-1}에 삽입해 구성한다. 선택된 n-순열은 모두 $n \cdot \pi_k$ 단어들이다. 여기서 $1 \le k \le (n-1)!$에 대해 π_k는 w_{n-1}에 출현하는 k번째 $(n-1)$-순열이다. 이 단어 전부는 w_{n-1}에서 각각의 위치 i_k의 바로 뒤에 동시에 삽입된다. i_k의 정의로부터, 이 삽입은 각 $(n-1)$-순열 π_k마다 w_n의 안에 $\pi_k \cdot n \cdot \pi_k$ 꼴의 인자를 생성한다.

예제 $w_3 = 123121321$로부터 w_4를 생성하라. 위에서 본 6개의 3-순열 π_i의 w_3에서의 끝 위치는

$$i_1 = 2,\, i_2 = 3,\, i_3 = 4,\, i_4 = 6,\, i_5 = 7,\, i_6 = 8$$

이다. $4 \cdot \pi_i$의 꼴을 갖는 6개의 4-순열의 삽입은 길이가 $\alpha_4 = 33$인 다음의 4-초단어

$$123\mathbf{4}123\mathbf{1}\mathbf{4}23\mathbf{1}2\mathbf{4}3\mathbf{1}2\mathbf{1}3\mathbf{4}2\mathbf{1}3\mathbf{2}\mathbf{4}\mathbf{1}3\mathbf{2}\mathbf{1}\mathbf{4}3\mathbf{2}\mathbf{1}$$

를 생성한다. 여기서는 4를 강조했다.

단어 w_n의 길이는 α_n이다 길이 n의 단어의 $(n-1)!$개의 삽입이 있기 때문에 결과로 얻은 단어 w_n의 길이는 요구 조건대로 $|w_{n-1}| + (n-1)!\,n = \sum_{i=1}^{n} i! = \alpha_n$이다.

모든 n-순열은 단어 w_n의 인자다 w_n에 등장하는 n-순열은 $u \cdot n \cdot v$의 꼴이다. 여기서 uv는 길이가 $n-1$인 단어로, 문자 n을 포함하지 않는다. 이 순열은 w_n의 $vu \cdot n \cdot vu$인 인자 내부에서 등장한다. 여기서 어떤 $(n-1)$-순열 w_k에 대해 $vu = \pi_k$이다. 이 구성법에 의해, $\pi_k \cdot n \cdot \pi_k$의 꼴의 모든 단어가 sn에 나타나고 모든 n-순열이 w_n에 나타난다. 이것으로 문제를 풀었다.

노트

α_n이 가장 짧은 n-초단어일 것이라는 추측이 있었다. 이 추측은 $n=4$와 $n=5$에 대해서 존스톤[Johnston][152]에 의해 확인됐으나 휴스턴[Houston][143]에 의해 $n=6$일 때 반증됐다.

15 순열의 짧은 초수열

이 문제는 패턴의 집합을 어떤 단어에 효율적으로 저장하는 아이디어를 다룬다. 초단어의 정의와 반대로, 이 문제에서 패턴은 초수열[supersequence]이라고 부르는 어떤 단어의 부분수열[subsequence]로 저장된다.

이 패턴은 n-순열이라고 하며, 알파벳 $\{1,2,\ldots,n\}$에서 뽑힌다. 이 패턴은 $\{1,2,\ldots,n\}$에 있는 모든 수가 정확히 한 번씩 등장하는 단어다. 목표는 n-초수열이라고 하는 단어를 구성해서 모든 n-순열을 부분수열로 포함하는 것이다.

$n=3$일 때, 길이 7의 단어 1213212는 가장 짧은 3-초수열이다. $n=4$일 때 길이 12의 단어 123412314321는 가장 짧은 4-초수열이다. 이 2개의 초수열은 그 길이가 $n^2 - 2n + 4(n=3,4)$다. $n=4$인 경우, 여기의 4-초수열이 길이 12를 갖는데, 가장 짧은 4-초단어는 길이 33으로 명백히 더 길다는 것(문제 14 참고)을 살펴두자.

n-초수열을 생성하는 간단한 방법은 임의의 n-순열 π에 대해 π''인 꼴의 단어, 또는 π_1 $\pi_2 \, \pi_3 \ldots \pi_n$인 꼴의 단어를 고려하는 것이다. 여기서 π_i는 임의의 n-순열이다. 분명히 이 단어는 모든 $n!$개의 n-순열을 부분수열로 포함하지만, 그 길이는 n^2이어서 최적과는 거리가 멀다.

문제의 목표는 최적은 아닐 수도 있지만, 적절히 짧은 n-초단어를 구성하는 방법을 보이는 것이다.

> **질문** 모든 자연수 n에 대해 $n^2 - 2n + 4$인 길이의 n-초수열을 어떻게 구성하는지 보여라.

[**힌트:** n^2의 길이를 갖는 직접적인 n-초단어에서 시작해서, 이것을 어떻게 필요한 길이가 되도록 조정하는지 보여라.]

풀이

결과를 얻기 위해, 위에 있는 것과 같은 n-초수열 $x = \pi_1 \, \pi_2 \, \pi_3 \ldots \pi_n$은 두 단계를 거쳐 짧아진다.

길이 $n^2 - n + 1$ x의 길이는 $i = 1, \ldots, n-1$에 대해 $n \cdot \rho_i$의 형태의 순열을 선택해 축소시킨다. 여기서 ρ_i는 $(n-1)$-순열이다. 그리고 다음의 단어를 고려해 축소시킨다.

$$y = n \cdot \rho_1 \cdot n \cdot \rho_2 \cdot n \cdots n \cdot \rho_{n-1} \cdot n$$

이것은 명백하게 n-초수열을 $n-1$개의 문자만큼 짧게 만들어서 예상했던 길이를 준다.

길이 $n^2 - 2n + 4$ 이제, 구성 기법은 조금 더 기교가 필요해진다. 핵심 아이디어는 y의 $(n-1)$-순열 ρ_i을 좀 더 신중하게 고르는 것이다.

$n \leq 4$에 대한 풀이를 써서 $n \geq 5$에 대한 풀이를 개발하겠다. 그렇게 하기 위해, γ_2, γ_3이 각각 $3 \cdot \gamma_1' \cdot 2$, $1 \cdot \gamma_2' \cdot 3$, $2 \cdot \gamma_3' \cdot 1$의 형태를 갖는 3개의 $(n-1)$-순열이라고 하자. 여기서 γ_1'는 $\{1, 2, \ldots, n-1\} \setminus \{2, 3\}$이고, 다른 γ'에 대해서도 비슷하다.

먼저 γ_i 형태의 $n-1$개의 덩어리를 대안적 방법으로 이어 붙인다. 그리고 그 사이에 n을 삽입하면 순차적으로 다음이 나온다.

$$\gamma_1 \cdot \gamma_2 \cdot \gamma_3 \cdot \gamma_1 \cdot \gamma_2 \cdot \gamma_3 \cdots,$$
$$w = n \cdot \gamma_1 \cdot n \cdot \gamma_2 \cdot n \cdot \gamma_3 \cdot n \cdots n,$$
$$w = n \cdot 3 \cdot \gamma_1' \cdot 2 \cdot n \cdot 1 \cdot \gamma_2' \cdot 3 \cdot n \cdot 2 \cdot \gamma_3' \cdot 1 \cdot n \ldots n$$

이것이 n-초수열이고 그 길이가 $n^2 - n + 1$이라는 것은 앞의 경우에서 유도된다.

이 기법의 핵심 단계는 w에서 $n-3$개의 문자를 삭제하는 것으로 구성되며, 그럼 원하는 길이 $n^2 - n + 1 - (n-3) = n^2 - 2n + 4$를 준다. 이것은 w에서 등장하는 각 γ_i'로부터 문자 i에 대해 처음과 마지막 출현을 제외하고 나머지를 소거해 z를 생성하는 방식으로 수행된다.

단어 z는 n-초수열이다 $i = 1, 2, 3$에 대해, γ_i' 덩어리에서 문자 i의 삭제가 문자 n을 넘어선 γ_i의 왼쪽과 오른쪽에 있는 i에 의해 보상된다는 것을 생각해보자. 그럼 위의 단어 y에 적용된 것과 유사한 논증을 통해 z가 n-초수열임이 증명된다.

이것으로 길이 $n^2 - 2n + 4$인 n-초수열의 구성이 마무리된다.

예제 $n = 6$인 경우에 대한 구성을 설명하겠다. $\gamma_1 = 31452$, $\gamma_2 = 12453$, $\gamma_3 = 23451$이 5-순열로 선택됐다고 하자. 또한, γ_i^{Rem}이 문자 i를 삭제한 후의 단어 γ_i라고 하자. 다음의 수열을 생각해보자.

$$w = 6 \cdot \gamma_1 \cdot 6 \cdot \gamma_2 \cdot 6 \cdot \gamma_3 \cdot 6 \cdot \gamma_1 \cdot 6 \cdot \gamma_2 \cdot 6$$

필요한 6-초수열은 문자 i를 처음과 마지막을 제외한 각 덩어리 γ_i로부터 삭제해 얻을 수 있다. 그럼,

$$z = 6 \cdot \gamma_1 \cdot 6 \cdot \gamma_2^{\text{Rem}} \cdot 6 \cdot \gamma_3^{\text{Rem}} \cdot 6 \cdot \gamma_1^{\text{Rem}} \cdot 6 \cdot \gamma_2 \cdot 6$$

을 생성한다. 즉,

$$z = 6 \; 31452 \; 6 \; 1453 \; 6 \; 2451 \; 6 \; 3452 \; 6 \; 12453 \; 6$$

이다.

노트

위의 방법은 모핸티^{Mohanty}[191]에 의한 구성법이다. 이 구성법은 $2 < n \leq 7$에 대해 길이 $n^2 - 2n + 4$인 가장 짧은 초수열을 준다고 알려졌다. 하지만 $n \geq 10$에 대해, 잘린스큐^{Zalinescu}[242]가 길이 $n^2 - 2n + 3$인 초수열을 제시했다. n-초수열의 가장 짧은 길이에 대한 정확한 일반적 공식은 아직 알려지지 않았다. 지금까지는 그것이 $n^2 - o(n^2)$이라는 것만 알려졌다.

16 스콜렘 단어

양의 정수 n에 대해, n차 스콜렘 단어$^{Skolem\ word}$는 알파벳 $A_n = \{1, 2, \ldots, n\}$에 대한 단어로, 각 $i \in A_n$에 대해 다음의 성질을 만족한다.

(i) 문자 i가 단어에 정확히 두 번 나타난다.

(ii) i의 그 다음번 등장은 거리 i에 있다.

스콜렘 단어는 랭포드 단어(문제 17)와 매우 유사한 정의를 갖지만, 거리에서 작은 차이가 큰 차이점을 만든다.

만약 igi가 스콜렘 단어의 인자라면, 틈새에 있는 단어 g는 문자 i를 포함하지 않고 $|g| = i - 1$이다. 가령 11은 명백히 1차 스콜렘 단어다. 23243114는 4차 스콜렘 단어고, 4511435232는 5차 스콜렘 단어다. 하지만 2차나 3차 스콜렘 단어가 없음은 간단히 알아낼 수 있다.

> **질문** n차 스콜렘 단어가 어떤 양의 정수 n에 대해서 존재하는지 논의하고, 가능하다면 그것을 구성하는 알고리듬을 설계하라.

[**힌트:** $n \bmod 4$에 따라서 논의하라.]

풀이

$n \bmod 4$에 대해서 다른 경우를 검토해보겠다.

$n = 4k$인 경우   단어 23243114는 4차 스콜렘 단어의 사례다. $k > 1$에 대해 $n = 4k$라고 하자. 다음 절차가 n차 스콜렘 단어를 구성한다.

이 구성의 기본 단위는 w_{even}과 w_{odd}의 두 단어다. 먼저 A_n에 있는 짝수를 이용해 증가하는 수열을 만들고, 둘째로 $A_n \setminus \{n-1\}$에 있는 홀수로 증가하는 수열을 만든다(가장 큰 홀수는 버린다).

다음의 SKOLEM 알고리듬은 스콜렘 단어를 만든다.

> SKOLEM(n multiple of 4 larger than 4)
> 1 $(c,d) \leftarrow (n/2 - 1, n - 1)$
> 2 $w_{\text{odd}} \leftarrow 1 \, 3 \cdots n - 3 \triangleright$ no letter $n - 1$ in w_{odd}
> 3 $\alpha \cdot c \cdot \beta \cdot 1 \, 1 \cdot \beta^{\text{R}} \cdot c \cdot \alpha^{\text{R}} \leftarrow$ decomposition of $w_{\text{odd}}^{\text{R}} w_{\text{odd}}$
> 4 $v \leftarrow \alpha \cdot 1 \, 1 \cdot \beta \cdot c \cdot d \cdot \beta^{\text{R}} \cdot \alpha^{\text{R}} \cdot c$
> 5 $w_{\text{even}} \leftarrow 2 \, 4 \cdots n$
> 6   **return** $v \cdot w_{\text{even}}^{\text{R}} \cdot d \cdot w_{\text{even}}$

세 번째 줄의 절차는 c 주변의 단어 $w_{\text{odd}}^{\text{R}} w_{\text{odd}}$의 양 끝을 인자분해한다.

예제 $n = 12$에 대해, 알고리듬은 $w_{\text{odd}} = 1 \, 3 \, 5 \, 7 \, 9$와 $w_{\text{even}} = 2 \, 4 \, 6 \, 8 \, 10 \, 12$로부터 $c = 5$를 갖는 $w_{\text{odd}}^{\text{R}} w_{\text{odd}}$의 분해

$$9 \, 7 \cdot 5 \cdot 3 \cdot 1 \, 1 \cdot 3 \cdot 5 \cdot 7 \, 9$$

를 성공적으로 계산한다. 여기서 $\alpha = 9 \, 7$이고 $\beta = 3$이다. 그럼,

$$v = 9 \, 7 \cdot 1 \, 1 \cdot 3 \cdot 5 \cdot 1 \, 1 \cdot 3 \cdot 7 \, 9 \cdot 5$$

이고, 결과적으로 다음의 12차 스콜렘 단어가 생성됐다.

9 7 1 1 3 5 **11** 3 7 9 5 12 10 8 6 4 2 **11** 2 4 6 8 10 12

여기서 $d = 11$을 강조해둔다.

왜 작동할까? 먼저 성질 (i)가 만족된다는 것을 알아두자. 그럼, v에 있는 $u = w_{odd}^{R} w_{odd}$와 출력에 있는 접미사 $w_{even}^{R} \cdot d \cdot w_{even}$에서 각 문자의 출현이 정확한 간격으로 있다는 것이 분명하다.

따라서 문자 c와 d에 대해 성질 (ii)가 성립함을 보이는 것이 남는다. v의 내부에서 c의 출현 사이의 거리는 $|\alpha| + |\beta| + 1$으로, 1과 c가 아닌 홀수의 수다. 즉, $n/2 - 2$로 이것은 필요한 만큼이다.

출력에서 문자 d의 두 출현 사이의 거리는 $|\alpha| + |\beta| + 1 + |w_{even}|$으로, $|A_n \setminus \{1, d\}| = n - 2$이며 이것 또한 필요한 만큼이다.

따라서 SKOLEM(n)은 n차 스콜렘 단어다.

$n = 4k + 1$인 경우 이 경우는 d를 n으로 두고 c를 $\lfloor n/2 \rfloor - 1$으로 둔다는 것을 제외하면 기본적으로는 앞서와 같은 방식으로 작동한다. w_{even}을 앞서와 마찬가지로 A_n에 있는 짝수들의 증가하는 수열이라고 하고, w_{odd}를 $A_n \setminus \{n\}$에 있는 홀수들(가장 큰 홀수는 버림)의 증가하는 수열이라고 하자. 길이가 n인 이 사례를 갖고서 SKOLEM 알고리듬은 스콜렘 단어를 생성한다. 첫 번째 경우에서 v와 출력이 $c \cdot d$라는 인자를 포함하는데, 이번 경우에는 $d \cdot c$라는 인자를 포함하는 것을 살펴두자.

SKOLEM(n in the form $4k + 1$ larger than 4)

1   $(c, d) \leftarrow (\lfloor n/2 \rfloor - 1, n)$
2   $w_{odd} \leftarrow 1\ 3\ \cdots\ n - 2 \triangleright$ no letter n in w_{odd}
3   $\alpha \cdot c \cdot \beta \cdot 1\ 1 \cdot \beta^{R} \cdot c \cdot \alpha^{R} \leftarrow$ decomposition of $w_{odd}^{R} w_{odd}$
4   $v \leftarrow \alpha \cdot 1\ 1 \cdot \beta \cdot d \cdot c \cdot \beta^{R} \cdot \alpha^{R} \cdot c$
5   $w_{even} \leftarrow 2\ 4\ \cdots\ n - 1$
6   **return** $v \cdot w_{even}^{R} \cdot d \cdot w_{even}$

예제 $n = 13$에 대해, 이 알고리듬은 $w_{\text{odd}} = 1\ 3\ 5\ 7\ 9\ 11$과 $w_{\text{even}} = 2\ 4\ 6\ 8\ 10\ 12$에서 시작해, $\lfloor n/2 \rfloor - 1 = c = 5$을 갖는 $w_{\text{odd}}^{\text{R}} w_{\text{odd}}$의 분해

$$11\ 9\ 7 \cdot \mathbf{5} \cdot 3 \cdot 1\ 1 \cdot 3 \cdot \mathbf{5} \cdot 7\ 9\ 11$$

를 성공적으로 계산한다. 여기서, $\alpha = 11\ 9\ 7$이고 $\beta = 3$이다. 그럼,

$$v = 11\ 9\ 7\ \mathbf{1}\ 1\ 3\ \mathbf{13}\ \mathbf{5}\ 3\ 7\ 9\ 11\ \mathbf{5}$$

이며, 결과적으로 다음의 13차 스콜렘 단어가 생성됐다.

$$v = 11\ 9\ 7\ 1\ 1\ 3\ \mathbf{13}\ 5\ 3\ 7\ 9\ 11\ \mathbf{5}\ 12\ 10\ 8\ 6\ 4\ 2\ \mathbf{13}\ 2\ 4\ 6\ 8\ 10\ 12$$

여기서 $c = 5$와 $d = 13$을 강조해둔다.

다른 경우는 불가능함 $odd(n)$이 n을 초과하지 않는 홀수인 자연수의 개수라고 하자.

관찰 만약 n차 스콜렘 단어가 존재한다면 $odd(n) \bmod 2 = n \bmod 2$라는 등식을 얻는다.

이 관찰을 증명하기 위해 n차 스콜렘 단어 n위에서의 위치의 2-합이라고 부르는 $\bmod 2$에서의 합을 생각해본다. 첫째, w의 위에서 모든 위치의 2합은 $n \bmod 2$다. 둘째, 이 합을 계산하기 위해 같은 단어 i의 짝지어보자. 만약 i가 짝수면, 그 문자가 출현한 ㈜ 위치는 같은 홀짝성을 갖고, 따라서 2-합에 대한 변화는 없다. 하지만 만약 i가 홀수라면 그에 해당하는 위치는 다른 홀짝성을 갖는다. 따라서 위치의 2-합은 $odd(n) \bmod 2$다. 결론적으로, $odd(n) \bmod 2 = n \bmod 2$다.

$n = 4k + 2$와 $n = 4k + 3$인 경우에 대한 스콜렘 단어를 찾는 것이 불가능한 것은 이 관찰로부터 직접 유도된다. 이 경우에 대해서는 $odd(n) \bmod 2 \neq n \bmod 2$이기 때문이다.

결론적으로, 스콜렘 단어는 n이 $4k$나 $4k + 1$의 형태일 때만 존재한다.

노트

이 문제에서 생각해본 단어들은 스콜렘[227]이 소개했다.

17 랭포드 단어

어떤 양의 정수 n에 대해 n차 랭포드 단어Langford word는 알파벳 $\{1, 2, \ldots, n\}$에 대한 단어로, 각 $i \in A_n$에 대해 다음의 성질을 만족한다.

(i) 문자 i는 정확히 2번 나타난다.

(ii) i의 그 다음번 등장은 거리 $i + 1$에 있다.

랭포드 단어는 스콜렘 단어의 정의(문제 16)와 매우 유사한 정의를 갖지만, 거리에서의 작은 변화가 큰 차이점을 만든다.

만약 igi가 랭포드 단어의 인자라면, 틈새에 있는 단어 g는 문자 i를 포함하지 않고 $|g| = i$다. 예를 들어 312132는 3차 랭포드 단어이고, 41312432는 4차 랭포드 단어다.

> **질문** n차 랭포드 단어가 어떤 양의 정수 n에 대해 존재하는지 논의하고, 가능하다면 어떻게 구성하는지 보여라.

[**힌트:** $n \bmod 4$에 따라서 논의하라.]

풀이

$n \bmod 4$에 대해서 다른 경우를 검토하겠다.

$n = 4k + 3$인 **경우** 위의 예제는 3차 랭포드 단어를 보여준다. $n \geq 7$에 대해 즉, $k > 0$에 대해, $X_n = \{2k + 1, n - 1, n\}$이고 $A'_n = A_n \backslash X_n$라고 하자. w_{even}이 A'_n에 있는 짝수의 증가하는 수열이고 w_{odd}가 A'_n에 있는 홀수의 증가하는 수열이라고 하자.

A'_n이 $4k$개의 원소를 갖는데, 그럼 정확히 $2k$개의 짝수 문자와 $2k$개의 홀수 문자가 있다. w_{even}과 w_{odd}는 둘 다 절반으로 나눌 수 있다. 즉, $|p_1| = |p_2| = k$인 $w_{\text{even}} = p_1 \cdot p_2$가 되고, $|p_3| = |p_4| = k$인 $w_{\text{even}} = p_3 \cdot p_4$가 된다.

풀이를 얻기 위해, 거의 랭포드 단어인 다음 단어에서 시작하자.

$$u = p_2^R \, p_3^R \, * \, p_3 \, * \, p_2 \, * \, p_4^R \, p_1^R \, * \, * \, p_1 \, * \, p_4$$

여기서 $*$는 삽입돼야 할 문자의 빈칸이다. 각 $i \in A'_n$에 대해 2번 출현 사이의 거리가 $i + 1$과 같음은 분명하다.

이제, A_n의 남은 원소들을 다음의 순서에 맞춰 $*$에 2번씩 대입하면 된다.

$$4k + 2, \ 4k + 3, \ 2k + 1, \ 4k + 2, \ 2k + 1, \ 4k + 3$$

각 p_j가 k의 길이를 가지므로, $\{2k+1, n-1, n\}$으로부터 삽입된 원소의 쌍 사이의 거리는 금방 계산할 수 있고, 따라서 성질 (ii)를 잘 따르며 n차 랭포드 단어를 생성하는 것도 쉽게 알 수 있다.

예제 $n = 11 = 4 \times 2 + 3$, $k = 2$라고 하자. $X_{11} = \{5, 10, 11\}$과 $A'_{11} = \{1, 2, 3, 4, 6, 7, 8, 9\}$를 알고 있으므로, $p_1 = 2\ 4$, $p_2 = 6\ 8$, $p_3 = 1\ 3$, $p_4 = 7\ 9$이다. 첫 단계는

$$u = 8\ 6\ 3\ 1\ *\ 1\ 3\ *\ 6\ 8\ *\ 9\ 7\ 4\ 2\ *\ *\ 2\ 4\ *\ 7\ 9$$

을 생성한다. 이것은 11차 랭포드 단어를 이끌어낸다.

$$8\ 6\ 3\ 1\ \mathbf{10}\ 1\ 3\ \mathbf{11}\ 6\ 8\ \mathbf{5}\ 9\ 7\ 4\ 2\ \mathbf{10}\ \mathbf{5}\ 2\ 4\ \mathbf{11}\ 7\ 9$$

여기서 $2k + 1 = 5$, $n - 1 = 10$, $n = 11$을 강조해둔다.

$n = 4k$인 경우 4차 랭포드 단어의 사례는 위에서 살펴봤다. 그럼 $k > 0$에 대해 $n = 4k + 4$라고 하자. 이 경우는 앞의 경우와 유사하다. $4k + 3$에 대한 해답 u를 먼저 구성한다. 그럼 가장 큰 원소 n을 u 안에 넣기 위해 몇 가지를 바꿔야 한다. $2k + 1$의 첫 번째 사본은 이 단어의 끝으로 옮겨지고, 그럼 이것이 두 번째 출현이 된다. n의 두 번째 사본을 그 뒤에 둔다.

다르게 말하면, $4k + 3$에 대한 단어 u의 안쪽에 다음의 순서로 삽입한다.

$$4k + 2, \ 4k + 3, \ n, \ 4k + 2, \ 2k + 1, \ 4k + 3, \ 2k + 1, \ n$$

여기서 마지막 두 문자는 단어의 끝에 덧붙여진 것이다.

n보다 작은 원소들 사이의 거리는 바뀌지 않고, 가장 큰 원소 $n = 4k + 4$의 출현 사이의 거리는 요구 조건대로이므로, n차 랭포드 단어가 생성됐다.

다른 경우는 불가능함 A_{n-1}에 대한 임의의 랭포드 단어 w는 w의 모든 원소에 1을 더하고 문자 1의 두 사본을 시작 부분에 삽입해 A_n에 대한 스콜렘 단어로 변환할 수 있다. 예를 들어 랭포드 단어 312132는 그렇게 해서 스콜렘 단어 11423243으로 변환된다.

$4k + 2$나 $4k + 3$ 꼴의 n에 대해서는 스콜렘 단어가 존재하지 않음이 알려져 있다(문제 16 참고). 랭포드 단어에 대해서도 똑같은 관찰이 작동하며, n이 $4k + 1$이나 $4k + 2$인 때에는 존재하지 않음을 증명할 수 있다.

결론적으로 랭포드 단어는 n이 $4k + 4$나 $4k + 3$의 형태($k \geq 0$)인 때에만 존재한다.

노트

랭포드 단어의 다양한 개념이 있다. 예를 들어 성질 (i)은 생략할 수 있다. 이 경우, 연관된 단어가 제곱이 없음을 베르스텔[32]이 증명했다.

18 린던 단어에서 드 브루인 단어로

이 문제의 조합론적 결과는 드 브루인 단어의 효율적인 실시간 구성의 기초를 제공한다

만약 어떤 이진 단어(알파벳 $\{0, 1\}$에 대해)가 그 인자로 길이 k인 각 이진 단어를 순환적으로 단 한 번씩만 포함한다면, 그 이진 단어는 k차(랭크 또는 스팬) 드 브루인 단어다. 이 단어는 길이가 2^k다. 이 단어와 사전식 순서 사이에는 놀라운 관계가 있는데, 단어에 순서를 매기는 것이 문자열 알고리듬에서 강력한 도구임을 한 번 더 보여준다.

린던 단어는 그 안의 켤레 동치류에 있는 (사전식 순서에서) 가장 작은 원시 단어다.

p가 소수이고, $\mathcal{L}_p = (L_0, L_1, \ldots, L_m)$가 길이가 p이거나 1인 이진 린던 단어의 정렬된 수열이라고 하자. 또한,

$$\mathbf{b}_p = L_0 \cdot L_1 \cdots L_m$$

이 $\mathcal{L}_p$의 단어를 이어 붙인 것이라고 하자.

예를 들어 길이가 5이거나 1인 린던 단어의 정렬된 목록은

$$\mathcal{L}_5 = (0, 00001, 00011, 00101, 00111, 01011, 01111, 1)$$

이다. 그리고 그 단어를 이어 붙인 것은

$$\mathbf{b}_5 = 0 \ 00001 \ 00011 \ 00101 \ 00111 \ 01011 \ 01111 \ 1$$

이다. 이것은 사전식 순서에서 가장 작은 5차 드 브루인 단어이고 그 길이는 $32 = 2^5$를 갖는다.

> **질문** 소수 p에 대해, 단어 $\mathbf{b}_p$가 p차 드 브루인 단어임을 보여라.

풀이

길이 p인 이진 린던 단어 $\mathcal{L}_p$의 수는 $(2^p - 2)/p$다(문제 1 참고). 따라서 $\mathbf{b}_p$의 길이는 $p(2^p - 2)/p + 2 = 2^p$다. 그럼 이 단어가 드 브루인 단어임을 보이기 위해 길이 p인 각 단

어 w가 $\mathbf{b}_p$에서 순환적으로 등장함을 증명하면 된다.

기초적인 관찰부터 시작하자. $\mathcal{L}_p$에 있는 $x \neq 1$인 단어 x에 대해, $next(x)$가 이 수열에서 x의 뒤에 오는 단어를 나타낸다고 하자.

관찰 만약 $|x| = |next(x)| = p$, $x = uv$이고 v가 0의 출현을 포함한다면, u는 $next(x)$의 접두사다.

증명 반대로, $|u| = |u'| = t$이고 $u' \neq u$로 두고 $next(x) = u'v'$라고 가정하자. $\mathcal{L}_p$의 원소의 순서 때문에 $u < u'$이다. 그러나 단어 $u \cdot 1^{n-t}$는 사전식 순서에 대해 uv와 $u'v'$ 사이에 있는 린던 단어이기 때문에 $next(x) = u'v'$에 모순이다. 따라서 u는 $next(x)$의 접두사다. ∎

길이 p의 린던 단어는 구성에 의해 $\mathbf{b}_p$의 모든 인자다. 0^p와 1^p는 각각 $\mathbf{b}_p$의 접두사와 접미사다. 1^+0^+에 있는 길이 p의 단어는 $\mathbf{b}_p$의 마지막 $p - 1$위치에서 순환적으로 나타난다. 따라서 린던 단어가 아니고 1^*0^*에 속하지 않는 길이 p의 단어가 $\mathbf{b}_p$에서 (비순환적으로) 나타나는지 증명해야 한다. w가 그런 단어고, L_i가 그 린던 켤레라고 하자. 그럼 $w \neq L_i$이기 때문에 공단어가 아닌 단어 v와 u에 대해,

$$w = vu \quad \text{그리고} \quad L_i = uv$$

이다.

v가 0의 출현을 포함하는지 아닌지를 고려하면 두 가지 경우가 있다.

v가 0을 포함하는 경우 그럼 관찰 내용으로부터 u가 $L_{i+1} = next(L_i)$의 접두사다. 따라서 $w = vu$가 $L_i L_{i+1}$의 인자다.

v가 0을 포함하지 않는 경우 그럼 어떤 $t > 0$에 대해 $v = 1^t$이다. L_j가 $\mathcal{L}_p$에서 u를 접두사로 갖는 첫 번째 단어라고 하자. 그리고 $|v'| = t$로 두고 $L_{j-1} = u'v'$라고 하자. 그럼 $u' = u$이고 L_j가 $\mathcal{L}_p$에서 u를 접두사로 갖는 첫 번째 단어가 될 수 없기 때문에 v'은 문자 0을 포함할 수 없다. 결과적으로 $v' = 1^t = v$이고, 이어 붙인 단어 $L_{j-1} L_j = u' \cdot v \cdot u \cdots$는 인자로 vu를 포함한다.

두 경우 모두 w는 $\mathbf{b}_p$에서 출현한다. 이것으로 $\mathbf{b}_p$가 드 브루인 단어라는 증명을 완료한다.

노트

$\mathcal{L}_p$ 목록은 $O(p)$의 메모리 공간만을 사용해 실시간으로 생성할 수 있다. 그럼 위의 구성은 단어의 마지막으로 계산된 문자를 저장하기 위한 $O(p)$ 크기의 메모리 영역을 사용하는 드 브루인 단어의 실시간 생성을 이끌어낸다.

드 브루인 단어의 차수 k가 소수가 아닐 때, 유사한 구성이 적용될 수 있다. 그런 경우 정렬된 목록인 $\mathcal{L}_k$는 k가 그 길이로 나누어 떨어지는 린던 단어로 구성된다. 이 정렬된 단어의 이어 붙임은 사실 주어진 알파벳에 대해 사전식 순서에서 가장 작은 k차 드 브루인 단어를 준다. 이 알고리듬은 프레드릭센^{Fredricksen}과 마요라나^{Maiorana}[120]가 처음 개발했다. 또한 일반적인 경우에 대해 더 간략해진 완전한 증명은 [192]를 참고하라.

패턴 찾기

19 경계표

경계표뿐만 아니라 문제 22의 접두사 표는 효율적인 단어 알고리듬을 구성하기 위한 기본적 도구다. 이들은 대체로 주어진 패턴의 다양한 타입에 대해 실시간으로 문자열을 검색하는 데 사용된다.

공단어가 아닌 단어 x의 **경계표**$^{\text{border table}}$는 $\ell = 0, \ldots, |x|$인 길이 ℓ에 대해 그 접두사가 $border[0] = -1$이고, $\ell > 0$에 대해서는 $border[\ell] = |Border(x[0..\ell-1])|$로 정의된다. 아래에 단어 abaababaaba의 경계표가 있다.

i		0	1	2	3	4	5	6	7	8	9	10
$x[i]$		a	b	a	a	b	a	b	a	a	b	a
ℓ	0	1	2	3	4	5	6	7	8	9	10	11
$border[\ell]$	-1	0	0	1	1	2	3	2	3	4	5	6

> **질문** BORDERS 알고리듬이 공단어가 아닌 단어 x의 경계표를 정확히 계산하고, $|x| > 1$일 때 최대 $2|x| - 3$개의 문자 비교를 사용함을 증명하라.

```
BORDERS(x non-empty word)
 1   border [0] ← −1
 2   for i ← 0 to |x| − 1 do
 3       ℓ ← border[i]
 4       while ℓ ≥ 0 and x[ℓ] = x[i] do
 5           ℓ ← border[ℓ]
 6       border[i + 1] ← ℓ + 1
 7   return border
```

예제 위의 단어 접두사 $u = $ abaababa를 생각해보자. 그 경계는 $v = $ aba이고 길이는 $3 = border[8]$이다. 그 다음 단어 a는 경계를 확장한다. 즉, $Border(u\text{a}) = v\text{a}$다.

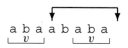

그다음 문자 c가 a가 아니라면, uc의 경계는 vc의 경계로, 재귀 관계식의 증명의 밑그림을 그린다. 단어 u와 문자 c에 대해,

$$Border(uc) = \begin{cases} Border(u)c & Border(u)c\text{가 } u\text{의 접두사인 경우} \\ Border(Border(u)c) & \text{그 외} \end{cases}$$

질문 어떤 단어의 원시적이지 않은 접두사를 그 경계표를 사용해 어떻게 감지하는지 보여라.

풀이

정확성의 증명은 위의 재귀 관계식에 의존한다. 이것은 단어 u의 두 번째로 긴 경계가 만약 존재한다면 그 경계의 경계다.

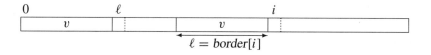

BORDERS 알고리듬의 정확성 먼저 $border[0]$은 정확히 설정됐다는 것을 알아두자.

세 번째 줄에서 여섯 번째 줄까지의 for 루프문을 보면 $i' = 0, \ldots, i$에 대해 다른 모든 값 $border[i']$로부터 $border[i+1]$을 계산한다. while 루프를 계산하는 동안, ℓ은 $x[0..i-1]$의 경계의 길이만큼 가장 긴 것에서 가장 짧은 쪽으로 변한다.

만약 while이 멈추고 $\ell = -1$이면, 어떤 경계도 문자 $x[i]$에 의해 확장될 수 없다. 그럼 그다음 경계는 비어 있다. 즉, $border[i+1] = 0$으로 끝난다. 그렇지 않은 경우, 루프문은 처음으로 패턴이 맞을 때 멈추고, 길이가 ℓ이고 문자 $x[i]$에 의해 확장 가능한 $x[0..i-1]$의 가장 긴 경계를 준다. 그럼 $border[i+1] = \ell+1$이고, 다시 이것으로 끝난다. 이로써 증명이 완료된다.

Borders 알고리듬의 실행 시간 선형 실행 시간을 증명하는 한계를 찾으면 충분함을 알아두자. 그렇게 하려면 각 문자 비교를 한 후에 $2i - \ell$이 적어도 1씩은 증가하는 것을 보여야 한다. 사실 긍정적 비교를 한 후에는 i와 ℓ이 둘 다 증가하고, 부정적 비교를 한 후에는 ℓ은 적어도 1이 감소하며 i는 변하지 않는다.

$|x| > 1$일 때, $2i - \ell$의 값은 $i = 1$과 $\ell = 0$인 첫 번째 비교에 대한 2에서부터 $i = |x| - 1$과 $\ell \geq 0$인 마지막 비교까지 진행하면서 최대 $2|x| - 2$까지 증가한다. 따라서 전체 비교 횟수는 실명했던 대로 $2|x| - 3$으로 한정시어진다. $2|x| - 3$이라는 한계는 $a^{|x| - 1}b$ 형태인 임의의 문자열 x에 의해 도달한다. 여기서 a와 b는 다른 문자다.

비원시적 접두사 정의에 의해, 비원시적 단어 u는 공단어가 아닌 어떤 단어 w와 $k > 1$인 정수에 대해 w^k의 형태다. 이것은 $|u| = k|w|$를 뜻한다. 즉, u의 주기 $|w|$가 그 길이 $|u|$를 나눈다는 뜻이다. 따라서, x의 경계표에서 길이가 i인 비원시적 접두사의 검출은 접두사의 지수 $i/(i - border[i])$가 1보다 큰 정수인지를 검사하면 된다.

노트

단어를 찾기 위해 경계표를 사용하는 것은 [74, 96, 134, 194, 228]과 같은 교과서의 고전적 주제다. 원래의 설계는 모리스^{Morris}와 프랫^{Pratt}([162] 참고)에 의한 것이다.

$|u| - border[|u|]$는 u의 가장 작은 주기이기 때문에, 단어의 경계표는 그 접두사의 주기의 표로 변환될 수 있다. 린던 단어에 대한 접두사 주기표를 계산하는 놀라운 풀이법이 문제 42에서 제시될 것이다.

20 가장 짧은 덮개

덮개[cover] 개념은 단어의 정규성을 포착하려는 시도다. 단어 전체를 덮는 선험적으로 더 짧은 인자를 고려해 단어의 가능한 주기성을 뛰어넘는다. 주기 단어는 그 단어에서 연이어서 나오는 특정한 덮개인데, 일반 덮개는 겹쳐서 출현할 수 있다. 이 관점에서, 덮개 개념은 주기 개념을 일반화한다. 더 정확하게는 단어 x의 덮개 u는 x의 경계로, 그 연이어서 나오는 출현 위치가 최대 거리 $|u|$에 있다.

예제 단어 $u = $ aba는 단어 $x = $ abaababa의 덮개다. x에서 u의 연이은 시작 위치의 정렬된 목록은 $pos($aba$,$ abaababa$) = (0, 3, 5)$이고, 목록에서 연이은 위치들의 최대 거리는 $MaxGap(\{0, 3, 5\}) = 3 \le |u|$이다. 단어 u는 x의 가장 짧은 덮개다.

abaababaaaba의 가장 짧은 덮개는 단어 전체로, 단어 전체는 당연히 언제나 자기 자신의 덮개다. 이 조건이 성립할 때, 그 단어는 초원시적[super-primitive]이라고 한다. 이 단어는 또한 원시적이다.

단어 x에 연관된 $cover$라고 나타내는 **덮개표**[cover table]는 그 접두사의 길이 ℓ로 다음과 같이 정의된다. 즉, $cover[\ell]$은 $x[0 .. \ell - 1]$의 덮개의 가장 짧은 길이이다. 여기에 단어 abababaaba의 덮개표가 있다.

i		0	1	2	3	4	5	6	7	8	9
$x[i]$		a	b	a	b	a	b	a	a	b	a
ℓ	0	1	2	3	4	5	6	7	8	9	10
$cover[\ell]$	0	1	2	3	2	3	2	3	8	9	3

질문 단어의 각 접두사의 가장 짧은 덮개를 계산하는 선형 시간 알고리듬을 설계하라.

[**힌트**: 단어의 경계표를 사용하라.]

풀이

이 풀이에서, 단어 x의 덮개표를 계산하는 실시간 알고리듬은 핵심 관찰에 의존한다(단어의 경계표는 문제 19에서 논의했다).

관찰 $x[0 . . j - 1]$의 자명하지 않은 가장 짧은 덮개의 유일한 후보는 $v = x[0 . . border[j] - 1]$의 가장 짧은 덮개인 $u = x[0 . . \ell - 1]$이고, 이것은 $x[0 . . j - 1]$의 (가장 긴) 경계다 (그림 참고). 이것은 $x[0 . . j - 1]$의 임의의 비자명한 덮개가 그 경계의 어쩌면 자명할 수도 있는 덮개이기 때문이다.

덧붙여서, 이 알고리듬은 보조적 표 $range$를 중요하게 사용한다. $range[\ell]$은 $x[0 . . j - 1]$에 의해 덮여지는 $x[0 . . j - 1]$의 가장 긴 접두사의 길이이다(접두사 v는 그림에서 u에 의해 덮여진다). 다음의 관찰이 $range$ 표의 역할을 설명한다.

관찰 만약 $u = x[0 . . \ell - 1]$이 $x[0 . . j - 1]$의 경계의 덮개이고, $range[\ell]$은 $x[0 . . j - 1]$의 주기만큼 크다면, u는 $x[0 . . j - 1]$의 덮개다.

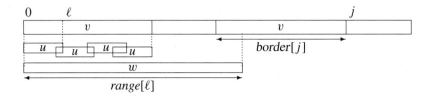

SHORTESTCOVERS 알고리듬은 이 관찰을 구현한다.

```
SHORTESTCOVERS(x non-empty word)
1   border ← BORDERS(x)
2   for j ← 0 to |x| do
3       (cover[j],range[j]) ← (j,j)
4   for j ← 2 to |x| do
5       ℓ ← cover[border[j]]
6       if ℓ > 0 and (range[ℓ] ≥ j − border[j]) then
7           (cover[j],range[ℓ]) ← (ℓ,j)
8   return cover
```

위의 예제 ababababaaba에 대해 SHORTESTCOVERS를 실행한 후, 다음의 표에 그 마지막 값을 나타냈다.

j	0	1	2	3	4	5	6	7	8	9	10
$border[j]$	-1	0	0	1	2	3	4	5	1	2	3
$range[j]$	0	1	6	10	4	5	6	7	8	9	10
$cover[j]$	0	1	2	3	2	3	2	3	8	9	3

초원시적 접두사는 그 길이 j가 $cover[j] = j$를 만족하는 것들임을 알아두자.

$border$ 표의 계산에 이어, 세 번째 줄의 명령은 $cover$와 $range$의 자명한 표를 초기화한다. 4째줄에서 7째줄까지의 명령은 $cover[j]$를 계산하고 $range$를 갱신한다. 여섯 번째 줄의 조건($range[\ell] \geq j - border[j]$)은 두 번째 관찰에 따라 ℓ이 실제로 $x[0..j-1]$의 가장 짧은 덮개의 길이인지를 검사한다. 이것으로 정확성 증명이 완료된다.

BORDERS 알고리듬이 선형 시간에 실행되기 때문에 SHORTESTCOVERS 알고리듬도 마찬가지다.

노트

이 알거리듬은 초원시적 단어를 시험하기 위해 브레슬로어Breslauer가 [43]에서 설계했다.

---

21 짧은 경계

이 문제는 단어의 경계표의 특수한 형태를 다룬다. 이 문제는 단어 변수를 포함하는 지민 패턴Zimin pattern에 대해 문자열을 찾는 데 응용한다(문제 43 참고). 이것은 패턴의 다양한 형태에 대해 실시간 탐색을 위해 조정됐을 때 경계표의 개념이 강력함을 보여준다.

공단어가 아닌 단어 x의 경계는 고유한 접두사와 접미사를 둘 다 갖는 임의의 단어다. 만약 경계의 길이가 $|x|/2$보다 작다면 그 경계는 **짧다**short고 한다. $Border(x)$와 $ShortBorder(x)$의 표기법은 각각 x의 가장 긴 경계와 x의 가장 긴 짧은 경계를 나타낸다. 이 경계 중 어떤 것이든 공단어일 수 있다.

예를 들어 $x =$ ababab의 경계는 ε, ab, abab, ababab다. ε와 ab만이 짧으며, $Border(x) =$ ababab이고 $ShortBorder(x) =$ ab다.

몇몇 알고리듬에서 짧은 경계의 개념은 단어의 모든 접두사에 대해 알려져 있을 때 더 적절하다. $shbord$를 공단어가 아닌 단어 x의 접두사의 **짧은 경계표**를 나타낸다고 하자. 이것은 $0 < \ell \le |x|$인 접두사 길이 ℓ에 대해 다음과 같이 정의된다.

$$shbord[\ell] = |ShortBorder(x[0 . . \ell - 1])|$$

(편의상 $shbord[0] = -1$로 둔다.) 아래에 단어 abaababaaba에 대한 표가 있다. 이것은 $\ell = 6, 10, 11$에서 다르다.

i		0	1	2	3	4	5	6	7	8	9	10
$x[i]$		a	b	a	a	b	a	b	a	a	b	a
ℓ	0	1	2	3	4	5	6	7	8	9	10	11
$border[\ell]$	−1	0	0	1	1	2	3	2	3	4	5	6
$shbord[\ell]$	−1	0	0	1	1	2	1	2	3	4	2	3

> **질문** 공단어가 아닌 단어의 $shbord$ 표를 계산하는 선형 시간 알고리듬을 설계하라.

풀이

가장 쉬운 풀이법은 그 단어 자체를 보지 않고 단어의 $border$ 표로부터 $shbord$ 표를 계산하는 것이다. 하지만 이것은 가령 a^k나 $(ab)^k$같이 제곱 실행 시간을 이끌어낸다.

그 대신, SHORTBORDERS 알고리듬은 여전히 경계표를 사용하지만 이 표를 계산하는 BORDERS 알고리듬(문제 19 참고)의 변형이다. 그럼 이 알고리듬은 선형 시간 내에 실행된다. 이전의 짧은 경계를 확대하려고 시도하고, 그 확장이 너무 길 때는 더 짧은 경계로 바꾼 경계표를 사용한다.

```
SHORTBORDERS(x non-empty word)
1   border ← BORDERS(x)
2   shbord[0] ← −1
3   for i ← 0 to |x| − 1 do
4       ℓ ← shbord[i]
5       while (ℓ ≥ 0 and x[ℓ] = x[i]) or (2ℓ + 1 ≥ i) do
6           ℓ ← border[ℓ]
7       shbord[i + 1] ← ℓ + 1
8   return shbord
```

SHORTBORDERS 알고리듬의 정확성은 그 다음 짧은 경계가 $u = x[0..i − 1]$의 이전의 짧은 경계의 단일 기호 $x[i]$에 의한 확장 또는 u의 짧은 경계의 확장이라는 사실에서 유도된다.

여섯 번째 줄의 명령의 실행 횟수는 $ℓ$의 증가 수에 의해 한정지어지며, 예상대로 전체 실행 시간은 $O(|x|)$다.

노트

shbord 표의 도입과 계산에 동기를 준 것은 지민 타입 단어 계산에서 그 기본적 함의와 (변수가 없는) 단어에서 주어진 (변수를 포함하는) 지민 패턴에 대해 빠른 탐색 알고리듬에서 중요하게 사용된다는 점이다(문제 43).

22 접두사 표

접두사 표는 문제 19의 경계표와 마찬가지로 단어에 대한 효율적 알고리듬을 만드는 기본 도구다. 이것은 주어진 패턴의 다양한 타입에 대해 문자열을 탐색할 때 자주 사용된다.

x가 비어 있지 않은 문자열이라고 하자. x의 **접두사 표**는 $i = 0, \ldots, |x| - 1$인 그 위치 i에 대해 다음과 같이 정의된다. $pref[i]$는 위치 i에서 시작하는 x의 가장 긴 접두사의 길이이다. 명백히 $pref[0] = |x|$다.

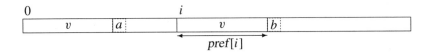

아래에 단어 abaababaaba의 접두사 표가 있다.

i	0	1	2	3	4	5	6	7	8	9	10
$x[i]$	a	b	a	a	b	a	b	a	a	b	a
$pref[i]$	11	0	1	3	0	6	0	1	3	0	1

> **질문** PREFIXES 알고리듬이 입력받은 단어 x의 접두사 표를 선형 시간 내에 계산하고, $2|x| - 2$보다 더 많은 문자 비교를 하지 않음을 보여라.

```
PREFIXES(x non-empty word)
1   pref[0] ← |x|
2   g ← 0
3   for i < 1 to |x| − 1 do
4       if i < g and pref[i − f] = g − i then
5           pref[i] ← min{pref[i − f], g − i}
6       else (f, g) ← (i, max{g, i})
7           while g < |x| and x[g] = x[g − f] do
```

96

이 표를 왼쪽에서 오른쪽으로 순차적으로 계산한다는 PREFIXES 알고리듬의 핵심 아이디어는 현재 위치 이전에서 이미 계산된 것으로부터 이득을 취한다.

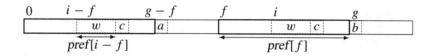

$v = x[f .. g − 1]$이 x의 접두사이고 위치 i가 f와 g의 사이에 있을 때(그림 참고), $pref[i]$를 계산하는 첫 단계는 그 값이 v의 접두사 출현 즉, x에 대한 위치 $i − f$에서 이미 수행된 작업에서 연역될 수 있는가를 검사하는 것이다. 이렇게 하면 선형 시간 알고리듬을 얻기 위한 작업량을 충분히 절약한다.

풀이

PREFIXES의 정확성   먼저 변수 f와 g의 역할을 분명히 하자. 알고리듬을 수행하는 동안의 어떤 지점에서, 위치 g는 (부정적) 문자 비교가 일어난 오른쪽으로 가장 먼 위치다. 더 정확히 말하면 주어진 위치 i에 대해 $g = \max\{j + pref[j] : 0 < j < i\}$다. 그리고 그와 연관된 위치 f는 $f + pref[f] = g$를 만족한다.

for 루프의 첫 번째 실행 동안, f와 g가 정해지고 문자 비교에 의해 그 정의에 맞도록 $pref[i] = pref[f]$가 된다. 이것은 루프에서 불변량이다.

이 불변량이 for 루프의 다른 실행 동안 유지되는 것을 보이기 위해, 네 번째 줄에서 아홉 번째 줄까지 실행되는 명령을 검토해보자.

만약 $i < g$이고 $pref[i − f] < g − i$이면, $pref[i] = pref[i − f]$임이 명백하다. 위의 그림을 참고하라. 만약 $i < g$이고 $pref[i − f] > g − i$이면, 위치 $i − f$에서 시작하는 x의 가장 긴 접두사는 $v'x[g − f]v''$의 꼴이다. 여기서 v'는 $x[i − f .. g − f − 1] = x[f .. g − 1]$의 접

미사다. 그럼 $x[g] \neq x[g-f]$이기 때문에, v'는 i에서 시작하는 x의 가장 긴 접두사로 즉, $pref[i] = g - i$다. 그러므로, $i < g$이고 $pref[i-f] \neq g - i$일 때, 다섯 번째 줄의 명령은 불변량을 바꾸지 않으면서 $pref[i]$의 값을 정확히 설정한다.

네 번째 줄의 조건이 성립하지 않으면, 첫 번째 실행에서 그랬듯이 $pref[i]$의 값은 문자 비교에 의해 정확히 설정되고, 그 실행 단계 후 불변량이 만족된다. 이것으로 정확성의 증명을 마친다.

Prefixes의 실행 시간 실행 시간은 기본적으로 일곱 번째 줄의 문자 비교의 횟수에 의존한다. i의 각 값에 대해 많아봐야 1개의 부정적 비교가 있다. 즉, 이것이 많아봐야 $|x| - 1$번째에 while 루프의 실행을 멈추기 때문이다. 따라서 문자 비교의 전체 수는 $2|x| - 2$보다 많지 않으며, 이것은 전체 실행 시간이 $O(|x|)$임을 보인다.

노트

문제 19에서의 경계표뿐만 아니라 접두사 표도 문자열 알고리듬을 설계하는 데 단어에 대한 기본적 개념으로, 때로는 [74, 96, 134, 194, 228]와 같은 교과서에서 묵시적으로 제시된다. Prefixes 알고리듬은 [134, 9쪽]에서 Z 알고리듬이라고 한다.

23 최대 접미사로 향하는 경계표

단어의 최대 접미사$^{ms, maximal suffix}$ 즉, 단어의 알파벳 순서에서 가장 큰 접미사는 최적 문자열 탐색과 주기성 검사를 설계하는 데 도움을 준다. 이 문제는 경계표 알고리듬에 기반한 최대 접미사 계산을 소개한다.

```
MaxSuffixPos(x non-empty word)
 1   ms ← 0
 2   border[0] ← −1
 3   for i ← 0 to |x| − 1 do
 4       ℓ ← border[i − ms]
 5       while ℓ ≥ 0 and x[ms + ℓ] ≠ x[i] do
 6           if x[ms + ℓ] < x[i] then
 7               ms ← i − ℓ
 8           ℓ ← border[ℓ]
 9       border[i − ms + 1] ← ℓ + 1
10   return ms
```

예제   단어 $x = $ abcbcacbc는 **최대 접미사** $\text{MaxSuffix}(x) = $ cbcacbc를 갖고, 이것의 최장 경계는 $v = $ cbc다. 다음 문자는 최대 접미사의 접두사 cbc에 따라오는 문자와 비교된 것이다.

다음의 그림은 덧붙여진 문자 a, b, c, d에 따라 최대 접미사가 어떻게 변하는지 보여준다. 만약 최대 접미사의 주기성이 변한다면, 최대 접미사는 va의 꼴을 갖는다. 여기서 v는 처음의 최대 접미사의 경계이고, a는 새 문자다.

풀이

실시간 알고리듬은 직전의 최대 접미사의 경계에 대한 위의 일러두기에 기반한다. for 루프의 안에 있는 여러 명령의 역할은 최대 접미사의 시작 위치를 갱신하고, 동시에 그 경계의 길이를 계산하는 것이다. 여섯 번째 줄과 일곱 번째 줄의 명령어가 없으면, 변수 ms는 빈칸으로 남아 있으며, 이 알고리듬은 전체 단어 x의 경계표를 계산한다.

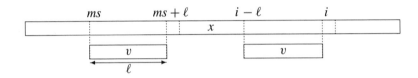

MaxSuffixPos의 정확성   이 증명은 다음의 불변량이 네 번째 줄에서 아홉 번째 줄의 for 루프 안에 있는 명령을 실행한 다음에도 성립함을 보이는 것으로 이뤄진다. 여기서 ms는 $x[0..i-1]$의 최대 접미사의 시작 위치이고, $border[i-ms]$는 길이 $i-ms$인 이 접미사의 경계 길이이다.

첫 부분의 명령어와 $i=0$에 대해 루프의 첫 번째 실행이 된 후, $ms=0$과 $border[1]=0$을 얻으며, 이것은 단어 $x[0]$에 대해 정확한 결과다.

수학적 귀납법에 의해, ℓ을 $x[ms..i-1]$의 경계 길이로 두고 루프를 실행한다. $x[ms..i]$의 경계 길이가 정확히 계산된다는 사실은 여덟 번째 줄의 $border$의 반복을 두고 문제 19에서 경계표의 구성에서와 같은 논증에 의해 유도된다. 요약하자면 while 루프가 멈췄을 때, 현재 최대 접미사의 경계 v가 $vx[ms+1] < ux[i]$를 만족할 때마다 ms는 일곱 번째 줄에서 갱신된다. 이것은 효율적으로 $x[ms..i]$의 최대 접미사의 위치를 알아낸다.

MaxSuffixPos의 실행 시간   이 알고리듬은 여섯 번째 줄과 일곱 번째 줄의 명령이 상수 시간을 필요로 하기 때문에 경계표(문제 19)의 계산과 같은 실행 시간을 갖는다. 즉, $O(|x|)$다.

최대 컬레 $ms = \textsc{MaxSuffixPos}(y)$라고 하자. 여기서 $y = xx$다. 그럼 x의 최대 컬레는 $y[ms..ms + |x| - 1]$이다. x의 반복을 피하기 위해 인덱스^index에 대한 모듈로 산술이 사용됐다.

노트

위의 알고리듬은 부스^Booth[39]에 의해 순환 단어의 가장 작은 회전의 계산법으로부터 채용됐다.

어떤 단어의 최대 접미사 계산에 대해 두 가지 다른 해법이 문제 38과 문제 40에 제시된다. 이 알고리듬들도 선형 시간 내에 실행되지만, 상수의 추가적인 메모리 공간만을 요구한다는 이점이 있다. 문제 40의 알고리듬은 추가로 최대 접미사의 주기도 알려준다.

24 주기성 검사

단어에서 주기성을 검출하는 것은 문자열 검색이나 문자열 압축 기법을 설계할 때 대처해야 할 기본적인 문제다. 목표는 공간 절약적인 방법으로 단어의 주기성을 검사하는 것이다.

만약 (최소) 주기가 단어 길이의 절반보다 더 크지 않다면 즉, $per(x) \leq |x|/2$이라면 단어 x는 **주기적**이라고 한다. x가 두 단어 u와 v와 어떤 정수 k에 대해 ukv의 형태라면, 동등하게 x는 주기적이다. 여기서 u는 공단어가 아니고, v는 u의 고유한 접두사이며 $k \geq 2$다.

이 성질을 검사하는 것은 x의 경계표나 접두사 표에서 곧바로 알 수 있다. 여기서의 목표는 여전히 선형 시간 내에 수행되지만 (입력에 추가로) 상수의 추가 공간만을 요구하는 것이다. 아이디어는 x의 최대 접미사의 위치와 주기를 주는 문제 40의 $\textsc{MaxSuffixPos}$ 함수를 사용하는 것이다.

아래의 예제는 단어의 최대 접미사에 따른 주기의 변화를 설명한다. 최대 접미사는 ms 위치에서 시작하고, $u^k v$의 꼴이다(여기서 $k = 1$이다). 여기서 $u = x[ms..ms + p - 1]$이고, p는 단어의 주기이며, v는 u의 고유 접두사다.

먼저 $x = $ ababbaababbaab이다. 최대 접미사 uv로 이어지는 x의 접두사 aba는 u의 접미사다. 그럼 x는 주기 6으로 주기적이다.

$$
\begin{array}{c}
\overset{ms}{} \\
\texttt{a b a b b a a b a b b a a b}
\end{array}
$$

둘째, $x = $ ababbaaabbaababbaa이다. uv로 이어지는 x의 접두사가 u보다 길다. x의 주기는 $11 > |uv|$이고, x는 주기적이지 않다.

$$
\begin{array}{c}
\overset{ms}{} \\
\texttt{a b a b b a a a b b a a b a b b a a}
\end{array}
$$

셋째, $x = $ baabbaababbaab이다. uv로 이어지는 x의 접두사가 u보다 짧지만 그 접미사는 아니다. x의 주기는 $10 > |x| - |v|$이고 x는 주기적이지 않다.

$$
\begin{array}{c}
\overset{ms}{} \\
\texttt{b a a b b a a b a b b a a b}
\end{array}
$$

> **질문** 시작 위치와 최대 접미사의 주기가 주어진다면, 단어 x의 주기성을 $|x|/2$보다 적은 수의 문자 비교로 검사할 수 있음을 보여라.

풀이

ms가 x의 최대 접미사의 시작 위치고 p가 그 주기라고 하자. 이 풀이는 두 번째 줄의 조건을 검사하는 것으로 구성되는데, 이것은 $|x|/2$번 이하의 비교를 필요하며, 문제의 답이 된다.

```
PERIODIC(x non empty word)
1   (ms,p) ← MAXSUFFIXPP(x)
2   if ms < |x|/2 and p ≤ |x|/2 and x[0..ms − 1] suffix of x[ms..ms + p − 1] then
3       return TRUE
4   else return FALSE
```

만약 이 조건이 성립하면 x는 주기적이며 주기 p를 갖고, 만약 $ms \geq |x|/2$이거나 $p > |x|/2$이면, 이 단어가 주기적이지 않다는 점은 분명하다.

$x = yz$라고 하자. 여기서 $y = x[0..ms − 1]$이고, $z = x[ms..|x| − 1] = u^k v$는 최대 접미사이고, u는 z의 접두사 주기, v는 u의 고유한 접두사 그리고 $k > 0$이다. y가 u의 접미사가 아니라고 가정하자.

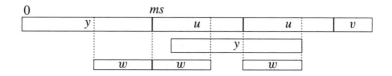

먼저 $|y| \geq |u|$인 경우를 고려해 $per(x) > |z|$임을 보이겠다. 만약 그렇지 않다면(위의 그림 참고), x에서 y의 두 번째 출현은 u의 어떤 출현과 겹친다. w가 그 겹침이라고 하자. 그리고 w가 u의 접미사, u(또는 v)의 접두사, z의 접두사라고 하자. $z = wz'$라고 하자. xz와 z'는 둘 다 z보다 작은 x의 접미사다. 그러나 $wz < z = wz'$는 $z < z'$를 내포하며, 모순이다. 이 상황에서 $per(x) > |z|$와 $per(x) > |y|$를 알았고(문제 41 참고), 이것은 $2per(x) > |y| + |z|$를 함의하며, x가 주기적이지 않음을 증명한다.

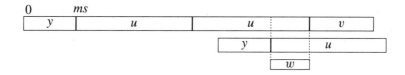

두 번째로 $|y| < |u|$인 경우, 먼저 $per(x) > \min\{|z|, |x| − |v|\}$임을 보이겠다. 만약 그렇지 않고 $per(x) \leq |z|$이라면, 위와 같은 결론을 얻는다. 그럼 모순에 의해 $per(x) \leq |x| − |v|$임을 생각해보자. 사실 y가 u의 접미사가 아니기 때문에 $per(x) < |x| − |v|$을 알 수 있다. 따

라서 u는 자기 자신과 (엄격히) 겹친다(앞쪽의 아래 그림 참고). u는 경계가 없기 때문에 모순이다(예를 들어 문제 40을 참고하라). 이 경우, $per(x) > |x| - |v|$이고 당연히 $per(x) > |v|$이므로 $2per(x) > |x|$이고, 이것은 x가 주기적이지 않음을 보인다. 이것으로 PERIODIC의 정확성 증명을 마친다.

노트

PERIODIC 알고리듬은 x의 주기성을 검사하지만 그 주기를 계산하지는 않는다. 사실, [69]의 시간-공간 최적 문지열 탐색을 사용하면 같은 시간과 공간 복잡도로 주기를 계산하는 것이 가능하다. 갈릴^{Galil}과 세이페라스^{Seiferas}[124]의 시간-공간 최적 알고리듬([97]을 참고)도 같은 결과를 이끌어내도록 확실히 조정될 수 있다.

---

25 엄격한 경계

패턴의 경계표가 실시간 문자열 탐색을 위해 사용될 때는 이 문제에서 소개되는 개념으로 교체되는 것이 더 좋다. 그 효과는 문제 26에서 볼 수 있듯이 탐색 행동을 개선한다.

공단어가 아닌 단어 x의 **엄격한 경계표**$^{strict\text{-}border\ table}$는 $\ell = 0, \ldots, |x|$인 길이 ℓ에서 그 접두사에 대해 $0 < \ell < |x|$일 때 $stbord[0] = -1$, $stbord[|x|] = border[|x|]$으로 정의된다. 여기서 $stbord[\ell]$은 다음을 만족하는 가장 큰 t다.

- $-1 \leq t < \ell$
- ($x[0..t-1]$가 $x[0..\ell-1]$의 경계이고 $x[t] \neq x[\ell]$) 또는 $t = -1$

단어 $x[0..stbord[\ell]-1]$은 x의 접두사 $x[0..\ell-1]$의 엄격한 경계다. 이것은 $stbord[\ell] \neq -1$인 경우에만 존재한다.

아래에 단어 abaababaaba의 경계표와 엄격한 경계표가 있다.

i		0	1	2	3	4	5	6	7	8	9	10
$x[i]$		a	b	a	a	b	a	b	a	a	b	a
ℓ	0	1	2	3	4	5	6	7	8	9	10	11
$border[\ell]$	-1	0	0	1	1	2	3	2	3	4	5	6
$stbord[\ell]$	-1	0	-1	1	0	-1	3	-1	1	0	-1	6

> **질문** 경계표 또는 다른 추가적인 표를 사용하지 않고 $stbord$ 표를 선형 시간 내에 계산하는 알고리듬을 설계하라.

풀이

먼저 $stbord$ 표는 $border$ 표를 계산하기 위해 사용될 수 있음을 알아두자. 이것은 $stbord$를 BORDERS 알고리듬(문제 19 참고)의 다섯 번째 줄에 있는 명령어에서 $border$에 대입하면 된다. 그럼 다음을 얻는다.

```
BORDERS(x non-empty word)
1   border[0] ← −1
2   for i ← 0 to |x| − 1 do
3       ℓ ← border[i]
4       while ℓ ≥ 0 and x[i] = x[ℓ] do
5           ℓ ← stbord[ℓ]
6       border[i + 1] ← ℓ + 1
7   return border
```

이것은 a^nb와 같은 사례에 대한 표의 계산을 가속한다.

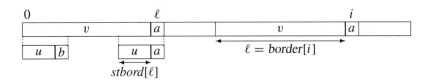

관찰 엄격한 경계표의 계산은 다음의 성질에 기반한다. 만약 $0 \le i \le |x|$인 어떤 i에 대해 $\ell = border[i]$라면 다음과 같다.

$$stbord[i] = \begin{cases} \ell & i = 0 \text{ 또는 } i = |x| \text{ 또는 } x[i] \ne x[\ell] \text{인 경우} \\ stbord[\ell] & 0 < i < |x| \text{ 그리고 } x[i] = x[\ell] \text{인 경우} \end{cases}$$

사실, 만약 첫 번째 조건이 성립하면 $x[0..i-1]$의 경계는 엄격한 경계의 조건을 만족한다. 그럼 $stbord[i] = border[i]$이다. 그렇지 않으면(그림 참고), 상황은 $x[0..\ell]$의 엄격한 경계를 계산할 때와 똑같고, 그러면 $stbord[i] = stbord[\ell]$이다.

STRICTBORDERS(x non-empty word)

1   $stbord[0] \leftarrow -1$
2   $\ell \leftarrow 0$
3   **for** $i \leftarrow 1$ **to** $|x| - 1$ **do**
4   ▷ here $\ell = border[i]$
5   **if** $x[i] = x[\ell]$ **then**
6           $stbord[i] \leftarrow stbord[\ell]$
7   **else** $stbord[i] \leftarrow \ell$
8   **do** $\ell \leftarrow stbord[\ell]$
9   **while** $\ell \ge 0$ and $x[i] \ne x[\ell]$
10      $\ell \leftarrow \ell + 1$
11 $stbord[|x|] \leftarrow \ell$
12 **return** $stbord$

STRICTBORDERS 알고리듬은 이 문제를 해결한다. 다섯 번째 줄에서 일곱 번째 줄까지의 명령문은 관찰 내용을 구현한다. 여덟 번째 줄과 아홉 번째 줄의 명령은 BORDERS 알고리

듬의 네 번째 줄과 다섯 번째 줄의 명령에 해당하고, $x[0..i+1]$의 경계의 길이 ℓ을 계산하는 데 사용된다. 이 알고리듬의 정확성은 이런 사실에서 유도되며, 선형 실행 시간은 BORDERS 알고리듬의 선형 실행 시간에서 유도된다.

노트

stbord 표는 크누스^{Knuth}, 모리스^{Morris}, 프랫^{Pratt}[162]에 의한 문자열 탐색 알고리듬 설계의 일부분으로, 모리스와 프랫의 원래 알고리듬을 개선한다([74, 2장] 참고). 이 실시간 알고리듬은 검색된 단어의 두 연속된 기호를 처리하는 지연 시간에 개선이 있다(문제 26 참고). 문자열 탐색 자동자가 이 지연 시간에 대해 더 큰 향상을 제공한다(문제 27 참고).

26 순차적 문자열 탐색의 지연

KMP[1] 알고리듬은 문자열을 순차적으로 처리하는 문자열 탐색 알고리듬 설계에 대해 핵심 특성(경계표나 그 유사품의 사용)을 감춘다. 그 개념은 적절한 전처리^{preprocessing}를 거친 후 다양한 타입의 패턴을 위해 사용된다.

KMP 알고리듬은 문자열에서 패턴 x의 출현을 찾는다. x를 전처리한 다음, 이 문자열을 실시간적인 방법으로 다뤄서 찾아낸 출현을 출력한다. 이것은 문자열 길이의 2배보다 많지 않은 문자 비교를 실행해 선형 시간이 걸린다. 다음에 나올 판본은 문자열에서 x의 출현이 있을 때마다 '1'을 출력하고, 그렇지 않으면 '0'을 출력한다.

---

1 크누스(Knuth), 모리스(Morris), 프랫(Pratt)의 앞글자를 딴 것이다. - 옮긴이

이 알고리듬은 선형 시간 내에 작동하지만, 문자열의 기호를 다루는 알고리듬 내부의 while 루프가 시간이 얼마나 걸릴지 모르기 때문에 실시간은 아니다. 이것을 알고리듬의 지연^{delay}이라고 한다. 이 문제의 목표는 지연을, 정확히는 입력 문자열 *text*의 문자 *a*에 대해 네 번째 줄에서 실행된 비교 구문의 최대 횟수로 정의되는 지연을 한정짓는 것이다.

```
KMP(x, text non-empty words)
1    stbord ← STRICTBORDERS(x)
2    i ← 0
3    for each letter a of text, sequentially do
4        while (i = |x|) or (i ≥ 0 and a ≠ x[i]) do
5            i ← stbord[i]
6        i ← i + 1
7        if i = |x| then output 1 else output 0
```

만약 *x*의 *stbord* 표(문제 25 참고) 대신에 그 *border* 표(문제 19 참고)가 이 알고리듬에서 사용된다면, 지연은 최악의 경우에 |*x*|다. 만약 $x = a^m$이 문자열의 $a^{m-1}b$라는 인자와 맞춰져 있다면 문자 b는 *x*의 모든 문자와 비교된다. 하지만 *stbord* 표를 사용하면 지연은 로그 함수처럼 된다.

> **질문** 단어 *x*를 검색할 때 KMP 알고리듬의 지연이 $\Theta(\log |x|)$임을 보여라.

[**힌트**: 서로 맞물린 주기를 고려해 주기성 보조정리를 적용하라.]

풀이

지연의 하계 최악의 경우 지연은 $\Omega(\log |x|)$가 될 수 있는데, 예를 들면 *x*가 피보나치 단어의 접두사인 경우가 있다.

$x(|x| > 2)$가 그런 단어이고, *k*가 $F_{k+2} \leq |x| + 1 < F_{k+3}$인 정수라고 하자. 패턴 *x*는 (길이가 F_{k+3}인) f_{k+1}의 접두사로 *uabv*의 꼴이다. 여기서 어떤 문자 $a, b \in \{a, b\}$에 대해 $uab = f_k$다. *ua*가 문자열의 인자 *uc*에 맞춰져 있고 $c \notin \{a, b\}$일 때, 문자 *c*는 a와 b를 교

108

대로 성공하지 못하고 k번 비교된다. k가 $\log F_{k+2}$의 차수이므로, $\log |x|$의 차수다. 이것이 하계를 준다.

예제 $x = \texttt{abaababaabaababa}$가 f_6의 접두사라고 하자($|f_6| = F_8$). $F_7 = 13$, $|x| + 1 = 17$, $F_8 = 21$임을 알고 있다. 접두사 abaababaabaa가 검색 중인 문자열의 인자 abaababaabac와 맞춰져 있을 때, KMP 알고리듬에 의해 c에 이어지는 문자를 다루기 전, 정확히 $k = 5$회의 비교가 수행된다(그림 참고).

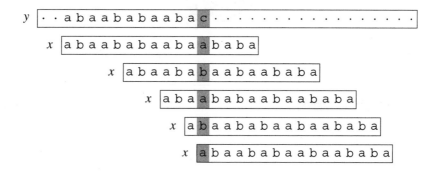

지연의 상계 x의 위치 i에 대해 k가 $stbord^{k-1}[i]$는 정의되고 $stbord^k[i]$는 정의되지 않는 가장 큰 정수라고 하자. 정수 k가 $x[i]$와 문자열의 한 문자 사이의 비교 횟수에 대한 상계임을 보이겠다.

먼저 만약 $stbord^2[i]$가 정의된다면 접두사 $u = x[0..i-1]$가 $|u| \geq stbord[i] + stbord^2[i] + 2$를 만족함을 보이자. $stbord[i]$와 $stbord^2[i]$는 $x[0..i-1]$의 경계이므로, $p = |u| - stbord[i]$와 $q = |u| - stbord^2[i]$는 u의 주기다. 귀류법에 의해 만약 $|u| < stbord[i] + stbord^2[i] + 2$라면, $p + q - 1 \leq |u|$이다. 따라서 주기성 보조정리에 의해 $q - p$도 또한 u의 주기이다. 이는 $x[stbord^2[i]] = x[stbord[i]]$이 u의 $q - p$의 거리에 있는 문자임을 뜻하고, $stbord$의 정의에 의해 모순이다.

이 부등식은 재귀에 의해 $|u| \geq F_{k+2} - 2$임을 보일 수 있다. 따라서 $|x| + 1 \geq |u| + 2 \geq F_{k+2}$이다. 고전적 부등식 $F_{n+2} \geq \Phi^n$으로부터, 지연의 상계 $O(\log_\Phi |x|)$를 얻었다.

이것으로, 하계와 상계의 문제를 해결했다.

이 문제의 증명은 [162]에서 찾을 수 있다([74]도 참고하라). 사이먼[Simon][225]과 행커트[Hancart][136]에 의한 알고리듬은 희박한 탐색 자동자(문제 27 참고)를 사용해 지연의 상계를 $\min\{\log_2 |x|, |alph(x)|\}$로 훨씬 더 줄여준다.

27 희박한 탐색 자동자

순차적으로 처리되는 문자열에서 주어진 패턴의 위치를 찾는 가장 표준적인 기법은 패턴 일치 자동자를 사용하는 것이다. KMP 알고리듬에서 사용되는 경계표는 그런 자동자의 구현으로 간주될 수 있다. 이 문제의 목표는 궁극적으로는 검색을 향상시키는 또 다른 구현 기법을 보이는 것이다. 이 구현법을 사용한 검색은 적어도 KMP 알고리듬만큼 빠르게 실행된다. 그럼 문자 길이의 2배보다 더 많은 문자 비교를 실행하지 않으면서 선형 시간 내에 실행된다.

알파벳 A에서 추출한 단어 x의 패턴 일치, 또는 **문자열 탐색 자동자**[string-matching automaton] $M(x)$는 x로 끝나는 단어를 받아들이는 최소한의 결정론적 자동자다. 이것은 언어 A^*x를 받아들이고 $|x|+1$개의 상태 $0, 1, \ldots, |x|$를 갖는다. 이 자동자의 초기 상태는 0이고 상태 $|x|$만을 받아들인다. 그 전이표[transition table] δ는 상태 i와 문자 a에 대해 다음과 같이 정의된다.

$$\delta(i,a) = \max\{s+1 : -1 \le s \le i \ \ \text{그리고} \ \ x[0..i-1] \cdot a\text{의 접미사 } x[0..s]\}$$

x의 알파벳이 그 길이만큼 클 때 표의 크기가 $\Omega(|x|^2)$임을 알아두자. 하지만 이 표는 그 값들의 대부분이 비어 있기 때문에 매우 희박하다.

아래에 알파벳 {a,b}에 대해 길이가 5인 abaab의 문자열 탐색 자동자가 있다. 표시가 붙은 화살표는 전이표의 빈칸이 아닌 값을 나타낸다. 5개의 전방 화살표(중심선)와 4개의 후방 화살표가 있다. 그려지지 않은 모든 화살표는 목표 상태로 0을 갖는다. 알파벳이 세 번째 문자를 갖고 있다면, 그 세 번째 문자로 표시된 모든 화살표도 목표 상태로 0을 갖는다.

> **질문** 길이 n인 단어의 문자열 탐색 자동자와 연관된 표 δ가 최대 $2n$개의 0이 아닌 항목을 가지고, 이 한계가 딱 맞음을 보여라.

풀이

자동자 $\mathcal{M}(x)$에서, $\delta(i, a) = i + 1$에 해당하는 n개의 전방 화살표가 있다. $0 < \delta(i, a) \leq i$일 때 다른 화살표는 후방 화살표다. 최대 n개의 후방 화살표가 있음을 보는 것이 이 문제의 답이다.

관찰 후방 화살표와 연관된 $\delta(i, a) = t$ 항목은 $x[t] = a$, $x[i] = a$, $x[0 . . t - 1] = x[i - t . . i - 1]$을 만족한다. 그러면 후자의 단어는 $x[0 . . i - 1]$의 길이 t인 경계이기 때문에 $i - t$가 $x[0 . . i - 1]$의 주기(가장 작을 필요는 없다)이고, $p(i, a)$로 나타낸다.

위의 예제에서 후방 화살표와 연관지으면, $p(1, \mathrm{a}) = 1$, $p(3, \mathrm{b}) = 2$, $p(4, \mathrm{a}) = 4$, $p(5, \mathrm{a}) = 3$을 얻는다. $p(4, \mathrm{a}) = 4$는 $x[0 . . 3] = \mathrm{abaa}$의 가장 작은 주기가 아님을 알아두자.

후방 화살표의 수에 대한 한계를 증명하기 위해, 먼저 p가 후방 화살표와 x의 접두사의 주기 사이의 1대1 함수임을 보여야 한다.

$0 \leq t < i$에 대해 $\delta(i, a) = t + 1$이고, $0 \leq t < j$에 대해 $\delta(j, b) = t$라고 하자. $p(i, a) = p(j, b)$라고 가정하자. 즉, $i - t = j - t$라고 가정하고 $(i, a) = (j, b)$임을 증명하겠다.

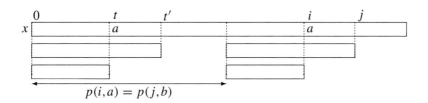

사실 만약 $i = j$라면, $t = t'$을 얻고, 그럼 $a = x[t] = x[t'] = $ b다. 따라서 $(i, a) = (j, b)$다. 그렇지 않고 가령 그림에 있는 것처럼 $i < j$라면 $i - t = p(i, a) = p(j, b)$가 $x[0..j-1]$의 주기이기 때문에 곧바로 $x[t] = x[t + (i - t)] = x[i]$를 얻는다. 이것은 t의 정의와 모순이다.

결과적으로 p는 1대1 함수고, 그 값은 1에서 n까지 범위에 있기 때문에 후방 화살표의 수는 n보다 더 많을 수 없다. 이것으로 증명의 첫 번째 부분을 완성한다.

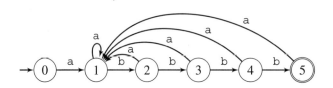

문제에서 한계가 딱 맞는 것은 단어 ab^{n-1}의 문자열 탐색 자동자가 n개의 전방 화살표에 추가로 정확히 n개의 후방 화살표를 갖기 때문이다.

노트

문자열 탐색 자동자의 전이표의 희박성은 사이먼[225]에 의해 관찰됐다. 완전한 해석은 행커트[136]에 의해 이뤄졌다([74, 2장] 참고). 그는 크누스Knuth, 모리스Morris, 프랫Pratt [162]의 문자열 탐색 알고리듬을 개선하기 위해 이것을 어떻게 써야 하는지 보였다. 자동자의 희박성은 단어의 유한한 집합에 대한 유사한 자동자에 대해 확장되진 않는다.

위의 결과는 또한 보어와 무어의 문자열 탐색 알고리듬([74, 98, 134] 참고)에서 사용된 유사한 표에도 적용된다.

28 효율적으로 비교하는 문자열 탐색

문자열 자료에 대한 접근이 기호 사이의 동일성 비교만으로 이뤄진다면, 패턴 검색에서 그 비교 횟수를 줄이는 것이 적절하다. 예를 들어 KMP 알고리듬(문제 26)은 최악의 경우 문자열 y에서 전처리된 패턴 x를 찾기 위해 $2|y| - 1$회의 문자 비교를 수행한다. 적당히 구현된 문자열 탐색 자동자를 사용하는 탐색에서도 같은 결과가 성립한다.

이 문제는 문자열 비교 횟수를 단순한 패턴에 대해서 $|y|$회의 비교로 줄일 수 있음을 보여 준다. 유사한 접근법으로, 이 해법의 끝에 간략히 설명하는 방법은 일반적인 패턴에 대해 최대 $\frac{3}{2}|y|$회의 문자 비교면 된다.

> **질문** 문자열 y에서 등식 모형에서 최대 $|y|$회의 비교만을 사용해 문자 2개의 패턴 x를 전부 찾는 알고리듬을 설계하라.

[**힌트**: 두 문자가 같은지 다른지를 구분하라.]

풀이

$a \neq b$인 두 문자 a, b에 대해 x의 패턴이 aa와 ab의 두 가지 경우를 고려한다.

첫 번째 경우, KMP 알고리듬은 경계표가 사용되기만 한다면 정확히 $|y|$회의 비교를 수행한다. 직접적인 간단한 방법은 $2|y|$회에 가까운 비교를 수행한다는 것을 알아두자.

두 번째 경우, $a \neq b$이고 $x = ab$일 때, 이 탐색은 다음의 알고리듬으로 수행된다.

```
SEARCH-FOR-AB-IN(y word, a and b different letters)
1   j ← 1
2   while j < |y| do
3       if y[j] = b then
4           if y[j − 1] = a then
5               ab occurs at position j − 1 on y
```

```
6            j ← j + 2
7        else j ← j + 1
```

이 알고리듬은 재귀적 알고리듬으로 볼 수 있다.

> $y[j] = b$인 $j > 0$인 가장 작은 위치를 찾아라.
>
> $y[j-1] = a$인지 검사하라.
>
> 그러면 $y[j+1..|y|-1]$에서 ab을 재귀적으로 탐색하라.

이 재귀적 알고리듬에서, 첫 단계를 수행하는 동안 j를 계산하는 과정은 $y[0]$에 대해서는 비교하지 않으므로 정확히 j회의 비교를 수행한다.

y의 길이에 대한 수학적 귀납법을 써서 알고리듬 SEARCH-FOR-AB-IN이 최대 $|y|$회의 기호 비교를 한다는 것을 증명해보자. y위의 위치 ℓ에서 b의 첫 출현을 찾았다고 하자. 이것은 1회의 비교면 된다. 그럼 $y[\ell-1] = a$에 대해 비교하는 것을 생각해보면 $\ell + 1$의 길이인 $y[0..\ell]$을 처리하기 위해 모두 $\ell + 1$회의 비교를 준다.

같은 단계가 $y[\ell+1..|y|-1]$에 적용되기 때문에, 수학적 귀납법의 가정에 의해 이 알고리듬은 최대 $|y| - \ell - 1 = |y[\ell+1..|y|-1]|$회의 비교를 더 실행한다. 결국 예상대로 최대 $|y|$회의 비교를 한다. 이것으로 수학적 귀납법이 만족되고 증명이 완료된다.

일반적 패턴 유사한 기법을 일반적인 공단어가 아닌 패턴 x에 적용하면, 이것은 $x = a^k bu$로 쪼개진다. 여기서 u는 단어고, a와 b는 다른 단어이며 $k > 0$이다. 이 알고리듬은 문자열에서 (왼쪽에서 오른쪽으로 훑으며) bu를 찾고, 맞는 부분을 찾으면 bu가 출현하기 직전에 a^k가 나타나는지 검사하는 방식이다. bu에 대한 탐색은 예를 들자면 모리스-프랫 알고리듬(문제 26에서 *stbord* 대신에 *border* 표를 사용하는 KMP 알고리듬)을 사용할 수 있다. 이 기법을 구현하는 데 몇 가지 방법이 있다. 하지만 여기서는 기술적으로 자세한 내용은 다루지 않겠다.

노트

문자 비교 횟수에 대해 $\frac{3}{2}n(n = |y|)$의 상계를 달성하는 첫 번째 문자열 탐색 알고리듬은 아포스톨리코Apostolico와 크로슈모어[14]에 의해 제시됐다.

이 알고리듬은 갈릴과 시안카를로Giancarlo[123]에 의해 $\frac{4}{3}n - \frac{1}{3}m$으로 개선됐다. 콜Cole과 해리하란Hariharan은 [60]에서 $n + \frac{8}{3(m+1)}(n-m)$이라는 정확한 상계를 증명했다. 여기서 $m = |x|$다.

탐색이 문자열에 대해 엄격하게 실시간으로 작동해야 한다는 추가적인 제약 조건에 대해, 문자열 비교에 대해 (위의 최적 한계보다 명백히 더 큰) 정확한 상계가 $(2 - \frac{1}{m})n$임이 행커트[136]와 브레슬로어 등[44]에 의해 제시됐다.

29 피보나치 단어의 엄격한 경계표

무한 피보나치 단어 **f**의 경계표 *border*(문제 19)는 간단한 구조를 갖지만, 엄격한 경계표 *stbord*(문제 25)에 있는 값은 언뜻 보면 혼란스러워 보인다. 이 문제는 두 표 사이의 간단한 관계를 살펴보며, *stbord*의 각 값들을 빠르게 계산하는 데 도움을 줄 것이다.

피보나치 단어의 접두사와 관련된 아래의 주기, 경계, 엄격한 경계에 대한 표를 보자. 인덱스값 ℓ에 있는 값은 길이 ℓ인 접두사 $\mathbf{f}[0..\ell-1]$에 해당한다.

i		0	1	2	3	4	5	6	7	8	9	10
$x[i]$		a	b	a	a	b	a	b	a	a	b	a
ℓ	0	1	2	3	4	5	6	7	8	9	10	11
$period[\ell]$		1	2	2	3	3	3	5	5	5	5	5
$border[\ell]$	-1	**0**	0	**1**	1	2	**3**	2	3	4	5	**6**
$stbord[\ell]$	-1	**0**	-1	**1**	0	-1	**3**	-1	1	0	-1	**6**

무한 피보나치 단어 $\mathbf{f}$의 엄격한 경계표의 n번째 원소를 로그 시간 내에 계산하는 방법을 제시하라.

[**힌트:** 두 표 $border$와 $stbord$가 일치하는 위치를 고려하라.]

풀이

$border$와 $stbord$ 표에서 같은 항목을 가리키는 위치 ℓ은 $stbord[\ell]$ 계산의 기초다. $stbord$의 나른 값들은 여기서부터 계산된다.

$\mathbf{f}$의 접두사 주기의 표 $period$($\ell > 0$에 대해 $period[\ell] = per(\mathbf{f}[0..\ell-1]) = \ell - border[\ell]$로 정의됨)는 다음의 관찰을 구현하는 극도로 간단한 구조를 갖는다.

관찰 피보나치 단어의 주기표 $period$에 있는 값은 다음과 같이 단어를 이어 붙인 것이다.

$$1\,2\,2\,3\,3\,3\,5\,5\,5\,5\,5\,8\cdots = 1^1\,2^2\,3^3\,5^5\,8^8\,13^{13}\,21^{21}\cdots$$

이 단어는 $F_2 = 1$에서 시작해서 피보나치 수와 그 지수가 같은 수만큼의 문자가 이어진다.

$\ell > 0$에 대해, $stbord[\ell] = border[\ell]$은 정확히 주기성이 깨지는 위치에서만 등식이 성립한다. 즉, 같은 문자의 끝이다. H가 이 (양수) 위치의 증가하는 수열이라고 하자. 따라서 위의 주기적 구조에 대한 관찰에 따라, H에서의 위치는

$$1, 1+2, 1+2+3, 1+2+3+5, 1+2+3+5+8, \ldots$$

이고, 더 쉽게는 다음과 같이 적을 수 있다.

$$H = (1, 3, 6, 11, 19, 32, \ldots) = (n > 0 : n+2\text{는 피보나치 수})$$

$border$와 $stbord$ 표 사이의 관계(문제 25 참고)는 다음과 같이 다시 적을 수 있다.

$$stbord[\ell] = \begin{cases} border[\ell] & \ell \in H\text{인 경우} \\ stbord[border[\ell]] & \text{그 외} \end{cases}$$

이 공식은 곧바로 피보나치 단어의 길이 n인 접두사에 해당하는 $strbord[n]$을 계산하는 FIBSTRICTBORDERS 알고리듬으로 번역된다. 주기 수열의 구조 때문에, 이 알고리듬에서 $border[n] = n - period[n]$의 계산은 빠르게 처리된다. $n + 2$가 피보나치 수인지 검사하기는 $n + 2$보다 크지 않은 두개의 가장 큰 피보나치 수를 갖고서 이뤄질 수 있다. 재귀적으로 더 작은 값으로 가면, 두 피보나치 수가 자연스럽게 따라온다.

FIBSTRICTBORDERS(n natural number)
1   **if** $n = 0$ **then**
2   **return** -1
3   **elseif** $n + 2$ is a Fibonacci number **then**
4   **return** $n - period[n]$
5   **else return** FIBSTRICTBORDERS($n - period[n]$)

다음의 관찰은 알고리듬의 실행 시간을 증명하는 데 사용되는 논증이다.

관찰 $period[n]/n \geq \lim_{n \to \infty} \frac{F_{n-2}}{F_n} \geq \frac{1}{3}$ 이다.

결과적으로 $n - period[n] \leq \frac{2}{3}n$이므로, 재귀의 깊이가 로그적으로 증가함을 뜻한다. 그러므로 알고리듬의 전체 실행 시간도 또한 n에 대해 로그적으로 증가한다.

30   싱글톤 변수를 갖는 단어

이 문제는 경계표 개념의 유연성과 이 표를 계산하는 빠른 알고리듬의 유연성을 보여준다. 그런 표를 갖는 것은 효율적인 패턴 찾기 알고리듬, 여기서는 변수가 있는 패턴 찾기 알고리듬을 설계하는 데 중요한 요소다.

각 문자가 단일 변수로 취급되는 알파벳 A = {a,b,...}에 대한 단어를 생각해보자. 즉, 각 문자는 알파벳의 알려지지 않은 서로 다른 문자를 나타낸다.

만약 $h(u) = v$가 되는 문자 대 문자 전단사 함수 $h : alph(u)^* \to alph(v)^*$이 존재하면 두 단어 u와 v는 동등하고, $u \equiv v$로 나타낸다. 예를 들어 aacbaba $\equiv$ bbdabab는 $h(a) = b$, $h(b) = a$, $h(c) = d$, $h(d) = c$로 정의돼 A*에서 A* 자신으로 가는 함수 h를 통해서 동등하다. $alph(u) = alph(v)$이면서 $u \equiv v$일 때, 이 단어는 그 단어를 치환한 후에도 같아진다.

패턴 찾기 문제는 자연스럽게 다음과 같이 재정의된다. 패턴 단어 x와 어떤 문자열 y가 주어지면, y의 인자 z가 $x : z \equiv x$와 동등한지 검사하라. 예를 들어 x = aacbaba는 y = babbdababbacb에서 출현한다. z = bbdabab가 x와 동등하기 때문이다.

> **질문** 알파벳이 선형 시간 내에 정렬 가능하다고 가정하자. 문자열에서 싱글톤 변수 singleton variable를 갖는 패턴을 찾는 선형 시간 알고리듬을 설계하라.

[**힌트:** 이 문제에 적절한 경계표 개념을 설계하라.]

풀이

이 풀이법은 **가변 경계표**varying border table 개념에 기반한다. $vbord$로 표시하며, 매개변수 m과 그 접두사의 길이가 $\ell = 0,\ldots,n$인 공단어가 아닌 단어 $w = w[0..n-1]$에 대해 다음과 같이 정의된다. $vbord[0] = -1$이고, $0 < j \le n$에 대해서 $vbord[j]$는

$$\max\{t : 0 \le t < \min\{j, m+1\} \quad \text{그리고} \quad w[0..t-1] \equiv w[j-t+1..j]\}$$

다시 말해, $vbord[j]$는 길이가 ℓ인 그 접두사와 동등한 $w[1..j]$에 대해, 최대 길이가 m보다는 작은 가장 긴 고유 접미사의 길이 ℓ이다. 길이 m에 대한 제약 조건은 길이 m의 패턴을 찾을 때 나타난다.

이어지는 페이지에 w = abaababbabba이고 $m = 4$인 경우의 $vbord$ 표가 있다.

i		0	1	2	3	4	5	6	7	8	9	10	11
$w[i]$		a	b	a	a	b	a	b	b	a	b	b	a
ℓ	0	1	2	3	4	5	6	7	8	9	10	11	12
$vbord[\ell]$	-1	0	1	2	1	2	3	3	4	2	3	4	2

이 알고리듬은 $vbord$ 표와, $pred$라고 하는 또 다른 표를 구성한다. $pred$는 $0 \leq i < n$에 대해

$$pred[i] = \max\{t : t < i \quad \text{그리고} \quad w[i] = w[t]\} \cup \{-1\}$$

으로 정의된다. 예를 들어 $w =$ abcaabac라면, $pred = [-1, -1, -1, 0, 3, 1, 4, 2]$이다.

관찰 1 $pred$ 표는 선형 시간 내에 계산할 수 있다.

∇_m이 다음의 술부^{predicate}를 나타낸다고 하자. $\nabla_m(i, \ell) = \text{TRUE}$인 것과

$$(pred[\ell] \geq 0 \;\&\; i = pred[i] + k) \quad \text{또는} \quad (pred[\ell] = -1 \;\&\; pred[i] < i - \ell)$$

는 필요충분조건이다. 여기서 $k = \ell - pred[\ell]$이다.

다음의 간단한 기술적 사실의 증명은 독자에게 남겨둔다.

관찰 2 $w[0..\ell-1] \equiv w[i-\ell..i-1]$이고 $\ell < m$이라고 하자. 그럼 $w[0..\ell] \equiv w[i-\ell..i] \Longleftrightarrow \nabla_m(i, \ell)$이다.

경계표를 계산하는 고전적 알고리듬(문제 19 참고)에서 기호가 다른지 살펴보는 함수를 ∇_m으로 바꿔 쓸 수 있다. 이 방법으로, 가변 경계표를 계산하는 선형 시간 알고리듬을 얻을 수 있다. 그 정확성은 관찰 2에서 유도된다.

```
VARBORDERS(x non-empty word)
1   vbord[0] ← −1
2   for i ← 0 to |x| − 1 do
3       ℓ ← vbord[i]
4       while ℓ ≥ 0 and not ∇_m(i, ℓ) do
5           ℓ ← vbord[ℓ]
```

```
6       if ℓ < m then
7           vbord[i + 1] ← ℓ + 1
8       else vbord[i + 1] ← vbord[ℓ + 1]
9   return vbord
```

이것이 어떻게 패턴 찾기에 관련되는가? 패턴 찾기 문제에서, 문자열 y에서 길이 m인 패턴 x의 출현을 검색하는 것은 vbord 표를 이용해서 해결된다. 이 가변 경계표는 단어 $w = xy$와 매개변수 m에 대해 만들어진다. 그렇다면

$$x \equiv y[i - m + 1 .. i] \iff vbord[m + i - 1] = m$$

이다. 따라서 y에서 싱글톤 변수를 갖는 패턴 x를 찾는 것은 vbord 표를 계산하는 것으로 환원된다.

노트

이 문제는 매개변수화된 패턴 찾기라고 하는 문제의 간략화된 경우다. [24]를 참고하라. 이처럼 더 일반적인 문제에서는 어떤 기호는 싱글톤 변수에 대한 것이고 어떤 기호는 상수 문자만을 나타낸다. 이것이 문제 32의 주제다.

31 순서 보존 패턴

특정한 요동을 나타내는 패턴 값의 목록이나 시계열을 검색하려면 패턴의 개념을 재정의 해야 한다. 이 문제에서는 정점peak, 분절breakdown, 이중 후퇴double-dip recession, 또는 비용 expense, 속도rate 등과 같은 더 많은 특징을 다뤄본다.

이 문제에서, 선형적으로 정렬 가능한 정수 알파벳 집합 Σ에서 추출된 단어를 생각해 본다. Σ에 대해 같은 길이인 두 단어 u와 v가 단어의 모든 위치 i, j의 짝에 대해

$$u[i] < u[j] \Longleftrightarrow v[i] < v[j]$$

인 경우 순서가 동등하다order-equivalent고 하며, $u \approx v$으로 나타낸다. 예를 들어,

$$5\ 2\ 9\ 4\ 3\ \approx\ 6\ 1\ 7\ 5\ 2$$

이다. 특히 가운데에 있는 값이 양 단어에서 가장 큰 값임을 보여준다.

순서 보존 패턴 찾기 문제는 자연스럽게 다음과 같이 정의된다. 패턴 $x \in \Sigma^*$와 문자열 $y \in \Sigma^*$가 주어졌을 때, x가 y의 어떤 인자와 순서가 동등한지 검사하라. 예를 들어 단어 5 2 9 4 3은 위치 1에서

$$4\ \underline{6\ 1\ 7\ 5\ 2}\ 9\ 8\ 3$$

처럼 동등하게 나타나지만, 다른 위치에서는 나타나지 않는다. 예를 들어 위치 4에서는 5 < 8이지만 패턴에서 그에 해당하는 값은 5 > 4이기 때문에 이 패턴이 나타나지 않는다.

간결함을 위해, 각 단어의 문자들은 서로 다르다고 하자(단어가 문자 집합의 치환이다).

질문 순서 보존 패턴 찾기를 위한 선형 시간 알고리듬을 설계하라.

[**힌트**: 문제에 적합한 경계표 개념을 설계하라.]

풀이

이 풀이는 **순서 보존 경계표**OP-border table 개념에 기반한다. 공단어가 아닌 단어 $w = w[0..n-1] \in \Sigma^*$에 대해, *opbord* 표는 $opbord[0] = -1$이고, $0 < \ell \le n$에 대해서는 $opbord[\ell] = t$로 정의된다. 여기서 $t < \ell$는 $w[0..t-1] \approx w[\ell-t+1..\ell]$을 만족하는 가장 큰 정수다.

다음 페이지에 $w = 1\ 3\ 2\ 7\ 11\ 8\ 12\ 9$에 대한 *opbord* 표가 있다.

i		0	1	2	3	4	5	6	7
$w[i]$		1	3	2	7	11	8	12	9
ℓ	0	1	2	3	4	5	6	7	8
$opbord[\ell]$	-1	0	1	1	2	2	3	4	3

문제를 풀기 위해 w와 연관된 다음 2개의 추가적인 표를 정의한다.

$$LMax[i] = j, \quad \text{여기서} \quad w[j] = \max\{w[k] : k < i \quad \text{그리고} \quad w[k] \le w[i]\}$$

이고, 만약 위와 같은 $w[j]$가 없으면 $LMax[i] = -1$이다.

$$LMin[i] = j, \quad \text{여기서} \quad w[j] = \min\{w[k] : k < i \quad \text{그리고} \quad w[k] \ge w[i]\}$$

이고, 만약 위와 같은 $w[j]$가 없으면 $LMin[i] = -1$이다.

관찰 1 두 표 $LMax$와 $LMin$은 선형 시간 내에 계산할 수 있다.

술부 ∇(문제 30에서 소개됨)을 다음과 같이 재정의하자.

$$\nabla_n(i, \ell) = 1 \iff w[p] \le w[i] \le w[q]$$

여기서 $p = LMax[\ell]$과 $q = LMin[\ell]$이다(만약 p나 q가 -1과 같으면 이 부등식은 당연히 성립한다).

다음 사실의 간단하지만 기술적인 증명은 독자들에게 남겨둔다(노트 참고).

관찰 2 $w[0..\ell-1] \approx w[i-1..i-1]$이고 $\ell < n$라고 가정하자. 그럼,

$$w[0..\ell] \approx w[i-\ell..i] \iff \nabla_n(i, \ell)$$

이다.

패턴 찾기 결론적으로 w가 문자열의 어떤 인자와 순서가 동등한지 검사하는 알고리듬은 술부 ∇이 위에 정의된 술부인 것을 제외하면 문제 30에서 싱글톤 변수를 갖는 패턴 찾기와 같다.

이 알고리듬은 큐비카 등^{Kubica et al.}이 [170]에서 소개한 순서 보존 패턴 찾기로, 이 논문에서 관찰 2가 증명됐다(또한 [54,139,160]도 참고하라). 일치하지 않을 가능성을 함께 고려한 문제는 고리초프스키^{Gawrychowski}와 우즈난스키^{Uznanski}가 [129]에서 다뤘다. 순서 보존 색인에 대한 접미사 트리는 [81]에서 소개했다.

32 매개변수화된 탐색

이 문제는 기호 문제 30의 더 일반적이고 더 복잡한 경우로, 어떤 기호는 미지수고 나머지는 고정된 상수인 것을 다룬다. 문자열에서 고정된 패턴을 찾는 것은 어떤 점에서는 엄격하고, 매개변수화된 문자열 탐색은 패턴에 변수를 도입하는 몇 가지 응용법에 효율적인 해법을 제공한다. 가령 이 문제는 원래 이름에 대입된 식별자에 중복된 것이 있는지 검출하기 위해 제시됐었다.

A와 V가 2개의 분리된 알파벳이라고 하자. A는 상수 문자의 알파벳이고 V는 변수 문자의 알파벳이다. 정수를 포함하는 알파벳은 없다고 가정하자. $A \cup V$에 대한 단어를 **매개변수화된 단어**^{parametrized word}, 또는 p-단어라고 한다. 만약 p-단어 x가 x에 나타난 V의 기호 위로 가는 1대1 함수에 의해 p-단어 y로 변환될 수 있다면 두 p-단어 x와 y는 일치한다. 또는 p-일치라고 한다.

예를 들어 $A = \{a, b, c\}$이고 $V = \{t, u, v, w\}$라고 하면, u를 w에 대응시키고 v를 u에 대응시키면 되므로 $aubvaub$와 $awbuawb$는 p-일치다. 하지만 $aubvaub$와 $avbwazb$는 p-일치가 아닌데, u가 v와 z 모두에 대응될 수 있기 때문이다.

매개변수화된 패턴 일치 문제는 다음과 같이 설명된다. 패턴 $x \in (A \cup V)^*$와 문자열 $y \in (A \cup V)^*$가 주어졌을 때, y에서 x의 모든 p-출현을 찾아라. 즉, y에서 $0 \le j \le |y| - |x|$에 대해 x와 $y[j . . j + |x| - 1]$이 p-일치인 모든 위치 j를 찾아라.

예를 들어 $y = azbuazbzavbwavb$에 대해 패턴 $x = aubvaub$는 u를 z로 바꾸고 v를 u로 바꾸면 위치 0에서 나타나고, u를 v로 바꾸고 v를 w로 바꾸면 위치 8에서 나타난다.

매개변수화된 패턴 일치 문제를 해결하며, 정해진 알파벳에 대해 선형 시간 내에 실행되는 알고리듬을 설계하라.

풀이

이 문제는 KMP 알고리듬(문제 26 참고)에 변수의 부호화를 신중하게 응용해서 해결된다.

단어 $x \in (A \cup V)^*$에 대해, $prev(x)$를 x의 위치 i에 대한 단어 $z \in (A \cup N)^*$로써, 다음과 같이 정의하자.

$$z[i] = \begin{cases} x[i] & x[i] \in A\text{인 경우} \\ 0 & x[0..i-1]\text{에 없는 } x[i] \in V\text{인 경우} \\ i - \max\{j < i : x[j] = x[i]\} & x[i] \in V\text{인 경우} \end{cases}$$

예를 들어 $prev(aubvaub) = a0b0a4b$이다. $prev(x)$는 $O(|x| \times \min\{\log |x|, \ \log |V|\})$인 시간과 $O(|x|)$인 공간을 소모해 계산될 수 있는데, 이것은 V가 고정된 알파벳이면 $O(|x|)$ 시간과 $O(|V|)$ 공간으로 줄어든다.

$z_i = z[i..|z|-1]$가 $z \in (A \cup \mathbf{N})^*$의 접미사라고 하자. 그럼, $shorten(z_i)$는 $0 \le j \le |z_i|-1$에 대해 $s[j] = z_i[j]$ if $z_i[j] \le j$이고 그 외에는 $s[j] = 0$으로 정의된 단어 s다. 예를 들어 $z = a0b0a4b$, $z_3 = 0a4b$, $shorten(z_3) = 0a0b$이다.

관찰 $z = prev(x)$라고 하자. 문자 $x[i] \in V$가 다음의 두 조건 중 하나가 성립한다면 y에 있는 문자 $y[j] \in V$와 p-일치다.

- $z[i] = 0$이다.
- $z[i] \ne 0$이고 $y[j - z[i]] = y[j]$이다.

이 관찰에 따라, y에서 위치 j에 있는 p-일치 x는 $O(|x|)$보다 시간이 더 걸리지 않는다. KMP 알고리듬을 매개변수화된 경계표 $pbord$를 갖도록 흉내내는 것으로 선형 시간 풀이를 얻는다. $x \in (A \cup V)^*$에 대해, $pbord[0] = -1$이고 $1 \le i \le |x|$에 대해서는 $pbord[i] = j$으로 정의된다. 여기서 $j < i$는 $prev(x[0..j-1])$가 $shorten(prev(x[i-j..i-1]))$의 접미

사가 되는 가장 큰 정수다. 아래에 $x = \mathsf{a}u\mathsf{b}v\mathsf{a}u\mathsf{b}$에 대한 $prev$와 $pbord$ 표가 있다.

i	0	1	2	3	4	5	6	7
$x[i]$	a	u	b	v	a	u	b	
$prev(x)[i]$	a	0	b	0	a	4	b	
$pbord[i]$	-1	0	0	0	0	1	2	3

p-단어 x에 대해 $pbord$가 주어지면, 다음의 알고리듬이 단어 y에서 x가 등장하는 모든 위치를 알려준다.

PARAMETERISEDMATCHING($x, y \in (A \cup V)^*$)

```
1   z ← prev(x)
2   i ← 0
3   for j ← 0 to |y| − 1 do
4       while i ≥ 0 and not ((x[i], y[j] ∈ A and x[i] = y[j])
            or (x[i], y[j] ∈ V and
            (z[i] = 0 or y[j − z[i]] = y[j]))) do
5           i ← pbord[i]
6       i ← i + 1
7       if i = |x| then
8           report an occurrence of x at position j − |x| + 1
9           i ← pbord[i]
```

PARAMETERISEDMATCHING 알고리듬의 정확성 증명과 복잡도 분석은 KMP 알고리즘의 것과 유사하다. 그리고 매개변수화된 경계표 $pbord$는 보통의 경계표를 계산하는 BORDERS 알고리듬(문제 19 참고)을 응용해 계산할 수 있다.

노트

매개변수화된 패턴 일치는 B. 베이커[B.Baker]가 처음으로 정식화했다[23, 24]. 베이커는 이 문제의 비−실시간 판본에 대해 접미사 트리에 기반한 해법을 소개했다. 실시간 판본에 대한 첫 번째 풀이는 [11]에 제시됐다. 여기서의 풀이는 [145]에 실시간 다중 매개변수화된 패턴 일치에 대한 해법과 함께 처음으로 출판됐다. [188]에 있는 조사 내용을 참고해 보자.

33 좋은 접미사 표

보이어-무어$^{Boyer-Moore}$ 알고리듬(문제 34의 BM)은 패턴의 출현 위치를 알기 위해 문자열에 대해 미닫이 창문 전략$^{sliding\ window\ strategy}$을 적용한다. 이 전략은 검색을 가속하기 위해 패턴의 전처리가 필요하다.

어떤 주어진 단계에서, 알고리듬은 패턴을 문자열의 특정 구간^{2}과 가장 긴 접미사 u를 계산해 비교한다. 만약 $u = x$이면 일치가 발생한 것이다. 그렇지 않으면, 일반적으로 $x[0..m-1]$이 문자열의 인자 $y[j-m+1..j]$인 구간에 맞춰져 있고, 두 다른 문자 a와 b에 대해 au는 x의 접미사이고 bu는 구간의 접미사다.

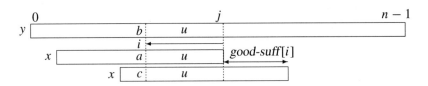

검색을 계속하기 위해, BM 알고리듬은 일치가 나타난 경우에는 x의 주기만큼, 그렇지 않으면 x가 출현하지 않을 가능성이 있는 구간을 피하기 위해 문자열의 인자 bu만큼 구간을 옆으로 옮긴다. 그렇게 하기 위해 x의 위치 i와 $u = x[i+1..m-1]$에 대해 다음과 같이 정의된 **좋은 접미사 표**$^{good-suffix\ table}$ $good\text{-}suff$를 사용한다.

---

2 원문에는 창문(window)으로 돼 있으나, 문맥상 '문자열의 특정 구간'으로 의역했다. – 옮긴이

$$good\text{-}suff[i] = \min\{|v| : x\text{가 } uv\text{의 접미사이거나 } cuv\text{가 } x\text{의 접미사인 경우, } c \neq x[i]\}$$

$c \neq a = x[i]$이면서 'cuv가 x의 접미사'인 조건은 구간을 옮긴 다음에 문자 c가 문자 $b = y[j - m + 1 + i]$와 맞춰져 있을 때, 똑같은 불일치 상황이 곧바로 나오지는 않도록 보장한다(그림 참고). 위의 정의로부터 $good\text{-}suff[0] = per(x)$이다.

질문　단어의 좋은 접미사 표를 계산하는 선형 시간 알고리듬을 설계하라.

[**힌트:** x^R의 뒤집힌 접두사 표를 사용하라.]

풀이

이 풀이는 접두사 표에 대칭인 x의 접미사 표 $suff$를 사용하며(문제 22 참고), 이 표는 위치 i에 대해 $suff[i] = |lcs(x[0..i], x)|$으로 정의된다. 여기서 lcs는 x와 $x[0..i]$의 **최장 공통 접미사**longest common suffix를 나타낸다.

예제　baacababa의 $suff$와 $good\text{-}suff$ 표는 다음과 같다.

i	0	1	2	3	4	5	6	7	8
$x[i]$	b	a	a	c	a	b	a	b	a
$suff[i]$	0	2	1	0	1	0	3	0	9
$good\text{-}suff[i]$	7	7	7	7	7	2	7	4	1

관찰　$good\text{-}suff$와 $suff$ 표는 $good\text{-}suff[m - 1 - suff[k]] \leq m - 1 - k$처럼 가까운 연관이 있다($i = m - 1 - suff[i]$인 위의 그림을 참고하라).

그림 $good\text{-}suff$ 표의 계산은 부등식을 적용하는 것뿐으로, GOODSUFFIXES 알고리듬에 의해 수행된다. $m - 1 - k$의 가장 작은 값을 얻기 위해, 좋은 접미사 표가 x의 주기에 의해 채워진 다음(세 번째 줄에서 일곱 번째 줄까지), $suff$는 k의 위치에 증가하는 순서로 탐색된다

(여덟 번째 줄에서 아홉 번째 줄까지).

```
GOODSUFFIXES(x non-empty word, suff its table of suffixes)
 1   m ← |x|
 2   p ← 0
 3   for k ← m − 2 to −1 do
 4       if k = −1 or suff[k] = k + 1 then
 5           while p < m − 1 − k do
 6               good-suff[p] ← m − 1 − k
 7               p ← p + 1
 8   for k ← 0 to m − 2 do
 9       good-suff[m − 1 − suff[k]] ← m − 1 − k
10   return good-suff
```

전체 계산은 $O(|x|)$의 시간이 걸린다. *suff* 표가 로그 시간 내에 계산될 수 있고(문제 22의 *pref* 표와 마찬가지로), 위의 알고리듬은 *suff* 표가 주어졌을 때 또한 선형 시간 내에 실행되기 때문이다.

노트

good-suff 표는 보이어와 무어[41]가 제안한 것과 같은 문자 *b*의 불일치를 고려한 경험적 방법과 연관된다([162]도 참고하라. 사실 이것은 대부분의 문자열 탐색 기법에 대해 수행될 수 있다).

좋은 접미사 표를 계산하는 첫 번째 정확한 알고리듬은 리터[212]에 의해 설계됐다.

good-suff 표는 BM 알고리듬의 기초 요소다. 하지만 위의 정의는 문자 *b*의 불일치를 정확하게 사용하진 않는다. 이것은 알파벳 크기와 무관하게 $O(|x|)$의 공간을 사용하는 희박한 탐색 자동자(문제 27 참고)와 관련된 기법을 사용해 이뤄진다.

suff 표는 아포스톨리코와 지안카를로가 제안한 BM 알고리듬의 더 효율적인 변종[16]에서 사용되며, 여기서는 문자열 비교의 최대 횟수가 $1.5|y|$이다([89] 참고).

34 보이어-무어 알고리듬의 최악의 경우

보이어-무어 문자열 탐색[Boyer-Moore string matching]은 고정된 패턴에 대해 가장 빠른 검색 알고리듬을 유도하는 기법에 기반한다. 그 핵심적인 특징은 검색되는 문자열의 인자와 맞춰졌을 때 패턴을 후방으로 검색하는 것이다. 전형적인 패턴 전처리는 문제 33에 주어졌다.

길이 n인 문자열 y에서 길이 m인 고정된 패턴의 위치를 찾을 때, 일반적으로 x는 위치 j에 끝이 위치한 y의 인자(구간)와 맞춰져 있다(그림 참고). 이 알고리듬은 x와 y의 인자 사이의 최장 공통 접미사를 계산한다. 그리고 출현할 수 있다고 보고된 다음에는, 탐색하는 동안 모은 정보와 전처리 과정을 바탕으로 x의 출현을 놓치지 않고 y의 끝을 향해 구간을 옮겨간다. BM 알고리듬은 문제 33의 $good\text{-}suff$ 표를 사용해 이 기법을 구현한다.

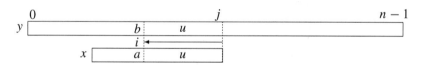

```
BM(x, y non-empty words, m, n their lengths)
1   j ← m − 1
2   while j < n do
3       i ← m − 1 − |lcs(x, y[j − m + 1 .. j])|
4       if i < 0 then
5           report an occurrence of x at position j − m + 1 on y
6           j ← j + per(x) ▷ per(x) = good-suff[0]
7       else j ← j + good-suff[i]
```

y에 대한 위치 j가 처리된 다음, x의 출현을 알아내면, 알고리듬은 자연스럽게 구간을 $per(x)$ 거리만큼 옮긴다. 만약 발견되지 않으면 거리 $good\text{-}suff[i]$는 y의 인자 bu에 따른다(이것은 문제 33에서 x의 인자 au에 따른다). $per(x)$의 값과 $good\text{-}suff$ 배열은 탐색 전에 전처리된다.

> **질문** 알고리듬 BM이 최장 공통 접미사를 계산하기 위해 세 번째 줄에서 $3|y|$회에 가까운 수의 문자 비교를 수행하는 비주기적 패턴의 사례와 문자열 y의 사례를 들어라.

풀이

$k \geq 2$에 대해 $x = a^{k-1}ba^{k-1}$이고 $y = a^{k-1}(aba^{k-1})$라고 하자. 그렇다면 $m = 2k - 1$이고 $n = \ell(k+1) + (k-1)$이다.

예제 길이 9인 패턴 a^4ba^4과 길이 28인 문자열 $a^4(aba^4)^4$를 고려할 때, $k = 5$이고 $\ell = 4$라고 하자. 다음 그림은 검색의 시작 부분을 묘사한다. 여기서는 전체 $4 \times 13 = 52$회의 문자 비교를 수행한다.

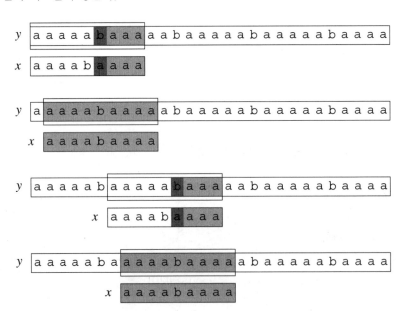

$p \geq 1$에 대해 y에서의 위치 $j = (k-3) + p(k+1)$을 생각해보자. 그럼 $k-1$회의 문자 비교를 통해 $y[j-m+1..j] = a^k ba^{k-2}$와 $|lcs(x, y[j-m+1..j])| = k-2$를 얻는다. 구간 옮김 길이는 $good\text{-}suff[m-k-1] = 1$이고, j를 $(k-2) + p(k+1)$으로 갱신하면 $y[j-m+1..j]$는 $a^{k-1}ba^{k-1}$이 된다. m번의 문자 비교와 그 다음 이동 거리를 써서 계산한 이 시간 $|lcs(x, y[j-m+1..j])| = m$은 $per(x) = k$이고, $j = (k-3) + (p+1)(k+1)$을 생성한다.

이 두 단계는 $k-1+m = 3k-2$회의 비교를 필요로 하고, y의 인자 aba^{k-1}(길이 $k+1$)의 $\ell - 1$개의 첫 출현마다 같은 과정이 반복되는 상황과 유사한 상황을 이끌어낸다.

마지막 출현에서, $(k-1) + (k+1) = 2k$회의 비교가 수행되고, 길이 $k-1$인 y의 접두사에 대해서는 $k-2$회의 비교가 수행된다. 전체적으로 이와 같이 x와 y를 입력받은 BM 알고리듬은 예상대로 $\frac{3k-2}{k+1}(n-k+1) = \left(n - \frac{3k-2}{2}\right)\left(3 - \frac{10}{m+2}\right)$회의 비교를 수행한다.

노트

보이어-무어 문자열 탐색은 [41]에서 가져왔다([162]도 참고). 길이 n의 문자열에서 비주기적인 패턴을 찾는데 $3n$회라는 비교 횟수의 한계에 대한 증명은 콜[59]이 제시했다. 보이어-무어 알고리듬의 자세한 설명과 그 변종은 문자열 알고리즘에 관한 정통적인 교과서에서 찾아볼 수 있다[74, 96, 98, 134, 228].

---

35 초고속 BM 알고리듬

이 문제는 보이어-무어 문자열 알고리듬의 매우 가벼운 변화가 문제 34의 BM 알고리듬과 같이 이 방법이 문자열에서 패턴이 출현하는 모든 위치를 찾아내는 데 사용될 때 어떻게 훨씬 빠른 알고리듬을 만들어내는지 보여준다. 보이어-무어 알고리듬의 초기 설계는 패턴의 첫 출현을 찾는 것이었다. 이것은 그 목표에 대해 검색 대상인 문자열 길이에 대해 선형 시간으로 실행된다고 알려졌다. 하지만 이 알고리듬은 패턴의 출현 위치 전체를 알아내는데, 특히 주기적 패턴에 대해 최악의 경우 제곱의 실행 시간을 갖는다. 이것은 다음 위치로 구간을 옮길 때 기존의 정보를 잊어버리는 성질 때문이다.

Turbo-BM 알고리듬의 목표는 보이어-무어 검색 알고리듬인 BM을 패턴 전처리인 *good-suff* 표를 바꾸지 않고 응용해 선형 검색 시간을 얻는 것이다. 탐색하는 동안 상수 크기의 추가 공간만이 더 사용된다.

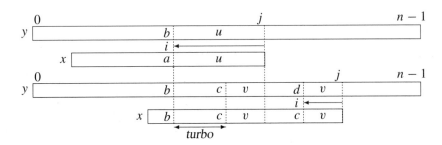

Turbo-BM 알고리듬은 $\max\{good\text{-}suff[i], |u| - |v|\}$를 계산하기 위해 이전 접미사 일치의 길이 $mem = |u|$와 현재 접미사 일치 v의 길이 $\ell = |v|$를 사용한다.

아래의 사례에서, 길이 6인 첫 번째 일치 $u = \text{bababa}$는 길이 $4 = good\text{-}suff[4]$만큼의 이동을 이끌어낸다. 구간을 옮긴 후 새로운 일치 $v = \text{a}$ 하나가 길이 $1 = good\text{-}suff[9]$의 길이만큼 옮김을 준다. 하지만 **초고속 이동**$^{\text{turbo-shift}}$을 적용하면 $turbo = 6 - 1 = 5$ 길이만큼 옮기게 된다.

```
y    b a b a b b a b a b a a b a a . . . . .
x    b b a b a b a b a b a
                   └──────────┘
                        u

y    b a b a b b a b a b a a b a a . . . . .
x          b b a b a b a b a b a
             └──────────┘   └┘
                  u          v
```

질문 Turbo-BM 알고리듬이 y에서 패턴 x가 출현하는 모든 위치를 정확히 알려줌을 보여라.

Turbo-BM(x, y non-empty words, m, n their lengths)
1 $(j, mem) \leftarrow (m-1, 0)$

```
2      while j < n do
3          ▷ jumping over memory if mem > 0
4          i ← m − 1 − |lcs(x,y[j − m + 1 . . j])|
5          if i < 0 then
6              report an occurrence of x at position j − m + 1 on y
7              (shift,ℓ) ← (per(x),m − per(x))
8          else (shift,ℓ) ← (good-suff[i],m − i − 1)
9          turbo ← mem − (m − i − 1)
10         if turbo > shift then
11             (j,mem) ← (j + turbo,0)
12         else (j,mem) ← (j + shift,ℓ)
```

풀이

원래의 알고리듬의 정확성 증명에 기반해서 TURBO-BM 알고리듬의 정확성 증명은 *turbo* 위치만큼 구간이 움직였을 때(열한 번째 줄) y에서 패턴 x가 출현하지 않음을 놓쳤다는 사실에 의존한다.

사실 열한 번째 줄이 실행됐을 때 $turbo > shift \geq 1$이기 때문에 $turbo > 1$이다. 그럼 u의 출현이 맞춰졌기 때문에 cv는 x에 있는 u의 (고유한) 접미사다(그림 참고). 단어 z와 문자 c에 대해 x의 접미사 $uzcv$, u가 x의 접미사이기 때문에 주기 $|zcv|$를 가진다. 이것은 y의 인자 $uz'dv$에 맞춰져 있다. 여기서 z'는 단어고 d는 문자다. 하지만 $c \neq d$이기 때문에, $|zcv|$는 $uz'dv$의 주기가 아니다.

따라서 x의 접미사 $uzcv$는 y에서 나타난 두 문자 c와 d를 모두 덮을 수 없다. 이것은 y에서 x의 그 다음 가능한 출현이 끝나는 위치가 적어도 요구 조건대로 $j + turbo$ 위치에 있어야 한다는 것을 보인다.

노트

보이어-무어 알고리듬의 제곱으로 시간이 증가하는 부분을 해결하기 위해 몇 가지 해법이 제안됐다. 첫 번째 해법은 갈릴[122]이 제시했고, 여기서는 선형 시간인 변종을 보였다. 아포스톨리코와 지안카를로[16]가 제안한 또 다른 해법에서는 전처리 시간과 검색이 진행되는 동안 추가적인 메모리 공간을 필요로 하고, 패턴 길이에 선형이며, $1.5n$회보다 적은 수의 문자 비교를 필요로 한다[89].

TURBO-BM 알고리듬[70]은 분명 원래 알고리듬의 가장 빠른 개선책이다. 이것은 선형 시간인 해법을 제시할 뿐만 아니라 검색하는 동안 정해진 메모리 공간만을 추가하는 것으로 $2n$회 이하의 문자 비교만을 필요로 한다([74, 96] 참고).

36 와일드카드를 갖는 문자열 탐색

이 문제에서는 단어가 추가적 문자 $*$를 갖는 양의 정수의 알파벳에서 추출된다. 문자 $*$는 와일드카드[3](또는 조커)라고 하며, 알파벳의 다른 문자를 뜻하고, 자기 자신을 포함한 어떤 문자하고도 일치하는 것으로 간주한다.

와일드카드를 갖는 문자열 탐색은 문자열 y에서 패턴 x의 모든 출현을 찾는 것으로 구성된다. 여기서 두 단어는 와일드카드 기호를 갖는 것으로 가정한다. $m = |x|$, $n = |y|$라고 하자.

예제 ab$*$b는 abaaba$*$cbcb에서 위치 3과 위치 5에서만 나타난다.

다른 몇 가지 문자열 탐색 알고리듬과 반대로, 이 문제에 대한 해법은 합성곱^{convolution}이라는 산술적 연산을 자주 사용한다. 최대 길이 n인 수열 B와 C가 주어졌을 때, 길이가 $2n$인 수열 A는 $0 \leq i \leq 2n - 1$에 대해 다음과 같이 계산된다.

---

3 원문에는 a don't care라고 하며, 어떤 값이 대입되든 신경 쓰지 않는 문자로 해석한다. – 옮긴이

$$A[i] = \sum_{j=0}^{n-1} B[j] \cdot C[i + j]$$

풀이

와일드카드 기호를 0으로 바꾸고, 수열 $A[0..n-m]$을 $A[i] = \sum_{j=0}^{m-1} x[j] \cdot y[i+j] \cdot (x[j] \cdot y[i+j])^2$으로 정의한다. 그럼,

$$\sum_{j=0}^{m-1} x[j]^3 y[i+j] - 2 \sum_{j=0}^{m-1} x[j]^2 y[i+j]^2 + \sum_{j=0}^{m-1} x[j] \cdot y[i+j]^3$$

이다. 이 계산은 합성곱을 세 번 수행해 이뤄지고, 전체적으로 $O(n \log n)$의 실행 시간이 필요하다. A와 이 문제 사이의 관계는 다음의 관찰에서 설명한다.

관찰 $A[i] = 0$인 것과 y의 위치 i에서 패턴 x가 출현하는 것은 필요충분조건이다.

사실 $A[i]$이 0인 것은 각 항 $x[j] \cdot y[i+j] \cdot (x[j] - y[i+j])^2$이 0인 것과 필요충분조건이다. 이것은 $x[j]$나 $y[i+1]$ 중 하나가(원래는 와일드카드 기호와 같음) 0이거나 둘이 서로 같다는 뜻이다. 이것은 문자의 일치에 해당하며, 축약시키는 알고리듬의 정확성을 증명한다.

노트

합성곱은 마섹^{Masek}과 패터슨^{Paterson}에 의해 [186]에서 도입됐다. 여기서의 단순화는 [58]에서 가져왔다.

37 순환적 등가

만약 두 단어 중 한 단어가 다른 단어의 켤레(회전)라면 두 단어는 순환적으로 등가다. 그 등가성을 검사하는 것은 몇몇 문자열 탐색 문제에서 등장할 뿐만 아니라, 그래프 알고리듬에서도 등장한다. 가령 유향 표시 그래프^{directed labelled graph}의 동형 변환을 검사하는 문제가 있는데, 여기서는 그래프 순환에 이 검사를 적용한다.

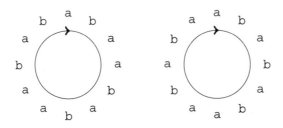

이 그림은 순환적으로 뽑힌 등가인 두 단어를 보인다. 다음의 알고리듬은 알파벳 순서를 사용해 순환적 등가성을 검사한다.

CYCLICEQUIVALENCE(u, v non-empty words of length n)
1    $(x, i, y, j) \leftarrow (uu, 0, v, 0)$
2   **while** $i < n$ and $j < n$ **do**
3        $k \leftarrow 0$
4   **while** $k < n$ and $x[i+k] = y[j+k]$ **do**
5           $k \leftarrow k+1$
6   **if** $k = n$ **then**
7   **return** TRUE
8   **if** $x[i+k] > y[j+k]$ **then**
9           $i \leftarrow i+k+1$
10   **else** $j \leftarrow j+k+1$
11   **return** FALSE

[**힌트:** 린던 켤레를 생각해보자.]

알파벳에 명확한 순서가 없을 때, 기호 비교를 보다 간단히 만든 형식에 기반한 풀이법이 유용하다.

풀이

두 단어 $u =$ abbab와 $v =$ babab에 CYCLICEQUIVALENCE 알고리듬을 실행시켜보자. 그럼 $x = uu$이고 $y = vv$에 따라 인덱스의 짝 (i, j)가 어떻게 바뀌는지 살펴보자.

$$x = uu \quad \overset{\substack{0\;1\;2\;3\;4\;5\;6\;7\;8\;9}}{\boxed{a\;b\;b}\;\boxed{a\;b\;a\;b\;b}\;a\;b}$$

$$y = vv \quad \boxed{b}\;\boxed{a\;b\;a}\;b\;b\;a\;b\;a\;b$$

인덱스의 짝 $(i, j) = (0, 0)$에서 시작하면, 메인 while 루프에 있는 명령문이 처음 실행된 후, 이 짝은 $(0, 1)$이 된다. 이것은 $x[0] < y[0]$이기 때문이다. 그럼 이 알고리듬은 x의 인자 $x[0 . . 2] =$ abb를 y의 인자 $y[1 . . 3] =$ aba와 비교해, 그 다음 짝으로 $(3, 1)$을 생성한다. 이것은 $x[2] > y[3]$이기 때문이다. 결국 이 루프의 다음번 실행에서 u와 v가 켤레인지 검출된다.

이 알고리듬의 실행을 더 설명하면, 순환적 등가인 단어 u와 v의 린던 켤레 ababb의 x와 y의 시작 위치에서 인덱스값 i와 j가 충돌함을 알아두자(만약 u와 v가 원시적이지 않다면, 이 논증은 그 루트에 적용된다). 아홉 번째 줄의 i, 또는 열 번째 줄의 j가 극적으로 증가하는 것은 직관적으로 린던 단어의 성질에서 기인한다는 것을 알 수 있다. 즉, 만약 wa가 린던 단어의 접두사이고 문자 a가 문자 b보다 작다면 wb가 린던 단어라는 성질이다. 결과적으로 wb는 경계가 없다. 따라서 wa와 일치하는 것은 wb의 출현 직후에 발생할 수 있다. 특히 이 예제에서는 aba와 abb를 비교할 때 이것이 설명된다.

CYCLICEQUIVALENCE 알고리듬의 분석 $u^{(k)}$가 u의 k번째 켤레(k번째 회전 또는 k번째 이동)라고 하자. 여기서 $k = 0, 1, \ldots, n-1$이다. $x = uu$에 대해, $u^{(k)} = x[k \mathinner{.\,.} k + n - 1]$이다. 마찬가지로 $y = vv$에 대해, $v^{(k)} = y[k \mathinner{.\,.} k + n - 1]$이다.

$D(u)$와 $D(v)$를 각각 x와 y의 위치의 집합이라고 하자.

$$D(u) = \{k : \text{어떤 } j \text{에 대해 } 0 \le k < n \text{이고 } u^{(k)} > v^{(j)} \text{이다}\},$$
$$D(v) = \{k : \text{어떤 } i \text{에 대해 } 0 \le k < n \text{이고 } v^{(k)} > u^{(i)} \text{이다}\}$$

이 알고리듬의 정확성은 메인 while 루프의 불변량, $[0 \mathinner{.\,.} i - 1] \subseteq D(u)$와 $[0 \mathinner{.\,.} j - 1] \subseteq D(v)$에 의존한다. 이것은 쉽게 알 수 있는데, 가령 만약 여덟 번째 줄에서 $x[i + k] > y[j + k]$를 알았다면 $x[i \mathinner{.\,.} i + k] > y[j \mathinner{.\,.} j + k]$, $x[i + 1 \mathinner{.\,.} i + k] > y[j + 1 \mathinner{.\,.} j + k]$ 등을 알 수 있기 때문이다.

이 알고리듬이 TRUE를 반환한다면 $u^{(i)} = v^{(j)}$이고, 두 단어는 켤레다. 만약 이 알고리듬이 FALSE를 반환한다면, $i = n$이거나 $j = n$임을 안 것이다. 일반성을 잃지 않고 $i = n$이라고 가정하면 $D(u) = [1 \mathinner{.\,.} n]$임을 얻는다. 이것은 u의 모든 순환 켤레가 v의 더 작은 켤레를 갖는다는 뜻이다. 따라서 이 단어는 같은 최소 켤레를 가질 수 없고, 이들은 켤레가 아님을 뜻한다.

기호 비교 횟수는 분명히 선형적이다. 최대 비교 횟수는 $u = \mathrm{b}^k \mathrm{ab}^\ell$과 $v = \mathrm{b}^\ell \mathrm{ab}^k$ 형태의 켤레 단어에서 나타난다. 이것은 선형적 실행 시간을 뜻한다. 인덱스에 대한 모듈로 산술은 u와 v의 복사를 피하기 위해 사용됐고, 추가로 필요한 공간을 상수 크기로 줄여준다.

순서 없음 알파벳에 순서를 고려하지 않는 문제를 푸는 해법은 이 특성이나 경계표와 함께 문자열 탐색 기법을 사용하는 것이다. 가령 #가 uv에서 나타나지 않는 문자라고 할 때, $u\#vv$의 경계표는 u가 vv에 있음을 허용한다.

시간-공간 최적인 문자열 탐색 알고리듬을 사용하면 전체적으로 CYCLICEQUIVALENCE의 특징을 공유하는 알고리듬을 얻지만, 이것은 간단함과 우아함과는 거리가 멀다.

노트

CYCLICEQUIVALENCE 알고리듬의 설계는 실로아크^{Shiloach}[223]의 순환 목록 등가성 알고리듬^{circular lists equivalense algorithm}에서 아이디어를 빌려왔다.

순환적 등가성 문제를 푸는 덜 직접적인 방법은 MAXSUFFIXPOS 함수(문제 38과 문제 40을 참고)를 사용하는 것이다. 이 풀이법은 최대 접미사 $MaxSuffix(uu)$와 $MaxSuffix(vv)$를 알아내는 인덱스 $i = \text{MAXSUFFIXPOS}(uu)$와 $j = \text{MAXSUFFIXPOS}(vv)$를 계산한 다음, 그 접두사의 길이가 $|u| = |v|$로 같은지 검사하는 것으로 구성된다.

Lyn 표(문제 87)도 사용될 수 있지만 덜 효율적인 기법을 유도한다.

시간-공간 최적인 문자열 탐색 알고리듬은 [94, 97, 124]에서 찾아볼 수 있다.

38 간단한 최대 접미사 계산

단어의 최대 접미사는 알파벳 순서에서 그 단어의 가장 큰 접미사다. 이 개념은 단어의 몇몇 조합론적 측면에서 핵심 요소다(가령 실행 시간이나 임계 위치에 연관된다). 하지만 또한 문자열 탐색 알고리듬의 개발에서도 핵심적이다(가령 glibc와 FreeBSD의 lib 같은 몇몇 C 라이브러리에서 사용되는 양방향 알고리듬이 있다). 이 문제에서 제시되는 이 알고리듬은 기교가 필요하지만 문제 40의 알고리듬보다는 더 간단하다. 둘 다 공간적으로 작업하는데, 즉 그 입력에 대해 (문제 23의 풀이와 반대로) 추가적으로 상수 작업 공간만이 필요하고, 이것은 그 구현을 쉽게 만든다.

공단어가 아닌 단어 x에 대해, MAXSUFFIXPOS 알고리듬은 x의 **최대 접미사** $MaxSuffix(x)$의 시작 위치를 계산한다. 예를 들어 입력 bbabbbba에 대해 접미사 bbbba의 위치는 $\text{MAXSUFFIXPOS}(\text{bbabbba}) = 3$이다.

MaxSuffixPos 알고리듬과 문제 37의 CyclicEquivalence 알고리듬 사이의 유사성 그리고
문제 40에서 다르게 작성한 알고리듬의 의사 코드$^{pseudo\ code}$와 유사함을 알아두자.

MaxSuffixPos(x non-empty word)
1   $(i, j) \leftarrow (0, 1)$
2   while $j < |x|$ do
3   ▷note the invariant $i < j$
4       $k \leftarrow 0$
5   while $j + k < |x|$ and $x[i + k] = x[j + k]$ do
6           $k \leftarrow k + 1$
7   if $j + k = |x|$ or $x[i + k] > x[j + k]$ then
8           $j \leftarrow j + k + 1$
9   else $i \leftarrow i + k + 1$
10   if $i \geq j$ then
11          $j \leftarrow i + 1$
12 return i

> **질문** MaxSuffixPos 알고리듬이 단어의 최대 접미사의 위치를 계산하는 것을 보이고,
> 상수 크기의 추가 공간을 포함해 선형 시간 내에 실행됨을 보여라.

풀이

단어 $x =$ bbabbbba에 대해 MaxSuffixPos 알고리듬을 실행한다고 하자. 윗줄의 인덱스
i와 아랫줄의 인덱스 j를 더 잘 보이기 위해 다음과 같이 복제해서 나타낸다.

$$x \quad \begin{matrix} 0 & 1 & 2 & 3 & 4 & 5 & 6 & 7 & 8 \\ b & b & a & b & b & b & b & b & a \end{matrix}$$

$$x \quad \begin{matrix} b & b & a & b & b & b & b & b & a \end{matrix}$$

x의 첫 번째 인덱스 짝 (i, j)는 $(0, 1)$로, $x[0..1] =$ bb가 $x[1..2] =$ ba와 비교되도록 한다.
이것은 그다음 인덱스 짝 $(0, 3)$ 생성한다. 그럼 $x[0..2] =$ bba와 $x[3..5] =$ bbb를 비교

140

해서 i를 3으로 증가시키고, 등호 성립을 방지하기 위해 추가로 j를 4로 증가시킨다. 결과적으로 j는 9까지 움직이고 이것은 메인 루프와 이 과정이 멈추도록 한다. 이 알고리듬은 bbabbbbba의 최대 접미사 bbbbba의 위치 3을 반환한다.

MAXSUFFIXPOS의 정확성 이 내용은 문제 40에서도 찾아볼 수 있기 때문에, 증명은 간략하게 소개만 하겠다. 이 증명은 메인 반복문(while 루프)의 다음과 같은 불변량에 의존한다.

> 구간 $[0..j-1]$에서, 위치 i는 $x[0..j-1]$의 최대 접미사의 시작 위치로서 유일한 후보다. 다시 말해 $t \neq i$이고 $t < j$라면 t는 최대 접미사의 시작 위치가 아니다.

따라서, 마지막에 j는 $|x|$보다 작지 않고 i는 $[0..|x|-1]$ 구간(x의 위치 전체)에서 최대 접미사가 시작하는 유일한 가능한 위치다. 따라서 i는 원하는 출력이 된다.

노트

여기서의 MAXSUFFIXPOS 알고리듬은 아담칙Adamczyk과 리터[1]에 의해 제안된 알고리듬이다.

이 알고리듬은 또한 간단한 장식을 붙이고 나면 문제 40의 또 다른 의사 코드와 같이 최대 접미사의 가장 짧은 주기를 계산할 수 있다. 실제로 이것은 $i - j'$다. 여기서 j'는 j의 끝에서 두 번째 값이다(j의 끝 값은 $|x|$이고, 범위를 벗어난다).

---

39 자기최대 단어

자기최대 단어self-maximal word의 개념은 그 접미사 중에서 알파벳 순서에서 가장 큰 단어로, 어쩌면 단어의 공단어가 아닌 모든 고유 접미사보다 작은 단어인 린던 단어 개념의 쌍대다. 자기최대 단어는 단어에서 한계 위치를 찾을 때(문제 41 참고)와 그에 기반한 문자열 탐색 알고리듬에서 자연스럽게 나타난다.

SELFMAXIMAL 알고리듬은 입력 단어 x가 자기최대인지를, 다시 말해 $x = \text{MaxSuffix}(x)$인지를 검사한다. 이 알고리듬은 for 루프 안의 명령문을 상수 시간 내에 실행하므로 단어를 실시간으로 처리한다.

```
SELFMAXIMAL(x non-empty word)
1   p ← 1
2   for i ← 1 to |x| − 1 do
3        if x[i] > x[i − p] then
4             return FALSE
5        elseif x[i] < x[i − p] then
6             p ← i + 1
7   return TRUE
```

예제 단어 cbcbacbcbacbc $= (\text{cbcba})^2\text{cbc}$는 자기최대일 뿐만 아니라 그 접두사 주기 cbcba도 자기최대이고 추가로 경계가 없다. 그 접미사 cbcbacbc는 기본적으로 최대 접미사를 두고 이 단어와 경쟁하는 유일한 접미사다. 그럼, 여기에 덧붙여진 문자 a는 cbcbacbc의 접미사 출현에 이어서 나온 문자와 비교된다.

$$\text{c b c b a c b c b a c b c } a$$

$$\underbrace{}_{u}\quad\underbrace{}_{u}\quad\underbrace{}_{v}$$

> **질문** 위의 매우 간단한 알고리듬이 입력 단어가 그 단어의 모든 고유 접미사보다 더 큰지 정확히 검사함을 증명하라.

다음 그림이 SELFMAXIMAL에서 변수의 역할을 설명한다.

```
0              p              i − p           i
┌──────┬──────────┬──────────┬──────┬──┐
│   u      │    u     │    u     │   v  │a │
├──────┬──┼──────┬──┼──────┬──┼──────┼──┤
│   v  │b │   v  │b │   v  │b │   v  │a │
└──────┴──┴──────┴──┴──────┴──┴──────┴──┘
```

질문 위의 알고리듬을 단어의 가장 긴 자기최대 접두사를 계산하는 SMPʀᴇꜰɪx로 개선하라.

풀이

증명을 시작하기 전에 알아둘 것이 있다. y가 공단어가 아닌 자기최대 단어이고 또한 경계가 없다고 하자. 즉 $per(y) = |y|$다. 그럼, y의 임의의 공단어가 아닌 고유 접미사 z는 $z \ll y$를 만족한다(즉, 문자 b보다 더 작은 문자 a에 대해 $z = ras$이고 $y = rbt$다). 따라서 임의의 단어 s'와 t'에 대해 $zs' \ll yt'$다.

SᴇʟꜰMᴀxɪᴍᴀʟ 알고리듬의 정확성 for 루프의 불변량을 생각해보자. $u = x[0 .. p - 1]$은 공단어가 아닌 자기최대이면서 경계가 없는 단어, $x[0 .. i - 1] = u^e v$다. 여기서 $e > 0$이고 v는 u의 고유 접두사다.

이 불변량은 $u = x[0]$, $e = 1$ 그리고 v가 공단어이므로 루프가 시작될 때 성립한다. 만약 일곱 번째 줄에서 이 불변량이 성립하면, $x = u^e v$이고 x는 예상대로 $p = |u|$의 주기를 갖는 자기최대 단어다.

루프 안에 있는 구문이 불변량의 유효성을 바꾸지 않는 것을 보여야 한다. 문자 비교의 결과에 따라 세 가지 경우를 생각해보자.

만약 $x[i] > x[i - p]$이면, x는 자기최대 단어가 아니다. 그 인자 $x[p .. i - 1]x[i] = x[0 .. i - p - 1]x[i]$가 그 접두사 $x[0 - i - p - 1]x[i - p]$보다 크기 때문이다. 만약 $x[i] = x[i - p]$이면 불변량은 여전히 성립하고, 아마 $e + 1$이고 $v = \varepsilon$가 될 것이다.

$x[i] < x[i - p]$인 경우가 알고리듬의 핵심적 특징을 준다. $x[0 .. i]$는 자기최대 단어가 되면서 추가적으로 경계가 없어진다. 이것을 보이려면 $a < b$에 대해 $a = x[i]$이고 $b = x[i - p]$라

고 하자. 먼저 va의 접미사 중 $v'a$ 꼴의 접미사를 생각해보자. vb가 자기최대 단어 u의 접두사이므로, $vb \leq u < x[p \mathbin{.\,.} i]$이고, $va < vb$이기 때문에 $va < x[p \mathbin{.\,.} i]$를 얻는다. 둘째로, p의 배수가 아닌 위치 $j < e|u|$에서 시작하는 접미사 $x'a$는 u의 고유한 접미사 u'에 의해 접두사가 된다. 앞서의 언급을 참고하면, $u' \ll u$를 알 수 있고, 이것은 $x'a \ll u^e va = x[p \mathbin{.\,.} i]$를 내포한다. 셋째로, 고려해야 하는 남아 있는 접미사 $x'a$는 $p, 2p, \ldots, ep$의 꼴을 갖는 위치에서 시작한다. x' 전부는 또한 u^e의 접두사고, b로 이어진다. 따라서 $x'a < x'b < x[p \mathbin{.\,.} i]$이다. 이것으로 증명이 완료된다.

SMPREFIX 알고리듬 이 알고리듬의 설계는 SELFMAXIMAL의 설계와 비슷하고, 그 정확성도 위의 증명에 의해 쉽게 유도된다.

```
SMPREFIX(x non-empty word)
1    p ← 1
2    for i ← 1 to |x| − 1 do
3        if x[i] > x[i − p] then
4                return x[0 .. p − 1]
5        elseif x[i] < x[i − p] then
6                p ← i + 1
7    return x[0 .. |x| − 1]
```

노트

SELFMAXIMAL 알고리듬은 듀발[Duval][105]의 린던 인자분해 알고리듬을 응용했고, 그 핵심 특성을 보이기 위해 간결히 줄였다.

40 최대 접미사와 그 주기

단어의 최대 접미사는 알파벳 순서에서 가장 큰 접미사다. 이 문제는 문제 38에서 이어지며, 최대 접미사를 계산하는 또 다른 의사 코드를 제시한다. 다른 알고리듬과 마찬가지로, 이 알고리듬은 그 입력을 상수 추가 공간만을 사용해 선형 시간 내에 처리한다.

```
MaxSuffixPP(x non-empty word)
 1   (ms, j, p, k) ← (0, 1, 1, 0)
 2   while j + k < |x| do
 3       if x[j + k] > x[ms + k] then
 4           (ms, j, p, k) ← (j, j + 1, 1, 0)
 5       elseif x[j + k] < x[ms + k] then
 6           (j, p, k) ← (j + k + 1, j − ms, 0)
 7       elseif k = p − 1 then
 8           (j, k) ← (j + k + 1, 0)
 9       else k ← k + 1
10   return (ms, p)
```

질문 MaxSuffixPP 알고리듬이 입력 단어의 최대 접미사의 시작 위치와 주기를 계산함을 보여라.

예제 $(cbcba)^3cbc = MaxSuffix(aba(cbcba)^3cbc)$이다. 그 다음 문자는 최대 접미사의 접두사 cbc에 이어지는 문자와 비교된다.

다음의 그림은 각각 네 번째 줄, 여섯 번째 줄, 여덟 번째 줄에서 실행되는 명령어에 해당하는 세 가지 가능성을 나타낸다.

$$\overset{\displaystyle ms\ \ j}{\text{a b a c b c b a c b c b a c b c b a c b c } \mathbf{c}}$$
$$\underset{u}{}$$

$$\overset{\displaystyle ms}{\text{a b a c b c b a c b c b a c b c b a c b c } \mathbf{a}}\ ^{j}$$
$$\underset{u}{}$$

$$\overset{\displaystyle ms}{\text{a b a c b c b a c b c b a c b c b a c b c } \mathbf{b}}\ ^{j}$$
$$\underset{u\quad u\quad u\quad v}{}$$

질문 단어의 원시성을 선형 시간 내에 그리고 상수 크기의 추가 공간만을 이용해 어떻게 검사하는지 보여라.

풀이

MaxSuffixPP 알고리듬의 정확성 변수가 바뀐 것을 감안하면 MaxSuffixPP의 구조와 그 증명은 문제 39의 알고리듬에서 보인 것을 따라간다. 여기서 u는 자기최대이고 경계가 없는 단어이고, $e > 0$이며 v는 u의 고유한 접두사라고 두고, ms는 MaxSuffix $(x[0..j + k - 1]) = u^e v$의 시작 위치를 나타낸다. 다음의 그림은 변수 i, j, k의 역할을 나타낸다. 문자 $x[j + k]$는 $x[ms + k] = x[j + k - p]$와 비교된다.

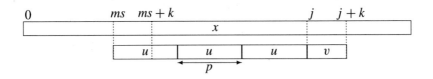

세 번째 줄에서 네 번째 줄은 최대 접미사의 시작 위치 후보인 ms가 갱신돼야 하는 경우에 해당한다. 위치 j는 그 다음 후보가 된다. 접미사 $x[j..j + k]$가 j보다 먼저 시작하는 $x[m..j + k]$의 접미사보다 크기 때문이다. 그리고 이 과정은 j 다음에 벌어진 것은 잊어버리고 그 위치에서 다시 시작된다.

다섯 번째 줄에서 여섯 번째 줄은 핵심적 특징을 다룬다. 단어 $x[ms..j + k]$는 자기최대이고 경계가 없는 단어로, 주기가 $j + k - ms + 1$ 즉, 그 길이다.

결국, 일곱 번째 줄에서 아홉 번째 줄은 k를 증가시키게 되고, k를 p보다 작게 유지하기 위해 j를 갱신할 것이다.

MAXSUFFIXPP 알고리듬의 복잡도 이 알고리듬의 메모리 공간 요구량은 분명하다. 그 실행 시간의 계산은 네 번째 줄의 방사적 요소 때문에 덜 분명하나. 하지만 $ms + j + k$의 값을 생각하는 것으로 충분하다.

네 번째 줄에서, ms는 적어도 p만큼 증가하고, j는 1만큼 증가하고, k는 많아봐야 $p - 1$만큼 감소한다. 그리고 p는 변하지 않는다. 따라서 $ms + j + k$는 엄격하게 증가한다. 여섯 번째 줄에서, j는 k의 값이 없어지기 전에 $k + 1$만큼 증가한다. 이것도 다시 이 값의 엄격한 증가를 가져온다. 여덟 번째 줄에서 아홉 번째 줄까지, $j + k$는 1만큼 증가하며 ms는 변하지 않고 역시 같은 결과를 유도한다.

$ms + j + k$는 1부터 최대 $2|x| + 1$까지 변하므로, 이것은 알고리듬이 멈출 것이며 $2|x|$보다 많은 수의 문자 비교를 하지는 않음을 보인다.

원시성 검사 $ms = \text{MAXSUFFIXPP}(x)$라고 하고, p는 $\text{MaxSuffix}(x)$의 주기라고 하자. 그리고 $ms < p$임이 알려져 있다(문제 41 참고). k가 $j = ms + kp \leq |x|$인 최대의 정수라고 하자. 그럼 원시성 검사는 $x[j..n-1]x[0..ms-1] = x[ms..ms+p-1]$가 성립하는지 보면 된다.

노트

MAXSUFFIXPP 알고리듬은 크로슈모어와 페렝Perrin이 [94]에서 소개했다. 이 논문에서는 양방향 알고리듬이라고 알려진 시간-공간 최적인 문자열 탐색의 전처리를 위해 이 알고리듬을 사용했다.

경계표를 갖는 이 알고리듬에 추가적인 상수 공간이 필요하다는 점을 완화하면 이 기법의 실행 시간이 증가하지만 최악의 경우에 대한 점근적인 거동은 변하지 않는다.

41 단어의 임계 위치

단어에서 임계 위치의 존재는 조합론적 분석을 위해서나 문자열 알고리듬 설계에 대해서나 놀라운 도구다. 그 놀라운 응용 분야 중 하나는 몇몇 C 언어 라이브러리에 구현된 양방향 문자열 알고리듬이다.

x가 공단어가 아닌 단어이고, $i = 0, \ldots, |x|$에 대해 $\ell per(i)$가 x의 i에서 **지역적 주기**라고 하자. 지역적 주기는 다음을 만족하는 가장 짧은 공단어가 아닌 단어 w의 길이이다.

$$A^* x[0 \,.\, . \, i-1]\text{의 접미사이면서 } x[i \,.\, . \, |x|-1]A^*\text{의 접두사}$$

이것을 대강 설명하자면, 여러 항을 늘어놓을 때 위치 i에 중심을 둔 공단어가 아닌 가장 짧은 제곱 단어 ww가 $\ell per(i)$의 주기를 가짐을 뜻한다. 예를 들어 주기 8인 단어 baabababba에 대해, $\ell per(1) = |\text{aab}| = 3$, $\ell per(6) = |\text{ab}| = 2$, $\ell per(10) = |\text{a}| = 1$, $\ell per(7) = |\text{bbaababa}| = 8$임을 알 수 있다. 어떤 제곱은 이 단어의 오른쪽을 넘어갈 수도 있고, 왼쪽을 넘어갈 수도 있고, 또는 양쪽 모두를 넘어갈 수도 있다.

$$
\begin{array}{cccccccccc}
\text{b} & \text{a} & \text{a} & \text{b} & \text{a} & \text{b} & \text{a} & \text{b} & \text{b} & \text{a}
\end{array}
$$

임의의 i에 대해 $\ell per(i) \le per(x)$임을 알아두자. 만약 $\ell per(i) = per(x)$라면 i는 **임계 위치** critical position라고 한다. $x = u \cdot v$일 때 $\ell per(|u|) = per(x)$이면 그 인자분해는 임계적이라고 한다.

$\mathrm{MaxSuffix}(\le, x)$와 $ms = \mathrm{MaxSuffixPos}(\le, x)$이 각각 x의 최대 접미사와 알파벳 순서 $\le$에 따른 그 위치라고 하자.

> **질문** $x = yz$라고 하자. 여기서 $z = \text{MaxSuffix}(\leq, x)$다. $|y| < per(x)$임을 보여라. 즉,
> $\text{MaxSuffixPos}(\leq, x) < per(x)$임을 보여라.

다음의 CRITICALPOS 알고리듬이 선형 시간 내에 임계 위치를 계산하며, 문제 38과 문제 40에 따라 상수 크기의 추가 공간만을 필요로 한다.

```
CRITICALPOS(x non-empty word)
1   i ← MaxSuffixPos(≤, x)
2   j ← MaxSuffixPos(≤ −1, x)
3   return max{i, j}
```

$x = \text{baabababba}$에 적용하면, $\text{MaxSuffixPos}(\leq, x) = 7$은 임계 위치이고, 이 사례에서 $\text{MaxSuffixPos}(\leq -1, x) = 1$은 임계 위치가 아니다.

> **질문** CRITICALPOS 알고리듬이 공단어가 아닌 입력 단어에 대해 임계 위치를 계산함을 보여라.

[힌트: 두 단어 순서의 교집합이 접두사 순서라는 것을 고려하고, 경계와 주기 사이의 쌍대성을 사용하라.]

풀이

첫 번째 문제에 대한 답 귀류법을 사용한다. $y \geq per(x)$이고 w가 y의 길이가 $per(x)$인 접미사라고 하자. 주기성 때문에 w가 z의 접두사이거나 z가 w의 접미사다.

경우 1: 만약 $z = ww'$이면, 정의에 의해 $www' < ww'$이고, 그럼 $ww' < w'$이며, 정의에 모순이다.

경우2: 만약 $w = zz'$이면, $zz'z$는 x의 접미사이고, 그럼 $z < zz'z$이며, z의 정의에 의해 모순이다.

두 번째 문제에 대한 답 x의 알파벳이 한 문자로 줄어든 경우는 모든 위치가 임계적이기 때문에 쉽게 풀린다. 그럼 x가 적어도 2개의 다른 문자를 갖고, 일반성을 잃지 않고 $i > j$라고 가정해 i가 임계 위치임을 보이자.

w가 i를 중심에 둔 공단어가 아닌 가장 짧은 제곱 단어라고 하자. 즉, $|w| = \ell per(i)$다. 첫 번째 문제에 따라, y가 w의 고유한 접미사임을 알 수 있다.

경우 1: z가 w의 접두사라고 가정하자. 그럼 $|w| = per(x)$다. ww의 인자 x가 주기 $|w| = \ell per(i)$를 갖고, 이것이 $per(x)$보다 더 클 수 없기 때문이다. 따라서 i는 임계 위치다.

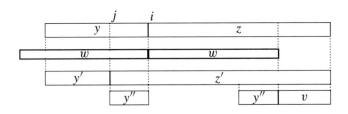

경우 2: 어떤 공단어가 아닌 단어 v에 대해 $z = wv$라고 가정하자. 그럼 z의 정의에 의해 $v < z$다. $x = y'z'$라고 하자. 여기서 $z' = \mathrm{MaxSuffix}(\leq^{-1}, x)$이고, y''는 $y = y'y''$이고 $z' = y''z$가 되는 공단어가 아닌 단어다. $y''v$는 x의 접미사이기 때문에, 이것은 $\leq^{-1}$에서 유도된 순서에 따르면 $z' = y''z$보다 작다. 따라서 v는 같은 순서에 따라 z보다 작다. 힌트를 참고하면 두 순서 모두에 대해서 z보다 더 작은 v는 z의 접두사다. 그럼 z의 경계다. 따라서 $|w|$는 z의 주기이고, 결과적으로 $x = yz$의 주기다. 그러므로 앞에서와 마찬가지로 i는 임계 위치다.

이것으로 증명이 완료된다.

노트

임의의 공단어가 아닌 단어에 임계 위치의 존재성을 보이는 임계 인자분해 정리는 체자리[Cesari], 듀발[Duval], 빈센트[Vincent][49, 105]가 제시했다(로데어[175, 8장]도 참고하라).

여기서의 증명은 [96, 98]에서 나타났으며, 크로슈모어와 페렝[94]이 보였다. 이 논문에서는 이 알고리듬이 양방향 문자열 탐색 알고리듬 설계의 일부로 들어가며, 시간-공간 최적이다. 이 알고리듬은 브레슬로어 등이 [45]에서 실시간 알고리듬으로 확장했다.

42 린던 단어 접두사의 주기

린던 단어는 공단어가 아닌 자기최소 단어다. 즉, 린던 단어는 그 단어의 공단어가 아닌 고유한 접미사 전체보다 알파벳 순서에서 더 작다. 쌍대인 자기최대 단어와는 몇 가지 특징을 공유한다. 린던 단어는 문자열 탐색 알고리듬 설계와 두 단어의 순환 등가성을 검사하는 것(문제 37)과 같은 분석 기법에 유용한 성질을 갖는다. 이 문제에서는 그 접두사 주기를 계산하는 놀랍도록 간단한 풀이를 다루겠다.

$period$가 단어 x의 접두사의 주기표를 나타낸다고 하자. 이것은 $\ell = 1, \ldots, |x|$일 때 길이가 ℓ이고 공단어가 아닌 접두사에 대해 다음과 같이 정의된다.

$$period[\ell] = x[0 .. \ell - 1]의 \text{ 가장 짧은 주기}$$

단어 $x = $ aabababba에 대해 다음을 얻을 수 있다.

i	0	1	2	3	4	5	6	7	8
$x[i]$	a	a	b	a	b	a	b	b	a
ℓ	1	2	3	4	5	6	7	8	9
$period[\ell]$	1	1	3	3	5	5	7	8	8

질문 PREFIXPERIODS 알고리듬이 린던 단어의 접두사의 주기표를 정확히 계산함을 보여라.

```
PREFIXPERIODS(x Lyndon word)
1   period[1] ← 1
2   p ← 1
3   for ℓ ← 2 to |x| do
4       if x[ℓ − 1] ≠ x[ℓ − 1 − p] then
5           p ← ℓ
6       period[ℓ] ← p
7   return period
```

질문 PREFIXPERIODS를 어떻게 바꾸면 자기최대 단어의 접두사 주기표를 계산하도록 할 수 있을까?

질문 어떤 단어가 린던 단어인지 검사하는 것이 상수 크기의 공간만을 추가적으로 사용하면 선형 시간 내에 수행될 수 있음을 보여라.

[**힌트**: PREFIXPERIODS 알고리듬을 조정하라.]

풀이

자기최대와 자기최소 개념이 엄밀하게는 대칭적이지 않지만, 이 풀이법은 문제 39의 풀이법과 매우 유사하다.

문제 39의 증명을 응용하면, 린던 단어의 공단어가 아닌 접두사가 $u^e v$ 꼴임을 증명하는 것은 좀 더 쉽다. 여기서 u는 린던 단어이고 v는 u의 고유한 접두사다.

PREFIXPERIODS 알고리듬의 정확성 PREFIXPERIODS 알고리듬에서 변수 p는 접두사 $x[0..ℓ − 2]$의 주기를 저장한다. 다시 떠올려보면 접두사는 $p = |u|$를 갖는 $u^e v$의 꼴이다. 변수 p는 for 루프 안에서 갱신된다. 네 번째 줄의 비교 구문은 주기성 p가 계속되는지 검사하고, 계속되는 경우라면 여섯 번째 줄에서 할당된 것과 같이 p는 $x[0..ℓ − 1]$의 주기다. 만약 비교 구문이 거짓이면, $x[ℓ − 1] < x[ℓ − 1 − p]$이 될 수 없다. 접미사 $vx[ℓ − 1 − p]$가

x보다 작을 수 있기 때문에, x가 린던 단어라는 사실과 모순이기 때문이다. 따라서 그런 경우 $x[\ell-1] > x[\ell-1-p]$다. 이것은 문제 39의 풀이에서 언급한 핵심적 특징이고, 이 경우 $x[0..\ell-1]$은 경계가 없으며, 따라서 주기가 ℓ이고, 다섯 번째 줄에서 할당된다.

자기최대 접두사의 주기 PREFIXPERIODS에 입력이 자기최대 단어일 때, 이 알고리듬을 바꾸지 않고 접두사의 주기표를 계산할 수 있다. 위의 논증은 본질적으로 '<'와 '>'를 교환해도 여전히 성립하는데, 핵심 특성이 적용되기 때문이다.

린던 검사 LYNDON 알고리듬은 위의 알고리듬을 응용한 것으로, SELFMAXIMAL 알고리듬 (문제 39)에서 '<'와 '>'를 교환한 것과 유사하다. 추가적으로 전체 단어가 경계가 없는지 검사해야 할 필요가 있다.

```
LYNDON(x non-empty word)
1   p ← 1
2   for ℓ ← 2 to |x| do
3       if x[ℓ-1] < x[ℓ-1-p] then
4           return FALSE
5       elseif x[ℓ-1] > x[ℓ-1-p] then
6           p ← ℓ
7   if p = |x| then
8       return TRUE
9   else return FALSE
```

aabababba의 접두사 중 길이가 1, 3, 5, 7, 8인 것은 린던 단어다. 이 단어는 경계 a가 있기 때문에 그 자체로는 린던 단어가 아니다.

일곱 번째 줄에서 만약 $|x|$가 p의 배수이면, x는 목걸이 단어고, 그렇지 않으면 목걸이 단어의 접두사다.

43 지민 단어를 찾아서

이 문제는 변수를 갖는 단어의 패턴을 고려한다. 상수 문자인 알파벳 $A = \{a, b, \ldots\}$ 외에도 (서로 다른) 알파벳 변수 $V = \{\alpha_1, \alpha_2, \ldots\}$가 있다.

만약 $w = \psi(P)$이면 패턴 $P \in V^*$는 단어 $w = A^*$와 일치한다. 여기서 $\psi : alph(P)^+ \to A^+$는 어떤 함수다. $n \geq 0$에 대해 **지민 단어**^{Zimin word} Z_n은 패턴 회피 가능성 문제(문제 93 참고)에서 중요한 역할을 한다. 지민 단어는 다음과 같이 정의된다.

$$Z_0 = \varepsilon \quad \text{그리고} \quad Z_n = Z_{n-1} \cdot \alpha_n \cdot Z_{n-1}$$

예를 들어, $Z_1 = \alpha_1$, $Z_2 = \alpha_1\alpha_2\alpha_1$, $Z_3 = \alpha_1\alpha_2\alpha_1\alpha_3\alpha_1\alpha_2\alpha_1$이 있다.

단어 w의 **지민 타입**^{Zimin type}은 $w = \psi(Z_k)$이 되는 최대 자연수 k다. 여기서 ψ는 어떤 함수다. 이 타입은 공단어가 타입 0을 갖고 공단어가 아닌 단어는 적어도 1의 타입을 갖기 때문에 항상 정의된다. 예를 들어 $w = \mathtt{adbadccccadbad}$의 지민 타입은 3이다. 왜냐하면 ψ을

$$\begin{cases} \psi(\alpha_1) = \mathtt{ad}, \\ \psi(\alpha_2) = \mathtt{b}, \\ \psi(\alpha_3) = \mathtt{cccc} \end{cases}$$

이라고 정의했을 때 Z_3의 이미지^{image}이기 때문이다.

> **질문** 주어진 단어의 모든 접두사의 지민 타입을 선형 시간 내에 어떻게 계산할 수 있는지 보여라.

[**힌트:** 접두사의 짧은 경계를 고려하라.]

> **질문** 어떤 단어에서 주어진 지민 타입이 나타나는지 제곱 시간 내에 어떻게 검사하는지 보여라.

[**힌트:** 단어의 지민 타입을 고려하라.]

풀이

지민 타입의 계산 $w \in A^+$인 단어의 접두사들의 지민 타입의 계산은 w에 따라 다음과 같이 실시간으로 수행된다. $Ztype[i]$가 w의 길이 i인 접두사의 타입이라고 하자. $Ztype[0] = 0$임은 알고 있다. 다른 값에 대해서는, 다음의 등식을 반복 적용해 계산할 수 있음을 증명하면 된다.

$$Ztype[i] = Ztype[j] + 1,$$

여기서 $j = |ShortBorder(w[0..i-1])|$다.

$z = w[0..i-1]$이고 $u = ShortBorder(z)$라고 하면, 두 단어 u와 v에 대해 $z = uvu$를 얻는다. 이때 $v \neq \varepsilon$다. $Ztype[j]$의 정의에 의해, 단어 u는 $\psi : \{\alpha_1, \alpha_2, \ldots, \alpha_{Ztype[j]}\}^+ \to A^+$에 의한 $Z_{Ztype[j]}$의 이미지다. $\psi(\alpha_{Ztype[j]} + 1) = v$라고 두고 이 함수를 확장하면, z의 지민 타입이 적어도 $Ztype[j] + 1$임을 알 수 있다. 그럼 u보다 짧은 z의 경계 중 어떤 것도 더 높은 값을 줄 수 없음을 보이는 것이 남는다.

$u'v'u'$를 $Ztype[|u'|] = Ztype[|z|] - 1$를 만족하는 z의 인자분해라고 하자. 그리고 귀류법을 위해 $Ztype[|u'|] > Ztype[|u|]$이면서 u'가 u보다 짧다고 하자. 그럼 $Ztype[|u|] > 0$이고 $Ztype[|u'|] > 1$이기 때문에 단어 $v'' \neq \varepsilon$에 대해 $u' = u''v''u''$이고 $Ztype[|u''|] = Ztype[|u'|] - 1$을 유도할 수 있다. 그럼 $Ztype[|u'|] = Ztype[|z|] - 2$다. 하지만 u''는 z의 경계이므로, $Ztype[|z|] = Ztype[|u''|] + 1$이며 이것은 모순이다.

접두사의 짧은 경계(문제 21)를 계산하는 알고리듬에서 이 풀이를 추론할 수 있다.

지민 패턴 찾기 다음의 사실이 지민 타입의 계산에 대한 문제를 쉽게 만든다.

사실 w의 접두사 $w[0..i-1]$이 지민 패턴 Z_k와 일치한다는 것은 $Ztype[i] \geq k$인 것과 필요충분조건이다.

사실, 만약 단어가 어떤 $j \geq k$에 대해 Z_j의 대응된 이미지라면, 그 단어는 Z_k의 대응된 이미지기도 하다.

이제 해법을 쉽게 알 수 있다. $Ztype$ 표는 w의 각 접두사 z에 대해 계산되며, 그럼 Z_k와 일치하는 z의 접두사를 검출할 수 있다. 그리고 만약 Z_k가 w에 출현한다면 같은 방식으로 검출될 것이다.

```
MatchingZiminPattern(w non-empty word,k positive integer)
1    for s ← 0 to |w| − 1 do
2        Ztype[0] ← 0
3        for i ← s to |w| − 1 do
4            compute Ztype[i − s + 1] on w[s..|w| − 1]
5            if Ztype[i − s + 1] ≥ k then
6                return TRUE
7    return FALSE
```

네 번째 줄의 계산은 바로 앞 문제의 선형 시간 알고리듬을 사용한다. 따라서 전체 검사 시간은 $O(|w|^2)$의 실행 시간이 걸릴 것으로 예상된다.

이 알고리듬을 간단히 바꿔서 입력 단어에 Z_k가 나타나는 가장 큰 정수 k를 알아낼 수 있다.

노트

더 흥미로운 문제는 변수를 갖는 역패턴 찾기다. 이것은 변수를 갖는 주어진 단어가 주어진 지민 패턴에 등장하는지 검사하는 문제다. 이 문제는 NP 복잡도 문제에 속한 것으로 알려져 있지만, NP-어려움에 속하는지는 알려지지 않았다.

44 불규칙적인 2차원 패턴 검색

(잠재적으로) 불규칙적인 2차원[2D] 패턴 P가 주어져 있다고 하자. 불규칙적[irregular]이라는 단어는 P가 꼭 직사각형일 필요가 없고, 어떤 모양이든 될 수 있다는 뜻이다. 목표는 전체 크기가 $N = nn'$인 2차원 문자열($n \times n$)인 T에서 P가 나타난 곳을 전부 찾는 것이다.

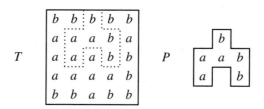

이 그림은 불규칙적인 패턴 P를 보여준다. 이 패턴은 3×3 상자에 딱 맞게 들어가며, T에서 2번 나타나고, 그중 하나가 표시돼 있다.

> **질문** 불규칙적 2차원 패턴의 2차원 패턴 찾기는 $O(N \log N)$ 시간 내에 실행될 수 있음을 보여라.

풀이

이 풀이는 문제를 선형화한다. P가 $m \times m'$ 상자에 딱 맞게 들어가는 직사각형이 아닌 패턴이라고 하자. 일반성을 잃지 않고 그 상자의 첫 번째 열과 마지막 열, 첫 번째 행과 마지막 행에 P의 원소가 포함된다고 가정할 수 있다. 그렇지 않은 행과 열은 삭제한다.

문자열 T는 행을 이어 붙여서 T'로 선형화시킬 수 있다. 먼저 P를 $m \times m'$ 상자 안에 집어 넣는다. 그 원소 중에 P에 없는 것들(빈칸)은 *으로 표시한다. 이 상자의 행은 이어 붙여지며, 행 사이에는 $n' - m'$개의 * 기호를 집어넣는다. 이 방식으로 P는 P'으로 선형화시킬 수 있다.

예제 위의 그림에 있는 패턴에 대해, 3×3 상자는 $* b *$, $a \, a \, b$, $a * b$이고, 따라서 $P = * b * * * a \, a \, b * * a * b$다.

이 변환의 기본 성질은 T에서 P가 나타나는 것이 단어 T'에서 단어 P'가 나타나는 것에 해당한다는 것이다. 이때 P'는 와일드카드를 포함한다.

결과적으로, P의 출현 전체는 문제 36에서 사용한 방법으로 찾을 수 있다. 그럼 이 풀이의 전체 실행 시간은 $O(N \log N)$이다.

노트

이 알고리듬의 실행 시간은 $O(N \log(\max(m, m')))$으로 줄일 수 있다. 여기서 제시된 선형화 방법은 [10]에서 사용했었다.

04

효율적 자료 구조

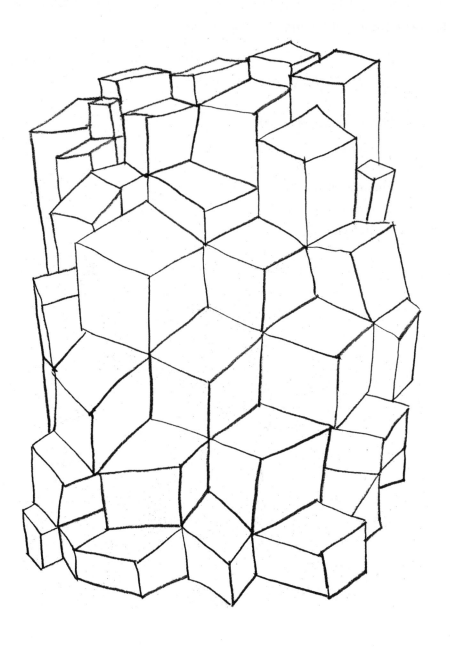

45 최단 덮개에 대한 리스트 알고리듬

공단어가 아닌 단어 x의 덮개는 그 단어의 인자 중 하나로, 그 출현이 x의 모든 위치를 덮는 것이다. 그런 원소는 반복적으로 등장한다. 이 문제는 문제 20의 경계표 대신에 접두사 표 *pref*를 이용해 단어의 최단 덮개를 어떻게 계산하는지 보인다. 이 알고리듬은 더 간단하지만 선형의 추가적인 메모리 공간을 사용한다.

x에 있는 각각의 접두사 길이 ℓ에 대해, $L(\ell) = (i : pref[i] = \ell)$이라고 하자. SHORTESTCOVER 알고리듬은 입력 단어의 최단 덮개의 길이를 계산한다.

SHORTESTCOVER(x non-empty word)
1   $L \leftarrow (0, 1, \ldots, |x|)$
2   **for** $\ell \leftarrow 0$ **to** $|x| - 1$ **do**
3   remove elements of $L(\ell - 1)$ from L
4   **if** $maxgap(L) \leq \ell$ **then**
5   **return** ℓ

단어 $x = $ abababaaba에 대한 작동을 생각해보면 $\ell = 1, 2, 3$에 대해 리스트 L에서의 위치는 마지막 줄에서 보여준다. 연관된 값인 $maxgap(L)$은 각각 $2, 3, 3$이다. 네 번째 줄의 조건은 $\ell = 3$일 때 처음으로 만족돼, 최단 덮개 aba $= x[0..2]$를 준다.

i	0	1	2	3	4	5	6	7	8	9	
$x[i]$	a	b	a	b	a	b	a	a	b	a	
$pref[i]$	10	0	5	0	3	0	1	3	0	1	
$L - L[0]$	0		2		4		6	7		9	10
$L - L[\leq 1]$	0		2		4			7			10
$L - L[\leq 2]$	0		2		4			7			10

질문 SHORTESTCOVER 알고리듬이 입력 단어의 최단 덮개의 길이를 계산함을 보여라. 그리고 선형 시간 내에 실행되도록 잘 구현됐는지 보여라.

풀이

SHORTESTCOVER 알고리듬의 정확성은 명백하다. 이 알고리듬은 *pref* 값이 작은 위치를 소거한다. 그런 접두사는 너무 짧아서 무시해도 되기 때문이다. 결과적으로, 이 조건은 $\ell = |x|$일 때 만족된다.

가령 정렬된 이중 연결 리스트로 L과 $L[\ell]$이 구현됐다면, 원소를 삭제하는 것과 *maxgap* 을 갱신하는 것은 원소당 상수 시간이 걸리며 동시에 수행된다. 그럼 각 원소당 L에서 최대 한 번만 삭제될 수 있고 끊어진 리스트 $L[\ell]$의 전체 크기는 $|x| + 1$이기 때문에 전체 실행 시간은 선형적이다.

46 최장 공통 접두사 계산

공단어가 아닌 단어 y의 접미사 배열은 문자열 색인에 대한 가볍고 효율적인 해법이다. 이것은 y에 있는 패턴의 위치를 정하는 이진 탐색 절차를 이용한다. 그렇게 하기 위해 y의 접미사는 먼저 사전식 순서로 정렬되고, 정렬된 접미사의 시작 위치를 목록으로 만든 접미사 배열표 SA를 생성한다.

하지만 이 표준적인 기법은 강력한 검색 기법을 얻기에는 충분하지 않다. SA표가 정렬된 리스트의 서로 이어진 접미사 사이의 **최장 공통 접두사**의 길이를 주는 LCP에 인접하기 때문이다(쉽게 알아낼 수 있는 몇 가지 값이 더 필요하다). 두 표를 사용하면 단어 x에서 y를 검색하는 것은 간단히 LCP 표가 없을 때의 시간 $O(|x| \log |y|)$가 아니라 $O(|x| + \log |y|)$ 시간 내에 수행된다. 다음 페이지에 abaababababbabbb의 접미사 배열이 있다.

j	0	1	2	3	4	5	6	7	8	9	10	11	12	13	
$y[j]$	a	b	a	a	b	a	b	a	b	b	b	a	b	b	
Rank r	0	1	2	3	4	5	6	7	8	9	10	11	12	13	14
$SA[r]$	2	0	3	5	7	10	13	1	4	6	9	12	8	11	
$LCP[r]$	0	1	3	4	2	3	0	1	2	3	4	1	2	2	0

여기서, $LCP[r] = |\mathrm{lcp}(y[SA[r-1]..|y|-1], y[SA[r]..|y|-1])|$이다.

> **질문** 단어 y에 대해 SA표가 주어져 있을 때, Lcp 알고리듬이 이에 연관된 LCP 표를 선형 시간 내에 계산함을 보여라.

```
Lcp(y non-empty word)
1   for r ← 0 to |y| − 1 do
2       Rank[SA[r]] ← r
3   ℓ ← 0
4   for j ← 0 to |y| − 1 do
5       ℓ ← max{0, ℓ − 1}
6       if Rank[j] > 0 then
7           while max{j + ℓ,SA[Rank[j] − 1] + ℓ} < |y| and
            y[j + ℓ] = y[SA[Rank[j] − 1] + ℓ] do
8               ℓ ← ℓ + 1
9       else ℓ ← 0
10      LCP[Rank[j]] ← ℓ
11  LCP[|y|] ← 0
12  return LCP
```

이 풀이는 반직관적이다. LCP[r]을 순차적으로 계산하는 것 즉, 랭크가 증가하는 순서대로 접미사를 처리하는 것이 자연스러워 보이기 때문이다. 하지만 그렇게 하면 선형 시간 알고리듬을 쉽게 만들 수 없다. 그 대신 Lcp 알고리듬은 접미사를 가장 긴 것에서부터 짧아지는 방향으로 처리하는데, 이것이 이 알고리듬의 핵심적 특징이며 더 효율적이다.

풀이

이 알고리듬의 정확성은 다음의 부등식

$$\text{LCP}[\text{Rank}[j - 1]] - 1 \leq \text{LCP}[\text{Rank}[j]]$$

에 의존하며, 다음 그림에서 묘사된다.

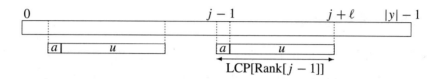

$\ell = \text{LCP}[\text{Rank}[j - 1]]$을 계산했고, 단어 u와 문자 a에 대해 위치 $j - 1$에 관련된 최장 공통 접두사가 au라고 하자. 즉, $\text{LCP}[\text{Rank}[j - 1]] = |au|$라고 하자. 그럼, 위치 j와 연관된 최장 공통 접두사는 u보다 더 짧을 수 없다. 따라서 u를 연장해 $\text{LCP}[\text{Rank}[j]]$를 계산하기 위한 비교는 $j + \ell$에서 시작할 수 있다. 이것이 이 알고리듬의 일곱 번째 줄과 여덟 번째 줄에서 수행한 것이다. 다섯 번째 줄은 최장 공통 접두사가 공단어일 때를 제외시킨다.

여기 적힌 알고리즘대로라면, 이 계산은 첫 번째 줄과 두 번째 줄에서 계산되는 SA 표의 역인 Rank 표가 필요하다. 이 표는 모든 접미사의 정렬된 리스트에서 접미사 $y[j..|y| - 1]$의 바로 직전에 있는 접미사를 재구성하는 데 사용된다.

이 과정의 실행 시간은 일곱 번째 줄의 검사 횟수에 크게 의존한다. 만약 각 문자가 일치하면, $j + \ell$ 값은 증가하고 이후에 절대로 감소하지 않는다. 따라서 그런 경우는 $|y|$개보다 더 많을 수 없다. 변수 j의 각 값에 대해 많아봐야 1개의 불일치가 있으므로, 이번에도 그런 경우가 $|y|$개보다 더 많을 수 없다. 이것은 이 알고리듬이 선형 시간 내에 수행되며 $2|y|$회보다 많지 않은 문자 비교를 수행함을 증명한다.

노트

여기서 제시된 풀이법은 카사이 등$^{\text{Kasai et al.}}$[155]이 보였다. [74]도 참고해보면 그 책에서는 선형적인 정렬 가능한 알파벳에 대해서 SA표를 선형 시간 내에 어떻게 계산하는지 보였다.

47 접미사 배열에서 접미사 트리로

이 문제의 목표는 단어 x의 접미사 배열을 그 접미사 트리로 변환하는 것이다. 두 자료 구조 모두 색인 작업에서 본질적으로는 같은 자료형이긴 하지만, 어떤 경우는 접미사 트리 구조에서 더 쉽게 풀어낼 수 있다.

그렇게 하기 위한 선형 시간 알고리듬을 설계하는 방식의 이득은 알파벳이 선형적으로 정렬 가능할 때 흥미로워진다. 사실 이 가정이 있으면 선형 시간에 그 접미사 트리를 구성하는 대체로 하나의 기법이 있는 반면, 단어의 접미사 배열을 구성하는 많은 선형 시간 알고리듬이 존재한다. 게다가 접미사 배열을 구성하는 데 사용하는 기법이 개발하기 더 쉬운 방법이다.

아래에 aacab의 접미사 배열의 SA와 LCP 표가 있다.

r	SA	LCP	
0	0	0	aacab
1	3	1	ab
2	1	1	acab
3	4	0	b
4	2	0	cab

SA 표는 사전식 순서에 따른 랭크 r에 따라 공단어가 아닌 접미사의 시작 위치를 저장한다. 접미사 그 자체는 이 구조의 일부가 아니다. LCP[r] 표는 랭크 r인 접미사와 랭크 $(r-1)$인 접미사 사이의 최장 공통 접두사를 준다.

아래 그림은 aacab의 사례에 대해, 접미사 트리 구성의 세 가지 가능한 첫 단계를 나타낸다. 첫 번째 그림은 접미사 aacab, ab, acab가 이미 처리된 상태다. 노드에 붙은 표시는 단어 깊이이고, 간선에 붙은 표시는 (i, j)로 단어 x의 인자 $x[i .. j - 1]$를 나타낸다. 겹선 원은 종결 상태이고, 굵은 선은 마지막으로 삽입된 접미사다.

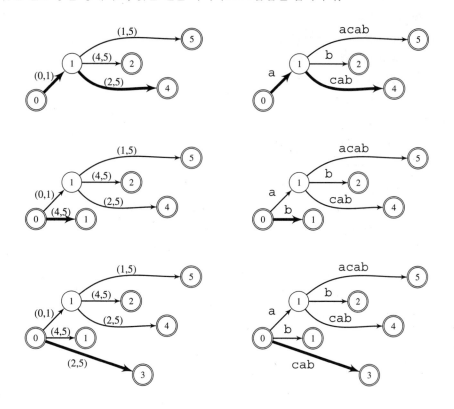

풀이

```
SArray2STree(Suffix array of a non-empty word x)
 1   ▷ (SA,LCP) Suffix array of x
 2   (q,d[q]) ← (New-Terminal-State(),0)
 3   Initial ← q
 4   S ← ∅
 5   Push(S,(q,0,0,q))
 6   for r ← 0 to |x| − 1 do
 7       do  (p,i,j,q) ← Pop(S)
 8       while LCP[r] < d[p]
 9       if LCP[r] = d[q] then
10           Push(S,(p,i,j,q))
11           s ← q
12       elseif LCP[r] = d[p] then
13           s ← q
14       else (s,d[s]) ← (New-State(),LCP[r])
15           Split(p,i,i + LCP[r] − d[p],s,i + LCP[r] − d[p],j,q)
16           Push(S,(p,i,i + LCP[r] − d[p],s))
17       (t,d[t]) ← (New-Terminal-State(),|x| − SA[r])
18       (s,SA[r] + LCP[r],|x|,t) ← New-Arc()
19       Push(S,(s,SA[r] + LCP[r],|x|,t))
20   return (Initial, nodes and arcs)
```

SArray2STree 알고리듬은 알파벳 순서로 입력받은 단어의 접미사를 SA 표에 따라 처리해 접미사 트리에 삽입한다. 간선은 위의 설명대로 표시가 붙어 있어서 전체 구조를 선형 공간에 넣는 것을 확실히 한다. LCP 표는 노드의 깊이 $d[\ ]$(위의 그림에서 노드에 표시됨)와 함께 사용된다. 특정 단계에서 스택 S는 마지막으로 삽입된 접미사와 연관된 경로를 따라가는 간선(그림의 굵은 선)을 저장한다. Split(열다섯 번째 줄) 연산은 노드 s를 간선의 가운데에 넣고, 그렇게 나온 간선에 표시를 적절하게 다시 붙인다.

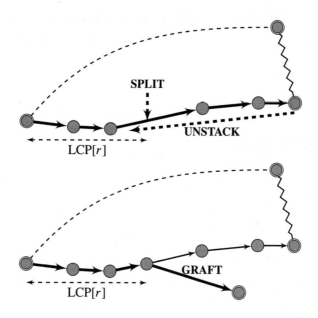

위의 그림에 묘사된 것과 같이 for 루프의 명령은 세 가지 핵심 단계로 구성된다. **UNSTACK**과 선택적으로 필요한 **SPLIT**(분할)과 **GRAFT**(접목)다. **UNSTACK** 단계는 일곱 번째 줄과 여덟 번째 줄의 whlie 루프에 의해 구현된다. 그럼, 찾아낸 간선은 필요한 경우, 즉 간선의 한쪽 끝이 아니라 도중에 분할이 필요하다면, 열네 번째 줄과 열다섯 번째 줄에서 분할된다. 끝으로, 새 간선은 열일곱 번째 줄과 열여덟 번째 줄에서 접목된다. 그럼 현재 접미사로 표시된 경로를 따라가는 새 간선은 스택에 들어간다.

이 알고리듬의 정확성은 제시된 설명이 말해준다. 실행되는 동안 대부분 whlie 루프의 분석에서 실행 시간은 접미사 트리를 가로지르는 데 쓰는 시간에 의존하며, 스택의 도움으로 구현된다. 접미사 트리의 크기는 단어의 길이에 선형으로 커지므로 이 알고리듬은 선형 시간 내에 실행된다. 단어 알파벳에는 별다른 조건이 없음을 알아두자.

노트

선형적으로 정렬 가능한 알파벳에서 접미사 트리를 선형 시간 내에 구성하는 첫 번째 알고리듬은 파라크^{Farach}[110]가 개발했다. 여기서 제시된 알고리듬은 같은 특징을 갖는 임의의 접미사 배열 구성으로부터 나온 또 다른 풀이를 제공한다. 역사적으로 그런 구성을 처음으로 보인 것은 캐르케이넨[Kärkkäinen]과 샌더스[Sanders][153, 154]이고([74] 참고), 코[Ko]와 알루루[Aluru][163], 김 등[Kim et al.][159]도 제시했으며, 여러 학자가 이어서 제시했다.

48   선형 접미사 트라이

단어의 접미사 트라이[suffix trie]는 단어 길이에 대해 제곱의 크기가 될 수 있다. 반면 접미사 트리는 선형 크기의 저장 공간만을 요구하지만 그 공간에는 단어 그 자체를 포함해야 한다.

여기서 목표는 단일 문자로 나타낼 수 있는 간선을 갖고 단어 그 자체를 제외한 선형 공간에 저장될 수 있는 접미사 트라이를 설계하는 것이다. 이것은 접미사 트리에 추가적인 노드와 몇 개의 원소를 덧붙이면 된다.

y의 접미사 트라이의 노드는 노드의 루트에 있는 경로를 표시하는 y의 인자로 식별된다. 접미사 트리 $ST(y)$에 없는 선형 접미사 트라이 $LST(y)$에 있는 노드는 au의 꼴이다. 여기서 a는 문자고 y는 $ST(y)$의 노드다. 즉, 접미사 트리의 접미사 링크를 s로 나타내면 $s(au) = u$다. $ST(y)$에 노드를 덧붙여서 $LST(y)$를 만들 때 간선들은 적절히 표시를 다시 붙인다.

> **질문**   단어 y의 선형 접미사 트라이를 만들기 위해 접미사 트리에 덧붙여야 하는 추가적인 노드의 수가 $|y|$보다 작음을 보여라.

$LST(y)$의 간선에 있는 표시는 다음과 같이 그에 해당하는 인자의 첫 글자로 줄일 수 있다. 가령 $|v| > 1$인 v가 $ST(y)$에서 u로부터 uv로 가는 간선을 표시한다면, $LST(y)$에 있는 연관된 간선의 표시는 v의 첫 번째 글자이고, 노드 uv는 + 부호로 표시돼서 실제 표시가 더 길다는 것을 나타낸다.

[힌트: 간선 표시는 접미사 링크를 사용해 복구될 수 있다.]

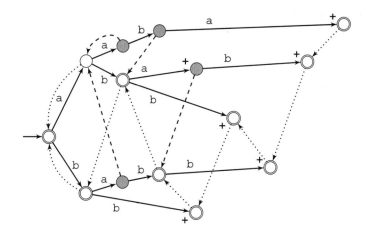

위의 그림은 aababbab의 선형 접미사 트라이를 나타낸다. 흰색 노드는 이 단어의 접미사 트리의 노드들이고(아래에 명시적으로 간선을 나타냄), 접미사일 때는 겹선 원으로 된 노드로 나타냈다. 점선인 간선은 접미사 트리의 접미사 링크를 구성한다. 회색 노드는 추가적인 노드로, 그 노드에서 접미사 링크로 향하는 파선으로 연결된다.

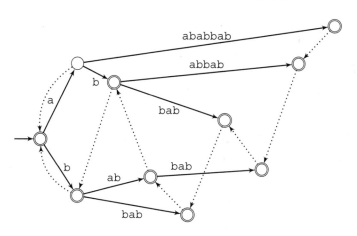

풀이

소수의 추가된 노드들 첫 번째 문제에 답하기 위해 u가 $ST(y)$에는 없는 $LST(y)$의 노드라고 하자. u의 임의의 고유한 접미사는 $s^k(u)$의 꼴이고, 이것은 u가 $ST(y)$의 노드이기도 하다는 뜻이다. 따라서 u와 같은 두 서로 다른 노드는 같은 정확한 위치를 공유할 수 없고, 그런 노드는 $|y|$보다 더 많지 않다.

문자들이 짝별로 서로 다른 단어는 정확히 $|y| - 1$개의 추가적 노드를 갖는다는 점을 알아두자. 만약 문자가 적어도 두 곳(구분되는 두 올바른 위치)에서 출현한다면, 그 문자는 $ST(y)$의 노드이고, 그럼 $|y| - 2$개 이상의 추가 노드는 없다. 전체적으로 추가 노드의 수는 $|y|$보다 적다.

$LST(\text{aababbab})$의 사례에서, 추가된 노드(그림에서 회색 노드)의 올바른 위치는 aa에 대해 1, aab에 대해 2, abab에 대해 4, ba에 대해서 3과 6이다.

$LST(y)$의 탐색 x가 y의 인자인지 검사하는 것은 SEARCH($root$, x)를 호출해 이뤄진다. 여기서 $root$는 $LST(y)$의 루트이다. 그럼 미완성 간선, 즉 그 목표점이 + 부호를 가지는 간선을 다루는 것이 대체로 다음의 관찰에 의존한다는 점이 핵심이다.

관찰 au가 $LST(y)$의 노드라고 하자. 여기서 a는 문자다. auv가 또한 노드라면, uv도 노드다. 이것은 만약 v가 트리에서 au를 읽어들일 수 있다면, $s(au) = u$로부터도 읽어들일 수 있다는 뜻이다(그 역은 성립하지 않는다).

이것은 ux가 y의 인자인 경우 TRUE를 반환하는 SEARCH 알고리듬의 밑그림을 그린다.

```
SEARCH(u node of LST(y), x a word)
1   if x = ε then
2       return TRUE
3   elseif no label of edges from u is x[0] then
4       return FALSE
5   else let (u,uv) be the edge whose label v is x[0]
6       if uv has no + sign then
7           return SEARCH(uv, x[1..|x| − 1])
```

```
8        elseif SEARCH($s(u),v$) then
9            return SEARCH($uv,v^{-1}x$)
10       else return FALSE
```

위의 기법의 직접적인 구현은 몇몇 간선에 명시적이지 않은 표시 때문에 선형 시간 내에 실행되지 않을 수 있다. 이 문제를 극복하기 위해 $\bar{s}$로 나타내는 또 다른 접미사 링크가 사용된다.

먼저 $\mathcal{LST}(y)$의 임의의 간선 (u, uv)에 대해 $(s^k(u), s^k(uv))$ 짝이 $0 \le k \le |u|$에 대해 정의되지만 $s^k(u)$와 $s^k(uv)$는 단일 간선으로 연결되지 않을 수도 있다. 접미사 링크 $\bar{s}$는 유일한 문자보다 더 긴 표시를 갖는 접미사 트리의 간선에 해당하는 $\mathcal{LST}(y)$의 간선으로 정의된다. 만약 (u, uv)가 $\mathcal{LST}(y)$의 그런 간선이라면 즉, $|v| > 1$라면 $\bar{s}(u, uv) = (s^k(u), s^k(uv))$이다. 여기서 k는 $s^k(u)$와 $s^k(uv)$가 간선에 의해 연결되지 않는 가장 작은 정수다. 이 정의는 길이가 1인 모든 단어는 $\mathcal{LST}(y)$의 노드이기 때문에 성립한다($\mathcal{ST}(y)$의 노드일 필요가 없다). $\bar{s}$의 계산 시간은 $\mathcal{LST}(y)$의 간선의 수에 비례한다는 점을 알아두자.

$\bar{s}$를 사용하면 위의 구현은 선형 시간 내에 실행된다. 실제로 각 시간 $\bar{s}(u, uv)$는 간선의 명시적 표시 v를 찾는 데 사용되고 v의 문자가 복원된다. 그럼 $\bar{s}$는 $|v|$회보다 더 많이 사용될 수 없고, 그럼 선형적 실행 시간이 유도된다. 일반적인 알파벳 A에 대해 위의 구현은 $O(|x| \log |A|)$시간 내에 실행된다.

노트

단어의 선형 접미사 트라이와 연관된 검색 기술은 [71]에서 설명된다. 선형 접미사 트라이는 단어의 접미사 트리를 후처리 하는 것만으로 만들 수 있다.

헨드리안 등$^{Hendrian\ et\ al.}$은 [140]에서 $O(|y| \log |A|)$시간 내에 실행되는 $\mathcal{LST}(y)$의 오른쪽에서 왼쪽 방향의 실시간 생성법을 설계했다. 또한 이들은 왼쪽에서 오른쪽으로 생성하며 $O(|y|(\log |A| + \log |y|/\log \log |y|))$ 시간 내에 실행되는 실시간 생성법도 제시했다.

49 삼진 검색 트라이

삼진 검색 트라이$^{\text{Ternary search trie}}$는 단어 집합을 저장하고 검색하는 데 효율적인 자료 구조를 제공한다. 이 구조는 단어의 접미사 집합에 대해 접미사 트리를 구성한 것과 같은 방법으로 집합의 트라이를 영리하게 구현한다.

트라이에서 패턴을 찾는 것은 초기 위치(루트)에서 시작해 패턴의 끝까지 일치하는 간선을 따라서 내려가거나 현재 문자에 더 이상 맞는 간선이 없을 때까지 내려간다. 알파벳이 크면 상태를 빠져나가는 간선을 표현하는 것은 다수의 간선이 목적지가 없기 때문에 공간 낭비가 될 수 있고, 또는 선형 리스트가 사용된다면 시간 낭비가 될 수도 있다. 삼진 검색 트라이의 목표는 밖으로 향하는 문자에 대한 이진 검색 트리를 나타내는 것이다.

그렇게 하기 위해, 트라이의 각 노드는 밖으로 나가는 3개의 간선을 갖는다. 현재 트라이 노드에 이진 검색 트리 왼쪽과 오른쪽(그림에서는 위와 아래) 간선이 있고, 가운데 간선은 다음 트라이 노드로 향한다. 아래에 집합 {large, long, pattern, sequence, short, string}의 삼진 검색 트라이(왼쪽)와 트라이(오른쪽)를 나타냈다.

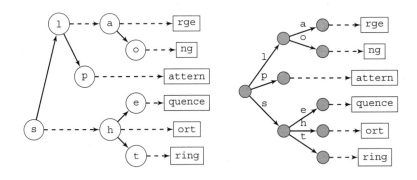

> **질문** n개 단어의 집합을 저장하는 삼진 검색 트라이를 구현하는 자료 구조를 설명하라. 그리고 길이 m인 단어를 이 트라이에서 어떻게 검색하는지 보여라. 실행 시간을 분석하라.

[**힌트:** 접미사 배열을 검색하는 것과 유사한 문제다.]

위의 사례에서, 트라이의 초기 노드에서 밖으로 나가는 간선에 해당하는 이진 검색 트리는 s로 표시된 루트를 갖고, 가운데 글자가 p가 아니다. 실제로 검색을 더 효율적으로 만들기 위해서는 이진 검색 트리가 가중치가 부여된 균형 트리인 경우다. 이 가중치는 하위 트리의 원소의 수에 해당한다. 이런 이유로 대부분의 단어의 시작 글자인 s를 이진 검색 트리의 루트로 선택한다.

풀이

삼진 검색 트리 T의 자료 구조는 트리처럼 연결된 노드로 구성된다. 각 노드 q는 다른 노드로 향하는 3개의 포인터를 저장하며, $q.left$, $q.right$, $q.mid$로 나타내고 각각 위에 설명한 기능을 갖는다. 어떤 노드는 종결 노드(나가는 간선이 없음)다. 또한 각 노드는 q가 종결 노드이면 T에 있는 단어의 접미사를, 또는 어떤 문자를 $q.val$에 저장한다.

```
TST-SEARCH(T a TST and x a non-empty word)
 1   q ← initial node of T
 2   for i ← 0 to |x| − 1 do
 3       if q is a terminal node then
 4           if x[i..|x| − 1] = q.val then
 5               return TRUE
 6           else return FALSE
 7       q ← BST-SEARCH((q,x[i]))
 8       if q undefined then
 9           return FALSE
10       q ← q.mid
11   return FALSE        ▷ x prefix of a word in T
```

일곱 번째 줄의 BST-Search는 q에 루트를 둔 하위 트리에서 $left$와 $right$ 포인터만을 사용해 수행되고, val 필드의 값이 $x[i]$와 비교된다.

$n > 0$이 T에 저장된 단어의 수라고 하자. 최악의 경우 분석을 대강 해보면 실행 시간은 $O(|x| \log n)$이다. 하지만 TST-Search의 역할은 현재 문자 $x[i]$의 위치가 있는 접미사 배

열에서의 이진 검색과 유사해, 더 줄인 $O(|x| + \log n)$ 실행 시간을 유도한다. 더 정확하게 TST-Search를 실행하는 동안 각각의 문자열 비교가 틀린 경우는 검색해야 할 단어의 구간을 줄이고, 이것은 $O(\log n)$개의 비교를 준다. 각각의 맞는 비교는 for 루프의 명령문을 끝내며, 따라서 전체 $O(|x|)$개의 비교를 준다. 그럼 네 번째 줄을 포함해 $O(|x| + \log n)$회의 비교가 필요하며, 이것이 실행 시간을 나타낸다.

노트

삼진 검색 트라이 개념은 벤틀리^{Bentley}와 세지윅^{Sedgewick}[31]에 의해 제안됐다. 클레망 등 Clément et al.은 [57]에서 몇 가지 확률적 조건에 따른 구조의 전체적인 분석을 제시했다.

단어의 접미사에 적용하면, 삼진 검색 트라이는 단어의 접미사 배열에 연관된 알고리듬에 해당하는 자료 구조다.

50 두 단어의 최장 공통 인자

이 문제는 두 단어의 공통 인자를 다룬다. 이 문제는 문자열 비교의 기초를 제공하며, 생물학적 문자열 비교나 표절 검출과 같은 응용 분야로 확장된다.

$LCF(x, y)$가 알파벳 A에서 뽑혀서 주어진 두 단어 x와 y에서 나타나는 공통 인자의 최장 길이라고 하자. 이를 계산하는 쉬운 풀이법은 x와 y의 공통 접미사 트리를 만드는 것이다. 노드는 공통 접미사의 접두사다. x의 접미사와 y의 접미사를 둘 다 포함하는 하위 트리의 가장 깊은 노드는 이 문제의 답으로 그 깊이를 준다. 이것은 또한 $x\#y$의 접미사 트리를 사용해도 된다. 여기서 #는 x와 y의 둘 다에서 나타나지 않는 문자다.

이 트리를 계산하는 시간은 $O(|xy| \log |A|)$이고, 선형적으로 정렬 가능한 알파벳에서는 $O(|xy|)$가 필요하며(문제 47 참고), 필요한 공간은 $O(|xy|)$다.

아래에 $x = \text{aabaa}$와 $y = \text{babab}$의 공통 접미사 트리가 있다. 회색(또는 흰색)의 겹선 원 노드는 x(또는 y)의 공단어가 아닌 접미사다. aba는 $LCF(\text{aabaa}, \text{babab}) = |\text{aba}| = 3$을 준다.

$$\begin{array}{c|ccccc} i & 0 & 1 & 2 & 3 & 4 \\ \hline x[i] & a & a & b & a & a \end{array} \qquad \begin{array}{c|ccccc} j & 0 & 1 & 2 & 3 & 4 \\ \hline y[j] & b & a & b & a & b \end{array}$$

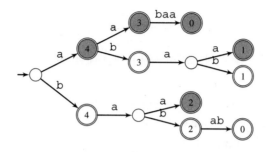

이 문제의 목표는 위의 풀이와는 반대로 한 단어 크기까지 자료 구조의 크기를 줄이는 것이다.

> **질문** 한 단어에 대한 접미사 자동자(또는 접미사 트리)를 사용해 $LCF(x,y)$를 계산하는 알고리듬을 설계하라. 전체 계산의 시간 복잡도와 공간 복잡도를 분석하라.

[**힌트:** 검색 기계의 색인 구조를 사용하라.]

풀이

$|x| \le |y|$라고 가정하고, x의 접미사 자동자 $S(x)$를 생각해보자. 알파벳에 상관없이 그 크기는 $O(|x|)$라고 알려져 있다. 자동자의 상태와 표시된 간선에 추가로, 이 자동자는 상태에 대해 정의된 두 함수를 갖고 있다. 즉, 실패 링크 *fail*과 최대 깊이 L이다. 공단어가 아닌 단어 v와 연관된 상태 q(가령 $q = goto(\text{initial}, v)$)에 대해, $fail[v]$는 v의 가능한 최장 접미사 u와 연관된 상태 $p \ne q$다. 그리고 $L[q]$는 q와 연관된 단어의 최장 길이이다.

예제로, 그 상태에 대한 실패 링크(점선)를 갖는 단어 aabaa의 접미사 자동자가 있다.

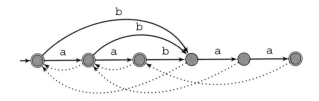

Lcf 알고리듬은 $\mathcal{S}(x)$를 검색 엔진으로 사용해 문제를 해결한다.

Lcf($\mathcal{S}(x)$ Suffix automaton of x, y non-empty word)

```
 1   (m, ℓ, q) ← (0, 0, initial state of S(x))
 2   for j ← 0 to |y| − 1 do
 3       if goto(q, y[j]) defined then
 4           (ℓ, q) ← (ℓ + 1, goto(q, y[j]))
 5       else do   q ← fail[q]
 6               while q defined and goto(q, y[j]) undefined
 7           if q defined then
 8               (ℓ, q) ← (L[q] + 1, goto(q, y[j]))
 9           else (ℓ, q) ← (0, initial state of S(x))
10       m ← max{m, ℓ}
11   return m
```

각 단계에서 이 알고리듬은 x와 $y[0..j]$의 접미사 사이의 가장 긴 일치의 길이 ℓ을 계산한다. 그렇게 하기 위해 이 알고리듬은 실패 링크의 사용에 기반한 문자열 일치 알고리듬처럼 작동한다. 이 알고리듬에서 유일하게 구체적으로 살펴봐야 하는 부분은 연결을 순서대로 따라간 다음, 길이 ℓ을 $L[q] + 1$로 고유하게 재설정하는 부분이다(노트 참고).

전체 실행 시간에 대해, 선형적으로 정렬된 알파벳에 대해 선형이다. 실제로 x의 접미사 자동자를 만드는 것은 선형 시간 내에 수행된다. 그리고 위의 알고리듬은 또한 $goto(q, y[j])$의 어떤 계산이라도 0에서 $|y|$까지 변하는 양인 변수 j나 표현식 $j - \ell$ 중 하나를 증가시키기 때문에 같은 시간이 걸린다.

176

노트

이 문제의 전개 방법은 크로슈모어[68]가 제시했다([74, 6장]도 참고하라). 접미사 트리를 사용하는 유사한 기법이 하트만[Hartman]과 로데[Rodeh][138]에 의해 소개됐다. 이 문제의 기법은 xx의 접미사 자동자를 갖고 y에 있는 x의 켤레의 위치를 알아내는 데 응용한다.

51 부분문자열 자동자

어떤 단어에서 나타난 부분문자열(또는 부분단어)은 여러 문자열을 걸러내거나 비교할 때 유용한 요소다. 부분문자열과 관련된 응용 방법을 개발하기 위한 기본 자료 구조는 그 합리적인 크기 때문에 부분문자열을 받아들이는 자동자다.

공단어가 아닌 단어 y에 대해, $\mathcal{SM}(y)$가 y의 부분문자열을 받아들이는 최소의 (결정론적) 자동자라고 하자. 이것은 또한 결정론적 비순환 부분문자열 그래프[DASG, Deterministic Acyclic Subsequence Graph]라고도 한다. 아래에 abcabba의 부분문자열 자동자가 있다. 이 자동자의 모든 상태는 종결 상태이고 집합 {a,b,c,aa,ab,ac,ba,bb,bc,ca,cb,aaa,aab,aba,abb,abc,...}를 받아들인다.

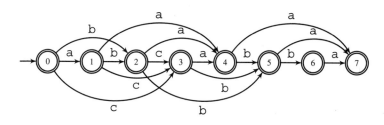

> **질문** 단어의 부분문자열 자동자를 어떻게 만드는지 보이고, 이것을 만드는 데 필요한 시간 복잡도와 공간 복잡도를 자동자의 크기에 대해 분석하라.

부분문자열 자동자는 모든 부분문자열에 대한 직접적 접근법을 제공하기 때문에 두 단어를 구별짓는 단어를 찾아내는 기본 구조다. 단어 u가 만약 서로 다른 두 단어 y와 z중에서 한쪽에만 나타나는 부분문자열이라면 즉, 만약 그 부분문자열의 연관된 집합에 대칭적 차이가 있다면, u는 y와 z를 구별짓는다.

> **질문** 다른 두 단어 y와 z를 구분하는 가장 짧은 부분문자열을 이 단어들의 자동자 $\mathcal{SM}(y)$와 $\mathcal{SM}(z)$를 사용해 계산하는 방법을 보여라.

이 알고리듬을 설계하려면 y의 부분문자열 자동자의 다음 성질을 알아두는 것이 좋다. 만약 상태 0에서 상태 i까지 가는 단어 u로 표시된 경로가 있으면, $y[0..i-1]$은 u를 부분문자열로 포함하는 y의 최단 접두사다.

풀이

문자열 자동자 만들기 자동자 $\mathcal{SM}(y)$의 상태는 $0, 1, \ldots, |Y|$이고, 그 전이표는 $goto$다. y의 알파벳이 정해져 있고, 크기는 σ이고, 상태를 저장하는 표 t로 색인됐다고 가정하자. 아래의 알고리듬 DASG는 y를 실시간으로 처리한다. y의 공단어가 아닌 접두사 w가 처리된 직후, $t[a] - 1$은 w에서 문자 a가 나타난 가장 오른쪽 위치를 나타낸다. 마찬가지로 이것은 또한 문자 a에 의해 표시되는 간선의 가장 오른쪽 상태 목표다.

```
DASG(y)
 1   for each letter a ∈ alph (y) do
 2        t[a] ← 0
 3   for i ← 0 to |y| - 1 do
 4        for j ← t[y[i]] to i do
 5             goto(j,y[i]) ← i + 1
 6        t[y[i]] ← i + 1
```

자동자는 결정론적이기 때문에, 그 간선의 수는 $\sigma|y|$보다 적다. 사실은 $\sigma|y| - \sigma(\sigma - 1)/2$과 같거나 더 적다. 따라서 다섯 번째 줄의 명령문은 $\sigma|y|$회보다 적게 실행되고, 이것은 실행 시간이 $O(\sigma|y|)$임을 알려준다. 표 t에 의해 사용된 추가 공간은 $O(\sigma)$다.

만약 알파벳이 정해지지 않았다면 위의 가정을 만족시키기 위해 y에서 나타나는 문자는 먼저 $O(alph(y) \log alph(y))$만큼 시간을 들여서 정렬돼야 한다. 이것은 전체 실행 시간에 추가된다.

단어 구분하기 두 다른 단어를 구분하는 가장 짧은 부분문자열을 찾기 위해 2개의 결정론적 유한 자동자의 등가성을 검사하는 일반적인 알고리듬을 사용할 수 있다. 이 알고리듬은 UNION-FIND 자료 구조의 표준적인 응용법이고, $O(n \log^* n)$의 실행 시간을 갖는다. 여기서 n은 두 단어의 길이 중 짧은 것이다.

노트

부분문자열 자동자 개념은 베이자-예이츠[Baeza-Yates][21]에 의해 처음 소개됐고, 나중에 트로니첵[Troníček]과 멜리샤르[Melichar][231]가 DASG라고 불렀다. 베이자-예이츠의 방법은 위의 알고리듬과 반대로 오른쪽에서 왼쪽으로 단어를 처리한다. 이 자동자를 유한한 단어 집합으로 확장한 것은 [21, 100]에서 찾아볼 수 있다. DASG의 크기는 [232]에서 분석했다.

결정론적 자동자의 등가성을 검사하는 것은 홉크로프트[Hopcroft]와 카프[Karp]가 UNION-FIND 자료 구조의 응용법으로서 1971년에 제시했고 [4]를 참고하라. 이 자료 구조에 대한 다른 설명과 분석은 [63]에 있다.

52 부호성 검사

단어 집합, 특히 이진 단어는 정보를 부호화하는 데 사용된다. 이것은 많은 전송 프로토콜, 자료 압축, 또는 문자열과 관련된다. 자료의 스트림은 원래 정보를 복원하기 위해 집합에 따라 파싱돼야 한다. 부호 단어가 글자를 위한 ASCII나 UTF-32처럼 같은 길이일 때, 파싱은 간단한 연산이고, 부호화된 정보의 유일한 인자분해를 준다.

부호는 암호를 유일하게 해석한다는 특징을 갖는 단어의 집합이다. 유일한 파싱을 갖는 문제는 대체로 가변 길이 부호를 고려한다. 이 문제의 목표는 단어 집합이 부호인지 검사하는 것이다.

더 정확하게는, 알파벳 A에서 추출된 단어 집합 $C = \{w_1, w_2, \ldots, w_n\}$은 인덱스 $\{1, 2, \ldots, n\}$에서 나온 모든 두 수열(단어) $i_1 i_2 \ldots i_k$와 $j_1 j_2 \ldots j_\ell$에 대해

$$i_1 i_2 \ldots i_k \neq j_1 j_2 \ldots j_\ell \;\Rightarrow\; w_{i_1} w_{i_2} \ldots w_{i_k} \neq w_{j_1} w_{j_2} \ldots w_{j_\ell}$$

이 성립하는 것이다. 다시 말해 $\{1, 2, \ldots, n\}^*$에서 A^*로 가는 함수 h를 $i \in \{1, 2, \ldots, n\}$에 대해 $h(i) = w_i$이라고 정의한다면, 이 조건은 h가 단사^{injective} 함수라는 뜻이다.

집합 $C_0 = \{\texttt{ab}, \texttt{abba}, \texttt{baccab}, \texttt{cc}\}$는 부호가 아니다. $\texttt{abbaccab} \in C_0^*$이 C_0의 단어에 대해 2개의 인자분해 $\texttt{ab} \cdot \texttt{baccab}$와 $\texttt{abba} \cdot \texttt{cc} \cdot \texttt{ab}$를 갖기 때문이다. 반면 $C_1 = \{\texttt{ab}, \texttt{bacc}, \texttt{cc}\}$는 부호다. C_1^*은 C_1에 있는 단 하나의 단어로만 시작할 수 있기 때문이다. 이 집합은 접두사 부호라고 한다(어떤 $u \in C$도 $v \in C$의 고유한 접두사가 아니다).

$C_2 = \{\texttt{ab}, \texttt{abba}, \texttt{baaabad}, \texttt{aa}, \texttt{badcc}, \texttt{cc}, \texttt{dccbad}, \texttt{badba}\}$가 부호인지 검사하려면, C_2^*에서 이중 인자분해를 가지는 어떤 단어를 만들 수 있는지 시도해보면 된다. 아래에 그런 시도의 사례를 순서대로 적어뒀다.

각 단계마다 ba, aabad, bad, cc라는 없애야 할 나머지를 얻는다. 결국에는 마지막 나머지로 공단어가 됐기 때문에 이중 인자분해를 얻었다. 따라서 C_2는 부호가 아니다.

유한한 단어 집합에 대한 부호성 검사 문제의 크기 N은 C의 모든 단어의 전체 길이 $\|C\|$다.

> **질문** 유한 단어 집합 C가 부호인지 검사하며, $O(N^2)$시간 내에 실행되는 알고리듬을 설계하라.

풀이

이 문제를 풀기 위해, C의 부호성 검사는 $G(C)$라는 그래프에 대한 문제로 변환시킨다. $G(C)$의 노드는 이중 인자분해를 하던 시도의 나머지이고, 그 나머지는 C에 있는 (공단어를 포함한) 단어의 접미사다.

$G(C)$의 노드는 폭 우선 방식으로 정의된다. 0 단계에서 최초 노드는 서로 구분되는 두 단어 $u,v \in C$에 대해 $u^{-1}v$ 형태인 노드다. 그 집합은 C가 접두사 노드라면 공집합이다. 그럼, $k+1$ 단계의 노드는 $C^{-1}D_k \cup D_k^{-1}C$인 단어다. 여기서 D_k는 k단계의 노드다. 공단어를 포함한 노드의 집합은 빠짐구멍^{sink}이라고 한다. $z \in C$에 대해, $v = z^{-1}u$ 또는 $v = u^{-1}z$일 때, $G(C)$에 u에서 v로 향하는 간선이 있다.

아래의 그림은 단 하나의 최초 노드가 있는 $G(C_2)$ 그래프를 보여주며, 여기서 각 열은 노드 단계에 대응한다. C_2집합은 부호가 아니다. 최초 노드에서 빠짐구멍으로 향하는 경로가 있기 때문이다. 가운데의 그런 경로는 위의 이중 인자분해에 해당한다. 사실 그래프의 루프 때문에 이중 인자분해가 가능한 무한히 많은 단어가 있다.

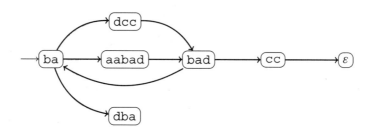

> **관찰** 집합 C가 부호인 것과 최초 노드에서 빠짐구멍으로 향하는 경로가 $G(C)$에 없는 것은 필요충분조건이다.

$G(C)$ 그래프의 크기는 그 노드가 C에 있는 단어의 접미사기 때문에 $O(N^2)$다. 따라서 이 관찰은 효율적인 부호성 검사를 이끌어낸다. 그리고 그래프 만들기와 그래프 탐색은 그 래프 크기에 비례하는 시간 내에 수행되므로, 이 풀이는 $O(N^2)$시간 내에 실행된다.

노트

유한한 단어 집합의 부호성 검사 알고리듬은 사르디나스^{Sardinas}와 패터슨[217]에 의해 고 안됐다. 위의 관찰의 엄밀한 증명은 [175, 1장]과 [36, 1장]에서 제시된다.

이 알고리듬은 집합의 트라이를 이용해서 구현되고, 적절한 링크 구조를 사용해 $O(nN)$ 의 실행 시간을 얻는다. 여기서 n은 단어의 최대 길이이다. [15]를 참고하라.

---

53   최장 기존 인자 표

이 문제는 **최장 기존 인자**, 즉 LPF 표라고 하는 또 다른 단어의 표를 다룬다. 이 문제는 자 료 압축(문제 97 참고)을 위해 단어를 인자분해할 때, 문자열에서 반복되는 부분을 찾기 위 한 효율적인 알고리듬을 설계할 때 유용한 도구다.

공단어가 아닌 단어 y에 대해, LPF 표는 반복되는 인자의 길이를 저장한다. 더 정확하게 는 y 위의 위치 j에 대해, LPF[j]는 위치 j와 앞의 위치(더 작은 위치) 둘 다에서 시작하는 인자의 최대 길이이다. 다음에 abaababababbbabbb에 대한 LPF 표가 있다.

j	0	1	2	3	4	5	6	7	8	9	10	11	12	13
$y[j]$	a	b	a	a	b	a	b	a	b	b	a	b	b	b
LPF[j]	0	0	1	3	2	4	3	2	1	4	3	2	2	1

다음 알고리듬은 입력 단어 y에 대해 LPF 표를 계산한다. 이 알고리듬은 y의 접미사 배열과 사전식 순서에서 그 접미사의 랭크를 주는 Rank 표를 사용한다. *prev*와 *next* 표는 접미사 랭크의 리스트 표현에 대한 링크다.

```
LPF(y non-empty word)
 1   for r ← 0 to |y| − 1 do
 2       (prev[r], next[r]) ← (r − 1, r + 1)
 3   for j ← |y| − 1 downto 0 do
 4       r ← Rank[j]
 5       LPF[j] ← max{LCP[r], LCP[next[r]]}
 6       LCP[next[r]] ← min{LCP[r], LCP[next[r]]}
 7       if prev[r] ≥ 0 then
 8           next[prev[r]] ← next[r]
 9       if next[r] < |y| then
10           prev[next[r]] ← prev[r]
11   return LPF
```

질문 LPF 알고리듬이 LPF 표를 정확히 계산하며, 선형 시간 내에 작동함을 보여라.

이 알고리듬을 자세히 살펴보면, 설계 목적보다 더 많은 것을 증명할 수 있다. 즉, LPF의 길이는 LCP의 길이의 치환을 구현한다.

질문 LPF 표의 값이 LCP 표의 값에서 치환된 것임을 보이고, LCP 표가 LPF 표로 변환될 수 있음을 보여라.

풀이

LPF 알고리듬의 분석은 그 입력의 접미사 배열을 그래프로 나타내면 분명해진다. abaababbabbbabbb의 접미사 배열과 그 접미사의 랭크는 다음과 같다.

j	0	1	2	3	4	5	6	7	8	9	10	11	12	13	
$y[j]$	a	b	a	a	b	a	b	a	b	b	a	b	b	b	
Rank$[j]$	1	7	0	2	8	3	9	4	12	10	5	13	11	6	
r	0	1	2	3	4	5	6	7	8	9	10	11	12	13	14
SA$[r]$	2	0	3	5	7	10	13	1	4	6	9	12	8	11	
LCP$[r]$	0	1	3	4	2	3	0	1	2	3	4	1	2	2	0

다음의 그래프(바로 아래)는 이 단어의 접미사 배열을 그래프로 표현한 것이다. 위치는 그 랭크(x축)과 그 값(y축)따라 나타냈다. 랭크 $r - 1$의 위치와 랭크 r의 위치 사이에 있는 링크는 LCP$[r]$로 표시한다.

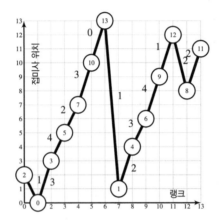

관찰 랭크 $r - 1$(랭크 r)의 위치와 그보다 더 높은(더 낮은) 랭크의 위치 사이의 LCP 길이는 LCP$[r]$보다 더 크지 않다.

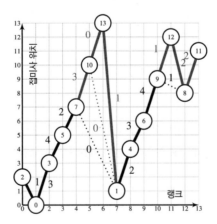

이 관찰의 직접적인 귀결은 이 기법에 대한 힌트를 준다. 랭크 r의 위치 j가 이 그래프의 극대점에 나타날 때, 그와 연관된 LPF 길이는 LCP[r]과 LCP[$r+1$] 중에서 더 큰 값이다. 그리고 직전 위치와 직후 위치 사이의 LCP 길이는 두 값 중에 더 작은 것이다. 이것이 바로 다섯 번째 줄과 여섯 번째 줄에 있는 비교 구문의 역할이다.

또한 가장 큰 위치에서 작은 위치 방향으로 처리돼야 하는 이유는 각 위치가 그래프의 극대점에서 순서대로 나타나기 때문이다.

LPF의 그 다음 명령어들은 *prev*와 *next*의 도움을 받는 이중 연결 리스트와 유사한 위치의 리스트다. 여덟 번째 줄과 열 번째 줄의 명령어의 역할은 랭크 r인 위치 j를 리스트에서 삭제하는 것이다.

바로 앞의 그림은 위치 10(회색)에 대해 위치 13이 처리된 직후 상황을 묘사한다. 점선 링크는 LCP 값으로 여전히 표시됐다.

이것으로 L$_{PF}$ 알고리듬이 검색된 LPF 표를 정확히 계산함을 보였다.

두 번째 문제에 대한 풀이 위의 논증은 또한 LPF 표에 있는 값들이 y의 접미사 배열의 LCP 표를 치환시킨 것임을 보인다.

LCP 표를 입력에 대한 LPF 표로 변환하기 위해, L$_{PF}$ 알고리듬의 다섯 번째 줄과 여섯 번째 줄을 다음과 같이 고친다.

```
5   if LCP[r] < LCP[next[r]] then
6       (ℓ,LCP[r],LCP[next[r]]) ← (LCP[r],LCP[next[r]],ℓ)
```

여기서 여섯 번째 줄은 표의 두 값을 교환한다. LPF[SA[r]] = LCP′[r]이기 때문에, 또는 동등하게 LPF[j] = LCP′[Rank[j]]이기 때문에 이 알고리듬은 LPF에 대응되는 LCP′ 표를 생성한다. (SA[r], LCP′[r])인 짝들을 첫 번째 성분에 따라 정렬하면 그 두 번째 성분이 LPF 표의 값이 된다.

r	0	1	2	3	4	5	6	7	8	9	10	11	12	13	14
SA[r]	2	0	3	5	7	10	13	1	4	6	9	12	8	11	
LCP′[r]	1	0	3	4	2	3	1	0	2	3	4	2	1	2	0

예를 들어 이 알고리듬은 2와 1이 랭크 $r = 0$에 맞춰져 있기 때문에 LPF[2] $= 1$(a의 두 번째 출현에 해당함)에 대해 알아냈던 위의 LCP′ 표를 생성한다.

노트

단어의 LPF 표를 그 접미사 배열로부터 계산하는 선형 시간 알고리듬은 [76]에서 처음 제시됐다. 더 효율적인 알고리듬이 [78]에서 설계됐고, 여기서는 선형 시간과 스택을 위한 $O(\sqrt{|y|})$의 추가 메모리 공간만을 사용해 실행되는 알고리듬을 사용해 이 계산이 시간-공간적으로 최적으로 수행될 수 있음을 보였다.

LPF 표의 세 가지 변종은 [87]에서 소개되며, 각각에 해당하는 구성 알고리듬은 [50, 52, 99]를 참고하라.

---

54 투에-모스 단어의 접미사 정렬

특별한 구조가 있는 투에-모스 단어는 선형 시간에 실행되는, 또는 그대신 더 최적화돼 로그 시간 내에 실행될 수 있는 몇몇 알고리듬의 예를 준다. 이 문제는 단어의 접미사 배열과 관련된 사례를 제시한다.

무한 투에-모스 단어는 $\{0,1\}^*$에서 자기 자신으로 가는 투에-모스 함수 μ을 반복 적용한 결과로 투에-모스 함수는 다음과 같이 적용된다.

$$\begin{cases} \mu(0) = 01 \\ \mu(1) = 10 \end{cases}$$

자연수 n에 대해 투에-모스 단어 τ_n는 $\mu^n(0)$이다. 투에-모스 단어에 대한 이 타입의 설명은 SA_n 배열을 재귀적으로 설명하는 데 적합하고, SA_n은 접미사의 사전식 순서에 따라 정렬된 τ_n의 공단어가 아닌 접미사의 시작 위치를 목록화한다. 가령 $\tau_3 = 01101001$이고 $SA_3 = [5,6,3,0,7,4,2,1]$이다.

> **질문** $0 \le k < n$인 정수 n과 k가 주어졌을 때, 길이가 2^n인 단어 τ_n에 대해서 $SA_n[k]$를 $O(n)$시간 내에 계산하는 방법을 보여라.

풀이

먼저 단어 τ_n에 대한 두 가지 관찰을 하며 시작한다.

관찰 1 i를 τ_n 위의 짝수 번째 위치라고 하자. 그럼 $\tau_n[i] \ne \tau_n[i+1]$다.

$c \in \{0,1\}$에 대해, I^c_{odd}와 I^c_{even}이 $\tau_n[i] = c$인 i에 대해, 각각 홀수 위치와 짝수 위치의 집합이다. 그럼 suf_i가 $\tau_n[i\,.\,.\,2^n - 1]$인 경우에 대해 관찰 2의 정당화가 이어진다.

관찰 2

(a) 만약 $i \in I^0_{\text{odd}}$, $j \in I^0_{\text{even}}$, $suf_i \ne 01$이라면, $suf_i < suf_j$이다.

(b) 만약 $i \in I^1_{\text{even}}$, $j \in I^1_{\text{odd}}$, $suf_j \ne 1$이라면, $suf_i < suf_j$이다.

관찰 2를 다르게 표현하면,

$$I^0_{\text{odd}} < I^0_{\text{even}} < I^1_{\text{even}} < I^1_{odd}$$

이다.

정수의 수열 S와 두 정수 p와 q에 대해, $p \cdot S$와 $S + q$는 각각 S의 원소에 p를 곱한 수열과 q만큼 더한 수열을 나타낸다. 가령 $2 \cdot [1,2,3] = [2,4,6]$이고 $[1,2,3] + 3 = [4,5,6]$이다.

이 풀이는 n의 홀짝성에 따라 두 부분으로 나눠진다.

n이 짝수인 경우 n이 짝수일 때, SA_n 표는 SA_{n-1}에 다음과 같이 연관된다. α와 β가 SA_{n-1}의 절반, 즉 $SA_{n-1} = [\alpha, \beta]$라고 하자. 그럼,

$$(*) \quad SA_n = [2 \cdot \beta + 1, 2 \cdot \alpha, 2 \cdot \beta, 2 \cdot \alpha + 1]$$

이다.

증명 단어의 접미사 시작 위치의 집합 X에 대해 $sorted(X)$가 접미사의 사전식 순서에 따라 정렬된 위치의 목록이라고 하자. 또한,

$$\gamma_1 = sorted(I_{\text{odd}}^0), \quad \gamma_2 = sorted(I_{\text{even}}^0),$$

$$\gamma_3 = sorted(I_{\text{even}}^1), \quad \gamma_3 = sorted(I_{\text{odd}}^1)$$

이라고 하자.

그럼 관찰 2에 따라 $\text{SA}_n = [\gamma_1, \gamma_2, \gamma_3, \gamma_4]$이다.

나행히도 짝수 n에 대해, τ_n에는 나쁜 접미사인 01이나 1이 없다. 그럼 투에-모스 단어의 함수 표현을 사용할 수 있다. 먼저 함수 μ가 사전식 순서 ($u < v \Leftrightarrow \mu(u) < \mu(v)$)를 보존함을 생각하자. τ_{n-1}에서 위치 i에 있는 각 접미사는 μ에 의해 τ_n의 위치 $2i$에 있는 접미사로 보내진다. 따라서 $2 \cdot \text{SA}_{n-1} = [2 \cdot \alpha, 2 \cdot \beta]$는 τ_n에 있는 짝수 위치 접미사의 정렬된 수열이다. ∎

그럼 이전의 관찰 때문에 $\text{SA}_n = [\gamma_1, \gamma_2, \gamma_3, \gamma_4]$이다. 여기서 γ_1은 $2 \cdot \beta$와 연관된 접미사의 두 번째 위치에서 시작하는 정렬된 접미사에 해당한다. 마찬가지로 γ_4와 $2 \cdot \alpha$도 그렇다. 따라서 $\text{SA}_n = [2 \cdot \beta + 1, 2 \cdot \alpha, 2 \cdot \beta, 2 \cdot \alpha + 1]$을 얻는다.

SA_3에서 SA_4를 계산하기 $\text{SA}_3 = [5,6,3,0,7,4,2,1]$은 $\alpha = [5,6,3,0]$과 $\beta = [7,4,2,1]$로 구성된다. 그럼 $2 \cdot \beta = [14,8,4,2]$, $2 \cdot \beta + 1 = [15,9,5,3]$, $2 \cdot \alpha = [10,12,6,0]$, $2 \cdot \alpha + 1 = [11,13,7,1]$을 알 수 있고 이것은

$$\text{SA}_4 = [15,9,5,3, \ 10,12,6,0, \ 14,8,4,2, \ 11,13,7,1]$$

을 준다.

n이 홀수인 경우 n이 홀수일 때도 (∗) 공식을 적용할 수 있다. 예외로, 01과 1이라는 나쁜 접미사는 정확한 위치에 특별히 놓여야 한다. 즉, 1이라는 접미사는 1로 시작하는 다른 모든 접미사 앞에 있어야 한다. 접미사 01은 00으로 시작하는 접미사 전체 수열의 바로 뒤에 놓여야 한다. 따라서 고칠 부분은 τ_n에서 00이 출현하는 횟수 $p(n)$를 계산하는 부분으로 줄어든다.

$n = 2, 3, \ldots, 10$에 대해 $p(n)$은 $0, 1, 2, 5, 10, 21, 42, 85, 170$이다. 이 수들은 다음의 점화식을 만족한다.

$$(**) \quad p(1) = 0, \ p(2k+1) = 4 \cdot p(2k-1) + 1, \ p(2k+2) = 2 \cdot p(2k+1)$$

따라서 $p(2k+1) = (4^k - 1)/3$이다.

SA_4에서 SA_5를 계산하기 이를 위해 먼저 (*)의 변환을 적용해 다음의 네 덩어리를 얻는다.

$$29, 17, 9, 5, 23, 27, 15, 3 \qquad \mathbf{30}, 18, 10, 6, 20, 24, 12, 0,$$

$$28, 16, 8, 4, 22, 26, 14, 2 \qquad \mathbf{31}, 19, 11, 7, 21, 25, 13, 1.$$

나쁜 접미사 01과 1은 각각 위치 30과 31에서 시작한다. $p(5) = 5$이므로 31이라는 수는 23의 다섯 번째 원소로 옮겨져야 한다. 한글자 접미사에 해당하는 31은 세 번째 덩어리의 시작 부분으로 옮겨져야 한다(이것은 1로 시작하는 가장 작은 접미사다). 이어 붙이면 접미사 표 SA_5의 최종적인 값을 얻는다.

$$29, 17, 9, 5, 23, \mathbf{30}, 27, 15 \qquad 3, 18, 10, 6, 20, 24, 12, 0,$$

$$\mathbf{31}, 28, 16, 8, 4, 22, 26, 14 \qquad 2, 19, 11, 7, 21, 25, 13, 1$$

결론 문제에 답하기 위해 $SA_n[k]$를 계산하는 것이 어떻게 이뤄지는지 다음과 같이 요약할 수 있다.

- SA_n의 네 덩어리 중 어떤 것에 k가 위치한지 알아낸다.
- 문제를 $SA_{n-1}[j]$의 계산으로 축소시킨다. 여기서 대응되는 위치 j는 (k의 절반 정도) (*) 공식을 사용해 거꾸로 계산된다.
- 만약 n이 홀수라면, SA_n에서 두 나쁜 접미사의 위치를 바로잡는 것을 고려해야 한다. (**)에 의해 주어지는 $p(n)$의 값이 위치 바로잡기에 사용된다.
- 위와 같은 축소 과정을 상수 크기의 표를 얻을 때까지 반복한다

$SA_n[k]$를 계산하는 데 전체적으로 $O(n)$회의 단계면 충분하며, 이것은 SA_n의 크기에 대해 로그 크기다.

노트

투에-모스 단어에 대해 [204]에서 설명된 **빽빽한** 인자 자동자^{Compact factor automaton}를 사용하는 다른 접근법도 가능하다. 하지만 이것은 훨씬 복잡한 풀이를 유도한다.

55 앙상한 접미사 트리

접미사 트리는 문자열 색인을 위한 자료 구조를 제공한다. 접미사 트리의 최적 시간 구성은 같은 용도로 쓰는 접미사 배열보다 높은 메모리 요구량이 단점이다. 이번 문제는 완전히 순진하지 않고 효율적이며 아주 간단한 접미사 트리 구성을 다룬다.

유일한 끝 표시로 끝나는 단어 x의 접미사 트리 T는 x의 접미사의 **빽빽해진** 트라이^{compated trie}다. 리프는 접미사에 해당하고, 내부 노드는 다른 문자로 이어지며 적어도 2번 등장하는 인자에 해당한다. 각 간선은 x의 인자 $x[i..j]$로 표시되고, (i,j) 쌍으로 나타낸다. 그 단어 길이는 $|x[i..j]| = j - i + 1$이다. T의 어떤 경로의 단어 길이는 그 경로가 포함한 간선의 단어 길이의 합이고, 경로의 길이는 간선의 수다. $depth(T)$가 루트에서 리프까지의 경로의 최대 길이라고 하자. l_i가 $x[i..n-1]$로 표시된 가지의 끝에 달린 리프라고 하자.

> **질문** 추가적인 배열을 사용하지 않고 정해진 크기의 알파벳에 대해 $O(|x|depth(T))$ 시간 내에 실행되는 단어 x의 접미사 트리 T의 구성법을 설계하라.

풀이

이 풀이의 핵심 기법은 트리에 있는 접미사를 x의 가장 긴 접미사에서 가장 짧은 접미사 순으로 반복적으로 삽입하는 것이다.

T_{i-1}이 x의 위치 $0, 1, \ldots, i-1$에서 시작하는 접미사의 빽빽한 트라이를 나타낸다고 하자. 그럼 T_{i-1}을 갱신해서 어떻게 트리 T_i를 얻을 수 있는지 보이겠다.

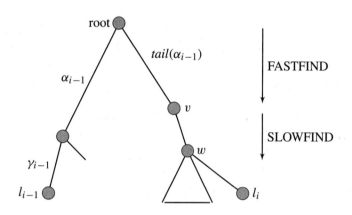

i번째 접미사는 $\alpha_i \gamma_i$로 분할될 수 있다. 여기서, $\alpha_i = x[i .. i + d_i - 1]$이고 $\gamma_i = x[i + d_i .. n - 1]$이다. 단어 α_i는 루트에서 $w = parent(l_i)$로 가는 경로 표시다(그림 참고). 특히, 만약 $parent(l_i) = root$라면 $\alpha_i = \varepsilon$이다.

a가 단어 au의 첫 번째 단어일 때, $tail(au) = u$다. $\alpha_k \neq \varepsilon$ 단어는 k와 더 작은 위치에서 시작하며 나타난다. 따라서 $tail(\alpha_k)$은 $k + 1$과 더 작은 위치에서 나타난다. 이것은 다음의 중요한 사실을 뜻한다.

관찰 $\alpha_{i-1} \neq \varepsilon$라고 가정하자. 그럼 단어 $tail(\alpha_{i-1})\gamma_{i-1}$의 철자인 T_{i-1}에 경로가 있다(그림 참고). 다시 말해 삽입된 접미사 $x[i..n]$의 대부분은 이미 트리에 있다.

이 알고리듬은 두 종류의 트리 탐색을 사용한다.

- *FastFind*(α)는 α가 이미 현재의 트리에 (경로 표시로써) 존재한다고 가정한다. 이 탐색은 단어 α의 철자가 되는 노드 v를 찾는다. 만약 철자가 간선 표시의 가운데서 끝난다면, 노드 v가 만들어진다.

이 탐색은 α의 길이 d에 의해 안내된다. 이 탐색은 트리의 간선을 지름길로 사용하며, 각 간선의 길이와 첫 글자만을 읽어온다. 이 탐색 비용은 $O(depth(T))$다.

- $SlowFind(v, \gamma)$는 γ의 가장 긴 가능한 접두사 β로 표시된 경로를 따르는 현재의 트리에서 v의 가장 아래쪽 후손 w를 찾는다. 위와 마찬가지로 노드 w를 만들어야 할 수 있다.

이 탐색은 기호에서 기호로 움직이며 d의 값을 갱신한다. 그 비용은 $O(|\beta|)$다.

전체 알고리듬은 전체 단어 $x[0..n-1]$로 표시된 유일한 간선으로 구성된 트리를 갖고 시작하고, 위치 $i = 1, 2, \ldots, n-1$에 있는 접미사에 대해 다음 방법을 실행한다.

T_{i-1}에서 T_i로의 1회 반복

만약 $\alpha_{i-1} = \varepsilon$이라면, $v \leftarrow root$이고, 아니라면 $v \leftarrow FastFind(tail(\alpha_{i-1}))$,

$w \leftarrow SlowFind(v, \gamma_{i-1})$,

새 리프 l_i와 새 간선 $w \rightarrow l_i$이 생성된다.

알고리듬의 실행 시간   이 알고리듬은 $n-1$회 반복된다. 반복될 때마다 $FastFind$의 비용은 $O(depth(T))$다. 1번 움직일 때마다 단어 γ_i의 길이가 감소하므로, $SlowFinds$의 전체 비용은 $O(n)$이다. 종합하면 시간 비용은 $O(n \cdot depth(T))$이다.

이 알고리듬에 추가적인 배열이 필요하지 않음을 참고하라.

노트

이 알고리듬은 맥크레이트[McCreight]의 접미사 트리 생성[187]의 간소화된 판본으로, 선형 시간 내에 실행되지만 작업을 위해 추가적인 배열이 필요하다. 여기서 제시된 알고리듬은 맥크레이트의 알고리듬보다 조금 느리지만 훨씬 간단하다. 이 알고리듬은 완전한 알고리듬을 이해하는 첫 단계로 볼 수도 있다. 게다가 다수의 단어 타입에 대해 $depth(T)$ 계수는 로그적이다.

우코넨[Ukkonen]의 알고리듬[234]은 비슷한 방식으로 변형될 수 있으며, 또 다른 간단하지만 순진하진 않은 접미사 트리 만들기를 보여준다.

56 피보나치 단어의 접미사 비교

투에-모스 단어와 유사한 피보나치 단어의 구조는 단어 길이에 대해 로그 시간 내에 실행되도록 최적화될 수 있는 어떤 알고리듬을 위한 예제다. 이 문제에서는 유한 피보나치 단어의 두 접미사에 대한 빠른 사전식 순서 비교를 생각해보며, 그런 현상을 보여준다.

논증을 간단히 하기 위해 피보나치 단어의 약간 짧아진 판본을 사용하겠다. g_n이 n번째 피보나치 단어 fib_n에서 마지막 두 글자가 삭제된 단어라고 하자. 즉, $n \geq 2$에 대해 $g_n = fib_n\{a,b\}^{-2}$이다. 또한 $suf(k,n)$을 g_n의 k번째 접미사 $g_n[k..|g_n|-1]$이라고 하자. 예를 들어 $g_2 = $ a, $g_3 = $ aba, $g_4 = $ abaaba, $g_5 = $ abaababaaba이며, $suf(3,5) = $ ababaaba이다.

g_n의 접미사끼리 비교는 단어의 로그 크기 분해(아래의 성질 참고)에 의해 로그 길이로 압축된 표현의 비교를 통해 효율적으로 줄어들 수 있다. 이 분해의 인자들은 피보나치 단어의 역으로, $R_n = fib_n^R$이다. 처음 몇 인자들은 $R_0 = $ a, $R_1 = $ ba, $R_2 = $ aba, $R_3 = $ baaba이다. $R_{n+2} = R_{n+1}R_n$이면서 문자 a로 시작하는 것이 n이 짝수인 것과 필요충분조건임을 알아두자.

성질 $n > 2$에 대해, $suf(k,n)$은 $R_{i_0}R_{i_1}\ldots R_{i_m}$으로 유일하게 인자분해된다. 여기서 $i_0 \in \{0,1\}$이고, $t = 1,\ldots,m$에 대해 $i_t \in \{i_{t-1}+1, i_{t-1}+2\}$이다.

인자분해와 관련해, $\mathcal{R}_n(k) = (i_0, i_1, \ldots, i_m)$라고 하자. 가령 $suf(3,5) = $ ababaaba $= R_0 \cdot R_1 \cdot R_3 = $ a $\cdot$ ba $\cdot$ baaba, $\mathcal{R}_5(3) = (0,1,3)$이다.

(A) $g_n = fib_n\{a,b\}^{-2}$의 임의의 두 접미사를 $O((\log |fib_n|)^2)$시간 내에 계산하는 방법을 보여라.

(B) 실행 시간을 $O(\log |fib_n|)$으로 개선하라.

[**힌트:** (A)를 위해 문제 6의 알고리듬을 사용하라.]

풀이

$\mathcal{R}_n(k) = (i_0, i_1, \ldots, i_m)$과 관련해,

$$\Psi_n(k) = first(R_{i_0})first(R_{i_1})\ldots first(R_{i_m})$$

이라고 하자. 여기서 $first(w)$는 w의 첫 글자를 나타낸다. 그럼 다음의 관찰을 확인할 수 있다.

관찰 $suf(p,n) < suf(q,n) \iff \Psi_n(p) < \Psi_n(q)$이다.

예제 $g_5 = $ abaababaaba에 대해, $suf(3,5) = $ a $\cdot$ ba $\cdot$ baaba $= R_0 R_1 R_3$이고 $suf(5,5)$ $= $ a$\cdot$ba$\cdot$aba $= R_0 R_1 R_2$임을 알 수 있다. 그럼 $\Psi_5(3) = $ abb이고 $\Psi_5(5) = $ aba이다. 따라서 aba < abb이기 때문에 $suf(5,5) < suf(3,5)$이다.

위의 관찰은 이 문제를 위의 성질을 갖는 분해와 함수 $\mathcal{R}$의 빠른 계산 문제로 축소시킨다.

(A) 풀기 $\mathcal{R}_n(k)$는 접미사 $suf(n,k)$를 왼쪽에서 오른쪽으로 훑으며 다음과 같이 계산될 수 있다. 만약 $g_n[k] = $ a라면, $i_0 = 0$임을 알 수 있고, 그렇지 않으면 $i_0 = 1$이다. 그럼 각 반복 $t > 0$에서, g_n 위의 현재 위치는 길이 $F_{i_{t-1}+2} = |R_{i_{t-1}}|$만큼 증가해, g_n의 다음 문자를 가리킨다. 그 문자에 따라 $i_t = i_{t-1} + 1$인지 $i_t = i_{t-1} + 2$인지 알 수 있다. 이 방식으로 $\mathcal{R}_n(k) = (i_0, i_1, \ldots, i_m)$이 계산되고 그 처리를 위한 반복 횟수는 로그적으로 증가한다.

각 문자 g_n에 접근하는 것은 문제 6의 알고리듬을 사용하면 $O(\log |fib_n|)$시간 내에 수행된다.

전체적으로 이렇게 하면 $O((\log |fib_n|)^2)$시간 내에 실행되는 알고리듬을 얻으며, (A)가 해결된다.

(B) 풀기　피보나치 단어가 피보나치 기수법에 가깝게 연관됐다는 것은 놀라운 일이 아니다(문제 6 참고). 여기서는 사전식 정렬이라는 맥락에서 피보나치 단어가 이 기수법의 쌍대 버전과 연관됐음을 보이겠다.

지연된 피보나치 기수법　$LazyFib(k)$를 가장 작은 자릿수[1]부터 시작하는 자연수 k의 지연된 피보나치 표현^{lazy Fibonacci representation}이라고 하자. 이 체계에서, 자연수 N은 $N = \sum b_i F_{i+2}$이 되는 비트열 $(b_0, b_1, b_2, \ldots)$로 유일하게 표현된다. 여기서 F_j는 이어진 피보나치 수이고, 이 비트열에서 0이 2번 연속으로 나오지 않는다. 이것은 인자분해 성질에서 설명된 조건 $i_{t+1} \in \{i_t + 1, i_t + 2\}$에 해당한다.

예를 들어 $9 = F_2 + F_4 + F_5$이고 $23 = F_3 + F_4 + F_5 + F_7$이므로 $LazyFib(9) = (1011)$이고 $LazyFib(23) = (011101)$이다.

빠르게 분해를 계산하기　$(b_0, b_1, b_2, \ldots)$를 지연된 피보나치 기수법에서 길이 $|suf(k,n)|$인 표현이라고 하자. 그럼 $\mathcal{R}_n(k) = (i_0, i_1, \ldots, i_m)$이다. 여기서 i_j는 $(b_0, b_1, b_2, \ldots)$에서 1의 위치다.

지연된 피보나치 표현은 fib_n의 길이에 대한 로그 시간 내에 계산될 수 있기 때문에 이것으로 (B)가 해결된다.

노트

인자분해 성질의 증명은 [213, 238]에서 찾아볼 수 있다.

만약 길이가 2보다 긴 (축약하지 않은) 표준 피보나치 단어 fib_n의 두 접미사를 비교하고 싶다면 n이 홀수인 경우 같은 함수 Ψ를 쓸 수 있다. 하지만 n이 짝수라면 $\Psi(k)$를 $\Psi(k) \cdot \mathrm{b}$로 바꿔야 한다. 또한 짝수인 n에 대해 피보나치 단어의 접미사 배열 표 SA가 산술적 특

1　가장 작은 자릿수(least significant digit)란 기수법에서 가장 크기가 작은 수를 뜻한다. 가령 십진수 13579에서 가장 작은 자릿수는 일의 자릿수인 9다. – 옮긴이

성(배열의 길에 대한 모듈러 산술)을 가짐이 알려져 있고, 이것은 n이 짝수인 경우에 대해 대안적인 비교 검사법을 준다.

지연된 피보나치 기수법은 피보나치 단어의 k번째 접미사의 랭크(SA에서의 그 위치)를 로그 시간 내에 계산할 수 있도록 한다.

57 이진 단어의 회피 가능성

충분히 긴 단어에서는 어떤 패턴은 반드시 나타난다. 이것을 회피 불가능하다고 한다. 이 개념은 명백히 알파벳의 크기에 의존하며, 이 문제에서는 이진 패턴을 다룬다.

만약 w의 인자가 X에 하나도 포함되지 않으면, 단어 w는 단어 집합 X를 회피한다고 한다. 집합 X는 그 집합을 회피할 수 있는 무한히 긴 단어가 있거나, 유한한 알파벳에 대해서 무한히 많은 단어가 있다면 회피 가능하다. 이 문제의 목표는 이진 알파벳 B = {a,b}로부터 뽑아낸 단어의 집합이 회피 가능한지 검사하는 것이다.

예를 들어 {aa, abab, bb}는 길이가 적어도 5인 단어에 의해 회피할 수 없다. 반면에 {aa, bb}는 무한히 긴 단어 (ab)$^\infty$에 의해 회피된다.

이 검사법을 설계하기 위해 집합 $X \subseteq B^+$에 대해 두 가지 축소를 정의한다.

reduce1(초단어의 제거): 만약 $x, y \in X$이고 x가 y의 인자라면, y를 X에서 제거한다.

reduce2(마지막 문자 넣기): 만약 x가 $y \neq \varepsilon$의 접미사이고, $x\bar{a}$라면, X에 있는 ya에 대해 $ya \in X$가 y를 대체한다(윗줄 표시는 a와 b의 교환을 뜻한다).

AVOIDABLE(X non-empty set of binary words)
 1 **while** reduce1 or reduce2 are applicable to X **do**

```
2        X ← reduce1(X) or reduce2(X)
3        if X ≠ {a,b} return TRUE else return FALSE
```

예제 집합 $X = \{aaa,aba,bb\}$는 회피할 수 없다. 축소 과정을 통해 B가 다음과 같이 (바뀐 단어에 밑줄 침) $\{aaa,\underline{aba},bb\} \to \{\underline{aaa},ab,bb\} \to \{aa,\underline{ab},bb\} \to \{\underline{aa},a,bb\} \to \{a,\underline{bb}\} \to$ B처럼 유도되기 때문이다.

> **질문** 이진 단어의 집합 X이 회피 가능한 것과 $\text{AVOIDABLE}(X) = \text{TRUE}$인 것은 필요충분조건임을 보여라.

> **질문** 집합 $X \subseteq B^{\leq n}$이 회피 가능한 것과 $2^{n-1} + n - 2$보다 긴 길이의 단어에 의해 회피되는 것은 필요충분조건이며, 이 한계가 최적임을 보여라.

풀이

AVOIDABLE의 정확성 이것은 다음의 두 성질의 결과다.

성질 1 만약 $Y = \text{reduce1}(X)$이거나 $Y = \text{reduce2}(X)$라면, X가 회피 가능한 것과 Y가 회피 가능한 것은 필요충분조건이다.

증명 Y를 회피하는 단어가 X도 회피함은 분명하다. 그 역을 증명하기 위해, w가 X를 회피하는 무한 단어라고 하자. 그럼 w도 Y를 회피함을 보이겠다. 이것은 $Y = \text{reduce1}(X)$인 경우 명백하다. $Y = \text{reduce2}(X)$라면, 두 단어 $x\bar{a}, ya \in X$가 있어서 x는 y의 접미사고, $Y = X \setminus \{ya\} \cup \{y\}$다.

그럼 w가 y를 회피함을 보이면 충분하다. 만약 그렇지 않다면 yb는 w의 인자다. w가 ya를 회피하기 때문에 문자 b는 a가 될 수 없다. 하지만 b는 $\bar{a}$도 될 수 없다. w가 ya의 접미사인 xa를 회피하기 때문이다. 그럼 y는 w의 인자가 아니다. ∎

성질 2 만약 X에 두 축소 과정 중 어느 것도 적용할 수 없고, $X \neq B$라면 X는 회피 가능하다.

증명 이 사실을 보이려면 X를 회피하는 무한 단어 w를 증가하는 방향으로 만들어야 한다. v가 X를 회피하는 유한 단어라고 하자($X \neq B$이기 때문에, v는 단 한 글자일 수도 있다). v를 한 글자만큼 확장한 va도 X를 회피할 수 있다고 주장해보자. 실제로 그렇지 않다면, v의 두 접미사 x와 y가 있어서, $x\bar{a} \in X$이고 $ya \in X$이다. 이 단어 중 하나는 다른 쪽의 접미사기 때문에 reduce2가 X에 적용되며, 이것은 가정에 모순이다. 따라서 v는 계속 확장돼 결국 무한 단어 w에 도달할 수 있으며, X를 회피한다. ∎

회피하는 단어의 길이 한계 다음의 성질이 두 번째 문제의 풀이에 사용된다.

성질 3 $X \subseteq B^{\leq n}$이 회피 가능한 것과 이 단어가 B^{n-1}의 경계를 갖는 어떤 단어에 의해 회피되는 것은 필요충분조건이다.

사실 X가 회피 가능하다면, X를 회피하는 무한 단어는 조건을 만족하는 인자를 갖는다. 역으로 $w = uv = v'u$가 X를 회피한다고 하자. 여기서 $u \in B^{n-1}$이다. $uv^i = v'uv^{i-1} = \cdots = v^iu$, $i > 0$이기 때문에, uv^i의 임의의 길이 n인 인자가 w의 인자인 것은 분명하다. 따라서 uv^∞도 X를 회피한다.

두 번째 문제에 답하려면 필요충분조건의 역부분만을 증명하면 된다. 만약 길이가 $2^{n-1} + n - 2$보다 긴 단어가 X를 회피한다면, 그 단어는 적어도 B^{n-1}에 있는 어떤 단어를 적어도 2번 포함해야 하고, 따라서 성질 3에 있는 대로 X를 회피하는 인자다. 따라서 X는 회피 가능하다.

이 한계의 최적성은 차수가 $n - 1$인 (이진) 드 브루인 단어에 의존한다. 그런 단어 w는 B^{n-1}에 있는 각 단어를 딱 1번씩 포함하며, $2^{n-1} + n - 2$의 길이를 갖는다. 이 단어는 길이가 n이고 그 단어의 인자가 아닌 단어의 집합 X를 회피한다. X는 회피 불가능하므로, 이것으로 증명이 완료된다.

Avoidable 알고리듬은 이진 단어의 경우에서 집합의 회피 가능성을 검사하는 데 가장 효율적인 알고리듬은 분명히 아니지만, 아마 가장 간단한 것이다. 이 주제에 대한 참고자료는 [175]에서 찾아볼 수 있다. 두 번째 문제의 풀이는 [90]에서 가져왔다.

58   단어 집합 회피하기

유한 알파벳 A에서 나온 단어의 유한 집합 $F \subseteq A^*$에 대해, $L(F) \subseteq A^*$가 F를 회피하는 단어로 이뤄진 언어라고 하자. 즉, F에 있는 어떤 단어도 $L(F)$에서 나타나지 않는다. 이 문제의 목표는 $L(F)$를 받아들이는 자동자를 만드는 것이다.

만약 w가 u를 회피한다면, w는 u를 인자로 가지는 어떤 단어라도 회피한다는 점을 알아두자. 그러므로 F가 반-인자적anti-factorial(인자 부호)인 언어인 경우를 고려할 수 있다. 즉, F에 있는 어떤 단어도 F에 있는 또 다른 단어의 고유한 인자가 아니다. 반대로 $L(F)$는 인자적factorial 언어다. $L(F)$에 있는 단어의 어떤 인자도 $L(F)$에 있다.

예제 $F_0 = \{aa,bb\} \subseteq \{a,b\}^*$에 대해, $L(F_0) = (ab)^* \cup (ba)^*$이다. $F_1 = \{aaa,bbab,bbb\} \subseteq \{a,b,c\}^*$에 대해서는 $(ab)^* \subseteq L(F_1)$일 뿐만 아니라 $(bbaa)^* \subseteq L(F_1)$이면서 $c^* \subseteq L(F_1)$이다.

> **질문** $L(F)$가 유한 자동자에 의해 인식될 수 있음을 보이고, F의 트라이로부터 $L(F)$를 받아들이는 결정론적 자동자를 만들어내는 알고리듬을 설계하라.

[**힌트:** 에이호-코라식Aho-Corasick 기법을 사용하라.]

집합 F를 회피하는 무한 단어가 하나도 없으면 F는 회피 불가능이라고 한다(문제 57 참고). 예를 들어 집합 F_1은 $(ab)^{\infty}$라는 무한 단어에 의해 회피되기 때문에 알파벳 {a,b}에 대해 회피 가능하다.

> **질문** 집합 F가 회피 불가능인지 검사하는 방법을 보여라.

풀이

F가 공집합이 아니고 반-인자적이라고 하자(특히, 이 집합은 공단어를 포함하지 않는다). 그리고 F에 포함된 인자를 갖는 단어 A^*FA^*를 받아들이는 자동자를 생각해보자. 이 자동자의 상태는 F에 있는 단어의 접두사다(또는 접두사로 식별될 수 있다). 실제로 그런 임의의 접두사는 단어 F를 생성하도록 확장될 수 있고, 이 후자의 단어들은 빠짐구멍 상태를 형성한다. 아래 그림의 왼쪽은 {a,b}$^*F_1${a,b}*를 받아들이는 자동자다. 이 그림에서 겹선 원으로 표시된 노드는 F_1에 있는 인자를 갖는 단어에 해당한다.

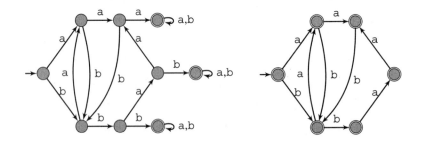

언어 $L(F) = A^* \backslash A^*FA^*$는 A^*FA^*의 보어^{complement}로, 종결 노드와 비종결 노드의 역할을 교환한 다음에 A^*FA^*를 받아들이는 자동자에 의해 받아들여진다. 이것은 $L(F)$가 유한 자동자에 의해 받아들여짐을 보인다. 위 그림의 오른쪽은 $L(F_1)$을 받아들이는 자동자다.

AVOIDING 알고리듬은 F의 사전 찾기 자동자$^{\text{dictonary-matching automaton}}$의 생성법을 유사하게 따라간다. 그리고 결국은 상태의 상황을 뒤집고, 불필요한 상태를 삭제한다.

AVOIDING(trie of F, alphabet A)

1    $q_0 \leftarrow$ initial state (root) of the trie

```
 2    Q ← ∅        ▷ empty queue
 3    for each letter a ∈ A do
 4        if goto(q_0,a) undefined then
 5            add arc (q_0,a,q_0)
 6        else append (goto(q_0,a),q_0) to Q
 7    while Q not empty do
 8        remove (p,r) from Q
 9        if r terminal then
10            set p a terminal state
11        for each letter a ∈ A do
12            s ← goto(r,a)
13            if goto(p,a) undefined then
14                add arc (p,a,s)
15            else append (goto(p,a),s) to Q
16    remove all terminal states and their associated arcs
17    set all remaining states as terminal states
18    return transformed automaton
```

이 알고리듬은 goto 함수를 적절히 구현하면 $O(|A|\sum\{|w| : w \in F\})$ 시간 내에 실행된다. 하지만 각 상태마다 모든 가능한 간선을 설정하는 대신에 (p, r)이 큐queue에 있는 경우 상태 p에서 상태 r로 향하는 실패 링크가 만들어질 수 있다. 이것은 이런 타입의 자동자를 구현할 때 통상적인 기법으로, 그 크기를 $O(\sum\{|w| : w \in F\})$으로 줄인다.

F가 회피 불가능인지 검사하려면 결과물로 나온 자동자의 노드로 구성된 그래프가 순환을 포함하는지 검사해야 한다. 위 그림의 오른쪽 자동자는 순환을 포함하며, F_1이 회피 불가능임을 나타낸다.

노트

사전 찾기 자동자의 구성법, 또는 에이호-코라식Aho-Korasick 자동자라고 하는 방법은 에이호와 코라식[3]에 의해 제시됐고, 문자열 알고리듬에 대한 대부분의 교재에서 설명한다. 이 자동자는 통상적으로 공간을 절약하기 위해 실패 링크 개념을 갖도록 구현된다.

59 최소 유일 인자

이번 문제는 최소 부재 단어^{minimal absent word} 개념과 같은 상황이다. 이는 파일을 식별하고, 걸러내고, 구분하는 데 사용할 수 있다. 하지만 이에 대응되는 알고리듬과 그 밑에 숨어 있는 조합론적 성질은 더 간단하다.

단어 x의 **최소 유일 인자**^{minimal unique factor}는 x에 일단 등장했으면 그 고유 인자들이 반복되는 인자다. 즉, 적어도 x에 2번은 나타난다. 최소 유일 인자 $x[i..j]$는 $MinUniq$ 표에 $MinUniq[j] = i$로 저장된다.

예제 $x =$ abaabba의 최소 유일 인자는 aba $= x[0..2]$, aa $= x[2..3]$, bb $= x[4..5]$ 이고, 따라서 $MinUniq[2] = 0$, $MinUniq[3] = 2$, $MinUniq[5] = 4$이다(나머지 값들은 -1로 설정된다).

$$x \quad \begin{array}{ccccccc} 0 & 1 & 2 & 3 & 4 & 5 & 6 \\ \text{a} & \text{b} & \text{a} & \text{a} & \text{a} & \text{b} & \text{b} & \text{a} \end{array}$$

MINUNIQUE 알고리듬은 싱글톤 변수가 없는 입력 단어에 적용된다(각 문자가 적어도 2번 등장한다).

MINUNIQUE(non-empty singleton-free word x)

1 (SA,LCP) ← Suffix array of x

2 **for** $i \leftarrow 0$ **to** $|x|$ **do**

3     $MinUniq[i] \leftarrow -1$

```
4    for r ← 0 to |x| − 1 do
5        ℓ ← max{LCP[r], LCP[r + 1]}
6        MinUniq[SA[r] + ℓ] ← max{MinUniq[SA[r] + ℓ], SA[r]}
7    return MinUniq[0 . . |x| − 1]
```

> **질문** MINUNIQUE 알고리듬이 싱글톤 변수가 없는 입력 단어 x에 연관된 $MinUniq$ 표를 계산함을 보여라.

단어 x에서 최소 유일 인자와 최대 반복 출현 사이에는 쌍대성이 있다.

> **질문** 최소 유일 인자가 싱글톤이 없는 단어에서 2개의 최대 반복 출현을 만들어냄을 보여라.

> **질문** k차 드 브루인 단어에는 몇 개의 최소 유일 인자가 있는가?

풀이

정확성 증명의 밑그림 단어의 최소 유일 인자 개념은 단어의 위치 식별자 개념과 밀접한 연관이 있다. $x\#$에서 위치 i의 식별자는 $x\#$에서 정확히 1번 등장하는 $x\#[i . . |x|]$의 가장 짧은 접두사다(#는 끝 표시다). 그럼, 만약 문자 a를 갖는 인자 ua가 i의 식별자라면, u는 x에서 적어도 2번 나타나고, MINUNIQUE의 다섯 번째 줄에서 계산된 길이 $ℓ$에 해당한다.

최소 유일 인자는 주어진 위치 j에서 끝나는 식별자 중 가장 짧은 것이기 때문에 이 알고리듬은 식별자를 묵시적으로 사용한다. 이 과정은 여섯 번째 줄에서 수행된다. 여기서 $j =$ SA$[r] + ℓ$이고 $MinUniq[j]$는 그에 맞게 갱신된다.

abaabba의 최소 유일 인자 계산이 다음에 묘사됐다. $MinUniq[7] = 6$이라는 값은 끝 표시가 없을 때 버려진다. $r = 3$일 때, $MinUniq[5]$는 3으로 설정되고, 이 값은 결국 $r = 6$일 때 4로 갱신된다. 3개의 음수가 아닌 값 0, 2, 4가 있으며 각각 그 전에 주어진 인자에 해당한다.

r	0	1	2	3	4	5	6	7
$SA[r]$	6	2	0	3	5	1	4	
$LCP[r]$	0	1	1	2	0	2	1	0
j	0	1	2	3	4	5	6	7
$MinUniq[j]$	-1	-1	$-\cancel{1}$	$-\cancel{1}$	-1	$-\cancel{1}$	-1	$-\cancel{1}$
			0	2		$\cancel{3}$		6
						4		

최대 반복   싱글톤 변수가 없는 단어 x의 최소 유일 인자는 단어 u와 문자 a, b에 대해 단일 문자로 축소될 수 없기 때문에 aub의 형태다. 그럼 au와 ub는 둘 다 x에서 적어도 2번 나타나며, 다시 말해서 반복된다는 뜻이다(aub의 출현에 의해 결정된). au의 출현은 반복이 최대로 나타난 왼쪽으로 확장될 수 있다. 마찬가지로, ub의 출현은 반복이 최대로 나타난 오른쪽으로 확장될 수 있다. 이것이 두 번째 문제의 풀이다.

드 브루인 단어   알파벳 A에 대한 k차 드 브루인 단어에서, 길이가 k인 각 단어는 정확히 1번만 나타난다. 더 짧은 단어는 반복된다. 그럼 정확히 $|A|^k$개의 최소 유일 인자가 길이가 $|A|^k + k - 1$인 드 브루인 단어에 존재한다.

노트

이 문제의 핵심은 일라이[Ilie]와 스미스[Smyth][148]에 의해 제시됐다. 최단 유일 인자의 계산은 [233]에서 다룬다. 최소 유일 인자는 [189]에서 논의된다. 미닫이 창문 기법에서 최소 유일 인자의 계산은 [189]에서 논의된다.

식별자의 계산은 접미사 트리를 그대로 응용한 것이다([98, 5장] 참고). 최소 유일 인자는 모든 단어의 식별자 위치를 생성하도록 왼쪽으로 확장될 수 있다.

유전학에서, 최소 유일 인자는 표지자[marker]라고 부르며, 염색체 위의 알려진 위치를 갖고 개체나 종을 구분하는 데 사용된다.

60 최소 부재 단어

파일에서 등장하지 않는 단어는 파일을 버리거나 구분하는 데 유용한 기술을 제공한다. 이런 단어는 단어의 인자 집합처럼 행동하지만 인자 부호로 나타낸 더 **빽빽한** 트라이 표현을 허용한다.

만약 $|w| > 1$인 단어 w가 단어 x에서 등장하지 않는다면 w는 x에서 부재하거나 금지됐다고 한다. 추가로 만약 $w[0..|w|-2]$와 $w[1..|w|-1]$이 둘 다 x에서 등장한다면 이 성질을 갖는 최소 단어라고 한다.

ababbba의 최소 부재 단어는 aa, abba, baba, bbab, bbbb다. 아래에 있는 트라이에서, 이 단어 각각은 어떤 최소 부재 단어도 다른 최소 부재 단어의 인자가 아니기 때문에 리프(겹선 원)와 연관된다.

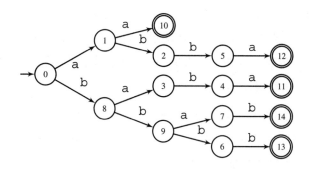

x에 부재한 최소 단어를 계산하는 자연스러운 방법은 x의 모든 인자를 받아들이는 가장 작은 결정론적 자동자인 인자 자동자^{factor automaton} $\mathcal{F}(x)$에서 시작하는 것이다. 각 인자는 초기 상태에서 시작하는 경로를 따라 철자가 적혀지고, 모든 상태는 종결 상태다. 아래에 실패 링크(점선)를 갖는 ababbba의 인자 자동자가 있다.

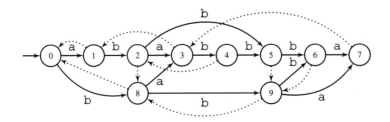

질문 단어 x의 인자 자동자 $\mathcal{F}(x)$로부터 최소 부재 단어의 트라이를 선형 시간 내에 계산하는 알고리듬을 설계하라.

[**힌트:** 자동자의 실패 링크를 사용하라.]

질문 단어 x의 최소 부재 단어의 트라이로부터 인자 자동자를 선형 시간 내에 복원해 내는 알고리듬을 설계하라.

[**힌트:** 에이호-코라식 기법을 사용하라.]

풀이

최소 부재 단어의 계산 아래의 알고리듬은 입력받은 단어의 인자 자동자 $\mathcal{F}(x)$에 대해 작동한다. 알파벳 A에 대한 자동자는 상태의 집합 Q, 초기 상태 i, 전이 함수 $goto$로 구성된다. 전이 함수는 앞의 그림에서 간선으로 표시된다. 이 알고리듬은 정의되지 않은 간선을 고려해 부재 단어를 검출한다.

이 알고리듬은 자동자를 너비 우선 방식$^{\text{width-first way}}$으로 탐색해 부재 단어의 최소성을 확실히 한다. 알고리듬의 세 번째 줄에서는 인자 자동자의 실패 링크를 사용해 후보 단어의 어떤 고유 접미사가 이미 부재 단어가 아닌지 검사한다(자동자를 만드는 효율적인 알고리듬의 부산물이다). 이 링크는 다른 상태와 연관된 단어의 가장 긴 접미사를 참조한다. 이 알고리듬은 새로운 상태를 추가하고 새로운 전이 함수 $goto'$를 계산해 인자 자동자를 변형시킨다.

위의 사례인 ababbba에 적용하면, 이 알고리듬은 최소 부재 단어의 트라이를 생성한다. 이 트라이는 자동자 구조와 유사성을 보이기 위해 다음과 같이 다르게 그려졌다.

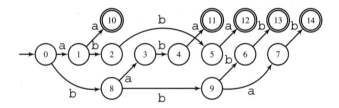

실행 시간   대체로 구조의 크기가 알파벳의 크기와는 독립적으로 단어의 길이에 따라 선형적으로 커진다는 사실 덕분에 단어의 인자 자동자의 구성은 선형 시간 내에 가능하다고 알려졌다. 만약 *goto* 함수와 실패 링크가 배열에서 구현됐다면, 알고리듬의 나머지 부분은 $O(|A| \times |x|)$만큼의 시간이 걸리는 것이 명백하다.

인자 자동자의 계산   하나의 단어 x의 최소 부재 단어에 대한 트라이 $(Q, A, i, T', goto')$로부터, 다음의 알고리듬은 그 인자 자동자를 만들어낸다. 이 구성법은 트라이의 상태에 대한 실패 링크 *fail*을 사용한다. 이 과정은 유한한 집합에서 특정 단어가 나타나는 모든 단어를 받아들이는 자동자를 만드는 사전 찾기 기계의 구성과 유사하다.

2	**if** $goto'(i,a)$ defined and not in T' **then**
3	$goto(i,a) \leftarrow goto'(i,a)$
4	$fail(goto(i,a)) \leftarrow i$
5	**for** each $p \in Q \setminus \{i\}$ in width-first traversal and each $a \in A$ **do**
6	**if** $goto'(p,a)$ defined **then**
7	$goto(p,a) \leftarrow goto'(p,a)$
8	$fail(goto(p,a)) \leftarrow goto(fail(p),a)$
9	**elseif** p not in T' **then**
10	$goto(p,a) \leftarrow goto(fail(p),a)$
11	**return** $(Q \setminus T', A, i, Q \setminus T', goto)$

다음 그림은 ababbba의 인자 자동자를 나타내며, 첫 번째 그림의 트라이와의 관계를 보여주기 위해 다르게 그려졌다.

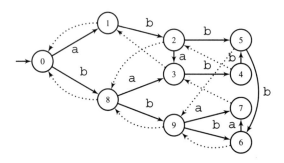

노트

최소 부재 단어나 최소 금지 단어의 개념은 베알 등[Béal et al.][28]이 도입했다. 여기에 제시된 알고리듬의 설계와 분석은 [92]에 있다. 보통언어에 대한 확장은 [30]에서 제시한다.

인자 자동자의 선형 시간 구성은 [67]에서 제시된다. 이것은 블루머 등[Blumer et al.]([38] 참고)이 도입한 DAWG의 최소화나 접미사 자동자([74, 96, 98] 참고)를 사용해 얻을 수 있다.

두 번째 알고리듬은 에이호와 코라식[3]의 패턴 찾기 기계의 구성과 유사하다. 여러 단어의 최소 부재 단어의 트라이에 적용하면, 이 방법이 항상 (최소) 인자 자동자를 만들어내지는 않는다.

반사전^{Antidictionary}, 즉 부재 단어의 집합은 [93]에서 자료 압축 기법에 사용된다. 자세한 것은 [198–200]과 그 안의 참고문헌을 살펴보라. 미닫이 창문 기법으로 계산하는 것은 [75, 189]에서 논의된다.

부재 단어는 생물정보학^{bioinformatics}에서도 유전자 서열에서 회피된 패턴을 검출하는 데 사용되거나 계통발생론 연구에 도움을 준다. 사례는 [51, 224]를 참고하라.

61 욕심쟁이 초문자열

단어 집합의 초문자열^{superstring}은 집합을 더 빽빽하게 저장하는 데 사용될 수 있다. 엄밀하게는, 단어 집합 X의 공통 초단어는 X에 있는 모든 원소가 인자로 나타나는 단어 z다. 즉, $X \subseteq Fact(z)$다. X의 최단 공통 초단어^{shortest common superstring}은 SCS(X)로 나타낸다.

욕심쟁이 패러다임은 SCS(X)의 꽤 괜찮은 근사식을 만들어내는 간단한 알고리듬을 이끌어낸다. 이번 문제의 목표는 이 기법의 효율적인 구현을 보이는 것이다.

두 단어 u와 v에 대해, $Overlap(u, v)$는 v의 접두사이면서 u의 최장 접미사다. 만약 $w = Overlap(u, v)$라면 $u = u'w$이고 $v = wv'$이라면, $u \otimes v$는 단어 $u'wv'$로 정의된다. SCS(u, v)는 $u \otimes v$이거나 $v \otimes u$임을 알아두자. 또한, X의 다른 단어의 인자가 되는 단어는 SCS(X)를 바꾸지 않으면서 버릴 수 있다. 그럼 X는 인자가 없게 된다.

GREEDYSCS(X non-empty factor-free set of words)
1   **if** $|X| = 1$ **then**
2   **return** $x \in X$
3   **else** let $x, y \in X, x \neq y$, with $|Overlap(x, y)|$ maximal

return GREEDYSCS($X \setminus \{x, y\} \cup \{x \otimes y\}$)

> **질문** 알파벳 $\{1, 2, \ldots, n\}$에서 뽑은 단어의 집합 X에 대해, GREEDYSCS(X)가 $O(\{|x| : x \in X\})$ 시간 내에 실행되도록 하는 알고리듬을 구현한다는 것을 보여라.

예제 초단어 fbdiachbgegeakhiacbd는 집합 {egeakh, fbdiac, hbgege, iacbd, bdiach}으로부터 GREEDYSCS가 만들어낸다.

```
                            i a c b d
                    e g e a k h
                h b g e g e
        b d i a c h
f b d i a c
f b d i a c h b g e g e a k h i a c b d
```

풀이

두 단어 u와 v 사이의 겹침은 단어 $v \# u$의 경계로, #는 이 단어에서 나타나지 않는다. 따라서 선형시간 내에 경계를 계산하는 방법(가령, 문제 19)은 $O(n \cdot |X|)$의 시간 내에 실행되는 직접적인 구현을 이끌어낸다. 여기서 $n = \Sigma\{|x| : x \in X\}$이다. 그럼 $O(n)$시간 구현을 어떻게 설계하는지 보이겠다.

만약 위의 예제에 주어진 단어를 x_1, x_2, x_3, x_4, x_5로 나타낸다면, 이 알고리듬이 만들어낸 초단어는 $x_2 \otimes x_5 \otimes x_3 \otimes x_1 \otimes x_4$다. 이것은 그에 해당하는 단어 인덱스의 치환인 (2, 5, 3, 1, 4)로 볼 수 있다.

먼저, 찾아낸 초단어에 해당하는 단어 인덱스의 치환을 생성하는 반복식 알고리듬을 설계해보자. 이것은 그 원소가 *prev*와 *next* 표에 의해 연결되는 이중 연결 리스트로 구현되며, 어떤 인덱스에서 시작한다. 계산하는 동안 p에서 시작하고 q에서 끝나는 (부분) 리스트에 대해 *head*[q] = p와 *tail*[p] = q를 얻는다.

다음과 같이 반복식 알고리듬을 적을 수 있다.

```
ITERGREEDY({x_1, x_2, ..., x_m} non-empty factor-free set of words)
1    for i ← 1 to m do
2        (prev[i], next[i]) ← (i, i)
3        (head[i], tail[i]) ← (i, i)
4    for m − 1 times do
5        let i, j, next[i] = i, prev[j] = j, head[i] = j
             with |Overlap(x_i, x_j)| maximal
6        (next[i], prev[j]) ← (j, i)
7        head[tail[j]] ← head[i]
8        tail[head[i]] ← tail[j]
9    let i with prev[i] = i
10   return (i, next)
```

다섯 번째 줄의 $next[i] = i$라는 조건은 i가 그 리스트의 꼬리임을 확인하고, 마찬가지로 $prev[j] = j$라는 조건은 j가 그 리스트의 머리임을 확인한다. $head[i] \neq j$라는 조건은 i와 j가 다른 리스트에 있음을 검사한다. 여섯 번째 줄의 명령어는 둘을 이어 붙인다. 그다음 명령어는 머리와 꼬리를 갱신한다.

$(i, next)$라는 출력으로부터, $\{x_1, x_2, ..., x_m\}$에 해당하는 인덱스의 치환은 i, $next[i]$, $next[next[i]]$ 등으로 이어진다.

ITERGREEDY 알고리듬은 $Last$와 $First$라는 유용한 자료 구조를 도입해 효율적으로 바꿀 수 있다. $u \in Pref(\{x_1, ..., x_m\})$인 각각의 u에 대해,

- $Last(u)$는 u를 접미사로 갖는 $\{x_1, ..., x_m\}$에 있는 단어의 인덱스 목록이다.
- $First(u)$는 u를 접두사로 갖는 $\{x_1, ..., x_m\}$에 있는 단어의 인덱스 목록이다.

추가로, 리스트에서 단어를 삭제할 수 있게 하기 위해 단어의 각 인덱스마다 리스트에서의 모든 위치를 보존시킨다. $n = \sum_{i=1}^{m} |x_i|$이라고 하자.

관찰 모든 리스트의 전체 길이는 $O(n)$이다.

실제로 인덱스 i는 w_i 각각의 고유 접두사 u 때문에 $First(u)$ 리스트에 있다. 따라서 이 인덱스는 $|w_i|$개의 리스트에 있고, 그럼 전체적으로 합하면 $O(n)$이 된다. $Last$에 대해서도

마찬가지로 성립한다.

IterGreedy 알고리듬은 EffiGreedy 알고리듬으로 재작성할 수 있다. EffiGreedy 알고리듬은 모든 잠재적인 겹침 u를 길이가 긴 쪽에서 짧아지는 순서로 처리하고, 그런 겹침을 갖는 단어들이 만약 합치기에 적절하다면 합친다. 합치기에 적절한지는 IterGreedy 알고리듬에서 수행된 것과 같다.

EffiGreedy($\{x_1, x_2, \ldots, x_m\}$ non-empty factor-free set of words)

1   **for** $i \leftarrow 1$ **to** m **do**
2       $(head[i], tail[i]) \leftarrow (i, i)$
3   **for** each $u \in Pref(\{x_1, \ldots, x_m\})$ in decreasing length order **do**
4   **for** each $i \in Last(u)$ **do**
5   let j be the first element of $First(u)$ with $j \neq head[i]$
6   ▷ it is the first or second element, or NIL
7   **if** $j \neq$ NIL **then**   ▷ u is an overlap of x_i and x_j
8   remove j from all lists $First$
9   remove i from all lists $Last$
10           $next[i] \leftarrow j$
11           $head[tail[j]] \leftarrow head[i]$
12           $tail[head[i]] \leftarrow tail[j]$
13   let i word index for which $i \neq next[j]$ for all $j = 1, \ldots, m$
14   **return** $(i, next)$

모든 리스트가 전처리된 상태라면, 그 전체 크기가 $O(n)$이기 때문에 EffiGreedy 알고리듬은 $O(n)$ 시간 내에 수행된다.

$Pref$의 전처리와 다른 리스트들의 전처리는 집합 $\{x_1, x_2, \ldots, x_m\}$의 트라이와 접미사 트리를 갖고 수행된다. 유일하게 복잡한 부분은 $Last(u)$ 리스트의 계산이다. 그렇게 하기 위해, T'가 $x_1 \#_1 x_2 \#_2 \ldots x_m \#_m$의 접미사 트라이라고 하자. 여기서 $\#_i$는 서로 다른 구분되는 기호다. 그럼, 각 단어 x_i마다, T'는 각 기호를 x_i로 표시된 경로를 따라 훑으며 움직인다. 그리고 x_i의 각 접미사 u마다, 만약 T'에 있는 해당하는 노드가 k개의 밖으로 나가는 간선을 갖고 있고 그 간선들이 $\#_{i_1}, \ldots, \#_{i_k}$로 표시돼 있다면, 그럼 인덱스 $i_1, \ldots, i_k$는 $Last(u)$에

삽입된다. 이것은 알파벳이 선형적으로 정렬 가능하다면 $O(n)$의 전처리 시간 내에 종료된다.

노트

최단 공통 초단어를 계산하는 것은 NP-완전 문제로 알려졌다. 여기서 소개한 GREEDYSCS 알고리듬은 [230]에 있는 타리오[Tarhio]와 우코넨의 알고리듬에서 파생된 것이다.

이 문제에서 가장 흥미로운 추측 중 하나는 GREEDYSCS가 입력 단어의 최단 공통 초단어의 2-근사를 생성하는가다. 이것은 길이가 3인 단어에 대해서는 참이고, 아마도 언제나 참일 것이다.

62 짧은 단어의 최단 공통 초단어

단어의 집합 X의 공통 초단어는 X에 있는 모든 단어가 인자로 출현하는 단어다. 최단 공통 초단어[SCS]를 계산하는 것은 NP-완전 문제지만, 이 문제에서 논의되는 특수한 경우와 같이 효율적으로 해결되는 간단한 경우가 있다.

예를 들어 1 2 6 3 9 2 3 7 5 7은 일곱 단어의 집합 {12, 23, 26, 57, 63, 75, 92}의 최단 공통 초단어다.

> **질문** 길이가 2인 정수 알파벳 단어[2]의 집합 X의 최단 공통 초단어의 길이를 선형 시간 내에 계산하는 방법을 보여라.

---

2 즉, 두 자리 수를 뜻한다. – 옮긴이

풀이

이 문제는 다음과 같이 (유향) 그래프에 대한 문제로 변환된다. 집합 X로부터, 그 꼭짓점이 문자(정수)이고 그 간선이 X에 있는 단어가 되는 그래프 G를 생각해보자. 앞서의 사례에 대해 다음의 그림과 같다.

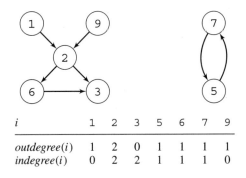

i	1	2	3	5	6	7	9
outdegree(i)	1	2	0	1	1	1	1
indegree(i)	0	2	2	1	1	1	0

유향 그래프^{directed graph}에서 간선의 방향을 없앤 후에 모든 두 노드가 무방향 경로로 연결된다면, 이 유향 그래프는 약하게 연결됐다^{weakly connected}고 한다. 다음의 관찰이 최단 초단어를 만드는 대략적인 방향을 제시한다.

관찰 G가 길이가 2인 단어 집합과 연관된 약하게 연결된 그래프라고 하자. 그리고 Z가 G에 추가된 (유향) 간선의 최소 집합이라고 하자. G는 오일러 순환^{Eulerian cycle3}을 포함한다. 그럼 Z가 공집합인 경우 X에 대한 최단 초단어의 길이는 $|X| + 1$이고, 그렇지 않으면 $|X| + |Z|$다.

이 문제는 오일러 그래프를 얻기 위한 적절한 Z 집합을 만드는 문제로 바뀐다. 어떤 유향 그래프가 약하게 연결됐고, 각 꼭짓점 v가 균형^{balanced}이라면 그 유향 그래프는 오일러 그래프임을 생각해두자. 꼭짓점 v가 균형인 것은 *indegree*(v) = *outdegree*(v)라는 뜻

---

3 한붓그리기 가능한 순환을 뜻한다. – 옮긴이

이다. 그래프 G에서 각각의 약하게 연결된 부분은 분리해서 처리될 수 있다. 따라서 처음부터 G 자체가 약하게 연결됐다고 가정할 수 있다.

각 꼭짓점 v를 균형으로 만들기 위해 더해주는 유향 간선을 최소로 하려면, 다음과 같이 해야 한다. 만약 $D(v) = outdegree(v) - indegree(v) > 0$이라면, v로 들어오는 $D(v)$개의 간선이 추가돼야 한다. 만약 $D(v) < 0$이라면, v로부터 나가는 $|D(v)|$개의 간선이 추가돼야 한다. 요점은 간선이 추가될 때는 항상 나가는 간선이 필요한 꼭짓점에서 출발해 들어오는 간선이 필요한 꼭짓점으로 향해야 한다는 점이다. 각 간선은 들어오는 간선과 나가는 간선 둘 다에 기여하기 때문에, $D(v) \neq 0$인 단 하나의 꼭짓점 v만을 남겨둘 수 없고, 이 처리 과정은 모든 꼭짓점이 균형이 될 때까지 이어진다. 이것은 또한 추가된 전체 간선의 수가 정확히 $|Z| = \frac{1}{2} \sum_v |D(v)|$임을 뜻한다.

Z는 $outdegree$와 $indegree$ 표를 사용해 쉽게 계산되며, 선형 시간 내에 수행된다. 최악의 경우는 X에 어떤 단어도 겹침이 없는 것이다. 변환된 그래프가 오일러 순환을 가질 때, 추가된 간선 중 하나인 $v \to w$의 삭제는 w에서 v로 가는 오일러 경로를 제공한다. 만약 원래의 그래프가 이미 오일러 경로였다면 어떤 꼭짓점에서 출발해서 그 꼭짓점으로 되돌아오는 경로는 정답을 준다. 이 경로는 최단 초단어에 해당한다.

끝으로, 만약 그래프 G가 약하게 연결되지 않았다면 각 약하게 연결된 부분을 위와 같이 처리하고, 그 결과로 나온 단어를 이어 붙여서 최단 초단어를 구한다.

위의 예제에서 $3 \to 1$과 $3 \to 9$인 2개의 간선만이 왼쪽 성분에 추가되며 다음의 새로운 표가 만들어진다.

i	1	2	3	5	6	7	9
$outdegree(i)$	1	2	2	1	1	1	1
$indegree(i)$	1	2	2	1	1	1	1

첫 번째 추가된 간선을 삭제하면 첫 번째 부분에 대해서는 단어 1 2 6 3 9 2 3을 얻고, 두 번째 부분은 7 5 7이다. 그 결과로 1 2 6 3 9 2 3 7 5 7이라는 초단어를 얻는다.

이 문제에서 소개된 방법은 갤런트 등[Gallant et al.][126]이 제시했다. 만약 입력 집합이 길이가 3인 단어로 구성된다면, 이 문제는 NP-완전이 된다.

63 길이에 의한 인자 수 세기

$fact_x[\ell]$이 단어 x에서 나타나는 길이 ℓ인 (서로 다른) 인자의 수라고 하자.

> **질문** 상수 크기의 알파벳을 가정하자. 단어 x에 대해, $fact_x[\ell]$의 모든 수를 선형 시간 내에 계산하는 방법을 보여라. $\ell = 1, \ldots, |x|$이다.

[**힌트:** 단어의 접미사 트리를 활용하라.]

풀이

$T = \mathcal{ST}(x)$가 x의 접미사 트리라고 하자. 그 내부 노드들이 x에서 적어도 2번 출현하는 x의 인자임을 생각해보자. 하나의 출현이 접미사로 나타났을 때, 이 노드들은 적어도 2개의 다른 문자가 이어지거나, 아니면 단 1개의 문자가 이어진다.

T의 루트가 아니고, 그 부모 노드가 u인 노드 v는 다음 길이의 구간에 연관된다.

$$I_v = [|u| + 1 .. |v|]$$

관찰 $fact_x[\ell]$은 숫자 ℓ을 포함하는 구간 I_v의 개수다.

실제로 접미사 트리의 루트가 아닌 노드 v는 각각 같은 출현 집합을 공유하는 인자 집합에 해당한다. 그 길이는 서로 다르고 구간 I_v를 만든다. 따라서 길이가 ℓ인 (서로 다른) 인자의 전체 수는 ℓ을 포함하는 모든 구간 I_v의 개수다.

이 관찰은 문제를 구간 덮기 문제interval covering problem로 축소시킨다. 즉, 부분 구간 $[1..|x|]$의 모임family $\mathcal{I}(x)$이 주어졌을 때, $1 \leq \ell \leq |x|$인 각각의 ℓ에 대해 ℓ을 포함하는 구간의 수를 계산하라는 것이다.

NUMBERSOFFACTORS($\mathcal{I}(x)$ for a non-empty word x)

1    $Count[1..|x|+1] \leftarrow [0,0,\dots,0]$
2   **for** each $[i..j] \in \mathcal{I}(x)$ **do**
3        $Count[i] \leftarrow Count[i] + 1$
4        $Count[j+1] \leftarrow Count[j+1] - 1$
5    $prefix\_sum \leftarrow 0$
6   **for** $\ell \leftarrow 1$ **to** n **do**
7        $prefix\_sum \leftarrow prefix\_sum + Count[\ell]$
8        $fact_x[\ell] \leftarrow prefix\_sum$
9   **return** $fact_x$

NUMBERSOFFACTORS 알고리듬은 x의 접미사 트리에서 정의된 구간의 모임 $\mathcal{I}(x)$로부터 $fact_x$를 계산한다. 이를 위해 초기에 빈 값null value을 포함하는 보조 배열 $Count[1..n+1]$이 사용된다.

예제 $x = \text{abaababaaba}$라고 하자. $\mathcal{I}(x)$의 구간은 아래에 그려진 x의 접미사 트리에서 노드의 표지다. 이 알고리듬은 $Count = [2, 1, 1, 1, 0, 0, 0, -1, -1, -1, -1]$ 표를 계산한다($|x|+1$ 위치의 값은 버림). 그리고 $Count$ 표의 합으로 접두사 수열을 출력한다.

$$fact_x = [2, 3, 4, 5, 5, 5, 5, 4, 3, 2, 1]$$

예를 들어 $fact_x[3] = 4$는 x에서 나타나는 길이가 3인 4개의 인자 aab, aba, baa, bab에 해당한다.

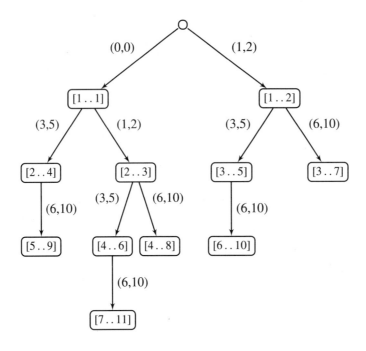

x의 접미사 트리의 노드의 수가 $O(|x|)$이기 때문에 NUMBEROFFACTORS 알고리듬이 기본적으로 선형 시간 내에 실행되는 것은 분명하다.

노트

x의 인자 자동자를 사용해 대안적인 알고리듬을 만들 수도 있다. 이 자동자에서, 초기상태가 아닌 각각의 v는 $[s(v)..\ell(v)]$ 구간으로 표시된다. 여기서 $s(v)$와 $\ell(v)$는 각각 루트에서 v까지 가는 가장 짧은 경로의 길이와 가장 긴 경로의 길이이다.

64 위치를 덮는 인자 수 세기

단어 x에 대해, $i \le k \le j$를 만족하는 $x[i..j]$가 있다면 x의 인자는 x위의 위치 k를 덮는다. $\mathcal{C}(x,k)$가 위치 k를 덮는 x의 (서로 다른) 인자의 수를 나타낸다고 하자. $\mathcal{N}(x,k)$가 k를 덮지 않고 출현하는 인자의 수를 나타낸다고 하자.

> **질문** 상수 크기의 알파벳을 가정하고, x위의 위치 k가 주어지면 $\mathcal{C}(x,k)$와 $\mathcal{N}(x,k)$를 선형 시간 내에 계산하는 방법을 보여라.

풀이

단어 w의 접미사 트리 $ST(y)$의 노드는 w의 인자다. 접미사 트리의 간선 (u,v)에 대해, 그 표지의 길이를 $weight(v) = |v| - |u|$라고 하자.

$\mathcal{N}(x,k)$**의 계산** #이 x에 출현하지 않는 문자라고 하자. x'이 x에서 $x[k]$를 #으로 바꿔서 만들어낸 단어라고 하자. 그럼 접미사 트리 $ST(x')$를 사용하면, 루트가 아닌 모든 노드의 가중치^{weight}의 합으로 x'의 서로 다른 인자의 수 N을 계산할 수 있다.

관찰 $\mathcal{N}(x,k) = N - M$이다. 여기서 M은 x'에서 문자 #을 포함하는 (서로 다른) 인자의 수다. $M = (k+1) \times (n-k)$이므로 이제 $\mathcal{N}(x,k)$를 계산할 수 있다.

$\mathcal{C}(x,k)$**의 계산** x가 특별한 끝 표시로 끝나고, $ST(x)$의 각 리프가 x의 해당하는 접미사의 시작 위치로 표시됐다고 가정하자. 각 노드 v에 대해, $LeftLeaves(v,k)$가 $i \le k$와 $k - i < |v|$를 둘 다 만족하는 v에 루트를 둔 하위 트리의 리프 i의 집합이라고 하자.

V가 공집합이 아닌 집합 $LeftLeaves(v,k)$를 갖는 v의 집합이라고 하자. 다시 말해, V는 위치 k를 덮는 인자에 해당하는 노드의 집합이다. $v \in V$에 대해, $Dist(v,k) = \min\{k - i : i \in LeftLeaves(v,k)\}$이라고 하자.

관찰 $\mathcal{C}(x,k) = v \in V \min\{|v| - Dist(v,k), weight(v)\}$이다.

$C(x,k)$를 계산하는 것은 모든 $\text{Dist}(v,k)$를 계산하는 것으로 축소된다. 이것은 접미사 트리를 아래에서부터 탐색해 수행된다.

상수 크기의 알파벳에 대해, 모든 계산은 선형 시간 내에 수행된다.

노트

이 문제의 흥미로운 경우는 인자들이 위치의 집합의 모든 위치를 덮는 것이다. 프레차Prezza[202]([157, 183도 참고)에 의해 소개된 연관된 개념인 끌개attractor는 x위의 위치 집합 K로, 그 인자가 적어도 1번은 K의 원소를 덮으며 출현한다. 끌개는 사전식 문자열 압축기를 분석하는 기준틀을 제공하며, [193]에서 압축된 범용 자기 색인self-index을 개발하는 데 사용됐다.

---

65 최장 공통 홀짝성 인자

단어 $v \in \{0,1\}^+$에 대해 $parity(v)$는 v에서 나타난 문자 1의 모듈로 2에서의 합을 나타낸다. 두 단어 $x,y \in \{0,1\}^+$에 대해, $lcpf(x,y)$는 **최장 공통 홀짝성 인자**longest common-parity factor를 나타내며, 이것은 $parity(u) = parity(v)$가 되는 x와 y 각각의 두 인자 u와 v의 최대 공통 길이이다. 놀랍게도 이 문제는 단어의 모든 주기를 계산하는 문제와 본질적으로 관련이 있다.

> **질문** 두 이진 단어 x와 y에 대해 $lcpf(x,y)$를 선형 시간 내에 계산하는 방법을 보여라.

풀이

이 풀이는 **홀짝성 표**parity table이라고 하는 자료 구조를 사용한다. 단어 x에 대해, $Parity[\ell, x]$는 x의 길이가 ℓ인 인자의 서로 다른 홀짝성의 집합이다. 만약 길이가 ℓ인 두 인자가 다른 홀짝성을 갖고 있으면 $Parity[\ell, x] = \{0,1\}$이다.

관찰 $lcpf(x,y)$ 길이는 x와 y의 홀짝성 표에서 유도한다. 즉, $lcpf(x,y) = \max\{\ell : Parity[\ell, x]$ $\cap Parity[\ell,y] \neq \emptyset\}$이다.

$Parity$ 표의 빠른 계산 이 문제는 $Parity$ 표를 계산하는 문제로 축소된다. 이것은 다음의 간단한 사실에 기반한다.

관찰 $Parity[\ell, x] \neq \{0,1\}$인 것과 ℓ이 x의 주기인 것은 필요충분조건이다.

실제로 만약 ℓ이 x의 주기라면, 길이 ℓ인 모든 인자의 홀짝성이 분명히 똑같다. 역으로 길이 ℓ인 모든 인자는 같은 홀짝성을 갖는다. 그럼 그 다음 합이 정의될 때는 언제나 $\sum_{j=i}^{i+\ell-1} x[j] \pmod 2 = \sum_{j=i+1}^{i+\ell} x[j] \pmod 2$라는 등식을 얻고, 이것은 $x[i+\ell] = x[i]$가 돼 증명이 완료된다.

예를 들어 x의 모든 주기는 경계표 계산(문제 19 참고)의 부산물로 계산된다. 그다음, ℓ이 x의 주기라면 $Parity[\ell, x]$는 x의 길이 ℓ인 접두사의 홀짝성이다. 이것은 모든 ℓ의 접두사 합 계산으로부터 나온 결과다. 만약 ℓ이 x의 주기가 아니라면, 위의 관찰에 의해 $Parity[\ell, x] = \{0,1\}$이다. 이 방식으로 x와 y에 대한 홀짝성 표 전체가 선형 시간 내에 계산되고, 이것은 $lcpf(x,y)$를 선형 시간 내에 계산하는 풀이법을 준다.

노트

이 문제는 모듈로 k에서의 합을 고려하면 더 큰 알파벳 $\{0,1,\ldots,k-1\}$에서의 단어로 확장된다. 유사한 알고리듬으로 풀린다.

---

66 기본 인자 사전과 단어의 제곱없음 검사

기본 인자 사전DBF, Dictionary of Basic Factors는 단어와 관련된 여러 가지 문제를 푸는 효율적 알고리듬을 만들어내는 데 유용한 기본적 자료 구조다. 여기서는 단어의 제곱없음square-freeness을 검사하는 데 사용한다.

단어 w의 DBF는 로그적으로 증가하는 수인 $0 \le k \le \log |w|$개의 $Name_k$표로 구성된다. 이 표는 w위에서의 위치로 인덱스되고, $Name_k[j]$는 w위의 위치 j에서 시작하는 길이가 2^k인 인자 $w[j .. j + 2^k - 1]$을 식별한다. 식별자는 다음의 특성을 갖는다. $i = j$에 대해, $Name_k[i] = Name_k[j]$인 것과

$$i + 2^k - 1, j + 2^k - 1 < |w| \quad \text{그리고} \quad w[i .. i + 2^k - 1] = w[j .. j + 2^k - 1]$$

인 것이 서로 필요충분조건이다. w의 DBF가 $O(|w| \log |w|)$시간 내에 계산된다는 것이 알려져 있다.

w의 제곱없음을 검사하기 위해 $0 \le k < \log |w|$에 대해 $Pred_k$가 w 위의 위치로 색인된 표로, 다음과 같이 정의된다고 하자.

$$Pred_k[j] = \max\{i < j : Name_k[i] = Name_k[j]\} \cup \{-1\}$$

그리고 $Cand_w$는 w 위의 위치의 짝 $(i, 2j - i)$의 집합으로, 이때 위치의 짝은 w에서 반복이 나타나는 위치의 후보 $w[i .. 2j - i - 1]$을 나타낸다고 하자.

$$Cand_w = \{(i, 2j - i) : 2j - i \le |w| \text{ 그리고 (어떤 } k \text{에 대해) } i = Pred_k[j] \ne -1\}$$

> **질문** 만약 $w[p .. q - 1]$이 어떤 $(p, q) \in Cand_w$에 대해 반복적 단어라면 단어 w가 반복을 포함함을 보여라. 단어 w에 반복이 없는지 검사하고, $O(|w| \log |w|)$시간 내에 수행되는 알고리듬을 유도하라.

예제 단어 $w = \text{abacbaca}$에 대해 $Pred$ 표는 다음과 같다.

j	0	1	2	3	4	5	6	7
$x[j]$	a	b	a	c	b	a	c	a
$Pred_0[j]$	-1	-1	0	-1	1	2	3	5
$Pred_1[j]$	-1	-1	-1	-1	1	2	-1	
$Pred_2[j]$	-1	-1	-1	-1	-1			

이와 연관된 $Cand_w$ 집합은 $\{(0,4), (1,7), (2,8)\}$이다. 오직 $(1,7)$ 짝만이 반복에 해당한다. 즉, $w[1 .. 6] = \text{bacbac}$이다.

풀이

문제의 첫 번째 부분에 대한 답을 위해, i가 w에서 가장 짧은 반복이 나타나는 시작 위치라고 하자. 2ℓ이 그 길이이고, $j = i + 1$이라고 하자. 제곱인자는 $w[i..i+2\ell-1]$이고, $u = w[i..i+\ell-1] = w[j..j+\ell-1]$이다. $(i, i+2\ell)$이 $Cand_w$에 속함을 보이자. 즉, 어떤 정수 k에 대해 $i = Pred_k[j]$임을 보인다.

k가 $2^k \leq \ell$인 가장 큰 정수라고 하자. u의 접두사로 $v = w[i..i+2k-1] = w[j..j+2k-1]$을 알고 있다. 즉, $Name_k[i] = Name_k[j]$다.

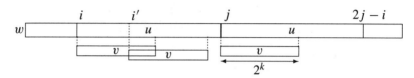

귀류법을 쓰기 위해 $i < Pred_k[j]$라고 하자. 즉, $Pred_k[j]$(그림에서는 i')에서 시작하는 v가 있다고 가정하자. 이 출현은 u의 접두사 v의 출현과는 구분된다(그림 참고). 그리고 그 길이 때문에 이들 사이에는 적어도 한 번의 겹침이 있다. 하지만 이것은 더 짧은 반복을 만들어내므로 모순이다. 따라서 $Pred_k[j] = i$로, 이것은 $(i, i+2) \in Cand_w$임을 뜻한다.

SᴏᴜᴀʀᴇFʀᴇᴇ 알고리듬은 위의 성질을 $Cand_w$에서 제곱에 해당하는 위치의 짝을 찾는 데 적용한다.

SᴏᴜᴀʀᴇFʀᴇᴇ(w non-empty word of length n, DBF of w)

```
1  for k ← 0 to ⌊log n⌋ do
2      compute Pred_k from DBF of w
3  compute Cand_w from Pred_k tables
4  for each pair (p,q) ∈ Cand_w do
5      k ← ⌊log(q−p)/2⌋
6      if Name_k[p] = Name_k[(p + q)/2] and
           Name_k[(p + q)/2 − 2k] = Name_k[q − 2^k] then
7          return FALSE
8  return TRUE
```

SQUAREFREE의 정확성 이 알고리듬의 정확성은 다섯 번째 줄에서 k의 선택을 정당화하는 앞의 증명을 확장한 것이다. (p, q)가 제곱에 해당하는지 검사하는 것은 즉, $w[p..$
$(p+q)/2-1]$와 $w[(p+q)/2..q-1]$이 같은지 검사하는 것은 길이가 2^k인 접두사가 일치하고, 또한 길이가 2^k인 접미사와 일치하는지 살펴보는 것을 둘 다 포함한다. 이것이 정확히 알고리듬의 여섯 번째 줄에서 수행된 것이다.

SQUAREFREE의 실행 시간 k가 주어지면, $Pred_k$ 표는 $Name_k$ 표를 왼쪽에서 오른쪽으로 탐색하는 선형 시간 내에 계산된다. $\lfloor \log |x| \rfloor$개의 $Pred$ 표를 탐색해 $Cand_w$ 집합을 계산하는 것은 $O(|x| \log |x|)$시간이 걸린다. DBF 구조에서 나온 $Name$의 도움으로 다섯 번째 줄에서 일곱 번째 줄에 대해서도 $O(|x| \log |x|)$의 시간이 걸린다.

노트

비슷한 실행 시간을 갖고 단어의 제곱없음을 검사하는 많은 알고리듬이 있다. 하지만 이 알고리듬은 DFB 구조가 사용 가능할 때 특히 간단하다. 이 알고리듬은 [84]에서 소개한 내용이다.

67 인자방정식의 일반 단어

이 문제는 인자방정식^{factor equation}으로부터 단어를 만드는 알고리듬을 다룬다. 인자방정식은 $w[p..q] = w[p'..q']$의 꼴이고, $q-p+1$의 길이를 갖는다. 줄여서 표현하면, 이 방정식은 삼중항 $(p, p', q-p+1)$로 나타낼 수 있다.

만약 길이 n의 단어 w가 연립 인자방정식 E에 있는 각각의 방정식을 만족한다면 w는 연립 인자방정식 E의 답이라고 한다. 이 문제에서는 가장 많은 다른 문자를 포함하는 일반해에 관심이 있다. 길이가 n인 그런 답은 연립 인자방정식의 다른 모든 답을 나타내는 데 사용될 수 있다. 이 답은 $\Psi(E, n)$으로 나타내며, 문자의 이름을 바꾸는 것은 생각하지 않고 정의된다.

예제 다음의 연립방정식

$$E = \{(2, 3, 1), (0, 3, 3), (3, 5, 3)\}$$

에 대해, 일반 해 $\Psi(E, 8)$은 $w = \text{abaababa}$이다. 실제로 $w[2] = w[3] = \text{a}$, $w[0..2] = w[3..5] = \text{aba}$, $[3..5] = w[5..7] = \text{aba}$이다. 다시 말해 두 동치류 $\{0, 2, 3, 5, 7\}$과 $\{1, 4, 6\}$으로 이뤄진 w위의 위치의 집합에 대한 등가성을 얻었다. 이는 E의 방정식을 만족하는 가장 좋은 등가성이다. 참고로 $\Psi(E, 11) = \text{abaababacde}$이다.

> **질문** 연립 인자방정식 E가 주어졌을 때 $O((n + m) \log n)$시간 내에 일반해 $\Psi(E, n)$을 만들어내는 방법을 설명하라. 여기서 $m = |E|$다.

[**힌트**: 동등한 위치 집합을 나타내기 위해 펼침 포레스트^{spanning forest}를 사용하라.]

풀이

$k \geq 0$에 대해, E_k가 E의 부분집합 중, $2^{k-1} < \ell \leq 2^k$을 만족하는 길이가 ℓ인 방정식의 부분집합이라고 하자. 특히 E_0는 길이가 1인 방정식의 부분집합이다.

REDUCE 연산 $k > 0$이라고 하자. $2^{k-1} < \ell \leq 2^k$을 만족하는 길이가 ℓ인 방정식들의 집합 X에 대해, REDUCE(X) 연산은 다음과 같이 더 짧은 길이의 동등한 방정식 집합을 생성한다.

- **분할**: X에 속한 각 방정식 (p, p', ℓ)을 2개의 방정식으로 교체한다.

  $(p, p', 2^{k-1})$ 그리고 $(p + \ell - 2^{k-1}, p' + \ell - 2^{k-1}, 2^{k-1})$

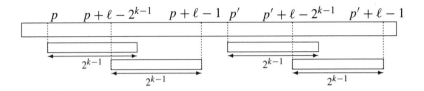

이 연산 후, X는 같은 길이인 $O(n + m)$ 크기의 동등한 연립방정식으로 변환된다.

- 그럼 그래프 G가 생성되는데, 이 그래프는 길이가 2^{k-1}로 같은 방정식들의 시작 위치에 꼭짓점이 있고, 그래프의 간선은 방정식에 해당한다. 만약 G에 순환이 있다면, 동치류를 바꾸지 않고 그에 해당하는 방정식을 갖는 간선 중 하나를 지울 수 있다.

- **수축**: 펼침 트리$^{\text{spanning tree}}$는 G의 각 연결된 원소에 대해 만들어진다. 이 트리들은 전체 그래프의 펼침 포레스트를 구성한다. 결국에는 REDUCE(X)는 펼침 포레스트의 간선에 해당하는 방정식 집합이다.

핵심 관찰   펼침 포레스트에 $O(n)$개의 간선이 있기 때문에 방정식 집합의 크기 $|\text{REDUCE}(X)|$는 $O(n)$이다.

중심 알고리듬   전체 알고리듬은 REDUCE 연산을 로그 함수로 증가하는 수만큼 반복 실행하는 것으로 구성된다. 각각 반복할 때마다 얻게 되는 동등한 연립방정식은 **훨씬 적은** 수의 방정식으로 이뤄진다.

결국 길이가 1인 방정식의 연립방정식 E_0을 얻고, 이것을 이용해서 $\Psi(E_0, n) = \Psi(E, n)$은 선형 시간 내에 쉽게 계산된다.

```
PSI(E set of equations, n positive length)
1    ▷ E = ⋃_{i=0}^{⌈log n⌉} E_i
2    for k ← ⌈log n⌉ downto 1 do
3        E_{k-1} ← E_{k-1} ∪ REDUCE(E_k)
4        ▷ invariant: system ⋃_{i=0}^{k-1} E_i is equivalent to E
5    return Ψ(E_0, n)
```

마지막 연립방정식 E_0은 하나의 위치만을 생각하면 되고, 위치의 동치류를 준다. 같은 동치류에 있는 모든 위치는 고유한 같은 문자에 배정된다. 그 결과 단어는 문제에서 요구한 $\Psi(E, n)$이다. REDUCE 연산이 $O(n + m)$시간 내에 실행되므로, 전체 알고리듬은 예상대로 $O((n + m) \log n)$시간 내에 실행된다.

노트

이 알고리듬은 [127]에서 가브리초프스키 등[Gawrychowski et al.]에 의해 제시된 알고리듬이다. 사실, 이 알고리듬은 [127]에서 복잡한 자료 구조를 사용하는 선형 시간 알고리듬으로 변형된 것이다. 이 알고리듬은 만약 존재한다면 주어진 실행 집합을 갖는 단어를 구성하는 데 사용될 수 있다.

---

68 무한 단어에서 탐색하기

이 문제의 목표는 무한 단어에서 일치하는 패턴에 관한 알고리듬을 설계하는 것이다. 일반적인 무한 단어에는 답이 없기 때문에, 여기서는 순수 함수적 단어[pure morphic word]에 문제를 한정한다. 이것은 A^+로부터 A^+로 가는 함수 θ을 반복 적용해 얻은 무한 단어다. 여기서 $A = \{a, b, \ldots\}$는 유한 알파벳이다. 이를 위해, θ가 문자 a를 이용해서 연장시킬 수 있다고 가정하자. 즉, $u \in A^+$에 대해 $\theta(a) = au$다. 그럼 $\Theta = \theta^\infty(a)$이 존재해, $au\theta(u)$ $\theta^2(u) \ldots$이다. 무한 단어 Θ는 θ의 고정점이고 즉, $\theta(\Theta) = \Theta$다.

$\eta(a) = ab, \eta(b) = c, \eta(c) = b, \eta(d) = d$로 정의되는 함수 θ에서 d가 쓸모없어지고 a가 Θ에서 단 한 번만 나오는 것과 같은 같은 자명한 경우를 피하기 위해, θ는 분해될 수 없다[irreducible]고 가정한다. 이것은 어떤 단어로부터 다른 어떤 단어라도 도달할 수 있다는

뜻이다. 예를 들어 서로 다른 두 문자 $c, d \in A$에 대해, 문자 d는 어떤 정수 k에 대해 $\theta^k(c)$에서 나타난다.

투에-모스 함수 μ와 피보나치 함수 ϕ(1장 참고)는 둘 다 분해될 수 없는 함수다.

> **질문** 어떤 함수가 분해될 수 없는지 테스트하는 방법을 보여라.

> **질문** 무한 단어 $\Theta = \theta^\infty(\mathrm{a})$에서 나타나는 길이 m이 인자 집합을 계산하는 알고리즘을 설계하라. 여기서 θ는 분해될 수 없는 함수다.

Θ의 길이 m인 인자 집합이 (결정론적) 트라이로 표현될 때, 길이 m의 패턴이 Θ에 나타나는지 검사하는 것은 트라이를 꼭대기에서부터 아래로 탐색하는 문제가 된다.

풀이

함수 θ가 분해될 수 없는지 검사하기 위해, 문자에 대한 접근성 그래프를 만든다. 간선의 꼭짓점은 문자다. 그리고 만약 $\theta(c)$에서 d가 나타난다면 임의의 두 다른 문자 c와 d에 대해, c에서 d로 향하는 간선이 존재한다. 만약 이 그래프가 모든 알파벳 문자를 거쳐가는 순환을 포함한다면 분해불가능성이 성립하며, 이것은 다항식 시간 내에 검사할 수 있다.

예를 들어 함수 ζ의 그래프는 다음의 성질을 만족한다.

$$\begin{cases} \zeta(\mathrm{a}) = \mathrm{ab} \\ \zeta(\mathrm{b}) = \mathrm{c} \\ \zeta(\mathrm{c}) = \mathrm{cad} \\ \zeta(\mathrm{d}) = \mathrm{a} \end{cases}$$

두 번째 문제를 풀기 위해 a에서 출발하는 함수를 반복 적용해 단어 $\theta^k(\mathrm{a})$으로부터 길이가 m인 인자를 추출할 수 있다. 실제로 유한한 수의 반복 적용을 한 후, 길이가 m인 모든 인자가 포착됨은 보다 분명하다.

그 대신, 아래의 알고리듬은 θ에 의한 Θ의 최대 길이가 m인 인자의 이미지 단어만을 다룬다. 그 정확성은 이 함수의 분해불가능성의 결과다. 이것은 $\theta^k(a)$의 임의의 인자가 임의의 문자 b와 어떤 정수 ℓ에 대해 $\theta^\ell(b)$의 인자라는 뜻이기 때문이다.

Θ의 길이가 m인 인자들을 찾아낸 집합은 길이가 m인 단어의 집합으로, 알고리듬이 생성한 트라이 T에 저장된다.

FACTORS(irreducible morphism $\theta, a \in A$, positive integer m)
1   initialise T to the empty trie
2   *Queue* $\leftarrow A$
3   **while** *Queue* not empty **do**
4        $v \leftarrow$ extract the first word in *Queue*
5        $w \leftarrow \theta(v)$
6   **for** each length-m factor z of w **do**
7   **if** z not in T **then**
8   insert z into T and append z to *Queue*
9   **if** $|w| < m$ and w not in T **then**
10   insert w into T and append w to *Queue*
11   **return** T

함수의 성질에 따라, 이 알고리듬은 더 빨리 실행되도록 조정될 수도 있다. 예를 들어 이 함수가 k-균일이라면 즉, 임의의 문자 c에 대해 $|\theta(c)| = k$인 경우가 그렇다. 그럼 길이 $\lfloor m/k \rfloor + 1$인 유일한 인자가 큐에 덧붙여져야 하고, 이것이 큐에 들어가는 단어의 수를 극적으로 줄여준다.

불필요한 연산을 피하기 위해 여덟 번째 줄에서 트라이에 삽입하는 부분은 주의 깊게 구현돼야 한다. 사실 (어떤 문자 c에 대해) 인자 $z = cy$를 넣은 후, (어떤 문자 d에 대해) yd 형태의 다음 인자를 갖고 계속하는 것이 자연스럽다. 만약 이 트라이가 (접미사 트리에서와 같은) 접미사 링크를 갖고 있다면, 이 연산은 상수 시간이 걸린다(또는 최대 $\log |A|$시간). 그럼, w의 모든 인자 z의 삽입은 $O(|w|)$시간이 걸린다(또는 $O(|w| \log |A|)$시간).

노트

함수에 대한 더 강한 가정은 원시적이라는 가정이다. 이것은 임의의 $c, d \in A$(k는 문자들의 짝에 독립적이다)에 대해 $\theta^k(c)$에서 d가 나타나는 정수 k가 존재한다는 뜻이다. 원시적 함수에 대해서는 이 문제에 대해 또 다른 해법이 있다. 이것은 무한 단어 x에서 단어를 되돌리는 것으로 구성된다. x의 인자 w로 되돌아오는 가장 짧은 (공단어가 아닌) 단어 r이다. 여기서 rw가 경계 w를 갖고 x의 인자다. 듀란드^{Durand}와 르로이^{Leroy}[104]는 원시적 함수 θ에 대해 $|r| \le K|w|$이고 Θ의 길이가 m인 모든 인자가 $(K+1)m$인 길이의 인자에 나타나는 상수 K가 존재함을 증명했다. 게다가 이 값들은 $\max\{\theta(c) : c \in A\}^{4|A|^2}$인 값에 의해 상수 K를 한정시킨다. 이것은 Θ의 길이 m인 인자의 집합을 찾기 위한 또 다른 알고리듬을 이끌어낸다.

---

69 완벽한 단어

같은 알파벳에 있는 같은 길이의 단어 중에서 서로 다른 인자를 가장 많이 갖는다면, 그런 길이의 단어는 빽빽하다^{dense}고 한다. 만약 단어의 모든 접두사가 빽빽하다면 그 단어는 완벽하다^{perfect}고 한다. 완벽한 단어의 각 접두사는 또한 완벽함을 알아두자.

예제 단어 0110은 빽빽하지만 0101은 그렇지 않다. 가장 긴 완벽한 이진 단어는 011001010과 그 보어^{complement}인 100110101이다. 이들은 길이가 9다. 하지만 삼진 알파벳에 대해서는 길이 10인 단어 0120022110이 완벽하다.

완벽한 이진 단어는 유한하게 많이 존재하지만, 더 큰 알파벳에 대해서는 상황이 극적으로 달라질 수 있다.

[**힌트:** 드 브루인 자동자에서의 해밀턴 경로와 오일러 경로를 고려하라.]

풀이

$A = \{0,1,2\}$가 알파벳이라고 하고, A에 대해 차수가 n인 드 브루인 단어의 길이 $\Delta_n = 3^n + n - 1$을 생각해보자. 완벽한 단어의 접두사도 완벽하기 때문에, 이 특정 길이를 갖는 완벽한 단어를 구성하는 방법만 보이면 된다.

길이가 Δ_n인 임의의 완벽한 삼진 단어는 드 브루인 단어다. 따라서 이 문제는 완벽한 드 브루인 단어를 만드는 것으로 축소된다.

이 문제의 기본 자료 구조는 알파벳 A에 대한 드 브루인 그래프(드 브루인 자동자의 그래프 구조) G_n이다. G_n의 꼭짓점은 길이 $n - 1$의 삼진 단어다. 오일러 순환의 표시는 n차 순환 드 브루인 단어이고, 여기에 길이 $n - 1$인 접두사가 덧붙여졌을 때 같은 차수의 (선형) 드 브루인 단어를 만들어낸다.

첫 번째 목표는 그런 n차 드 브루인 단어 w를 $n + 1$차 드 브루인 단어로 확장하는 것이다. w의 길이가 $n - 1$인 경계를 u라고 하고, ua가 길이가 n인 접두사라고 하자. $\hat{w} = wa$라고 하자.

관찰 꼭짓점이 A^n의 단어인 그래프 G_{n+1}에서, $\hat{w}$는 해밀턴 순환의 표지로, $Cycle_n(\hat{w})$으로 나타내며 w의 길이가 n인 접두사 꼭짓점 ua에서 시작하고 끝난다.

예제 $w = 0122002110$는 A의 2차 드 브루인 단어다. 이것은 오일러 순환 G_2와 연관된다.

$$Cycle_1(w) = 0 \rightarrow 1 \rightarrow 2 \rightarrow 2 \rightarrow 0 \rightarrow 0 \rightarrow 2 \rightarrow 1 \rightarrow 1 \rightarrow 0$$

따라서 $\hat{w} = 01220021101$은 G_2에 있는 해밀턴 순환 H에 해당한다(다음 그림 참고. 00,

11, 22에 해당하는 노드는 루프이므로 명확성을 위해 생략했다).

$$Cycle_2(\widehat{w}) = 01 \rightarrow 12 \rightarrow 22 \rightarrow 20 \rightarrow 00 \rightarrow 02 \rightarrow 21 \rightarrow 11 \rightarrow 10 \rightarrow 01$$

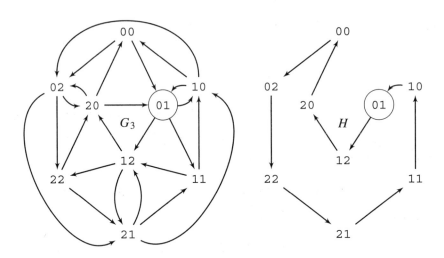

관찰 내용을 그려보면, 위의 순환은 G_{n+1}에서 오일러 순환을 만들어내는 분리된 순환에 이어 붙여지고, w를 접두사로 갖는 $n+1$차 드 브루인 단어를 이끌어낸다.

다음 목표는 n차 완벽한 드 브루인 단어를 $n+1$차 완벽한 드 브루인 단어로 확장하는 것이다. 이를 위해 완벽한 드 브루인 단어의 수열 $w_1, w_2, \ldots$를 만든다. 이 수열은 w_i가 w_{i+1}의 접두사라는 성질을 만족한다. 예상대로 그 극한은 완벽한 무한 단어다.

$EulerExt_n(h)$를 G_n에 있는 해밀턴 순환 h를 가능하면 확장해서 만든 오일러 순환이라고 하자. 그리고 $Word_n(e)$를 G_n에 있는 오일러 순환 e와 연관된 단어라고 하자.

PERFECTWORD(N positive length, $\{0,1,2\}$ alphabet)
1   $(w, n) \leftarrow (012, 1)$
2   **while** $|w| < N$ **do**
3       $n \leftarrow n + 1$
4       $h \leftarrow Cycle_n(\widehat{w})$
5       $e \leftarrow EulerExt_n(h)$
6       $w \leftarrow Wordn(e)$

7 **return** prefix of length N of w

이 구성법의 덜 엄밀한 설명 w_n을 한 글자만큼 확장해 $\widehat{w_n}$으로 만들면 G_{n+1}에 포함된 해밀턴 순환 $h = Cycle_n(\widehat{w_n})$에 대응된다. 이것을 G_{n+1}의 오일러 순환으로 확장하고, 마지막으로 w_{n+1}을 e의 단어 표현으로 정의한다. 이 구성 과정에서 흥미로운 것은 단어를 순환처럼 다루고, 순환을 단어처럼 다룬다는 것이다. 그리고 핵심 단계에서 오일러 순환으로의 확장을 계산하기 위해 문자열학적인 논증보다는 그래프 이론의 도구를 사용했다.

예제 길이 10의 완벽한 단어 $w_2 = 0120022110$에 대해, $\widehat{w_2} = 01200221101$을 얻는다. 이것은 G_3에서 해밀턴 순환 H에 해당한다(앞쪽의 그림 참고).

$$01 \to 12 \to 20 \to 00 \to 02 \to 22 \to 21 \to 11 \to 10 \to 01$$

H는 $G_3 - H$에 있는 다음의 오일러 순환을 이어 붙여서 오일러 순환 E로 확장된다.

$$01 \to 11 \to 11 \to 12 \to 21 \to 12 \to 22 \to 22 \to 20 \to 02$$
$$\to 21 \to 10 \to 02 \to 20 \to 01 \to 10 \to 00 \to 00 \to 01$$

최종적으로, E를 얻는다.

$$w_3 = Word(E) = 01200221101\,112122202102010001$$

이 알고리듬으로 만든 단어가 완벽하다는 것을 보이기 전에, $G_n - H$에 있는 오일러 순환을 얻는 것이 가능한지 확인해야 한다.

보조정리 5 만약 H가 G_n의 해밀턴 순환이면, H의 간선을 삭제한 후 그래프 G_n은 오일러 순환이 된다.

증명 다음과 같이 그림을 그려보면 알 수 있는, 드 브루인 그래프의 명백하지만 유용한 성질을 사용한다. 간선 3개의 특수한 구성은 네 번째 간선의 존재를 암시한다. 보다 엄밀하게는,

(∗) 만약 $u \to v$, $u \to y$, $x \to v$이 G_n의 간선이라면, $x \to y$도 간선이다.

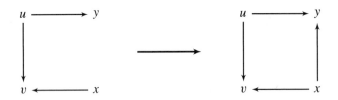

$G_n - H$가 오일러 순환임을 보이겠다. $G_n - H$의 각 노드는 같은 입력 차수와 출력 차수를 갖는다. 따라서 이 그래프가 강하게 연결됐음을 보이면 된다. 하지만 꼭짓점이 같은 차수를 가질 때 그 그래프가 정규적이라는 잘 알려진 성질 덕분에, 약한 연결성(간선 방향에 상관 없는 연결)이면 충분하다.

성질 정규적인 약하게 연결된 유향 그래프는 또한 강하게 연결된다.

따라서 임의의 간선 $u \to v \in H$에 대해, 노드 u와 v가 $G_n - H$에서 약하게 연결됐음을 보이면 된다(간선의 방향에 상관 없이 H의 간선을 이용하지 않으면서 두 노드를 잇는 경로가 존재함). 사실 두 노드는 각각 입력 차수와 출력 차수가 3이기 때문에, x, x', y 노드가 있어서, 그 간선

$$u \to y,\ x \to v,\ x' \to v$$

이 $G_n - H$에 있다. 이제 성질 (∗)은 G_n에서 $x \to y$와 $x \to y$이라는 두 간선의 존재성을 뜻한다(그림 참고). 그리고 둘 중 적어도 하나는 H에 없다. 이 간선에서 방향을 없애면, H의 간선을 사용하지 않고 u에서 v로 가는 무향 경로가 존재함을 보인 것이다.

결과적으로 $G_n - H$는 약하게 연결됐고, (유향 그래프로서) 오일러 순환이다. 이것으로 증명을 완료한다. ∎

PERFECTWORD의 정확성 w_n이 세 번째 줄 명령문 직전의 w의 값이라고 하자. 수학적 귀납법에 의해 w_{n-1}이 완벽하기 때문에 길이가 최대 $|w_{n-1}|$인 w_n의 모든 접두사는 빽빽하다. w_n의 더 긴 접두사는 드 브루인 단어의 접두사기 때문에, 그 접두사는 길이가 $n - 1$인 모든 단어를 포함하며, 길이가 n인 어떤 단어도 반복하지 않는다. 따라서 이 접두사도 빽빽하다. 따라서 w_n의 각 접두사는 빽빽하고 w_n은 완벽하다.

복잡도 오일러 순환은 선형 시간 내에 찾을 수 있고, 드 브루인 그래프에서 해밀턴 순환을 찾는 것은 오일러 순환의 계산으로 축소시킬 수 있기 때문에 이 알고리듬은 선형 시간 내에 실행된다.

노트

완벽한 단어는 초복잡$^{super\ complex}$하다고도 하며, 그 구성은 [237]에서 제시된다. 이진 단어의 경우, 완벽한 단어의 개념은 반-완벽한 단어$^{semi\text{-}perfect\ word}$로 약화되며, 그 존재성은 [206]에서 보였다.

70 빽빽한 이진 단어

만약 어떤 단어가 같은 알파벳과 같은 길이를 갖는 단어 중에서 가장 많은 수의 (서로 구별되는) 인자를 갖는다면, 그 단어는 **빽빽**하다고 한다.

적어도 세 문자를 갖는 알파벳에 대해, 임의의 길이를 갖는 **빽빽**한 단어를 생성하는 것은 완벽한 단어 생성(문제 69 참고)에 의해 해결된다. 하지만 이진 단어에는 이 풀이를 적용할 수 없고, 이번 문제는 이런 경우를 효율적으로 다루는 방법을 보인다.

> **질문** 임의의 길이 N을 갖는 **빽빽**한 이진 단어를 $O(N)$시간 내에 구성하는 방법을 보여라.

[**힌트**: 드 브루인 자동자에서의 해밀턴 순환과 오일러 순환을 고려하라.]

풀이

$A = \{0,1\}$가 알파벳이라고 하자. N을 고정하고, n이 $\Delta_{n-1} < N \leq \Delta_n$를 만족한다고 하자. 여기서 $\Delta_n = 2^n + n - 1$이다. 이 문제의 기본 자료 구조는 알파벳 A에 대한 n차 드 브루인 그래프 G_n(드 브루인 자동자의 그래프 구조)이다. G_n의 꼭짓점들은 길이가 $n - 1$인 이진 단어다.

만약 G_n에 있는 경로 π가 횟수에 상관 없이 G_n의 모든 노드를 포함하고 간선은 한 번씩만 사용한다면 오일러 사슬Eulerian chain이라고 한다. $Word_n(\pi)$가 G_n에 있는 오일러 순환 π와 연관된 단어라고 하자.

성질 1 π가 G_n에 있는 길이 $N - (n-1)$인 오일러 사슬이라고 할 때, $Word_n(\pi)$는 길이 N의 빽빽한 단어다.

증명 $\Delta_{n-1} < N \leq \Delta_n$일 때, 길이가 N인 임의의 이진 단어는 최대 2^{n-1}개의 (서로 구별되는) 인자를 포함하고, 최대 $N - n + 1$개의 길이가 n인 인자를 포함한다. 따라서 이 한계에 도달한 단어는 빽빽하다. 특히 만약 π가 오일러 사슬이라면, $Word_n(\pi)$는 길이가 $n - 1$인 모든 단어를 포함하고, 길이가 n인 모든 인자는 G_n에서 오일러 사실의 서로 다른 간선에 해당되기 때문에 서로 구분된다. 따라서 $Word_n(\pi)$는 빽빽하다. ∎

성질 1에 따라, 다음의 성질을 이용해서 이 문제의 답을 낼 수 있다.

성질 2 G_n의 길이가 $N - (n-1)$인 오일러 사슬은 선형 시간 내에 계산될 수 있다.

증명 이를 위해 먼저 G_n에서 크기가 2^{n-1}인 해밀턴 순환 H를 계산한다. 이것은 G_{n-1}의 오일러 순환에 의해 주어진다. 그래프 $G_n - H$는 서로 다른 단순 순환 $C_1, C_2, \ldots, C_r$로 구성되며, 귀 모양 순환ear-cycle이라고 한다. 그럼 $\sum_{i=1}^{t-1} |C'_i| < M \leq \sum_{i=1}^{t} |C'_i|$이 되도록 귀 모양 순환의 부분집합 $C'_1, C'_2, \ldots, C'_t$을 선택한다. 그럼, C'_t의 접두사 부분 경로 c'_t를 추가해

$$\sum_{i=1}^{t-1} |C'_i| + |c'_t| = M$$

을 얻는다. $H \cup C_1' \cup C_2' \cup \cdots \cup C_{t-1}' \cup c_t'$이 길이 M인 오일러 사슬로 순차적으로 이어질 수 있음은 명백하다. 이것은 c_t'의 임의의 노드에서 시작해서, H를 돌고 귀 모양 순환 C_i'를 만날 때마다 돌아간다. 그렇게 해서 되돌아오면 c_t'를 다 돌아다닌 것이다. ∎

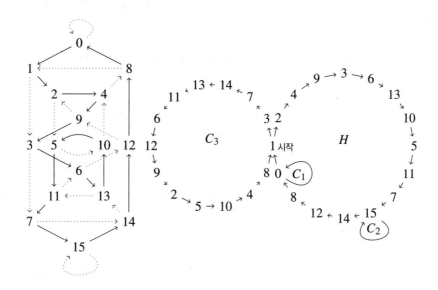

예제 위의 그림은 G_5(왼쪽)를 나타내며, 그 꼭짓점은 길이가 4인 이진 단어이고 짧게 표시하기 위해 십진수로 나타냈다. 위의 오른쪽 그림은 G_5을 간선이 겹치지 않는 귀 모양 순환 H, C_1, C_2, C_3으로 분해한 것을 보여준다. 순환 H는 길이가 16인 해밀턴 순환이고 C_1과 C_2는 루프다. C_3은 길이가 14인 큰 귀 모양 순환이다. 마지막 3개의 귀 모양 순환은 왼쪽 그림에서 점선인 간선을 포함하며, 이 간선들은 H에 없다.

길이가 $N = 33$인 빽빽한 이진 단어를 계산하기 위해, 먼저 길이가 $21 = 25 - 4$인 오일러 사슬 π를 만든다. 노드 1에서 시작해, 해밀턴 순환을 한 바퀴 돌고 추가로 두 고리를 돈다. 그럼 1로 되돌아오고, 큰 귀 모양 순환 C_3에서 4개 간선으로 이뤄진 경로를 따라간다. 이 경우 $t = 3$이고, C_1', C_2'는 루프이고, $c_3' = 1 \rightarrow 3 \rightarrow 7 \rightarrow 14$이다. 그럼 다음의 경로

$$\pi = (1, 2, 4, 9, 3, 6, 13, 10, 5, 11, 7, 15, 15, 14, 12, 8, 0, 0, 1, 3, 7, 14)$$

를 얻으며, 그 표지는 이진 단어

$$0011010111110000001110$$

이다. 이 단어에 첫 노드 1의 이진 단어 표현 0001을 이어 붙여서 최종적으로 길이가 25인 빽빽한 단어를 얻는다.

$$Word_5(\pi) = 0001001101011111000001110$$

노트

빽빽한 단어를 만드는 첫 번째 효율적이고 꽤 달라 보이는 알고리듬은 셸리트[Shallit][222]에 의해 제안됐다. 여기서 다룬 예제에서 $n = 5$인 경우, 그래프 G_5는 간선이 분리된 4개의 단순한 순환으로 분해된다. 즉, 해밀턴 순환 H, 2개의 고리, 길이가 $2^{n-1} - 2$인 1개의 큰 귀 모양 순환이다. 만약 고리를 무시하면 G_5는 간선이 분리된 2개의 단순한 순환이다. 사실, $n > 3$에 대해 임의의 이진 그래프 G_n의 그와 같은 특수한 분해는 상보적 해밀턴 순환이라는 기법으로 찾을 수 있다. [206]을 참고하라. 그러나 빽빽한 단어를 계산하는 데는 다른 어떤 분해로도 충분하다.

---

71 인자 오라클

인자 오라클[factor oracle]은 단어 x의 인자 자동자나 접미사 자동자(또는 유향 비순환 단어 그래프[DAWG, Directed Acyclic Word Graph])와 유사한 색인 구조다. 인자 오라클은 $|x| + 1$개의 상태를 갖는 결정론적 자동자로, 이 상태 수는 x의 접미사 자동자가 가질 수 있는 상태의 최소 개수다. 이 개수는 인자 오라클을 간단한 색인 구조를 요구하는 여러 애플리케이션에 잘 맞

는 자료 구조로 만들어주고, 공간 절약적인 자료 구조와 효율적인 실시간 구성을 모두 이끌어낸다. 단점은 x의 오라클이 x의 인자보다 조금 더 많은 단어를 받아들인다는 점이다.

y의 인자 v에 대해, $pocc(v, y)$를 y에서 v가 나타나는 첫 번째 위치라고 하자. 즉, $pocc(v, y) = \min\{|z| : z = y$의 접두사 $wv\}$이다. 다음의 알고리듬을 단어 x의 인자 오라클 $\mathcal{O}(x)$의 정의로 간주할 수 있다. 이 알고리듬은 상태 집합 Q와 이름이 붙은 간선의 집합 E를 포함하는 자동자를 계산한다.

```
ORACLE(x non-empty word)
1  (Q,E) ← ({0,1,...,|x|},∅)
2  for i ← 0 to |x| − 1 do
3      u ← shortest word recognised in state i
4      for a ∈ A do
5          if ua ∈ Fact (x[i − |u|..|x| − 1]) then
6              E ← E ∪ {(i,a,pocc(ua,x[i − |u|..|x| − 1]))}
7  return (Q,E)
```

실제로 이 자료 구조는 몇 가지 흥미로운 성질을 갖는다. $|x| + 1$개의 상태는 모두 종결 상태다. 목적지가 $i + 1$인 각 간선은 $x[i]$로 표시된다. $(i, x[i], i + 1)$의 꼴을 갖는 $|x|$개의 간선이 존재하며, 이들을 내부 간선이라고 한다. 또 다른 간선으로, $j < i$에 대해 $(j, x[i], i + 1)$인 간선이 있으며 이들을 외부 간선이라고 한다. 따라서 인자 오라클은 x와 표시가 없는 외부 간선의 집합으로 나타낼 수 있다.

예제 인자 오라클 $\mathcal{O}(\text{aabbaba})$은 aabbaba의 모든 인자를 받아들이지만, 인자가 아닌 abab도 받아들인다. 이것은 표시되지 않은 외부 간선 $(0, 3)$, $(1, 3)$, $(3, 5)$에 의해 결정된다.

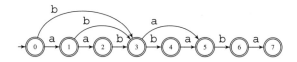

단어 x의 인자 오라클이 $|x|$개와 $2|x| - 1$개 사이의 간선을 가짐을 보여라.

풀이

먼저 이 한계가 만족되는 경우를 살펴보자. 실제로 $\mathcal{O}(a^n)$은 임의의 문자 a에 대해 n개의 간선을 갖고, x의 글자들이 짝별로 다 다르다면 즉, $|alph(x)| = |x|$라면 $\mathcal{O}(x)$는 $2|x| - 1$개의 간선을 갖는다.

사실 u가 $\mathcal{O}(x)$의 상태 i에서 인식되는 단어 중 가장 짧은 단어라고 하자. 그렇다면 $i = pocc(u, x)$이고 u는 유일하다. $sh(i)$가 u를 나타낸다고 하자.

문제를 풀기 위해 $|x|$개의 내부 간선이 존재하기 때문에 외부 간선이 $|x|$개보다 더 적음을 보여야 한다. 이를 위해 $i < j - 1$에 대해 (i, a, j) 꼴을 갖는 각 외부 간선을 x의 공단어가 아닌 고유 접미사 $sh(i)ax[j + 1 .. |x| - 1]$로 대응시키자. 이 대응이 단사^{injective} 함수임을 보이겠다.

(i_1, a_1, j_1)과 (i_2, a_2, j_2)라는 간선이 다음을 만족한다고 하자.

$$sh(i_1)a_1x[j_1 + 1 .. |x| - 1] = sh(i_2)a_2x[j_2 + 1 .. |x| - 1]$$

일반성을 잃지 않고 $i_1 \leq i_2$이라고 가정한다.

- 만약 $j_1 < j_2$라면, $sh(i_1)a_1$은 $sh(i_2)$의 고유 접두사다. $d = |sh(i_2)| - |sh(i_1)a_1|$라고 두면 $j_1 = j_2 - d - 1$을 얻는다. $sh(i_2)$의 출현은 i_2에서 끝나고, 그럼 $sh(i_1)a_1$의 출현은 $i_2 - d < j_2 - d - 1 = j_1$에서 끝난다. 하지만 이것은 x의 인자 오라클 구성과 모순이다.
- 만약 $j_1 > j_2$라면, 단어 $sh(i_2)$는 $sh(i_1)$의 고유 접두사다. 결과적으로, $i_1 \leq i_2$ 이전에 끝나는 $sh(i_2)$가 출현하고, 이것도 인자 오라클 구성과 모순이다.

따라서 $j_1 = j_2$이고, 이것은 $a_1 = a_2$, $sh(i_1) = sh(i_2)$, $i_1 = i_2$임을 뜻하며, 결과적으로 $(i_1, a_1, j_1) = (i_2, a_2, j_2)$을 뜻한다.

이 함수가 단사 함수이고, $|x| - 1$개의 x의 공단어가 아닌 고유 접미사가 존재하기 때문에 내부 간선과 외부 간선을 추가하면 예상대로 인자 오라클에 최대 $2|x| - 1$개의 간선을 준다.

질문 정해진 알파벳과 선형 공간을 갖고 단어 x의 실시간 인자 오라클 구성법을 선형 시간 내에 수행되도록 설계하라.

[**힌트**: 접미사 링크를 사용하라.]

풀이

오라클은 결정론적이기 때문에, δ가 그 전이 함수를 나타낸다고 하자. 즉, $\delta(i, a) = j \Leftrightarrow (i, a, j) \in E$이다. S가 다음과 같이 상태에 정의된 접미사 링크라고 하자. $S[0] = -1$이고, $1 \leq i \leq |x|$에 대해 $S[i] = \delta(0, u)$다. 여기서 u는 $\delta(0, u) < i$가 되는 $x[0..i]$의 최장 (고유) 접미사다. 위의 예제에 대해서는,

i	0	1	2	3	4	5	6	7
$x[i]$	a	a	b	b	a	b	a	
$S[i]$	-1	0	1	0	3	1	3	5

을 얻는다.

사실 $k < i$가 $x[0..i]$의 인자 오라클의 상태 i의 접미사 경로에 있는 상태라고 하자. 만약 $\delta(k, x[i + 1])$이 정의된다면, k의 접미사 경로에 있는 모든 상태에 대해서 같은 사실이 성립한다.

이 사실에 따라 인자 오라클의 실시간 구성에서 $0 \leq i \leq |x| - 1$인 i번째 단계는 접미사 링크를 표준적으로 사용하고, 다음과 같이 구성된다.

- 상태 $i + 1$을 추가하고 $\delta(i, x[i]) = i + 1$이라고 둔다.
- 필요한 경우, $\delta(S^*[i], x[i]) = i + 1$로 두기 위해 i의 접미사 경로를 따라간다.
- $S[i + 1]$을 정한다.

다음의 알고리듬은 이 전략을 구현한다.

```
ORACLEONLINE(x non-empty word)
 1   (Q,δ,S[0]) ← ({0},undefined, − 1)
 2   for i ← 0 to |x| − 1 do
 3        Q ← Q ∪ {i + 1}
 4        δ(i,x[i]) ← i + 1
 5        j ← S[i]
 6        while j > −1 and δ(j,x[i]) undefined do
 7             δ(j,x[i]) ← i + 1
 8             j ← S[j]
 9        if j = −1 then
10             S[i + 1] ← 0
11        else S[i + 1] ← δ(j,x[i])
12   return (Q,δ)
```

ORACLEONLINE의 정확성은 원래 $(S[i], x[i], i + 1) = (S[i], x[i], S[i] + pocc(sh(S[i]), x[i − S[i]..|x| − 1]))$라는 등식에서 온다.

선형 실행 시간은 여섯 번째 줄에서 여덟 번째 줄까지의 whlie 루프가 반복할 때마다 외부 전이가 만들어지고, $O(x)$에는 $|x| − 1$개의 그런 전이만이 존재한다는 사실에서 유도된다. 두 번째 줄에서 열한 번째 줄까지는 정확히 $|x| − 1$번 실행되며, 나머지 명령문들은 상수 시간 내에 실행된다.

공간 선형성은 인자 오라클이 선형적 공간, 즉 S라는 배열만이 필요하다는 사실에서 유도된다.

> **질문** 인자 오라클이 단어 x의 인자가 아닌 단어를 받아들일 수도 있지만, 그럼에도 인자 오라클 $O(x)$가 문자열에 있는 x의 모든 출현 위치를 특정하는 데 사용될 수 있음을 보여라.

[**힌트**: $O(x)$에 의해 인식되는 길이가 $|x|$인 단어는 x 자신뿐이다.]

풀이

KMP 알고리듬을 흉내 낸 풀이도 가능하지만, 보이어-무어 전략을 사용하는 것이 더 시간 효율적인 풀이다. 이를 위해 x의 역단어 x^R의 인자 오라클을 사용한다. 길이 $|x|$인 창문은 문자열을 따라 옮겨가고, 창문 전체가 오라클에 의해 받아들여지면 x를 찾아낸 것이다. 이것은 힌트에서 말한대로 이 창문이 x를 포함하기 때문이다.

불일치가 발생하면, 즉 문자열의 인자 au가 오라클에서 받아들여지지 않는다면 au는 x의 안자가 아니다. 따라서 길이 $|x - u|$만큼 안전하게 옮겨가도 된다. 다음의 알고리듬은 이 전략을 구현한다. 이 알고리듬은 y에서 x가 출현하는 모든 시작 위치를 출력한다.

```
BACKWARDORACLEMATCHING(x, y non-empty words)
1   (Q, δ) ← ORACLEONLINE(x^R)
2   j ← 0
3   while j ≤ |y| − |x| do
4       (q, i) ← (0, |x| − 1)
5       while δ(q, y[i + j]) is defined do
6           (q, i) ← (δ(q, y[i + j]), i − 1)
7       if i < 0 then
8           report an occurrence of x at position j on y
9           j ← j + 1
10      else j ← j + i + 1
```

노트

인자 오라클 개념과 이것을 문자열 검색에 사용하는 것은 알라우젠 등[Allauzen et al.]이 제시했다[5]([79]도 참고하라). [109, 111]에서 제시한 개선 내용은 가장 많이 사용하는 애플리케이션에서 가장 빠른 문자열 찾기 알고리듬을 이끌어냈다.

인자 오라클에 의해 받아들여지는 단어로 된 언어의 정확한 특징은 [182]에서 연구했고, 그 통계적 특성은 [40]에서 제시했다.

오라클은 [173]에서 자료 압축 기법을 설계하기 위해 반복적인 단어를 효율적으로 찾는데 사용된다.

이 자료 구조는 아사야^{Assayag}와 더브노프^{Dubnov}에 의해 채택됐듯이[17] 상태가 음표를 나타내도록 하면 컴퓨터 보조를 받는 재즈 즉흥 연주에 잘 맞는다. 이와 관련된 OMax 프로젝트의 자세한 개발 내용은 다음 링크(recherche.ircam.fr/equipes/repmus/OMax/)를 참고하라.

단어의 정규성

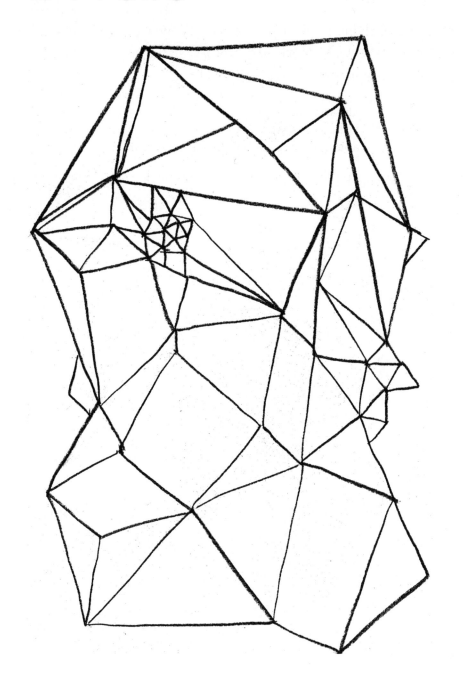

72 3개의 제곱 접두사

어떤 단어의 제곱 접두사의 조합론적 분석은 주기성과 연관된 알고리듬을 설계하는 데 유용한 몇 가지 결과를 이끌어낸다.

공단어가 아닌 세 단어 u, v, w는, u^2가 v^2의 고유 접두사이고, v^2가 w^2의 고유 접두사라면 제곱 접두사 조건을 만족한다. 예를 들어 $u = $ abaab, $v = $ abaababa, $w = $ abaababaabaababab인 경우 제곱 접두사 조건이 만족된다.

abaababaab
abaababaabaababa
abaababaabaabababaabaabaabaabab

하지만 u^2는 v의 접두사가 아니고, v^2는 w의 접두사가 아니다. 그 외 다른 경우는 자명하다.

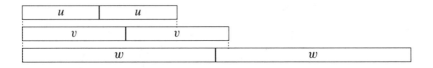

> **질문** 만약 u^2, v^2, w^2가 제곱 접두사 조건을 만족하고, $|w| \leq 2|u|$라면, 어떤 단어 z에 대해 $u, v, w \in z^2z^*$다.

위의 결론은 특히 u가 원시적이지 않음을 뜻한다. 사실 만약 제곱 접두사 조건과 $|w| < |u| + |v|$라는 부등식이 만족된다면(3개의 제곱 접두사 보조정리) 이 명제는 참이다. 하지만 위의 문제의 진술은 $w^2 = a^k$와 같이 근본적으로는 당연한 상황에 있다는 더 강한 결론을 갖는다.

> **질문** 제곱 접두사 조건을 만족하고 $|u| + |v| = |w|$이며 u가 원시적인 세 단어의 무한히 많은 예시를 들어라.

그다음 문제는 3개의 제곱 접두사 보조정리, 또는 첫 번째 문제의 결과를 제시한다. 이 양과 관련된 정확한 상계, 또는 딱 맞는 경계도 아직 알려지지 않았다.

> **질문** $2|x|$개 이하의 (서로 다른) 원시적인 제곱근[1]을 갖는 제곱이 단어 x의 인자가 될 수 있음을 보여라.

3개의 제곱 접두사 보조정리의 또 다른 직접적인 결과는 길이 n인 단어는 $\log_\Phi n$보다 더 많은 원시적인 제곱근을 갖는 제곱 접두사를 가질 수 없다는 것이다. 황금비 Φ는 두 번째 문제의 피보나치 수에 대한 점화식에서 유도된다.

풀이

다음 그림에 있는 것과 같이 $|w| \le 2|u|$라고 가정하자.

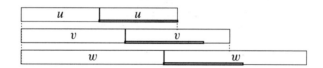

첫 번째 문제의 조건은 u의 출현 위치 $|u|$, $|v|$, $|w|$가 서로 겹침을 뜻한다. 따라서 단어 u는 $|v| - |u|$와 $|w| - |v|$라는 주기를 갖고, 그 합은 $|u|$보다 크지 않다. 그럼 주기성 보조정리 때문에 $q = \gcd(|v| - |u|, |w| - |v|)$도 u의 주기다. p가 u의 (가장 작은) 주기일 때, 단어 $z = u[0 .. p]$는 원시 단어고, $k = 0, \ldots, \lfloor |u|/p \rfloor$에 대해 kp인 위치에서만 나타난다. $q < |u|/2$이기 때문에, 주기 p도 q의 약수다.

단어 z는 w^2 위의 위치 $|u|$에서 나타나고, 그럼 u 위의 위치 $|u| + |v| - |w|$에서도 나타난다. $|u| + |v| - |w|$와 $|w| - |v|$는 p의 배수이기 때문에, 그 합인 $|u|$도 p의 배수이고, 그럼 u는 z의 정수 거듭제곱이다. 따라서 $u \in z^2 z^*$이다. $|v| - |u|$와 $|w| - |v|$가 $p = |z|$의 배수이기 때문에, v와 w에 대해서도 마찬가지 사실이 성립한다.

---

1 여기서 제곱근이란 어떤 단어 x가 제곱 단어일 때 $x = uu$를 만족하는 단어 u를 뜻한다. – 옮긴이

$s_1 = \text{aab}$, $s_2 = \text{aabaaba}$이고, $i \geq 3$에 대해 $s_i = s_{i-1}s_{i-2}$인 수열의 극한으로 정의된 무한 단어 s는 두 번째 문제의 답이 되는 무한히 많은 접두사 삼중항을 갖는다. 첫 길이 삼중항은 $(3,7,10)$, $(7,10,17)$, $(10,17,27)$이다. 무한 피보나치 단어도 유사한 거동을 보인다.

단어 x의 인자인 원시적인 제곱근을 갖는 제곱 단어의 수를 세기 위해, x의 가장 오른쪽 위치에 할당한다. 만약 위치 i가 아래에 있는 그림과 같이 u^2, v^2, w^2의 세 제곱 단어에 하나라도 할당된다면, 첫 번째 문제의 내용에 의해, u가 원시적이므로 가장 짧은 제곱 단어 u^2는 w의 고유 접두사다. 그럼 u^2는 위치 $i + |w|$에서 다시 나타난다. 이것은 i가 u^2의 가장 왼쪽의 출발 위치라는 사실에 모순이다. 따라서 둘 이상의 제곱 단어가 주어진 위치에 할당될 수 없다. x의 마지막 위치가 고려되지 않았기 때문에, 원시적인 제곱근을 갖는 제곱 단어의 전체 수는 $2|x|$보다 적다.

노트

3개의 제곱 접두사 보조정리와 그 결과는 크로슈모어와 리터[97]가 제시했다([74, 9장]과 [176, 8장과 12장]을 참고하라). 이 보조정리의 첫 번째 진술과 그 변형은 베이 등[Bai et al.]이 제시했다[22].

제곱 인자를 세는 문제와 여기서 보인 결과는 프랭클[Fraenkel]과 심슨[Simpson][118]이 제시했다. 직접적인 간단한 증명은 힉커슨[Hickerson][141]과 일라이[Ilie][146]가 제시했다. 조금 더 개선된 상계는 일라이[147]와 데자 등[Deza et al.][103]이 제시했다.

73 거듭제곱 단어의 출현에 대한 딱 맞는 한계

이 문제는 단어에서 정수 거듭제곱 단어가 출현한 횟수에 대한 하한을 고려한다.

정수 거듭제곱 단어는 어떤 공단어가 아닌 단어 u와 어떤 정수 $k > 1$에 대해, u^k의 형태를 갖는 단어다. 제곱 인자 집합의 크기(문제 72)와 단어에서 런^{run}의 수를 세는 것(문제 86)은 단어의 길이에 대해 선형인 것으로 알려져 있다. 이것은 이 성질을 만족하지 않는 정수 거듭제곱 단어의 출현 횟수와 대조적이다.

자명한 하계를 피하기 위해, 원시적인 제곱근이 있는 정수 거듭제곱을 생각한다. 즉, u가 원시 단어일 때(즉, 그 자체로는 거듭제곱 단어가 아님), u^k의 형태를 갖는 거듭제곱 단어다.

먼저 단어 a^n을 생각해보자. 이 단어가 제곱수로 늘어나는 제곱 단어 출현을 포함하지만, 이 단어는 정확히 $n - 1$개의 원시적인 제곱근이 있는 제곱 단어를 포함한다(아래의 밑줄친 부분).

하지만, 만약 몇 개 정도의 a가 b로 바뀌면(아래 참고), 원시적인 제곱근이 있는 제곱 단어의 수가 증가하지만 짧은 제곱 단어 중 몇 개는 사라진다(n이 충분히 클 때).

다음과 같이 정의되는 단어열을 생각해보자.

$$\begin{cases} x_0 = a^5b, \\ x_{i+1} = (x_i)^3b, \quad (i \geq 0\text{인 경우}) \end{cases}$$

> **질문** x_i가 점근적으로 원시적인 제곱근이 있는 제곱 단어의 $\Omega(|x_i| \log |x_i|)$회 출현을 포함함을 보여라.

사실, 제곱 단어에 대한 성질은 $k \geq 2$인 임의의 정수 거듭제곱 단어에 대해서도 성립한다.

> **질문** $k \geq 2$인 정수가 주어졌을 때 $i \geq 0$에 대한 단어열 y_i를 정의하라. 이 단어는 원시적인 제곱근이 있는 k차 거듭제곱 단어를 점근적으로 $\Omega(|y_i| \log |y_i|)$개 포함한다.

이 한계는 문제 72에서의 제곱 단어 접두사의 상계 때문에 딱 들어맞는다.

풀이

길이 ℓ_i인 단어 x_i의 단어열을 생각해보자. c_i를 x_i에서 원시적인 제곱근이 있는 제곱 단어의 출현 횟수라고 하자.

그럼 다음을 알 수 있다(위의 그림에서 $(x_0)^3$을 보고 x_1에서 접미사 bb의 출현을 보면).

$$\begin{cases} \ell_0 = 6, & c_0 = 4, \\ \ell_1 = 19, & c_1 = 20 \end{cases}$$

모든 짧은 제곱 단어는 x_1에서 a^5b가 출현할 때마다 나타나고, a^5b 자체는 원시 단어라는 점을 알아두자. 같은 성질은 x_i에서 나타나는 모든 제곱 단어에 대해서도 수학적 귀납법에 의해 성립한다. 이것은 $i > 0$에 대해 점화식을 만들어낸다.

$$\begin{cases} \ell_1 = 19, & c_1 = \ell_1 + 1, \\ \ell_{i+1} = 3\ell_i + 1, & c_{i+1} = 3c_i + \ell_i + 2 \end{cases}$$

그렇다면 점근적으로 $\ell_{i+1} \approx 3^i \ell_1$, $c_{i+1} > 3^i c_1 + i 3^{i-1} \ell_1$과 $i \approx \log |x_{i+1}|$을 얻고, 이것은 첫 번째 문제 내용을 증명한다.

문제의 거듭제곱 단어의 지수를 k라고 하면, 어떤 양의 정수 m에 대해 다음의 단어열을 정의할 수 있다.

$$\begin{cases} y_0 = a^m b, \\ y_{i+1} = (y_i)^{k+1} b, & (i > 0인\ 경우) \end{cases}$$

이것은 다음을 이끌어낸다.

$$\ell_{i+1} = (k+1)\ell_i + 1, \quad c_{i+1} = (k+1)c_i + \ell_i + 2$$

그리고 원시적인 제곱근이 있는 k차 거듭제곱 단어의 출현 횟수에 대한 하계인 $\Omega(|y_i| \log |y_i|)$도 유도된다.

노트

원시적인 제곱근이 있는 제곱 단어의 하계는 피보나치 단어에 대해서도 성립한다.[64] 그 증명은 피보나치 단어가 4차 거듭제곱 단어인 인자를 갖지 않는다는 사실을 사용한다. 그 한계는 또한 거스필드와 스토이Stoye[135]에 의해 증명됐다.

k차 거듭제곱 단어의 출현 횟수에 대한 점근적 하계는 [72]에서 보였고, 이 책에 제시한 증명에 영감을 줬다.

---

74 일반 알파벳에서 런 계산하기

이 문제의 목표는 알파벳에 대한 어떤 추가적인 가정도 없이 단어에 있는 런을 계산하는 알고리듬을 설계하는 것이다. 다시 말해, 이 알고리듬은 단어의 등식 모형을 사용한다. 즉, 필요하다면 $=/\neq$인 문자 비교만을 사용한다.

문제 87에서는 선형으로 정렬 가능한 알파벳에 대한 런을 계산하는 문제를 다룬다. 선형 정렬 가능한 알파벳은 선형 시간 알고리듬을 만드는 데 필요조건이다.

단어 x에 있는 런run은 x의 주기적 인자의 최대 주기성 또는 최대 출현이다. 엄밀하게 말하면, 런은 위치의 구간 $[i..j]$로, 이 구간에서 $x[i..j]$의 (가장 짧은) 주기 p는 $2p \le j-i+1$를 만족하고, 부등호가 말이 되는 경우라면 $x[i-1] \neq x[i+p-1]$와 $x[j+1] \neq x[j-p+1]$도 만족한다. 런 $[i..j]$의 중심은 위치 $i+p$다.

같은 런을 2번 보고하는 것을 피하기 위해, 런은 그 중심에 따라 걸러질 수 있다. 이를 위해 만약 런이 u 위의 위치에서 시작하고 v 위에 중심이 있다면 런이 단어의 곱 uv의 오른쪽 중심에 있다고 한다. 그리고 런의 중심이 u에 있고 v에서 끝난다면 왼쪽 중심에 있다고 한다.

[**힌트:** 접두사 표를 사용하라. 문제 22를 참고한다.]

[**힌트:** 분할-정복 접근법을 사용하라.]

풀이

첫 번째 문제를 풀기 위해 그 주기가 증가하는 순서로 정렬된 런을 찾아볼 수 있다. 아래의 그림에 있듯이 어떤 런의 잠재적인 주기 p가 주어지면, 관련된 인자 $v[0..p-1]$이 그 왼쪽과 오른쪽과 일치하는지 검사해봐야 한다. 이것은 두 위치의 최장 공통 연장LCE, Longest Common Extension으로, 예를 들면 $r = lcp(v, v[p..|v|-1])$이 있다. 만약 연장 길이의 합이 최소한 그 주기이면, 런이 검출된 것이다.

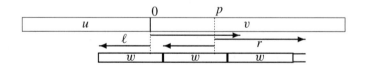

오른쪽 연장의 길이 r은 단순히 v의 접두사 표에 의해 주어진다. 왼쪽 연장의 길이 ℓ은 $z = u^R \# v^R u^R$의 접두사 표와 유사하게 계산된다. 여기서 #는 uv에 나타나지 않는다.

만약 아래의 알고리듬 여섯 번째 줄에서 조건 $\ell \leq p$이 성립한다면, 요구 사항대로 런은 잠재적으로 v에 중심이 있다. uv *offset*은 그 인자 중 하나의 x에 있는 위치인데, 아래에 있는 Runs 알고리듬에서 (uv 대신에) x위의 위치의 구간으로 런을 알려주는 데 추가된다.

Right-Centred-Runs(u, v non-empty words, *offset*)

1   $pref_v \leftarrow$ Prefixes(v)
2   $pref_z \leftarrow$ Prefixes($u^R \# v^R u^R$)
3   **for** $p \leftarrow 1$ **to** $|v| - 1$ **do**
4      $r \leftarrow pref_v[p]$
5      $\ell \leftarrow pref_z[|u| + |v| - p + 1]$
6   **if** $\ell \leq p$ **and** $\ell + r \geq p$ **then**
7   Output run $[|u| - \ell .. |u| + p + r - 1] + $ *offset*

---

u에 중심을 둔 uv의 런을 계산하는 Left-Centred-Runs 알고리듬의 설계는 같은 방법을 따르며, 대칭적으로 이뤄진다.

이 두 알고리듬의 실행 시간은 접두사 표의 계산 복잡도에 의존한다. 이는 문제 22에서 봤듯이, 입력 길이에 선형적이다. 게다가 계산하는 동안 $=/\neq$ 비교만을 사용한다.

결국, 단어 x에 있는 모든 런을 계산하기 위해, 이 과정은 아래 있는 알고리듬처럼 x를 비슷한 길이의 두 단어로 나눈다. 런은 Runs($x, n, 0$)을 호출해 얻는다. 앞의 두 알고리듬의 실행 시간에 의해 런을 계산하는 전체 시간은 비교 모형에서 $O(n \log n)$이다.

Runs(x non-empty word of length n, *offset*)

1   **if** $n > 1$ **then**
2      $(u, v) \leftarrow (x[0..n/2], x[n/2 + 1..n - 1])$
3   Runs($u, n/2 + 1$, *offset*)
4   Runs($v, n - n/2 - 1$, *offset* $+ n/2 + 1$)
5   Right-Centred-Runs(u, v, *offset*)
6   Left-Centred-Runs(u, v, *offset*)

어떤 런은 알고리듬에 여러 번 보고될 수 있음을 알아두자. 이런 일은 단어의 앞부분 절반이 너무 길어서 뒷부분으로 넘쳐흘렀을 때 발생한다. 런의 목록을 깔끔하게 하기 위해

몇 가지 걸러내는 과정이 필요할 수 있다.

노트

여기서 소개한 런 계산 기법은 계산 모형에 따라 같은 시간 동안 수행되는 다른 풀이와 함께 [84]에서 제시했다. 이 모형에서 알고리듬은 메인[Main]과 로렌츠[Lorentz]의 결과[179]에 의해 최적으로, 그 결과에서는 단어에서 제곱 단어의 검출에 대한 하계 $\Omega(n \log n)$을 준다.

75   이진 단어에서 겹침 검사

이 문제의 목표는 인자 겹침을 포함하는 이진 단어인지 검사하는 효율적인 알고리듬을 설계하는 것이다. 겹침[overlap]은 그 지수가 2보다 큰 인자다. 마찬가지로, 어떤 단어가 $auaua$ 꼴의 인자를 갖는다면 그 단어는 겹침을 포함한다. 여기서 a는 문자이고 u는 단어이다.

투에-모스 단어 $\mu^{\infty}(a)$는 겹침이 없는 무한 단어의 사례다. 이 단어는 투에-모스 함수 μ에 의해 생성되며, 단어의 겹침이 없음을 보존한다(투에-모스 함수는 $\mu(a)=ab$와 $\mu(b)=ba$으로 정의된다).

이진 단어 x에 대해, $uyv = x$라는 분해를 정의하고, 형식적으로는 삼중항 (u, y, v)로 적는다. $|u|$는 $\{ab, ba\}^{+}$에 포함되는 가장 긴 인자 y의 x에서 가장 작은 위치다. 만약 $u, v \in \{\varepsilon, a, b, aa, bb\}$라면 이 분해는 RS 인자분해라고 한다. RS 인자분해는 부분 함수 f나 g에 의해 $\{ab, ba\}^{*}$에 있는 단어로 변환된다. 이 함수는 다음과 같다(c와 d는 문자이고, 윗줄은 a와 b를 교환한다는 뜻이다).

$$f(uyv) = \begin{cases} y & u = v = \varepsilon \text{인 경우} \\ \bar{c}cy & u = c \text{ 또는 } cc \text{ 그리고 } v = \varepsilon \text{인 경우} \\ yd\bar{d} & u = \varepsilon \text{ 그리고 } v = d \text{ 또는 } dd \text{인 경우} \\ \bar{c}cyd\bar{d} & u = c \text{ 또는 } cc \text{ 그리고 } v = d \text{ 또는 } dd \end{cases}$$

$$g(uyv) = \begin{cases} y & u = v = \varepsilon \text{인 경우} \\ \bar{c}cy & u = c \text{ 또는 } cc \text{ 그리고 } v = \varepsilon \text{인 경우} \\ yd\bar{d} & u = \varepsilon \text{ 또는 } c \text{ 또는 } cc \text{ 그리고 } v = d \text{ 또는 } dd \end{cases}$$

OVERLAPFREE(x non-empty binary word)

1   **while** $|x| > 6$ **do** ▷ below c and d are letter variables

2       $uyv \leftarrow RS - factorisation(x)$

3   **if** uyv is not an RS-factorisation **then**

4   **return** FALSE

5   **if** $[u = cc$ and (ccc or $cc\bar{c}cc\bar{c}$ prefix of uy)] or

           $[v = dd$ and (ddd or $d\bar{d}dd\bar{d}dd$ suffix of uy)] **then**

6   **return** FALSE

7   **if** ($u = c$ or $u = cc$) and ($v = d$ or $v = dd$) and

           uyv is a square **then**

8           $x \leftarrow \mu - 1(g(uyv))$

9   **else** $x \leftarrow \mu - 1(f(uyv))$

10   **return** TRUE

질문 OVERLAPFREE 알고리듬이 입력받은 이진 단어에 겹침이 없는지 검사하는 데 선형 시간 내에 수행됨을 보여라.

풀이

OVERLAPFREE 알고리듬의 정확성 증명은 이 문제의 범위를 벗어나지만, 여기서 사용되는 몇 가지 성질을 제시하겠다. 이 증명은 이 알고리듬에서 사용되는 겹침이 없는 단어의 분해 성질에 의존한다. 설명을 위해 O와 E가 다음의 집합이라고 하자.

$$O = \{\text{aabb, bbaa, abaa, babb, aabab, bbaba}\},$$
$$E = \{\text{abba, baab, baba, abab, aabaa, bbabb}\}$$

x가 겹침이 없는 이진 단어라고 하자. 그럼 만약 x가 O에 있는 접두사를 갖는다면, $3 \leq j \leq |x|-2$를 만족하는 각 홀수 번째 위치 j에 대해 $x[j] \neq x[j-1]$이다. 만약 x가 E에서 접두사를 갖는다면, $4 \leq j \leq |x|-2$를 만족하는 각 짝수 번째 위치 j에 대해 $x[j] \neq x[j-1]$이다. 결과적으로 단어가 충분히 길다면 그 단어는 $\{\text{ab,ba}\}^+$에 속하는 긴 인자를 갖는다. 다시 말해 만약 $|x| > 6$이라면, x는 uyv로 유일하게 인자분해된다. 여기서 $u,v \in \{\varepsilon,\text{a},\text{b},\text{aa},\text{bb}\}$이고, $y \in \{\text{ab,ba}\}^+$이다.

분해를 반복하면 단어 x는 다음과 같이 유일하게 인자분해된다.

$$u_1 u_2 \ldots u_r \cdot \mu^{r-1}(y) \cdot v_r \ldots v_2 v_1,$$

여기서 $|y| < 7$이고, $u_s, v_s \in \{\varepsilon, \mu^{s-1}(\text{a}), \mu^{s-1}(\text{b}), \mu^{s-1}(\text{aa}), \mu^{s-1}(\text{bb})\}$이다.

OVERLAPFREE의 실행 시간을 계산하려면 while 루프에 있는 명령문들의 실행 시간이 $O(|x|)$임을 생각해봐야 한다. 기본적으로 투에-모스 함수의 작용으로 x의 길이가 각 단계마다 절반이 되기 때문에, 그 결과 while 루프 구문은 전체적으로 선형 시간이 걸린다. 마지막 검사는 최대 길이가 6인 단어에 대해서 수행되므로, 상수 시간이 걸린다. 이것으로 전체 알고리즘이 $O(|x|)$시간 내에 실행됨이 증명된다.

노트

이 문제와 연관된 겹침이 없는 단어의 대부분의 성질은 레스티보[Restivo]와 살레미[Salemi] [207]가 선보였다. 이들은 길이에 따라 그 수가 다항식으로 증가함을 증명했다. 여기서 소개한 알고리듬은 크푸리[Kfoury][158]가 제시했다. 크푸리는 겹침이 없는 단어에 대한 더 엄격한 성질을 증명했고, 결과적으로 주어진 길이를 갖는 겹침이 없는 단어의 수에 대한 이전의 한계를 더 좁혔다.

여기서 소개한 알고리듬은 문제에 대한 직접적인 해법이다. 더 많은 도구를 필요로 하는 더 일반적인 풀이는 문제 87에서 제시하며 단어에 등장하는 모든 런을 계산하는 알고리듬을 이용한다. 단어의 겹침이 없음을 알아내기 위해, 모든 런의 지수가 정확히 2인지 검사하는 것으로 충분하다(런의 정의에 따라 그보다 더 작을 수는 없다). 이 알고리듬도 이진 단어에 대해 선형 시간 내에 실행된다.

76 겹침없음 게임

이 게임은 단어에 등장하는 겹침의 개념에 관한 것이다. 만약 어떤 단어의 인자 중 하나가 $avava$꼴이라면 그 단어는 겹침(2보다 큰 지수를 갖는 인자)을 포함한다. 이때 a는 문자이고 v는 단어이다.

알파벳 $A = \{0,1,2,3\}$에 대한 길이 n의 겹침이 없는 게임은 두 참가자 앤과 벤 사이에서 진행된다. 참가자들은 서로 교대하며 단어에 문자를 덧붙이면서 최초의 공단어를 연장한다. 이 게임은 나타난 단어의 길이가 n일 때 끝난다.

벤이 먼저 시작하고 n이 짝수라고 하자. 만약 최종 단어에 겹침이 없으면 앤이 승리한다. 그렇지 않으면 벤이 승자다.

앤의 승리 전략 $d \in A$가 앤이 k번째 움직임에서 덧붙인 문자라고 하자. 만약 벤이 c라는 문자를 붙였다면, d는 다음과 같이 정의된다.

$$d = c \oplus \mathbf{f}[k]$$

여기서 $x \oplus y = (x + y) \bmod 4$이고, $\mathbf{f} = f^{\infty}(1)$는 제곱이 없는 무한 단어로, $\{1,2,3\}^*$에서 정의된 함수 f를 반복 적용해서 얻는다. 여기서 $f(1) = 123$, $f(2) = 13$, $f(3) = 2$로 정의된다(문제 79 참고). 단어 $\mathbf{f}$와 수를 두는 순서는 다음과 같이 보일 것이다.

$\mathbf{f}$		1		2		3		1		3		2		1		2	$\cdots$
수	0	1	2	0	0	3	2	3	3	3	2	3	1	1	2	1	3	$\cdots$

> **질문** 앤의 전략을 사용했을 때, 길이가 임의의 짝수 n인 겹침이 없는 게임에서 앤이 항상 벤을 이긴다는 것을 보여라.

[**힌트:** **f**의 홀수 길이 인자인 문자들의 합은 4로 나눠질 수 없다.]

풀이

이 문제를 풀기 위해, 단어 **f**가 제곱이 없다는 사실과 힌트에서 설명한 중요한 성질을 사용해야 한다.

힌트의 증명 $\alpha = |v|_1$, $\beta = |v|_2$, $\gamma = |v|_3$가 각각 v에 있는 문자 1, 2, 3의 출현 횟수라고 하자. 단어 f의 함수적 정의 때문에, 단어 f는 123, 13, 2의 덩어리로 구성된다. 따라서, 3이 (딱 붙어있지는 않고) 2번 나오는 경우 그 사이에는 1이 항상 1번만 나온다. 이것은 $|\alpha - \gamma| \leq 1$을 뜻한다.

만약 $|\alpha - \gamma| = 1$이면, $\alpha + 2\beta + 3\gamma$은 2로 나눠지지 않고, 따라서 4에 의해서도 나눠지지 않는다.

그렇지 않으면 길이 $\alpha + \beta + \gamma = |v|$이 홀수이기 때문에 $\alpha = \gamma$이고, β가 홀수다. 이것은 $2\beta \bmod 4 = 2$를 뜻한다. 따라서 $\alpha \oplus 2\beta \oplus 3\gamma = 2\beta \bmod 4 = 2$이고, v의 문자들의 합은 4로 나눠질 수 없다. 이로써 힌트의 증명이 완료된다.

앤의 전략의 정확성 이것은 귀류법으로 증명하겠다. 게임을 하다가 어떤 시점에서 단어 w에 겹침이 생겼다고 하자. 그럼 이 겹침은 $c \in A$에 대해 $cvcvc$ 꼴이다. 두 가지 경우를 구분해서 보자.

$|cv|$**가 짝수** $u = cv$나 $u = vc$가 되도록 고르면 단어 w는 제곱 단어 uu를 포함하고, 그 $|u|$는 짝수이며 그 첫 번째 글자는 이 게임에서 벤이 둔 수다. 그 제곱 단어는

$$uu = b_1a_1b_2a_2 \ldots b_ka_k \; b_1a_1b_2a_2 \ldots b_ka_k$$

처럼 생겼다. 여기서 b_i는 벤이 둔 수에 해당하고, a_i는 앤이 둔 수에 해당한다. $x \ominus y = (x - y) \bmod 4$라고 적어보자. 단어 $e_1e_2 \ldots e_k \; e_1e_2 \ldots e_k$는 **f**에 있는 제곱 단어다. 여기서 $e_i = (b_i \ominus a_i)$이다. **f**는 제곱 단어가 없기 때문에 이 경우는 불가능하다.

$|cv|$가 홀수 위와 마찬가지로, w는 제곱 단어 uu를 포함한다. 여기서 $|u|$는 홀수이고, 첫 번째 글자는 벤이 둔 수다. $|u| > 1$임을 생각해보면, 두 번째 글자가 앤이 둔 수에서 온 것이므로 벤이 둔 수와는 다르다.

$|u| = 7$인 경우에 대한 증명을 보이겠다. 이것은 일반적인 증명에 대한 패턴을 잘 보여준다. $u = b_1 a_1\ b_2 a_2\ b_3 a_3\ b_4$라고 하자. 여기서 b_i는 벤이 둔 수이고, a_i는 앤이 둔 수다. 제곱 단어는 다음과 같은 형태다.

$$uu = b_1 a_1\ b_2 a_2\ b_3 a_3\ b_4 b_1\ a_1 b_2\ a_2 b_3\ a_3 b_4$$

결과적으로 $\mathbf{f}$는 인자 $e_1 e_2 e_3 e_4 e_5 e_6 e_7$을 포함한다. 여기서,

$$e_1 = a_1 \ominus b_1,\ e_2 = a_2 \ominus b_2,\ e_3 = a_3 \ominus b_3,\ e_4 = b_1 \ominus b_4,$$
$$e_5 = b_2 \ominus a_1,\ e_6 = b_3 \ominus a_2,\ e_7 = b_4 \ominus a_3$$

이다. 그럼,

$$e_1 \oplus e_2 \oplus e_3 \oplus e_4 \oplus e_5 \oplus e_6 \oplus e_7\ =\ 0$$

을 얻는다. 왜냐하면 위의 합은

$$(a_1 \ominus b_1) \oplus (b_1 \ominus b_4) \oplus (b_4 \ominus a_3) \oplus (a_3 \ominus b_3) \oplus (b_3 \ominus a_2) \oplus (a_2 \ominus b_2) \oplus (b_2 \ominus a_1)$$

처럼 쓸 수 있기 때문이다. 하지만 이것은 힌트에서 말했듯이 $\mathbf{f}$의 홀수 길이 인자인 문자의 합은 4로 나눠 떨어지지 않기 때문에 불가능하다.

결론적으로 두 가지 경우 모두 불가능하므로 w는 겹침을 포함하지 않으며 앤의 전략은 승리를 이끌어낸다.

노트

이 문제의 풀이는 [132]에서 제시된 투에 게임 전략의 한 판본이다. 만약 이 게임이 3개의 문자만을 갖고 진행되고 앤이 유사한 전략을 고집한다면, 벤은 간단한 승리 전략을 갖는다.

77 정박된 제곱 단어

분할 정복 방법을 사용해 어떤 단어에서 제곱인자를 찾는 검색을 할 때, 2개의 제곱이 없는 단어의 곱에 있는 제곱 단어를 찾는 것이 자연스럽다. 이 문제는 후자의 문제를 다루고, 길이 n인 단어에 대해 $O(n \log n)$시간 내에 실행되는 제곱 단어 없음 검사로 확장한다.

접두사 표에 기반한 기법은(문제 74 참고) $O(n)$ 크기의 표를 사용해서 목표를 달성하지만, 이번 문제의 풀이에서는 입력과 추가로 저장할 몇 개의 변수만이 필요할 뿐이다.

y와 z가 2개의 제곱 단어가 없는 단어라고 하자. RIGHT 알고리듬은 yz가 z에만 중심을 둔 제곱 단어를 포함하는지 검사한다. 곱단어에 있는 다른 제곱 단어는 대칭적으로 찾아낼 수 있다.

이 알고리듬은 제곱 단어의 모든 가능한 주기를 검사한다. 주기 p가 주어지면(그림 참고), 이 알고리듬은 y와 $z[0..p-1]$ 사이에 있는 최장 공통 접미사 $u' = z[j..p-1]$을 계산한다. 그럼 이 알고리듬은 $z[0..j-1]$이 z 위의 위치 p에서 나타나는지를 가능성이 있는 제곱 단어의 오른쪽 위치 $k-1$로부터 z를 훑어서 검사한다. 만약 성공한다면 제곱 단어를 찾은 것이다.

RIGHT(y, z non-empty square-free strings)
1   $(p, end) \leftarrow (|z|, |z|)$
2   **while** $p > 0$ **do**
3      $j \leftarrow \min\{q : z[q..p-1] \text{ suffix of } y\}$
4   **if** $j = 0$ **then**
5   **return** TRUE
6      $k \leftarrow p + j$
7   **if** $k < end$ **then**
8         $end \leftarrow \min\{q : z[q..k-1] \text{ suffix of } z[0..j-1]\}$

9	**if** $end = p$ **then**
10	**return** TRUE
11	$p \leftarrow \max\{j-1, p/2\}$
12	**return** FALSE

> **질문** RIGHT 알고리듬이 TRUE를 반환하는 것과 단어 yz가 z에 중심을 둔 제곱 단어를 포함하는 것이 필요충분조건임을 보여라. 그리고 그 실행 시간이 $O(|z|)$이고, 상수 크기의 추가 공간만을 필요로 함을 보여라.

RIGHT 알고리듬에서, 변수 end의 역할과 일곱 번째 줄, 열한 번째 줄의 명령어가 문제에서 말한 실행 시간을 얻는 데 핵심적이다. 이것이 y의 길이에 의존하지 않음을 알아두자.

풀이

RIGHT 알고리듬의 정확성 이 부분은 다음의 주장에 근거하며, 그 조합론적인 증명은 독자에게 남겨두겠다. 다음 그림으로 묘사해보면, 여기서 $u' = z[j..p-1]$은 세 번째 줄에서 계산된 y와 $z[0..p-1]$의 최장 공통 접미사다. 그리고 v'는 여덟 번째 줄에서 $z[0..j-1]$과 $z[p..k-1]$의 최장 공통 접미사다. 이 알고리듬에서 공단어 u'를 버리기 위해 검사가 추가될 수 있다. 이것은 z에 제곱 단어가 없으므로 제곱 단어를 유도할 수 없기 때문이다.

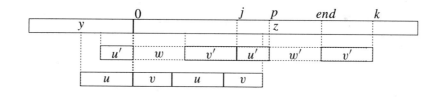

보조정리 6 y와 z가 두 제곱 단어가 없는 단어라고 하자. 그리고 vuv가 z의 가장 짧은 접두사라고 하자. 여기서 u는 y의 접미사다. u'와 v'이 위에서 설명한 대로이고, w와 w'이 $|w| = |w'|$으로 그림에 있는 대로 있다고 하자.

vu가 $wv'u'$의 고유 접두사라고 가정하자. 그럼 vu는 wv'의 고유 접두사이거나 $|vu| \le$ $|wv'u'|/2$이다. 단어 vuv는 또한 $wv'u'w'$의 접두사다.

이 알고리듬의 정확성은 u'와 v'가 각각 인덱스 j와 end를 갖고 정확히 계산된다는 것을 검사한 후에는 이 보조정리의 결론으로부터 유도된다. 열한 번째 줄에서 배정된 p의 다음 값은 보조정리의 첫 번째 결론을 적용시킨다. 두 번째 결론은 이 조건이 만족되지 않았을 때 u'의 불필요한 계산을 건너뛰기 위해 변수 k를 배정한 다음 일곱 번째 줄에서 사용된다.

RIGHT 알고리듬의 실행시간 RIGHT 알고리듬의 최악의 경우 실행 시간은 실제로 문자 비교를 해야 하는 최대 횟수에 달려 있다. $p' > p''$인 p'와 p''이 이 알고리듬을 실행하면서 변수 p의 이어지는 두 값이라고 하자. 즉, p'은 while 루프에 들어갈 때의 p값이고, p''은 루프 실행이 끝날 때의 p값이다.

만약 공단어 u'를 버리기 위해 검사가 추가되면, 1회 비교 후 $p'' = p' - 1$을 얻는다. 그렇지 않으면, $p'' = \max\{j' - 1, \lceil p'/2 \rceil\}$를 얻는다. 여기서 j'는 세 번째 줄을 실행한 후 j의 값이다. 만약 $j' - 1$이 최댓값이면, 이 줄에서의 비교 횟수는 $p' - p''$이다. 그렇지 않으면 비교 횟수는 $2(p' - p'')$보다 더 많지 않다. 루프의 실행 전체에 대해 종합하면, 세 번째 줄에서 $2|z|$번보다 많지 않은 비교가 필요함을 알 수 있다.

end 변수의 역할 덕분에 여덟 번째 줄에서 $z[p..end-1]$의 문자에 대한 일치하는 문자 비교가 모두 z의 다른 위치에서 존재하며, 이것은 최대 $|z|$번 비교를 준다. 게다가 p의 각 값에 대해 최대 1번의 불일치하는 비교가 있다. 그럼 여덟 번째 줄에서 $2|z|$번보다 많은 문자 비교는 필요 없다. 따라서 전체 문자 비교 횟수는 $4|z|$를 넘지 않으며, $O(|z|)$의 실행 시간을 이끌어낸다.

노트

y가 지민 단어(문제 43 참고)이고 $z = \#y$일 때 단어 y와 z에 대한 RIGHT 알고리듬에 의해 수행된 문자 비교 횟수의 한계는 $2|z| - 1$이다. 여기서 $\#$는 y에 나타나지 않는 문자다. 예를 들면 $y = $ abacabadabacaba일 때가 있다.

Right 알고리듬의 첫 번째 설계는 메인[Main]과 로렌츠[Lorentz][179]에 의해 상수 크기의 추가 공간이라는 특징을 갖고 있었다. 여기서 제시한 약간의 개선판은 [66]에서 보인 것이다.

문제 74에서처럼 접두사 표나 그와 비슷한 표를 사용한 이 문제에 대한 풀이는 [74, 98]에서 설명됐다. Right 알고리듬에서 j와 end의 계산은 최장 공통 연장[LCE, Longest Common Extension]이라고도 한다. 이 값들은 알파벳이 선형적으로 정렬 가능할 때 몇몇 전처리 과정을 거치고 나면 상수 시간 내에 알아낼 수 있다. 예를 들어 피셔[Fischer]와 흔[Heun][115]이 설계한 기법을 참고하라. 이런 타입의 풀이는 문제 87에서 사용한다.

이 알고리듬과 쌍대를 이루는 Left 알고리듬은 길이 n의 단어에 제곱 단어가 없는지 검사하는 알고리듬을 이끌어내며, 상수 크기의 추가 공간만을 사용해 $O(n \log n)$의 수행 시간을 갖는다. 그 최적성은 [179]에서 증명됐다. 또한, 고정된 크기의 알파벳에서 이 알고리듬은 6장에서 설명하는 렘펠[Lempel]과 지프[Ziv]에 의한 인자분해와 유사한 단어의 인자분해를 사용해 선형 시간에 수행되는 제곱 단어 없음 검사를 유도한다([67] 참고).

길이 n인 단어에서 나타나는 런을 $O(n \log n)$시간 내에 계산하는 것으로 확장하는 문제는 [84]에서 다뤄졌다.

78 제곱 단어가 거의 없는 단어들

짧은 제곱 단어를 포함하지 않는 단어가 제곱 단어가 없는지 검사하는 것은 일반적인 단어를 처리하는 방법보다 더 효율적이고 간단한 방법으로 수행될 수 있다. 이것이 이번 문제의 주제다.

단어 w가 $|w|/2$보다 더 짧은 길이의 제곱 인자를 전혀 포함하지 않는다면 제곱 단어가 거의 없다[almost square free]고 한다. 그런 단어는 다음의 관찰에서 설명하는 유용한 성질을 갖

고 있다. $Occ(z, w)$가 단어 w에서 z가 나타나는 시작 위치의 집합을 나타낸다고 하자.

관찰 1 만약 z가 제곱 단어가 거의 없는 단어 w의 $|w|/8$ 길이인 인자라면, z는 주기성이 없고(그 가장 짧은 주기가 $|z|/2$보다 크다), $|Occ(z, w)| < 8$이며, $Occ(z, w)$는 상수 크기의 공간에서 선형 시간 내에 계산될 수 있다.

이 관찰과 같은 가정에서, 가령 $Occ(z, w)$의 계산은 NAIVESEARCH 알고리듬에 의해 구현된다. 이것은 KMP 알고리듬의 순진한 판본이다.

NAIVESEARCH(z, w non-empty words)
1   $(i, j) \leftarrow (0, 0)$
2   $Occ(z, w) \leftarrow \emptyset$
3   **while** $j \leq |w| - |z|$ **do**
4   **while** $i < |z|$ **and** $z[i] = w[j + i]$ **do**
5         $i \leftarrow i + 1$
6   **if** $i = |z|$ **then**
7         $Occ(z, w) \leftarrow Occ(z, w) \cup \{j\}$
8      $(j, i) \leftarrow (j + \max\{1, \lfloor i/2 \rfloor\}, 0)$
9   **return** $Occ(z, w)$

질문 제곱 단어가 거의 없는 단어 w가 제곱 단어를 포함하지 않는지를 상수 크기의 공간을 갖고 선형 시간 내에 검사하는 알고리듬을 설계하라. 간단함을 위해 $k \geq 3$에 대해 $|w| = 2^k$임을 가정하라.

[**힌트:** w를 짧은 인자로 분해하고, NAIVESEARCH 알고리듬과 관찰 1을 적용하라.]

풀이

이 문제를 푸는 아이디어는 w를 큰 제곱 단어가 남지 않는 더 짧은 덩어리로 인자분해하는 것이다.

이를 위해 $\ell = 2^{k-3}$이고, $r = 0, 1, \ldots, 7$에 대해 $z_r = w[r \cdot \ell .. r \cdot \ell + \ell - 1]$이라고 하자. 또한 $Z = \{z_0, z_1, \ldots, z_7\}$이라 하자.

$p \leq q$인 w 위의 위치 p, q 사이에 길이가 $2(q-p)$인 제곱 단어가 있는지 검사하는 *TestSquare*(p, q) 연산을 생각해보자. 이 연산은 문제 74처럼 왼쪽과 오른쪽의 확장된 상수 크기의 공간을 사용해 $O(n)$시간 내에 수행된다. 이 연산에 기반해, 다음의 사실이 쉽게 관찰된다.

관찰 2 만약 w가 제곱 단어가 거의 없다면, w가 제곱 단어를 포함하는 것과 다음의 진술은 필요충분조건이다.

$$\exists z \in Z \; \exists p, q \in Occ(z, w) \; \textit{TestSquare}(p, q) = \text{참}$$

그럼, 집합 Z와 $Occ(z, w)$가 상수 크기라는 것을 안다. 이제 필요한 알고리듬은 NAIVESEARCH 알고리듬과 TESRSQUARE 알고리듬을 상수 번 실행해 관찰 1과 관찰 2를 직접 구현하는 것이다(후자가 *TestSquare*(p, q)를 구현한다). 각 알고리듬이 상수 크기의 공간에서 선형 시간 내에 실행되므로 풀이가 완료된다.

노트

위의 방법은 2^3보다 짧은 길이의 제곱 단어를 포함하지 않는 $n = 2^k$ 길이의 단어에 제곱 단어가 없는지를 검사하는 방법으로 쉽게 확장된다. 이것은 상수 크기의 공간에서 $O(n \log n)$ 시간 내에 실행되는 알고리듬을 유도한다. 그 대강은 다음과 같다. $m = 3, 4, \ldots, k$인 차수 각각에 대해, 이 알고리듬은 2^m 길이의 겹치는 조각이 제곱 단어가 거의 없다는 가정을 하고서 제곱 단어가 없는지를 검사한다. 겹치는 조각들은 길이 2^{m-1}의 구간에 의해 선택된다. 제곱 단어를 찾는 대로 이 알고리듬은 정지하며, 그 발견을 보고한다. 주어진 m에 대해 조각의 전체 길이는 $O(n)$이며, 이것으로 전체 실행 시간이 $O(n \log n)$으로 된다.

여기서 제시된 알고리듬은 메인과 로렌츠의 기법[180]으로부터 채용됐다.

79 제곱 단어가 거의 없는 이진 단어

이번 문제의 목표는 (서로 다른) 제곱 인자를 가장 적게 포함하는 이진 단어를 보이는 것이다.

그 지수가 짝수인 단어는 제곱 단어다. 가령, 공단어가 아닌 단어 u에 대해 $u^2 = uu$의 꼴이다. 이진 알파벳 $\{0,1\}$에 대해, 그 인자로 제곱 단어를 포함하지 않는 가장 긴 단어는 010과 101이다. 하지만, 세 문자 알파벳에는 제곱 단어가 없는 무한한 단어가 있다. 그 중 하나로, 알파벳 $\{a, b, c\}$에 대하 다음과 같이 정의되는 함수 f를 반복 적용하면 얻을 수 있다.

$$\begin{cases} f(a) = abc \\ f(b) = ac \\ f(c) = b \end{cases}$$

이것은 f가 단어의 제곱 단어가 없음을 보존하지 않는데도 다음과 같이 무한히 긴 제곱 단어가 없는 단어를 준다.

$$\mathbf{f} = f^\infty(a) = abcacbabcbacabcacbacabcb \cdots$$

이것은 제곱 단어 $(ca)^2$를 포함하는 $f(aba) = abcacabc$ 때문이다.

세제곱 단어는 단어의 지수가 3의 배수인 것이다.

g가 $\{a, b, c\}^*$를 $\{0, 1\}^*$으로 보내는 함수로, 다음과 같이 정의된다고 하자.

$$\begin{cases} g(a) = 01001110001101 \\ g(b) = 0011 \\ g(c) = 000111 \end{cases}$$

$g(ab)$는 0^2, 1^2, 10^2라는 3개의 제곱 단어뿐만 아니라 0^3, 1^3이라는 2개의 세제곱 단어를 갖는다는 점을 알아두자.

[**힌트:** 000이 2번 출현하는 사이의 거리를 고려하라.]

풀이

첫 번째 부분을 검사하는 것은 이진 단어의 트라이를 검사하면 된다. 마찬가지로, 정확히 3개의 제곱 단어를 포함하고 세제곱 단어를 포함하지 않는 단어는 최대 길이가 12다. 이 것은 다음의 트라이로 확인할 수 있다.

g의 성질을 증명하기 위해, 그 안에서 000의 출현을 고려해보자. 사실 000의 두 출현 사이의 거리는 {7, 11, 13, 17}에 있다.

$$
\begin{aligned}
g(ac) &= 01001110001101 \ \underline{000111} & 7 \\
g(abc) &= 01001110001101 \ 0011 \ \underline{000111} & 11 \\
g(ca) &= \underline{000111} \ 01001110001101 & 13 \\
g(cba) &= \underline{000111} \ 0011 \ 01001110001101 & 17
\end{aligned}
$$

000이 거의 출현하지 않는 **g**의 인자는 한정된 길이를 갖는다. 그럼 예상된 것보다 더 많은 제곱 단어를 갖지 않는지는 직접 검사할 수 있다. 이것이 다른 인자에 대해서도 성립함을 귀류법으로 보이겠다.

g가 (충분히 긴) 제곱 단어 w^2를 포함하고, 000이 짝수 번 출현한다고 가정하자. 그 제곱 단어의 중심에서 양쪽에 각각 000이 나타나고, 그 거리가 7인 경우를 생각해보자. 이것은 제곱 단어의 중심이 $g(ac)$ 내부에서 1101이 출현하는 부분에 있음을 뜻한다. 집합 $\{g(a), g(b), g(c)\}$가 접두사 부호이기 때문에, 제곱 단어의 켤레 단어를 취하면 그 제곱 단어가 $v \in \{a,b,c\}^*$인 어떤 단어에 대해 $g(cvacva)$의 모양을 가짐을 이끌어낼 수 있다. 이것은 $f^{\infty}(a)$가 제곱 단어를 포함하지 않기 때문에 모순이다.

2번의 000 등장하는 간격이 11, 13, 17인 경우도 비슷하게 다룰 수 있다.

이제, w^2에 000이 홀수 번 출현한다고 하자. 그럼 w는 어떤 이진 단어 y에 대해 $0y00$의 꼴이거나, 대칭적으로 $00y0$의 꼴이어야 한다. 위와 마찬가지로 켤레 단어를 취하면, $f^{\infty}(a)$에 제곱 단어가 포함돼야 하고, 이는 모순이다.

노트

제곱 단어가 없는 단어 **f**는 다른 구성법으로 제시되며, 알파벳 함수 α으로 번역한 후에 문제 80에서 증명된다. α는 $\alpha(1) = c$, $\alpha(2) = b$, $\alpha(3) = a$으로 정의된다.

3개의 제곱 단어와 2개의 세제곱 단어만을 갖는 무한 이진 단어의 존재성은 프랭클과 심슨[117]에 의해 처음 증명됐다. 더 단순한 증명은 램퍼새드 등[Rampersad et al.][205]과 배드코베[Badkobeh][18]가 제시했다([19]의 관련된 문제 참고). 여기서 제시된 g 함수를 이용한 증명은 [18]에서 가져왔다.

80 제곱 단어가 없는 긴 단어 만들기

어떤 단어가 공단어가 아닌 단어 u에 대해 uu인 모양의 어떤 인자도 포함하지 않는다면 그 단어는 제곱 단어가 없다고 한다. 제곱 단어가 없는 긴 단어를 생성하는 것은 적어도 셋 이상의 글자를 갖는 알파벳에 대해서만 의미가 있다. 이것은 $\{a, b\}$와 같은 두 글자 알파벳에서 가장 긴 제곱 단어가 없는 단어는 aba와 bab이기 때문이다.

이번 문제의 목표는 거의 실시간적인 방법으로 제곱 단어가 없는 단어를 생성하는 알고리듬을 설계하는 것이다. SQUAREFREEWORD 알고리듬은 bin-parity(n) 함수를 사용해 이 목표를 달성한다. 이 함수는 자연수 n의 이진수 표현에 있는 1의 홀짝성을 나타낸다(짝수 개면 0, 홀수 개면 1). 두 출력을 계산하는 사이의 지연 시간은 이 함수의 계산 시간에 비례한다.

SQUAREFREEWORD
1   $prev \leftarrow 0$
2   **for** $n \leftarrow 1$ **to** ∞ **do**
3   ▷ $prev = \max\{i : i < n \text{ and bin-parity}(i) = 0\}$
4   **if** bin-parity(n) $= 0$ **then**
5   output $(n - prev)$
6           $prev \leftarrow n$

생성된 단어 α는 321312321231$\cdots$로 시작된다.

> **질문** SQUAREFREEWORD 알고리듬이 삼진 알파벳 $\{1, 2, 3\}$에 대해 임의의 긴 제곱 단어가 없는 단어를 생성함을 보여라.

[**힌트:** 네 번째 줄의 조건은 n이 투에-모스 단어 **t**에 있는 a의 출현 위치일 때에만 성립한다.]

풀이

이 문제는 투에-모스 단어 **t**의 겹침이 없음(문자 c와 단어 u에 대해 $cucuc$ 꼴인 인자를 포함하지 않음)과 연관된다. SQUAREFREEWORD 알고리듬은 $n = 18$까지는 321312321을 출력한다. 네 번째 줄의 조건이 성립하면 n의 위치에 a를 배정하고 성립하지 않으면 b를 배정하면 아래의 표를 얻는다. 여기서 세 번째 행은 조건이 만족된 경우 출력 $n - prev(n)$을 주는데, 이것은 n의 현재 값에 연관된다.

0	1	2	3	4	5	6	7	8	9	10	11	12	13	14	15	16	17	18
a	b	b	a	b	a	a	b	b	a	a	b	a	b	b	a	b	a	a
3			2		1	3			1	2		3			2		1	

이 알고리듬은 다음과 같은 $\mathbf{t}$의 정의를 사용한다. $\mathbf{t}[n] = $ a인 것은 bin-parity$(n) = 0$인 것과 필요충분조건이다. 이 등식은 1장에서 살펴본 $\mathbf{t}$의 다른 정의로부터 쉽게 유도할 수 있다.

단어 α SQUAREFREEWORD 알고리듬에 의해 계산된 단어 α에 제곱 단어가 없음은 $\mathbf{t}$가 겹침이 없다는 사실에 의존한다.

τ가 $\{1,2,3\}^*$에서 $\{$a,b$\}^*$으로 가는 함수로, $\tau(1) = $ a, $\tau(2) = $ ab, $\tau(3) = $ abb로 정의된다고 하자. $\mathbf{t}$가 접미사 부호 $\{$a, ab, abb$\}$에 의해 유일하게 인자분해됨을 알아두자. SQUAREFREEWORD 알고리듬은 인자 $\tau(i)$a가 $\mathbf{t}$에서 실질적으로 검출됐을 때 i를 출력한다.

귀류법을 쓰기 위해 출력 단어가 (공단어가 아닌) 제곱 단어 uu를 인자로 갖는다고 하자. 그럼 $\tau(uu)$가 $\mathbf{t}$에 나타난다. 하지만 어떤 단어 v에 대해 $u = av$이고, $\tau(uu)$의 출현은 a의 바로 뒤에 따라오기 때문에, $\mathbf{t}$는 겹침 $avava$를 포함하며 이는 모순이다. 따라서 출력 단어 α는 제곱 단어가 없다.

$a = h^\infty(3)$임을 알아두자. 여기서 함수 h는 문제 79의 f와 유사한데, $h(3) = 321$, $h(2) = 31$, $h(1) = 2$라고 정의된다.

노트

투에-모스 단어에 겹침이 없다는 증명은 [175, 2장]에서 찾아볼 수 있다. SQUAREFREEWORD 알고리듬의 정확성은 또한 같은 장에서 조합론적 증명이 있다.

자세한 증명은 생략하고, 제곱 단어가 없는 무한 단어의 세 가지 또 다른 구성법으로 β, γ, δ를 제시한다.

- $\mathbf{t}[i] = \mathbf{t}[i+1]$인 경우 $\beta[i] = \mathbf{c}$이고, 그렇지 않으면 $\beta[i] = \mathbf{t}[i]$이다.
- $\mathbf{t}[i-1] = \mathbf{t}[i]$인 경우 $\gamma[i] = \mathbf{c}$이고, 그렇지 않으면 $\gamma[i] = \mathbf{t}[i]$이다.
- $\delta[0] = 0$이다. 그리고 $n > 0$에 대해서는 $\delta[n]$이

  $\min\{k \geq 0 : k \neq \delta[n/2]$ 이고, $\delta[0 .. n-1] \cdot k$에 제곱 단어가 없다$\}$이다.

  단어 δ는 다음의 방법으로 계산될 수도 있다.

  if $h(n) = 1$ **then** $\delta[n] = 0$

  else if $\text{bin-parity}(n) = 1$ **then** $\delta[n] = 1$

  else $\delta[n] = 2$,

  여기서, $n > 0$에 대해 $h(n)$은 n의 이진 표현의 끝에 있는 0으로 이뤄진 덩어리 길이의 홀짝성이다.

만드는 법은 다르지만 이렇게 정의된 네 단어 α, β, γ, δ는 기본적으로 거의 같다(문자를 다시 이름 붙이고, 필요하면 첫 문자를 삭제하고 나면). 삼진 알파벳에 대해 길이가 n인 제곱 단어가 없는 단어의 수는 $sqf(n)$으로, n에 따라 지수 함수적으로 증가하는 것으로 알려져 있으며, 브란덴부르크[Brandenburg][42]가 증명했고, 이후 몇몇 학자들이 개선했다. $sqf(n)$의 처음 몇 개 값은 다음 표에 있다.

n	1	2	3	4	5	6	7	8	9	10	11	12	13
$sqf(n)$	3	6	12	18	30	42	60	78	108	144	204	264	342
n		14	15	16	17	18	19	20	21	22	23	24	
$sqf(n)$		456	618	798	1044	1392	1830	2388	3180	4146	5418	7032	

대조적으로, 이진 알파벳에 대해 길이가 n인 겹침이 없는 이진 단어의 수는 다항 함수적으로만 증가하며, 레스티보와 살레미[207]에 의해 증명됐다(문제 75 참고).

81 제곱 단어 없음 함수의 검사

제곱 단어 없음 함수$^{\text{square-free morphism}}$는 단어에 제곱 단어가 없음을 유지하는 함수다. 이런 함수는 제곱 단어가 없는 단어를 반복 적용해 생성하는 데 유용한 방법을 제공한다. 이 문제의 목표는 제곱 단어 없음 함수의 실질적인 특징을 제시하는 것이다. 이것은 고정된 크기의 알파벳에 대해 함수의 길이에 따라 선형 시간이 걸리는 검사를 이끌어낸다.

제곱 단어 없음 함수 h는 x에 제곱 단어가 없을 때 $h(x)$에 제곱 단어가 없다는 조건을 만족한다. 또한, 이 조건이 $|x| \le k$에 대해 성립할 때 h가 k-제곱 단어 없음이라고 한다. 일반적으로 k-제곱 단어 없음이 제곱 단어 없음을 의미하지는 않는다. 예를 들어 다음의 h_1은 {a,b,c}*에서 자기 자신으로 가는 가장 짧은 제곱 단어 없음 함수지만, {a,b,c}*에서 {a,b,c,d,e}*로 가는 함수 h_2는 4-제곱 단어 없음 함수이지만 제곱 단어 없음 함수는 아니다.

$$
\begin{cases}
h_1(\text{a}) = \text{abcab} \\
h_1(\text{b}) = \text{acabcb} \\
h_1(\text{c}) = \text{acbcacb}
\end{cases}
\qquad
\begin{cases}
h_2(\text{a}) = \text{deabcbda} \\
h_2(\text{b}) = \text{b} \\
h_2(\text{c}) = \text{c}
\end{cases}
$$

다음의 특징은 제곱 접두사$^{\text{pre-square}}$ 개념에 기반한다. z가 $a \in A$인 $h(a)$의 인자라고 하자. 만약 ay(또는 ya)에 제곱 단어가 없는 단어 y가 있고 z^2가 i에 위치한 $h(ay)$(또는 i에 중심을 둔 $h(ya)$)에서 출현하면 z는 위치 i에서 나타나는 제곱 접두사라고 한다. 만약 어떤 $h(a)$가 제곱 접두사를 가지면 h가 제곱 단어 없음 함수가 아님이 분명하다. 그 역은 추가 조건이 주어지면 만족된다.

> **질문** h가 제곱 단어 없음 함수인 것과 h가 3-제곱 단어 없음 함수이고 $a \in A$에 대해 $h(a)$가 제곱 접두사 인자를 포함하지 않는다는 것은 필요충분조건임을 보여라.

[힌트: 아래의 그림을 사용해 제곱 단어 $h(x)$에서 z^2가 보이는 경우를 따져보자. 여기서 $x = x[0 .. m]$이다.]

질문 균일한 함수에 대해, 3-제곱 단어 없음 함수는 제곱 단어 없음 함수임을 보여라. 그리고 3문자 알파벳에 대한 함수에 대해서, 5-제곱 단어 없음 함수는 제곱 단어 없음 함수임을 보여라.

풀이

제곱 접두사 조건 첫 번째 문제의 진술을 증명하려면, 제곱 단어 없음 함수가 아닌 함수가 두 조건 중 하나를 위반함을 보이면 된다. 그 역은 자명하다.

$h(x[0])$	$h(x[1..j-1])$	$h(x[j])$	$h(x[j+1..m-1])$	$h(x[m])$
	z		z	
α | $\bar{\alpha}$	u	β | $\bar{\beta}$	v	γ | $\bar{\gamma}$

$x = x[0..m]$이라고 하자. 이에 대해 $h(x)$는 제곱 단어 z^2를 포함한다. x에서 끝나는 문자들을 잘라내면, z^2의 출현이 $h(x[0])$에서 시작하고, $h(x[m])$에서 끝난다고 가정할 수 있다 (그림 참고).

만약 $a \neq b$에 대해 $h(a)$가 $h(b)$의 접두사나 접미사라면, 이 함수는 2-제곱 단어 없음 함수조차도 아니다. 따라서 $\{h(a) : a \in A\}$가 (유일하게 복호화 가능한) 접두사 부호와 접미사 부호라고 가정할 수 있다.

$\alpha,\ \bar{\alpha},\ \beta,\ \bar{\beta},\ \gamma,\ \bar{\gamma}$가 위의 그림과 같다고 하자.

먼저 $\bar{\alpha} = \bar{\beta}$이면 접두사 부호성에 의해 $x[1..j-1] = x[j+1..m-1]$이고 그럼 $\beta = \gamma$이다. x에 제곱 단어가 없으므로, $x[0] \neq x[j]$이고 $x[j] = x[m]$이다. 따라서 $x[0]x[j]x[m]$에는 제곱 단어가 없지만 $h(x[0]x[j]x[m])$은 $(\bar{\alpha}\beta)^2$를 포함한다. 즉, h는 3-제곱 단어 없음 함수가 아니다.

다음 경우에서는 $\delta \neq \varepsilon$에 대해 $\bar{\alpha}\delta = \bar{\beta}$라고 가정해도 일반성을 잃지 않는다.

둘째로, 만약 $x[1] \neq x[j]$라면, δ가 $h(x[1..i])$의 접두사일 때 가장 작은 인덱스를 i라고 하자. 그럼 $x[j]x[1..i]$는 제곱 단어가 없지만 $h(x[j]x[1..i])$는 δ^2를 포함한다. 즉,

05장 단어의 정규성 **273**

$h(x[j])$에는 제곱 접두사가 존재한다.

셋째로, $x[1] = x[j]$라면, $h(x[j])$는 z에 있는 $\bar{\alpha}$에 이어진다. 그럼 $h(x[j..m])$은 $(\beta\bar{\alpha})^2$으로 시작한다. 즉, $h(x[j])$에 제곱 접두사가 존재한다.

위의 경우에 대칭적인 경우까지 고려하면 증명이 완료된다.

균일한 함수 함수가 균일할 때, 첫 번째 진술의 제곱 접두사 조건이 2-제곱 단어 없음 성질과 동등하다는 것을 한 번 더 생각해보면 된다. 이것은 3-제곱 단어 없음 성질에 의해 유도된다.

3문자 알파벳에서부터 A가 3문자 알파벳이라고 하자. $a \in A$에 대해 $h(a)$에 제곱 접두사가 존재하고, y가 $h(ay)$에 있는 제곱 단어로 제곱 접두사를 연장한다고 가정하자. 접미사 y를 잘라내면 문자 a는 그 마지막 문자로 다시 나타날 수만 있다. 3문자 알파벳에 대해 단어 ay는 제곱 단어가 없고, ya^{-1}은 2문자에 대해 제곱 단어가 없다. 이것은 그 길이가 최대 3이라는 것을 뜻한다. $|ay| \leq 5$이다. 이것은 h에 대한 제곱 단어 없음 조건에 의존한다.

h_2의 사례는 5라는 한계가 최적임을 보여준다.

노트

제곱 단어 없음 함수 h는 제곱 단어가 없는 무한 단어를 생성하는 데 유용한 도구를 제공한다. 만약 $h(a)$가 어떤 문자 a와 공단어가 아닌 단어 y에 대해 ay의 꼴이라면, a로부터 h를 반복해 $h^\infty(a)$를 얻는다. 하지만, 문제 79의 함수 f는 제곱 단어 없음 함수가 아니지만 $f^\infty(a)$는 제곱 단어 없음 함수다. 더 자세한 내용은 로데어의 책에서 베스텔Berstel과 로테노어Reutenauer[175, 2장]가 제시했다. [35]도 참고하라.

첫 번째 진술의 완전한 증명은 [65]에 몇 가지 후속 결과와 함께 나온다.

82 표지가 붙은 트리에서 제곱 인자의 수

주어진 단어에 있는 (서로 다른) 제곱 인자의 수는 선형이라고 알려졌다(문제 72). 불행히도 이 성질은 간선에 표지가 붙은 트리에서는 성립하지 않는다.

이번 문제는 상대적으로 간단한 예제 트리에 기반해 놀라운 하계를 보여준다.

> **질문** 크기가 n인 간선에 표지가 붙은 이진 트리가 $\Omega(n^{4/3})$개의 (서로 다른) 제곱 인자를 가질 수 있음을 증명하라.

[**힌트:** 빗 트리를 생각해보자.]

풀이

$\mathsf{sq}(T)$를 간선에 표지가 붙은 트리 T의 가지를 따르는 제곱 인자의 수라고 하자. 이 문제를 풀기 위해, 빗^{comb}이라고 부르는 매우 간단한 트리들의 특별한 모음을 생각해보자. 빗은 점근적으로 가능한 가장 많은 수의 제곱 단어에 도달한다.

빗은 등뼈^{spine}라고 부르는 경로로 이뤄진 표지가 붙은 트리로, 등뼈의 각 노드에는 많아봐야 1개의 가지가 붙어 있다. 모든 등뼈 간선은 문자 a로 표지가 붙어 있다. 각 가지는 그 표지가 b로 시작하고 이어서 a가 따라오는 경로다. 다음 그림과 같은 예제에서 빗은 14개의 제곱 인자를 갖는다.

- a², (aa)², (aaa)²
- (ab)², (aab)², (aaab)²의 모든 순환 회전
- 제곱 단어 (abaaa)²와 (aaaba)²

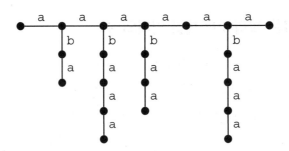

$\mathsf{sq}(T_m) = \Omega(|T_m|^{4/3})$을 만족하는 특수한 빗의 모음 T_m이 존재함을 보이겠다. 이 결과로부터 크기가 n인 트리 T에 대해 $\mathsf{sq}(T) = \Omega(n^{4/3})$은 쉽게 얻을 수 있다.

정수 $m = k^2$에 대해 다음의 집합을 정의하자.

$$Z_m = \{1, \ldots, k\} \cup \{i.k : 1 \le i \le k\}$$

예를 들어 $Z_9 = \{1,2,3,6,9\}$다.

관찰 $0 < d < m$인 정수 d에 대해, $i - j = d$인 $i, j \in Z_m$이 존재한다.

증명 $0 < d < m$인 수 d는 $p\sqrt{m} - q$ 꼴의 유일한 표현을 갖는다. 여기서 $0 < p,q \le \sqrt{m}$이다. $i = p\sqrt{m}$과 $j = q$라고 선택하면 증명이 끝난다. ∎

그럼 특수한 빗 T_m은 다음과 같이 정의된다. T_m은 길이 $m - 1$인 길이의 등뼈로 구성되며, 각 꼭짓점은 1에서 m까지 번호가 붙어서 a^{m-1}로 표지된다. 그리고 등뼈의 각 꼭짓점 $j \in Z_m$에는 ba^m으로 표지된 가지가 붙어있다. 아래의 그림은 $Z_9 = \{1,2,3,6,9\}$와 연관된 특수한 빗 T_9를 나타내며, 등뼈와 5개의 가지를 표현했다.

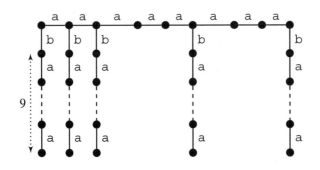

사실 각 트리 T_m은 $\mathsf{sq}(T_m) = \Omega(|T_m|^{4/3})$을 만족한다.

증명 $0 < d < m$인 모든 d에 대해 이 등뼈 위에는 $i - j = d$인 두 3차 노드 i, j가 존재한다. 따라서, T_m은 $0 \le i \le d$에 대해 $(a^i b a^{d-i})^2$인 형태의 모든 제곱 단어를 포함한다.

종합하면, 이는 $\Omega(m^2)$개의 다른 제곱 단어를 준다. $m = k^2$기 때문에, 노드의 개수인 T_m의 크기는 $k(m + 2) + (k - 1)(k + m + 1) = O(m\sqrt{m})$이다. 따라서 T_m에 있는 제곱 단어의 수는 $\Omega(|T_m|^{4/3})$이다. ∎

노트

위 결과는 최적이다. 크기가 n인 표지가 붙은 트리에 있는 제곱 단어의 수의 상한이 $O(n^{4/3})$이기 때문이다. 이 한계에 대한 조합론적 증명은 어려우며, [82]에서 찾아볼 수 있다.

83 선형 시간 내에 빗에 있는 제곱 단어 세기

빗은 표지가 붙은 트리로, 각 노드에 최대 1개의 가지가 붙어 있는 등뼈라고 하는 경로로 구성된다. 모든 등뼈의 간선은 문자 a로 표시된다. 각 가지에 있는 경로는 문자 b로 시작하며 그 뒤에 a이 이어진다.

빗 T의 가지에 등장하는 (서로 다른) 제곱 단어의 수는 초선형적^{superlinear}일 수 있지만(문제 82 참고) 그 하한에도 불구하고 트리 크기에 대해 선형 시간으로 수를 세는 것이 가능하다. 이것이 이번 문제의 목표다. 이것은 광역적 구조 때문에 제곱 단어를 주의 깊게 부호화해 수행된다.

풀이

여기서 단항이 아닌 제곱 단어에만 집중하겠다. 임의의 표시가 붙은 트리에서 단항인 제곱 단어(주기가 1)의 수는 명백하게 선형 시간 내에 계산할 수 있기 때문이다.

예상 실행 시간을 얻기 위해 모든 제곱 단어에 특수한 부호화가 필요하다. 이것은 능뼈의 노드의 합격짝에 기반한다. $d \le p + q$에 대해 d가 i와 $j(|(j-i)|)$사이의 거리고, p와 q가 각각 i로부터와 j로부터 뻗은 가지에 나타나는 a의 수를 나타낸다면, 그런 짝 (i, j)는 합격이다.

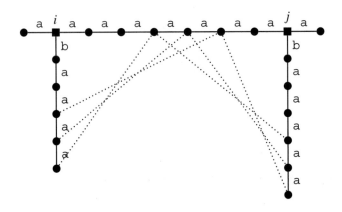

빗의 **기초부**^{essential part}는 등뼈에 있는 노드의 합격짝 (i, j), 그 사이의 간선, 그 위치에서 문자 b로 시작해서 뻗어 나가는 가지에 대응한다. 각 기초부에 있는 모든 제곱 단어는 제곱 단어의 **포장**^{package}(단일 인자의 켤레 단어의 집합)으로 간주할 수 있고, 구간으로 표현된다.

위의 그림은 $d = 7$, $p = 4$, $q = 5$인 경우의 합격짝 (i, j)을 나타낸다. 이 합격짝에 해당하는 트리의 기초부에 의해 생성된 단항이 아닌 제곱 단어는 $(a^2ba^5)^2$, $(a^3ba^4)^2$ 그리고 $(a^4ba^3)^2$으로, 점선으로 묘사됐다.

더 일반적으로, 짝 (i, j)에 해당하는 제곱 단어의 집합은 $[i, j] \subseteq [i, j]$에 대해 $\{a^k b\ a^k a^{d-k} b a^{d-k} : k \in [i', j']\}$라는 모양을 갖는다.

그럼 이 집합은 $(d, [i', j'])$이라는 짝으로 표현될 수 있다. 위의 예제에서 $(7, [2,4])$는 제곱 단어의 집합 $\{(a^2 b a^5)^2, (a^3 b a^4)^2, (a^4 b a^3)^2\}$를 나타낸다.

사실 빗 T에 있는 합격짝의 수는 빗 크기에 대해 선형이다.

증명 만약 (i, j)가 합격짝으로, 그 거리가 d이며 i와 j에서 뻗어나가는 가지에 있는 a의 갯수를 p와 q라고 하면, $d \le 2\max\{p, q\}$임을 생각해보자. 따라서 등뼈 위의 어떤 주어진 노드에 대해 이 노드에서 왼쪽과 오른쪽으로 최대 k 거리 이내에 있는 노드를 고려하면 충분하다. 여기서 k는 이 노드에서 뻗어나간 가지에 있는 a의 수다.

따라서 고려된 노드의 전체 수는 밖으로 뻗어나가는 가지의 전체 길이로 제한되며, 이것은 $O(|T|)$다. ∎

사실 빗 T에 있는 (서로 다른) 제곱 인자의 수는 선형 시간 내에 계산될 수 있다.

증명 선형 실행 시간을 달성하기 위해, 합격짝을 짝의 노드 사이 거리 d가 같은 것끼리 집합으로 묶는다. 각 짝 (i, j)에 대해, 이 짝에 의해 생성된 제곱 단어의 집합은 한 구간에 대응된다. (서로 다른 짝에 대해) 이 구간은 분리돼 있을 필요는 없다. 하지만 모든 구간의 합집합을 선형 시간 내에 만들 수 있다. 그 결과로 나온 집합은 다시 구간들의 합집합이며 그 전체 크기는 쉽게 계산된다. 서로 다른 묶음에 해당하는 제곱 단어의 집합은 서로 분리돼 있다. 각 묶음에 대해 개수를 세어 더하면 최종 결과를 얻는다. 이것으로 증명이 완료된다. ∎

초다항적으로 많은 서로 다른 제곱 단어를 만들 수 있다는 사실에도 불구하고, 단항 제곱 단어를 추가하면, 다른 모든 제곱 단어는 다음 형태를 갖는 분리된 선형적으로 많은 집합의 합집합으로 생각할 수 있다.

$$\{a^k b a^k a^{d-k} b a^{d-k} : k \in [i', j']\}$$

노트

여기서 제시한 알고리듬은 코치우마카 등$^{Kociumaka\ et\ al.}$[164]이 제시한 알고리듬을 채용했다. 일반적인 트리에 대해 제곱 단어를 선형 시간 내에 셀 수 있는지는 아직까지 알려지지 않았다.

---

84 세제곱 런

세제곱 런$^{cubic\ run}$은 그 경계를 계산하기 더 쉬운 런의 특정한 경우로 구성된다. 런으로써, 세제곱 런은 단어에 있는 주기적 인자의 다른 타입들을 감싸지만, 더 짧게 연장된다.

단어 x에 있는 세제곱 런은 x에 있는 최대 주기성이고, 그 길이가 주기의 최소 3배인 것이다. 더 정확하게는, x에 있는 위치의 구간 $[i, j]$이고, 그와 연관된 인자 $u = x[i..j]$가 $|u| \geq 3per(u)$를 만족하며 왼쪽으로든 오른쪽으로든 같은 주기를 갖고서는 확장할 수 없다. aaaabaabaababababbb에 있는 세제곱 런은 아래 그림에서 밑줄친 부분이다.

```
 0  1  2  3  4  5  6  7  8  9 10 11 12 13 14 15 16 17 18
 a  a  a  a  b  a  a  b  a  a  b  a  b  a  b  a  b  b  b
```

알파벳에 대한 순서 <를 고려해서 x에 있는 런 $[i..j]$의 특별한 위치를 다음과 같이 정의한다. p가 $x[i..j]$의 주기이고, w가 알파벳에서 가장 작은 $x[i..i+p-1]$의 켤레 (회전) 단어라고 하자. 그럼 만약 $x[u..j]$가 k에 중심을 둔 제곱 단어 ww를 포함하면 k는 런의 특별한 위치다. 특별한 위치는 위의 그림에서 굵은 글씨로 나타냈다.

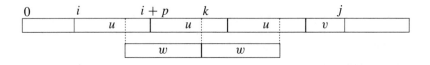

> **질문** 세제곱 런이 최소한 하나의 특별한 위치를 가지고, 2개의 다른 세제곱 런은 특별한 위치를 공유하지 않음을 보여라.

280

[**힌트**: 원시 단어의 가장 작은 켤레 단어인 린던 단어가 경계가 없다는 사실을 사용하라.]

> **질문** 길이 n의 단어에 있는 세제곱 런의 수가 $n/2$보다 작고, 무한히 많은 n에 대해서 최소한 $0.4n$임을 보여라.

[**힌트**: 알파벳 역순 $<^{-1}$을 생각하고, 단어 $x_m = (u^2 a^3 v^2 b^3 w^2 c^3)^m$에 있는 세제곱 런을 세어보자. 여기서 $u = a^3 b^3$, $v = b^3 c^3$, $w = c^3 a^3$이다.]

풀이

각 세제곱 런에 적어도 하나의 특별한 위치가 있음 $[i..j]$가 세제곱 런이라고 하자. $p = per(x[i..j])$이고 w가 $x[i..i+p-1]$의 가장 작은 켤레 단어라고 하자.

만약 $p = 1$이면, 첫 번째 위치를 제외한 런에 있는 모든 위치가 특별함이 명백하다. 이것은 이 타입의 세제곱 런에 대해 적어도 2개의 특별한 위치가 있음을 보인다.

만약 $p > 1$이면, 제곱 단어 $x[i..i+2p-1]$은 적어도 1번의 w의 출현을 포함한다. 이것은 곧 런에 w가 또다시 출현한다는 것을 뜻한다. 따라서 이 타입의 세제곱 런에는 적어도 1개의 특별한 위치가 있다.

다른 세제곱 런은 특별한 위치를 공유하지 않음 어떤 위치 k가 두 다른 세제곱 런에 관련된 ww와 $w'w'$의 중심에 있다고 가정하자. 만약, 가령 w'가 더 짧다면 w'는 w의 경계다. 하지만 w는 원시적이고(p의 정의에 의해), 가장 작은 켤레 단어이기 때문에 w는 린던 단어이고, 이것은 경계가 없으므로 모순이다. 따라서 두 다른 세제곱 단어는 특별한 위치를 공유할 수 없다.

$n/2$개 미만의 세제곱 런 우리는 주기가 1인 세제곱 런이 적어도 2개의 특별한 위치를 가짐을 알고 있다. 다른 세제곱 런에 대해, 먼저 연관된 접두사 주기가 적어도 2개의 다른 문자를 포함함을 알아두자. 그럼, 두 번째 특별한 위치는 알파벳 역순(또는 접두사 주기의 가장 큰 켤레 단어)을 사용해 찾을 수 있다. 그리고 위와 같이 이 위치는 다른 어떤 런과도 공유하지 않는다.

x위의 위치 0은 특별할 수 없기 때문에, 길이 n인 단어에 있는 특별한 위치의 전체 수는 n보다 작다. 이것은 $n/2$보다 적은 수의 세제곱 런을 뜻한다.

하계 임의의 $m > 0$에 대해, 단어 x_m이 적어도 $18m - 1$개의 세제곱 런을 가짐을 살펴보자.

$$x_m = (a^3b^3a^3b^3 \quad a^3 \quad b^3c^3b^3c^3 \quad b^3 \quad c^3a^3c^3a^3 \quad c^3)^m$$

실제로 주기가 1이고 그 연관된 인자가 a^3, b^3, c^3인 15m개의 세제곱 런이 존재한다. 그리고 인자 $(a^3b^3)^3$과 $(b^3c^3)^3$을 갖는 주기가 6인 2m개의 세제곱 런이 존재한다. 끝으로 $(c^3a^3)^3$의 형태인 $m - 1$개의 세제곱 런이 존재한다.

$m > 2$에 대해, 전체 단어 x_m은 추가적인 세제곱 런을 형성함을 알아두자. 따라서 이 경우 단어 x_m은 길이가 45m이고, 적어도 18m개의 세제곱 런을 갖는다. 이에 $m > 2$에 대해, x_m에 있는 세제곱 런의 수는 $0.4|x_m| = 0.4n$보다 작을 수 없다.

노트

단어에 있는 세제곱 런의 수에 대한 조금 더 개선된 상계와 하계는 [85, 86]에서 보였다.

위와 유사한 논증을 사용해, 하류^{Harju}와 칼키^{Kärki}는 [137]에서 그 루트에 경계가 없는 제곱 단어인 틀 개념을 소개하고, 이진 단어에 대해 틀의 수의 상계와 하계를 유도했다. 이러한 한계는 위의 한계와 가깝다.

85 짧은 제곱 단어와 국소적 주기

단어의 국소적 주기 개념은 그 광역적 주기보다 보다 정확한 반복성 구조를 제공한다. 이 개념은 임계 위치 개념(문제 41)과 그 응용에 핵심적이다.

이번 문제는 단어 x위의 주어진 위치 i에서 국소적 주기를 찾는 것이다. 국소적 주기 $\ell per(i)$는 공단어가 아니며 위치 i에 중심을 둔 가장 짧은 제곱 단어 ww의 주기로, x의 왼쪽이나 오른쪽(또는 양쪽)을 넘어갈 수도 있다.

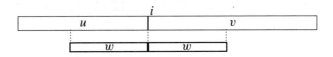

0	1	2	3	4	5	6	**7**	8	9	10	11	12	13
b	a	a	b	a	a	b	a	b	a	a	b	a	a

$x = \text{baabaababaabaa}$에 대해, 7에 중심을 둔 제곱 단어는 $(\text{abaab})^2$와 $(\text{ab})^2$ 그리고 공단어인 제곱 단어다. 예를 들어 6과 9에 중심을 둔 공단어가 아닌 제곱 단어는 없다.

[**힌트:** 검색 영역의 길이를 2배로 늘려라.]

위의 예에서 몇 가지 국소적 주기를 제시한다. $(\text{ab})^2$의 주기 $\ell per(7) = 2$, $(\text{aab})^2$의 주기 $\ell per(1) = 3$, $(\text{babaabaa})^2$의 주기 $\ell per(6) = 8$, $(\text{aabab})^2$의 주기 $\ell per(9) = 5$.

[**힌트:** i에 중심을 둔 제곱 단어가 없는 상황을 피하라.]

풀이

제곱 단어 $u = x[0 . . i - 1]$, $v = x[i . . |x| - 1]$이고 #가 x에 없는 문자라고 하자.

$v\#u$의 경계 w는 x위의 위치 i에 중심을 둔 제곱 단어를 생성한다. 만약 $v\#u$대신에 vu를 사용한다면, 그 경계는 찾으려는 제곱 단어 중 $\min\{|u|,|v|\}$보다 더 길지 않은 것들을 생성할 뿐이다.

따라서 제곱 단어는 $v\#u$의 그 계산에 선형 시간이 걸리는(문제 19 참고) 경계표로 찾아낼 수 있고, 이것은 전체 실행 시간에 해당한다.

가장 짧은 제곱 단어 $0 < \ell \le \min\{|u|,|v|\}$인 길이 ℓ이 주어지면, ℓ보다 더 길지 않은 주기 p를 갖는 제곱 단어는 위와 같이 $v\#u$ 대신에 $x[i..i+\ell-1]\#x[i-\ell..i-1]$의 경계표를 고려해 찾아낼 수 있다. 1부터 최대 $4p$까지 ℓ을 바꾸다 보면 주기 p인 제곱 단어를 검출할 수 있다.

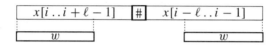

전체 실행 시간은 다음과 같이 걸린다.

$$O(\Sigma\{\ell : \ell = 1, 2, 4, \ldots, 2^e, \quad \text{여기서} \quad p \le 2^e < 2p\}) = O(p)$$

국소적 주기 만약 i에 중심을 둔 공단어가 아닌 제곱 단어가 있다면, i에서의 국소적 주기는 그런 가장 짧은 제곱 단어의 주기다.

만약 i에 중심을 둔 공단어가 아닌 제곱 단어가 없다면, 그 주기가 i에서의 국소적 주기인 제곱 단어 ww는 왼쪽이나 오른쪽(또는 양쪽)으로 넘칠 수 있다. 다음 그림은 왼쪽으로 넘친 경우를 보여준다.

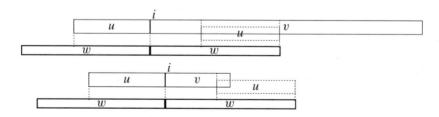

가령 왼쪽으로 넘친 것을 알아내기 위해 KMP 알고리듬을 이용해 v에서 u를 실시간으로 검색한다. KMP 알고리듬은 그 출력이 위의 그림에서 아래쪽에 묘사된 상황을 대처하기 위해 채택된 것이다. 이 과정은 잠재적인 국소적 주기 p_1을 만들어낸다. 대칭적으로 오른쪽으로 넘친 것을 알아내기 위해 u^R에서 v^R을 검색하는 것은 또 다른 잠재적인 국소적 주기 p_2를 준다. 결국 알아낸 국소적 주기는 둘 중에 더 작은 값이다.

그러므로 전체 계산은 $O(p)$시간 내에 실행되고, 이것으로 문제의 답이 된다.

노트

경계표의 계산은 문제 19에서 다뤘고, 문제 26에서 설명된 KMP 알고리듬과 유사하게 일반적인 알파벳에 대해 작동한다. 문자열학에 대한 교과서 [74, 96, 98, 134, 228]과 알고리듬에 대한 다른 교과서를 참고하라.

고정된 크기의 알파벳에서 단어의 모든 국소적 주기를 찾아내는 계산은 렘펠-지프 인자분해와 유사한 단어 인자분해를 사용해 선형 시간 내에 수행될 수 있다[106]. 6장을 참고하라.

---

86 런의 개수

런^{run}은 단어에서 나타나는 최대 주기성이다. 엄밀하게는 x에 있는 런은 x위의 위치의 구간 $[i..j]$으로, 그 연관된 인자 $x[i..j]$가 주기적이다(즉, 그 가장 짧은 주기 p는 $2p \leq |x[i..j]| = (j - i + 1)$를 만족한다). 그리고 주기성은 왼쪽이나 오른쪽으로 연장되지 않는다(즉, $x[i - 1..j]$와 $x[i..j + 1]$는 정의된다면 더 큰 주기를 갖는다). abaababbabababb에 있는 8개의 런은 다음 그림에서 밑줄 친 부분이다.

```
 0  1  2  3  4  5  6  7  8  9  10 11 12
 a  b  a  a  b  a  b  b  a  b  a  b  b
```

단어의 알파벳 순서 <와 그에 해당하는 사전식 순서 <를 생각해보자. 사전식 역순서라고 하는 ≾도 생각해볼 수 있다. 이것은 알파벳 역순 $<^{-1}$에서 착안한 것이다. 각 런 $[i..j]$는 다음과 같은 두 가지 순서 중 하나에 따른 최대 접미사와 연관된다. $p = per(x[i..j])$라고 하자. 만약 $j+1 < n$이고 $x[j+1] > x[j-p+1]$이라면, 런에 위치 k를 배정한다. 이 위치에서 $x[k..j]$가 <에 따른 $x[i..j]$의 최대 고유 접미사다. 그렇지 않으면, k는 ≾에 따른 $x[i..j]$의 최대 고유 접미사의 시작 위치다. 이 방법으로 런에 배정된 위치 k를 **특별한 위치**special position라고 한다. 이 위치는 린던 단어(1장에서 정의됨)와 가깝게 연결되고, 첫 번째 문제의 주제다. 다음 그림에서 굵은 선은 abaababbababb에 나오는 런과 관련된 최대 접미사를 보여준다.

```
 0  1  2  3  4  5  6  7  8  9  10 11 12
 a  b  a  a  b  a  b  b  a  b  a  b  b
```

> **질문** 만약 주기가 p인 런의 특별한 위치 k가 ≾(또는 <)에 따라 정의된다면 $x[k..k+p-1]$은 <(또는 ≾)에 따라 k에서 시작하는 x의 가장 긴 린던 인자다.

[힌트: 주기 p인 런 $[i..j]$의 특별한 위치 k는 $k \leq i+p$를 만족한다. 문제 40을 참고하라.]

> **질문** 두 서로 다른 런이 특별한 위치를 공통으로 갖지 않음을 보여라. 그리고 단어에 있는 런의 수가 그 길이보다 작음을 유도하라.

풀이

특별한 위치 $[i..j]$가 주기 p이고 특별한 위치 k를 갖는 런이라고 하자. 첫 번째 문제에 답하기 위해 $x[k..k+p-1]$이 린던 단어임을 알아두자. 이 단어는 <에 따라 그 모든 고

유 접미사보다 작기 때문이다. $k + p \leq j' \leq j$인 더 긴 인자 $x[k .. j']$를 생각해보자. 이 단어는 그 길이보다 짧은 주기 p를 갖고, 동등하게 경계가 없지 않다. 이것은 이 단어가 두 순서 중 어떤 것에 대해서도 린던 단어가 아님을 보여준다.

$j + 1 = |x|$인지 증명하기 위해 더 필요한 것은 없다. 그럼 $j' > j$이고 $a = x[j + 1]$이라고 가정하자. 위의 그림은 $\gtrless$에 따른 $x[i .. j]$의 최대 접미사를 보여준다. 즉, $x[k .. j] = u^e v$는 주기 $|u|$를 갖고, v는 u의 고유 접두사다. $x[j + 1] < x[j - p + 1]$이기 때문에 $x[k + p .. j + 1] < x[k .. j - p + 1]$을 얻는다. 이것은 $x[k + p .. j'] < x[k .. j']$을 이끌어내고, $x[k .. j']$가 $<$에 따른 린던 단어가 아님을 보여준다.

따라서 $x[k .. k + p - 1]$은 위치 k에서 시작하는 x의 가장 긴 린던 인자다. 두 가지 순서의 역할은 완벽하게 대칭적임을 알아두자.

런의 개수 귀류법으로 두 번째 문제를 풀어보자. 두 런이 똑같은 특별한 위치 k를 공유한다고 가정하자. 이 위치는 위의 결과에 의해 두 런에 대해 같은 순서로 정의될 수 없다. 서로 다른 순서로 정의되면, 유일한 가능성은 1개의 런만 1의 주기를 갖는 것이다. 하지만 그럼 $x[k - 1] = x[k]$고, 이것은 단항이 아닌 런 위의 특별한 위치 k에 대해 불가능하다.

위치 0은 특별한 위치가 될 수 없기 때문에, 최대 $n - 1$개의 위치가 길이 n의 단어에 있는 런의 특별한 위치가 될 수 있다. 언급한 대로, 이는 n개보다 적은 런이 있음을 뜻한다.

노트

런, 또는 최대 주기성, 또는 반복의 최대 출현이라고 하는 개념은 일리오풀로스 등[Iliopoulos] et al.[149]에 의해 피보나치 단어의 반복성을 분석할 때 고안됐고, 단어에 나오는 모든 반복 출현을 간결하게 나타내기 위해 도입됐다. 길이 n인 단어에 $O(n)$개의 런이 존재함은 콜파코프[Kolpakov]와 쿠체로프[Kucherov][167]에 의해 알려졌다. 이들은 이 문제를 비구성적인 방식으로 증명했다.

그 이후, 명시적 한계는 리터[214]가 처음으로 제시했다. 그 상계에 대해서 개선된 내용은 [77, 80, 102, 203]에서 찾아볼 수 있다. 콜파코프와 쿠체로프는 이 수가 사실은 n보다 더 작을 것이라고 추측했고, 반나이 등[Bannai et al.][26]이 증명했다. 여기서 제시한 증명은 이들의 증명과 매우 유사한데, [91]에서 보인 것이다. 피셔 등[Fischer et al.][116]은 런의 개수에 대해 $22n/23$이라는 보다 엄밀한 상계를 제시했다.

위의 표기법에서 $k + 2p \leq j$이면 $k + p$도 또한 같은 성질을 갖는 특별한 위치로 간주될 수 있음을 알아두자. 특히 연관된 단어가 세제곱 단어로 시작하는 런은 적어도 2개의 특별한 위치를 갖는다. 이것은 길이가 n인 단어에 있는 세제곱 런의 최대 수에 대해 $n/2$라는 상계를 제시한다(문제 84와 더 자세하게는 [25]와 [86]을 참고하라).

87 정렬된 알파벳에 대한 런 계산

이 문제의 목표는 선형적으로 정렬 가능한 알파벳에서 뽑힌 단어에 있는 모든 런(최대 주기성)이 선형 시간 내에 계산됨을 보이는 것이다.

이 문제의 풀이는 문제 86의 결과에 기반한다. 그 문제에서는 런이 전체 단어의 가장 긴 린던 인자가 시작하는 특별한 위치를 가진다는 것을 보였다. 가장 긴 린던 인자를 추적하는 것은 알파벳 순서 $<$에 따라서 뿐만 아니라 그 역순인 $<^{-1}$을 따라서도 이뤄져야만 한다. 가장 긴 린던 인자의 위치가 알려지면, 두 위치를 왼쪽과 오른쪽으로 간단히 확장해 (문제 74처럼) 린던 인자의 시작 위치는 그 주기가 린던 인자의 길이인 런의 특별한 위치임을 확인할 수 있다.

이를 위해 먼저 공단어가 아닌 단어 x의 **린던 표** Lyn을 정의한다. $i = 0, \ldots, |x| - 1$인 x위의 위치 i에 대해, $Lyn[i]$는 i에서 시작하는 가장 긴 린던 인자의 길이다.

$$Lyn[i] = \max\{\ell : x[i..i+\ell-1] \text{이 린던 단어}\}$$

i	0	1	2	3	4	5	6	7	8	9	10	11	12	13	14	15
$x[i]$	a	b	b	a	b	a	b	a	a	b	a	b	b	a	b	a
$Lyn[i]$	3	1	1	2	1	2	1	8	5	1	3	1	1	2	1	1

질문 LongestLyndon 알고리듬이 Lyn 표를 정확하게 계산함을 보여라.

LongestLyndon(x non-empty word of length n)

```
1   for i ← n − 1 downto 0 do
2       (Lyn[i],j) ← (1, i + 1)
3       while j < n and x[i..j − 1] < x[j..j + Lyn[j] − 1] do
4           (Lyn[i],j) ← (Lyn[i] + Lyn[j], j + Lyn[j])
5   return Lyn
```

질문 LongestLyndon 알고리듬을 확장해 단어에 나오는 모든 런을 계산하도록 하라.

[**힌트:** 문제 74 같은 최장 공통 연장을 사용하라.]

질문 두 인자의 비교를 알파벳 순서에서 연관된 접미사들의 랭크를 활용하고 최장 공통 연장 기법을 사용해 수행한다면 이 알고리듬의 전체 실행 시간은 얼마인가?

풀이

이 증명은 [175]에서 찾아볼 수 있는 다음과 같은 린던 단어의 잘 알려진 성질을 이용한다. 먼저, u와 v가 린던 단어이고 $u < v$라면, uv도 린던 단어다(그리고 $u < uv < v$다). 둘째, 각 공단어가 아닌 단어는 $u_0 u_1 u_2 \cdots$로 유일하게 인자분해된다. 여기서 각 u_i는 린던 단어이고, $u_0 \geq u_1 \geq u_2 \geq \cdots$다. 추가로 u_0은 단어의 최장 린던 접두사다. 이 인자분해는 단어의 Lyn 표를 사용해 한 인자에서 다음번 인자로 건너뛰면서 계산될 수 있다. 하지만

Lyn 표는 인자분해보다 더 많은 정보를 담고 있다.

위의 예제 단어 abbababaababbbaba의 인자분해는 abb · ab · ab · aababbab · a이고, 이는 린던 표의 값 중 부분수열 3, 2, 2, 8, 1에 해당한다.

LONGESTLYNDON의 정확성 위치 i를 처리할 때, for 루프의 불변량 즉, $Lyn[k]$는 $k = i + 1, \ldots, n - 1$에 대해서 계산되고, $u[i + 1 . . j - 1] \cdot u[j . . j + Lyn[j] - 1] \cdots$은 $x[i + 1 . . n - 1]$의 린던 인자분해다. 여기서 $j = i + 1 + Lyn[i + 1]$이다.

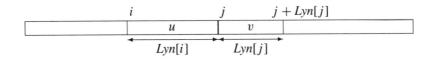

최초에 $x[i]$에 있었던 i에서 시작하는 현재의 인자 u는 그 다음 인자인 v와 비교된다. 만약 $u < v$라면 u는 uv로 교체되고 uv의 후손과 계속 비교된다. while 루프는 현재 인자 u가 그 다음 인자보다 더 작지 않게 되면 멈춘다. 루프가 멈출 때 u가 i에서 시작하는 최장 린던 인자임은 분명하고, 그럼 $Lyn[i] = |u|$다. 또한, $x[i . . n - 1]$의 린던 인자분해를 얻는다는 것도 분명하다. 이것은 불변량과 LONGESTLYNDON의 정확성의 증명을 마무리한다.

런 계산하기 단어 x에 있는 모든 런을 계산하기 위해, 각 위치 i에 대해 이것이 그 단어 주기가 $x[i . . i + Lyn[i] - 1]$인 런의 특별한 위치인지를 검사하면 된다. 이것은 최장 공통 연장^LCE의 왼쪽과 오른쪽에 대한 주기의 길이 ℓ과 r을 계산하고, $\ell + r \geq Lyn[i]$인지를 검사해 수행된다. 부등식이 성립하면 런임을 알려준다.

```
RUNS(x non-empty word of length n)
1   for i ← n − 1 downto 0 do
2       (Lyn[i], j) ← (1, i + 1)
3       while j < n and x[i . . j − 1] < x[j . . j + Lyn[j] − 1] do
4           (Lyn[i], j) ← (Lyn[i] + Lyn[j], j + Lyn[j])
5       ℓ ← |lcs(x[0 . . i − 1], x[0 . . i + Lyn[i] − 1])|
6       r ← |lcp(x[i . . |x| − 1], x[i + Lyn[i] . . |x| − 1])|
7       if ℓ + r ≥ Lyn[i] then
8           output run [i − ℓ . . i + Lyn[i] + r − 1]
```

더 정확하게 ℓ은 $x[0 . . i - 1]$과 $x[0 . . i + Lyn[i] - 1]$의 최장 공통 접미사의 길이이고, r은 $x[i . . |x| - 1]$과 $x[i + Lyn[i] . . |x| - 1]$의 최장 공통 접두사의 길이이다. 이들은 각각 $i = 0$과 $i + Lyn[i] = n$일 때는 없는 것으로 둔다.

위의 과정은 알파벳 역순에 연관된 $\lesssim$에 대해서도 반복돼야 한다.

RUNS의 실행 시간 먼저 RUNS의 세 번째 줄에서 수행되는 단어 비교의 횟수가 $2|x|$보다 적다는 것을 알아두자. 사실 각 단계마다 많아야 한 번의 부정적 비교가 있다. 그리고 $|x|$보다 적은 횟수의 긍정적 비교가 있다. 각 단계는 x의 린던 인자분해의 인자 수를 줄이기 때문이다. 따라서 선형 시간 알고리듬을 얻기 위해 단어를 어떻게 비교하고 LCE를 어떻게 계산하는지 논의해야 한다.

이 알고리듬의 세 번째 줄에서 단어 비교는 다음 성질 때문에 접미사의 랭크를 사용해 구현될 수 있다.

성질 u가 린던 단어고, $v \cdot v_1 \cdot v_2 \ldots v_m$이 단어 w의 린던 인자분해라고 하자. 그럼 $u < v$인 것과 $uw < w$인 것은 필요충분조건이다.

증명 $u < v$라고 가정하자. 만약 $u \ll v$이면, $uw \ll vv_1v_2 \ldots v_m = w$이다. 그렇지 않으면 u가 v의 고유 접두사다. $e > 0$이 $v = u^e z$인 최대 정수라고 하자. v가 린던 단어이기 때문에 z는 공단어가 아니고 $u^e < z$를 얻는다. (e의 정의에 의해) u가 z의 접두사가 아니고 z가 u의 접두사도 아니기 때문에(v가 경계가 없으므로), $u \ll z$를 얻는다. 이것은 $u^{e+1} \ll u^e z = v$를 뜻하며, 그럼 $uw < w$다.

역으로 $v \leq u$라고 하자. 만약 $v \ll u$라면 명백히 $w < uw$다. 그럼 v가 u의 접두사인 경우를 생각해보는 것만 남는다. 만약 v가 고유 접두사라면, u는 공단어가 아닌 단어 z에 대해 vz라고 적을 수 있다. 그럼 u가 린던 단어이기 때문에 $v < z$를 얻는다. 단어 z는 $t = v_1 v_2 \cdots v_m$의 접두사가 될 수 없는데, 이것은 v가 w의 최장 린던 접두사가 될 수 없기 때문이며 인자분해의 성질과 모순이다. 따라서, $t \leq z$이거나 $z \ll t$다. 첫 번째 경우, 만약 t가 z의 접두사라면 $w = vt$는 u의 접두사이고 그럼 uw의 접두사다. 즉, $w < uw$다. 두 번째 경우 z의 어떤 접미사 z'와 t의 어떤 인자 v_k에 대해 $z' \ll v_k$를 얻는다. 이 인자분해는 $v_k \leq v$를 뜻한다. 따라서 u의 접미사 z'는 그 접두사 v보다 더 작고, u가 린던 단어라는 사

실과 모순이다. ∎

$i = 0, \ldots, |x| - 1$인 x의 접미사들의 각 시작 위치 i에 대해, Rank$[i]$가 x의 모든 공단어가 아닌 접미사의 알파벳 오름차순 목록에 있는 접미사 $x[i \ldots |x| - 1]$의 랭크라고 하자(랭크는 0부터 $|x| - 1$까지 범위다).

위의 성질 때문에 앞의 두 알고리듬의 세 번째 줄에 있는 부등식 $x[i \ldots j - 1] < x[j \ldots j + Lyn[j] - 1]$을 Rank$[i] < $ Rank$[j]$로 다시 적을 수 있다.

i	0	1	2	3	4	5	6	7	8	9	10	11	12	13	14	15
$x[i]$	a	b	b	a	b	a	b	a	a	b	a	b	b	a	b	a
$Lyn[i]$	3	1	1	2	1	2	1	8	5	1	3	1	1	2	1	1
Rank$[i]$	7	15	12	4	11	3	9	1	5	13	6	14	10	2	8	0

첫 번째 랭크로부터 나온 최장 랭크의 감소하는 수열에 따라 린던 인자분해가 복원될 수 있음을 알아두자. 위의 예제에서는 (7,4,3,1,0)이고, 이것은 x 위의 위치 (0,3, 5, 7, 15)에 해당하고, 그 인자분해는 abb · ab · ab · aababbab · a다.

실행 시간에 대해서 접미사 랭크의 표 Rank가 미리 계산됐을 때 세 번째 줄의 단어 비교는 상수 시간 내에 구현된다. 알파벳이 선형적으로 정렬 가능하다는 가정하에, 이것은 랭크의 표가 접미사의 정렬된 목록(접미사 배열)의 역순으로, 선형 시간 내에 계산될 수 있음이 알려져 있다.

다섯 번째 줄에서 여섯 번째 줄의 명령문은 LCE 질의를 실행하고, 같은 가정하에 선형 시간이 걸린 전처리 후 상수 시간 내에 그렇게 계산된다(예를 들어 [115]를 참고하라). 따라서 Runs 알고리듬 전체는 알파벳이 선형적으로 정렬 가능할 때 선형 시간 내에 작동한다.

노트

LongestLyndon 알고리듬은 단어의 린던 포레스트를 계산하는 것으로 살짝 바꿀 수 있다. 린던 포레스트는 단어의 린던 인자분해의 인자에 해당하는 린던 트리의 목록으로 구성된다.

린던 단어의 린던 트리는 단일 문자로 축소되지 않는 린던 단어 w의 표준 (오른쪽) 인자분해와 재귀적으로 연관된다. w는 uv로 적을 수 있고, 여기서 v는 w의 공단어가 아닌 가장 작은 고유 접미사나 w의 가장 긴 고유 린던 접미사 중에 고를 수 있고, 이것은 같은 접미사를 유도한다. 단어 u는 그럼 또한 린던 단어고, $u < v$다([175] 참고).

홀베그[Hohlweg]와 로테나우어[Reutenauer][142]에 의해 린던 트리의 구조는 랭크의 데카르트 트리[Cartesian tree]의 구조와 같은 것으로 증명됐다. LONGESTLYNDON 알고리듬은 데카르트 트리의 오른쪽에서 왼쪽으로 가는 구성과 같이 처리된다(https://en.wikipedia.org/wiki/Cartesian_tree).

접미사 배열과 린던 인자분해의 관계는 맨타치 등[Mantaci et al.]에 의해 [184]에서 검토됐다.

프라넥 등[Franek et al.][119]은 린던 표를 계산하는 몇 가지 알고리듬을 제시했다.

LCE 질의에 대해서는 피셔와 흔[115]의 리뷰를 참고할 수 있다. 일반적인 알파벳에 대해 이들을 구현하고 런을 계산하는 더 진보된 기법은 [83,128]과 그 안의 참고문헌에서 찾아볼 수 있다.

88 주기성과 인자 복잡도

이 문제에서 설명하는 성질은 무한 단어의 주기성을 검출하는 데 유용한 조건을 제공한다.

만약 x가 $z \neq \varepsilon$인 y와 z에 대해 yz^{∞}로 적을 수 있으면, 무한 단어 x(인덱스가 자연수임)는 궁극적으로 주기적, 또는 단순히 u-주기적이라고 한다.

$F_x(n)$이 무한 단어 x에서 나타나는 길이 n인 (서로다른) 인자의 수라고 하자. 함수 F_x는 x의 인자(또는 부분 단어) 복잡도 함수라고 한다.

무한 단어 x가 u-주기적인 것과 F_x가 상수에 의해 한정지어지는 것은 필요충분 조건임을 보여라.

풀이

만약 x가 u-주기적이라면, yz^∞이라고 적을 수 있다. 여기서 z는 원시 단어면서 y가 공단어이거나, 또는 y와 z가 서로 다른 두 문자로 끝난다. x의 정규화된 표현을 갖고서, $n \geq |yz|$인 모든 길이에 대해 $F_x(n) = |yz|$임을 얻을 수 있다. 이것은 F_x가 상수에 의해 한정지어짐을 보인다.

역으로 F_x가 정수인 상수 $m > 0$에 의해 한정지어진다고 가정하자. 모든 길이 ℓ에 대해 $F_x(\ell) \leq F_x(\ell+1)$이기 때문에, 이 한계는 어떤 길이 n에 대해 $F_x(n) = F_x(n+1)$을 의미한다. 이것은 각 길이 n인 인자 v의 모든 출현에 x에서 같은 글자 b_v가 이어진다는 뜻이다. 결과적으로 길이 $n+1$인 공단어가 아닌 인자 u에 대해 정의된 다음 인자 함수 $next$를 다음과 같이 생각해볼 수 있다. $next(u) = vb_v$. 여기서 어떤 문자 a에 대해 $u = av$다.

w가 무한 단어 x의 길이인 n인 접두사라고 하자. 그럼 길이 n인 인자는 유한하게 많기 때문에 $next^s(w) = next^{s+p}(w)$인 p와 s가 있다. 따라서 x는 시작 위치 s부터 주기 p를 갖고 u-주기적이다. 이것으로 증명이 완료된다.

노트

x의 u 주기성은 어떤 길이 n에 대해 $F_x(n) \leq n$라는 조건과 동등하다.

모든 n에 대해 $F_x(n) = n+1$인 경계 무한 단어 x의 집합은 무한 스터미안 단어$^{Sturmian\ word}$ 집합이라고 한다. 이 단어들은 최소 인자 복잡도를 갖는 u-주기적 무한 단어가 아니다. 특히, 무한 피보나치 단어가 이 성질을 갖는다.

이 문제에 대해서는 알루셰^{Allouche}와 샬리트^{Shallit}[7]의 책과 베스텔과 카후마키[34]의 자습서에서 찾아볼 수 있다.

89 함수적 단어의 주기성

이 문제는 (유한한) 함수에 의해 생성된 무한 단어가 주기적인지 검사할 수 있음을 보여준다.

무한 함수적 단어는 A^+에서 자기 자신으로 가는 함수 θ를 반복 적용해 얻는다. 여기서 $A = \{a, b, \ldots\}$는 유한한 알파벳이다. 이를 위해 θ가 a를 통해 연장될 수 있다고 가정한다. 즉, $u \in A^+$에 대해 $\theta(a) = au$다. 그럼 $\Theta = \theta^\infty(a)$가 존재하며, $au\theta(u)\theta^2(u)\cdots$이다. 무한 단어 Θ는 θ의 고정점이다. 즉, $\theta(\Theta) = \Theta$다.

$z \neq \varepsilon$이 아닌 어떤 (유한) 단어 z에 대해 z^∞라고 적을 수 있으면 무한 단어 Θ는 주기적이다.

불필요한 복잡성을 피하기 위해 함수 θ가 환원 불가능하고 초등적이라고 가정한다. 환원 불가능이란 임의의 문자가 임의의 문자로부터 접근 가능하다(임의의 $c, d \in A$에 대해 문자 d가 어떤 정수 k에 대해 $\theta^k(c)$에서 나타난다)는 뜻이다. 초등적이란 그 함수가 어떤 두 함수 $\zeta : A^+ \to B^+$와 $\eta : B^+ \to A^+$의 합성 함수 $\eta \circ \zeta$가 아니라는 뜻이다. 여기서 B는 A보다 더 작은 알파벳이다. 두 번째 조건은 θ가 A^*와 A^∞ 위로 단사 함수임을 뜻한다.

> **질문** 문자 a에 대해 연장 가능하고, 환원 불가능하며, 초등적인 함수 θ에 대해 $\Theta = \theta^\infty(a)$가 주기적인지 판정하고, $O(\Sigma\{|\theta(b)| : b \in A\})$시간 내에 실행되는 알고리듬을 설계하라.

[**힌트:** Θ가 주기적인 것과 Θ가 2중 특별한 문자^{bispecial letter}가 없는 것은 필요충분조건이다. 즉, Θ에 있는 각 문자의 출현에 모두 유일한 문자가 이어진다.]

함수 ρ는 $\rho(a) = ab$, $\rho(b) = ca$, $\rho(c) = bc$로 정의되는데, 이 조건들을 엮어서 주기적 단어 $\rho^\infty(a) = abcabcabc\cdots = (abc)^\infty$를 생성한다. 이 문자들 중 어느 것도 2중 특별하지 않다.

반대로 피보나치 함수 ϕ는 $\phi(a) = ab$와 $\phi(b) = a$로 정의되는데, 또한 위의 조건을 만족하지만 (궁극적으로) 주기적이지 않은 피보나치 단어 $\phi^\infty(a) = abaababa\cdots$를 생성한다. 여기서 문자 a는 2중 특별하다. a의 출현은 a나 b가 따라오는데, b의 출현은 모두 a가 따라오기 때문이다.

풀이

이 판정 알고리듬은 조합론적 성질을 바탕으로 한다. 즉, Θ가 주기적인 것과 Θ가 2중 특별한 문자를 갖지 않음이 필요충분조건이다. 직관적으로, 만약 Θ가 무한히 많은 2중 특별한 인자를 가진다면 그 인자 복잡도는 한정되지 않고 궁극적으로는 주기적이지 않다(문제 88 참고).

만약 이 조건이 성립한다면 즉, 만약 Θ가 2중 특별한 문자를 포함하지 않는다면, 각 문자는 그 앞에 나오는 문자에 의해 완전히 결정된다. 그리고 알파벳에 나오는 모든 문자가 Θ에서 등장하기 때문에 주기 단어는 이 알파벳의 치환에 해당한다. 즉, Θ의 주기는 $|A|$다.

역으로, Θ가 2중 특별한 문자를 포함한다고 가정하고 이것이 주기적이지 않음을 증명하자.

b가 2중 특별한 문자라고 하자. 즉, 서로 다른 두 문자 c와 d에 대해 bc와 bd가 Θ에서 등장한다. θ의 환원 불가능성 때문에, 문자 a는 어떤 k에 대해 $\theta^k(b)$에서 등장한다. θ가 단사함수이므로, $\theta^k(bc) \neq \theta^k(bd)$이다. i와 j가 Θ에 대해 $\theta^k(bc)$와 $\theta^k(bd)$의 시작 위치라고 하자. θ가 A^∞에 대해 단사 함수이므로, $\Theta[i..\infty) \neq \Theta[j..\infty)$다. 그럼 이들의 최장 공통 접두사 v는 2중 특별하고 문자 a를 포함한다.

더 일반적으로, Θ의 임의의 2중 특별한 인자 v에 대해, v가 문자 a를 포함하면, 같은 성질을 갖는 더 긴 인자가 존재함을 보이겠다.

i와 j가 서로 다른 두 문자 c와 d에 대해 $\Theta[i..i+m] = vc$와 $\Theta[j..j+m] = vd$를 만족하는 Θ위의 두 위치라고 하자. $y = \Theta(i..\infty)$와 $z = \Theta[j..\infty)$라고 하자. 그럼 θ가 A^∞에 대해 단사 함수이므로, $\theta(y) \neq \theta(z)$다. $\theta(v)u$가 $\theta(y)$와 $\theta(z)$의 최장 공통 접두사라고 하자. 그럼 $e \neq f$인 두 문자 e와 f가 존재해, $\theta(v)ue$와 $\theta(v)uf$가 Θ의 인자다. v가 a를 포함하므로 $|\theta(v)u| > |v|$다.

논증을 반복하면 Θ의 2중 특별한 인자들의 무한히 긴 문자열을 얻는다. 길이 n인 그런 v 각각에 대해, $F_\Theta(n+1) > F_\Theta(n)$를 얻는다($F_\Theta(n)$는 Θ에 나오는 길이 n인 인자의 수다). 임의의 (길이 n인) 단어는 Θ에 연장을 하나 갖고, v는 2개를 갖기 때문이다. 이것은 $\lim_{i \to \infty} F_\Theta(i) = \infty$을 뜻하며, Θ가 주기적이지 않고, 궁극적으로도 주기적이지 않음을 보여준다(문제 88 참고).

조합론적 성질로부터 유도된 이 알고리듬은 Θ가 2중 특별한 문자를 포함하는지 검사하는 것으로 구성되며, $O(\Sigma\{|\theta(b)| : b \in A\})$시간 내에 실행되도록 구현될 수 있다.

노트

여기서 제시한 조합론적 성질의 증명은 팬시오[Pansiot][201]의 원래 증명에서 유도한 것이고, 쿨카[Kůrka][171, 4장]의 책에서 찾아볼 수 있다. 초등적 함수의 개념은 로젠버그[Rozenberg]와 살로마[Salomaa][209]에서 가져왔다. 초등 함수적이지 않은 단어에 대한 궁극적 주기성의 결정 가능성도 [201]에서 증명했다.

함수에 대한 공통적 성질은 원시성이다. 이것은 정수 행렬의 원시성과 유사하며, 환원 불가능성보다 강한 성질이다(지수 k가 문자의 모든 짝에 대해 똑같다). 하지만 어떤 $k > 0$에 대해 모든 문자가 $\theta^k(a)$에서 나타난다는 것과 같은 더 약한 조건으로도 같은 결론을 이끌어낼 수 있다. 이 조건을 갖고서 위의 증명은 다음의 함수 ξ에 적용된다. 이 함수는 환원 불가능하며 $\Xi = \xi^\infty(a) = \text{abcdabcd}\cdots = (\text{abcd})^\infty$를 생성한다. 같은 단어가 환원 불가능한 함수 ψ에 의해서 생성된다.

$$\begin{cases} \xi(a) = \text{abcda} \\ \xi(b) = b \\ \xi(c) = c \\ \xi(d) = d \end{cases} \qquad \begin{cases} \psi(a) = \text{abcd} \\ \psi(b) = b \\ \psi(c) = c \\ \psi(d) = \text{dabcd} \end{cases}$$

이 주제에 대해 더 자세한 것은 [8]의 '이동 공간[Shift Spaces]' 절을 참고하라.

90 단순한 반-지수

주기성, 또는 국소적 주기성의 쌍대적 개념은 반-지수anti-power 개념으로, 이 문제에서 소개될 것이다.

단어 $u \in \{1, 2, \ldots, k\}^+$는 그 문자 각각이 정확히 1번만 등장한다면 반-지수다. 이것은 알파벳의 부분집합의 치환이다. 즉, $alph(u) = |u|$다.

> **질문** 단어 $x \in \{1, 2, \ldots, k\}^n$에 등장하는 길이 k의 반-지수들을 $O(n)$시간 내에 위치를 알아내는 방법을 보여라.

예를 들어 13542와 54231은 $341354231332 \in \{1, 2, \ldots, 5\}^+$에서 위치 2와 4에 나오며, 길이 5인 반-지수는 이들뿐이다.

풀이

이 문제는 x위의 임의의 위치 j에서 끝나는 가장 긴 반-지수의 위치를 찾는 것으로 확장될 수 있다. 이를 위해, $antip[j]$를

$$\max\{|u| : u는 x[0..j]의 \text{ 반-지수 접미사}\}$$

라고 정의하자.

다음의 표는 단어 341354231332에 해당하며, $antip[6] = antip[8] = 5$이기 때문에 길이 5인 두 반-지수 13542와 54231가 각각 위치 6과 위치 8에서 끝남을 보여준다.

j	0	1	2	3	4	5	6	7	8	9	10	11
$x[j]$	3	4	1	3	5	4	2	3	1	3	3	2
$antip[j]$	1	2	3	3	4	4	**5**	4	**5**	2	1	2

만약 $antip[j] = k$라면 길이 k인 반-지수가 x위의 위치 j에서 끝나기 때문에, x와 관련된 $antip$ 표의 계산은 이 문제를 해결한다. ANTIPOWERS 알고리듬은 $\{1, 2, \ldots, k\}^+$에 있는 단어에 대해 $antip$을 계산한다.

```
AntiPowers(x ∈ {1,2,...,k}⁺)
 1   for each a ∈ {1,2,...,k} do
 2       pp[a] ← −1
 3   pp[x[0]] ← 0
 4   antip[0] ← 1
 5   for j ← 1 to |x| − 1 do
 6       a ← x[j]
 7       if j − pp[a] > antip[j − 1] then
 8           antipx[j] ← antip[j − 1] + 1
 9       else antip[j] ← j − pp[a]
10       pp[a] ← j
11   return antip
```

AntiPowers 알고리듬은 순차적으로 표를 계산하며, 이를 위해 보조 배열 pp를 사용한다. 문자로 색인된 이 배열은 주어진 단계에서 그때까지 만난 각 문자 a가 나타난 이전의 위치 $pp[a]$를 저장한다.

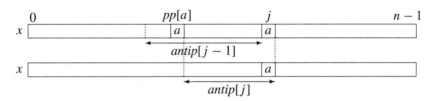

AntiPowers 알고리듬의 정확성은 쉽게 보인다. 실제로 만약 현재 위치 j에 있는 문자 a가 $j − 1$에서 끝나는 가장 긴 반-지수에서 등장하지 않는다면, j에서 끝나는 반-지수의 길이는 한칸 더 길다(여덟 번째 줄). 그렇지 않으면 위의 그림에 나타난 대로 $x[pp[a] + 1 .. j − 1]$은 a를 포함하지 않는 반-지수이고, j에서 끝나는 가장 긴 반-지수의 길이가 $j − pp[a]$를 준다(아홉 번째 줄).

AntiPowers의 실행 시간이 $O(n)$임은 명백하다.

노트

피치 등[Fici et al.][113]이 소개한 반-지수의 개념은 짝별로 다르지만 같은 길이를 갖는 덩어리를 이어 붙인 단어를 참고한다. 여기서는 모든 무한 단어가 임의의 반-지수값(덩어리의 수)을 갖는 반-지수를 포함하는 것을 보였다. [20]에서, 베드코베 등[Badkobeh et al.]은 특정한 반-지수값을 갖는 반-지수의 위치를 알아내는 최적 알고리듬을 설계했다. 위의 알고리듬은 이 풀이의 첫 단계다. [165]도 참고하라.

91 회문의 회문적 연결

회문[palindrome]은 주기성과 다른 타입의 정규성을 구성한다. 회문은 처리 작업이 유전자 서열 같은 곳에서 일치되는 자료 조각을 필요로 할 때, 자료 접힘에서 자연스럽게 등장한다. 이번 문제는 회문의 곱에서 나타나는 회문을 다룬다.

유한한 단어 집합 X가 주어지면, X^2에 있는 모든 회문의 수를 계산하는 것은 $n \cdot |X|$번 내에 쉽게 이뤄진다. 여기서 n은 X에 있는 단어들의 전체 길이이다. 하지만 X가 그 자체로 회문의 집합일 때는 훨씬 간단하고 더 효율적인 방법이 존재한다.

> **질문** 그 전체 길이가 n인 이진 회문의 유한한 집합 X가 주어졌을 때, X^2에 있는 (서로 다른) 회문의 수를 $O(n + |X|^2)$시간 내에 계산하는 알고리듬을 설계하라.

[**힌트**: x와 y가 회문일 때, xy가 회문인 것은 $xy = yx$인 것과 필요충분조건이다.]

풀이

다음의 알고리듬은 힌트에서 설명한 중요한 조합론적 성질에 기본한다. 증명을 시작해 보자.

x와 y가 회문이라고 하자. 만약 xy가 회문이라면, $x \cdot y = (x \cdot y)^R = y^R \cdot x^R = y \cdot x$를 얻는다. 역으로, $xy = yx$라면, x와 y는 같은 원시근을 갖고(보조정리 2의 결과), 또한 회문이다. 결과적으로 $xy = (xy)^R$이다.

이 성질로부터 이 알고리듬은 같은 원시근을 갖는 X에 있는 단어를 고려하는 것으로 축소된다. 다음 알고리듬을 실행해보자.

- 각 단어의 루트root를 찾는다.
- 루트를 사전 순서로 정렬시킨 다음, 이들을 같은 루트를 갖는 것들끼리 묶어서 나눈다.
- 각 묶음 Y에서, Y^2에 있는 회문의 수를 계산한다. 루트가 다 같기 때문에, $\{|u| + |v| : u,v \in Y\}$ 집합의 크기를 계산하면 되고, 이것은 $O(|Y|^2)$시간 내에 수행된다.

마지막 단계는 각 묶음에 대해 $|Y|^2$시간 내에 수행될 수 있고, 합치면 $O(|X|^2)$시간이 된다. 이것은 Y의 크기의 합이 $|X|$이기 때문이다. 유한한 크기의 알파벳에 대해 정렬과 루트 계산은 $O(n)$시간이 걸린다. 결과적으로 이 알고리듬은 $O(n + |X|^2)$시간 내에 작동한다.

노트

이 문제는 2006년의 13차 폴란드 정보 경시대회에 출제됐다.

---

92 회문 트리

회문 포레스트palindrome forest $\mathcal{P}(x)$의 개념은 x에 등장하는 모든 회문의 구조적 표현을 제공한다. 이 자료 구조는 x위의 주어진 위치에서 끝나는 가장 긴 회문을 찾는다거나, x에 있는 각 회문의 등장 횟수를 센다거나 하는 등의 회문 인자 집합에 대한 다른 연산을 수행하기 위해 사용된다.

회문 포레스트는 접미사 트리가 모든 인자를 나타내는 것과 유사한 방식으로 각각이 회문 인자를 나타내는 회문 트리의 모음이다. 접미사 링크는 효율적인 구성을 위한 이 자료 구조의 일부분이기도 하다. 그러나 회문 트리는 접미사 트리보다 더 간단한데, 이것은 각 간선이 하나의 문자로 표시되기 때문이다.

$\mathcal{P}(x)$의 각 노드는 x에 나오는 회문이다. 만약 aza가 x에 등장하는 회문이라면 노드 z로부터 문자 x로 표시되는 간선 $z \xrightarrow{a} aza$가 존재한다. 공단어 ε는 짝수 회문에 대한 트리의 루

트다. w에 등장하는 각 문자는그 중심에 있는 문자를 갖는 홀수 회문에 대한 트리의 루트다. 다음의 그림은 3개의 회문 트리로 구성된 회문 포레스트 $\mathcal{P}$(ababbababaab)을 보여준다.

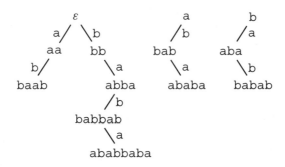

이 트리의 각 노드는 회문 $x[i..j]$의 출현에 해당하는 위치의 구간 $[i..j]$에 의해 나타낼 수 있다. 이 회문은 또한 루트에서 노드로 향하는 경로에 의해 완전히 정해진다.

> **질문** 알파벳이 상수 크기를 갖는다고 가정하자. 단어 길이에 대해 선형 시간 내에 그 단어의 회문 포레스트를 구성하는 방법을 보여라.

[**힌트:** 접미사 링크를 사용하라.]

풀이

PALINDROMEFOREST 알고리듬은 입력 단어 x의 회문 포레스트를 구성한다. 이 구성의 핵심 기교는 다음과 같이 정의된 접미사 링크로 자료 구조를 보강하는 것이다. 공단어가 아닌 회문 u에 대해, 그 접미사 링크는 u의 고유 접미사인 최장 회문을 향한다. 이것은 $palsuf(u)$로 나타내고 공단어일 수 있다. u의 접미사 조상^suf-ancestor은 접미사 링크를 반복 적용해 u에 접근 가능한 임의의 노드로, u 자신을 포함한다.

u가 $x[0..i-1]$의 접미사 회문이라고 하자. $upward(u,x[i])$는 $x[i]vx[i]$가 $w[0..i]$의 접미사인 u의 가장 낮은 접미사 조상 v이거나 공단어 ε다.

x의 회문 포레스트를 만들기 위해 이 알고리듬은 단어를 실시간으로 처리한다. 초기에 회문 포레스트는 트리의 루트로만 구성된다. 즉, ε 노드와 x에 나오는 문자 a에 대한 a 노드다. 노드에 대한 접미사 링크는 처리되는 동안 유지되고, 알고리듬의 변수 u는 그때까지 읽은 x의 접두사의 접미사인 최장 회문을 저장한다.

for 루프 안에서 현재 문자 $x[i]$를 포함하는 u의 다음 값을 계산하는 것은 네 번째 줄에서 일곱 번째 줄까지의 *upward*의 핵심적 도움을 받아서 수행된다. 아홉 번째 줄에서 열다섯 번째 줄까지의 나머지 단계는 새 노드가 추가돼야 하는 경우에 회문 포레스트를 갱신하는 것으로 구성한다.

PALINDROMEFOREST(x non-empty word)

```
1   initialise the forest P
2   u ← x[0]
3   for i ← 1 to |x| − 1 do
4       v ← upward(u,x[i])
5       if v = ε and x[i − 1] ≠ x[i] then
6           u ← x[i]
7       else u ← x[i]vx[i]
8       if u ∉ P then
9           add node u and edge v --x[i]--> u to P
10          v ← upward(palsuf(v),x[i])
11          if v = ε then
12              if x[i − 1] ≠ x[i] then
13                  palsuf(u) ← x[i]
14              else palsuf(u) ← ε
15          else palsuf(u) ← x[i]vx[i]
16  return P
```

이 알고리듬은 대체로 선형 시간 내에 작동한다. *upward*를 계산하는 단계의 수가 u의 깊이와 회문 포레스트에 있는 *palsuf*(v)의 깊이에 비례해 짧아지기 때문이다. 추가로 이 두 깊이 각각은 반복할 때마다 최대 한 단위만큼 커진다.

회문의 트리 구조는 루빈칙Rubinchik과 슈어Shur에 의해 [210]에서 연구됐고, 거기서는 리트리eertree[2]라고 불렀다. 이 구조는 나중에 회문과 관련된 몇 가지 알고리듬의 설계에 사용됐다.

93 회피할 수 없는 패턴

이 문제의 패턴은 유한 알파벳 $A = \{a, b, \dots\}$에 추가로 변수의 특정한 알파벳과 함께 정의된다. 변수는 무한 알파벳 $V = \{\alpha_1, \alpha_2, \dots\}$에서 가져온다. 패턴이란 그 문자가 변수인 단어다. 전형적인 패턴으로 $\alpha_1\alpha_1$이 있다. 이것은 제곱 단어를 포함하는 단어에서 보인다. 이 문제의 목표는 회피할 수 없는 패턴을 생성하는 것이다.

만약 $\psi(P)$가 어떤 함수 $\psi : alph(P)^+ \to A^+$에 대한 인자 w라면, 단어 $w \in A^+$는 패턴 $P \in V^*$를 포함한다. 그렇지 않다면 w는 P를 회피한다. 만약 어떤 패턴을 회피하는 A^+의 무한히 많은 단어가 존재하면, 그 패턴은 회피 가능하다고 한다. 이것은 (A가 유한하기 때문에) A^∞에서 그 패턴을 회피하는 유한한 인자를 가진 무한 단어의 존재와 동등하다. 예를 들어 알파벳이 적어도 3개의 문자를 갖는다면 $\alpha_1\alpha_1$는 회피 가능하다. 하지만 이진 알파벳에서는 회피 불가능하다(문제 79 참고).

지민 패턴 Z_n은 회피 불가능한 패턴의 표준적 사례다. 이것은 $n > 0$에 대해

$$Z_0 = \varepsilon \quad \text{그리고} \quad Z_n = Z_{n-1} \cdot \alpha_n \cdot Z_{n-1}$$

---

2 이 단어는 회문이어서 회문으로 옮겼다. – 옮긴이

이다. 특히 어떤 단어가 그 지민 타입이 최소한 n인 인자를 포함한다면 그 단어는 지민 패턴 Z_n을 포함한다(문제 43 참고). 예를 들어 단어 aaaaabaabbaaaabaabb는 Z_3를 포함하는데, 이것은 그 인자 aaabaabbaaaabaa가 다음과 같이 정의된 함수 ψ

$$\begin{cases} \psi(\alpha_1) = \text{aa} \\ \psi(\alpha_2) = \text{ab} \\ \psi(\alpha_3) = \text{bba} \end{cases}$$

에 대한 $Z_3 = \alpha_1\alpha_2\alpha_1\alpha_3\alpha_1\alpha_2\alpha_1$의 이미지이기 때문이다.

> **질문** $n > 0$인 지민 패턴 Z_n이 회피 불가능함을 보여라.

풀이

k가 알파벳 A의 크기라고 하자. $n > 1$에 대해 다음과 같이 길이의 수열을 정의하자.

$$\ell_1 = 1 \text{ 그리고 } \ell_n = (\ell_{n-1} + 1) \cdot k^{\ell_{n-1}} + \ell_{n-1} - 1$$

그리고 문제에 답하기 전에, 다음의 관찰을 살펴보자.

관찰 $n > 1$에 대해 길이가 ℓ_n이고 A*에 속한 임의의 단어는 uvu 꼴의 인자를 갖는다. 여기서 $|u| = \ell_{n-1}$이고 $|v| > 0$이다.

증명 길이가 ℓ_n인 임의의 단어 w는 길이가 ℓ_{n-1}인 $(\ell_{n-1} + 2) \cdot k^{\ell_{n-1}}$개의 인자를 갖는다. 길이가 ℓ_{n-1}인 서로 다른 인자의 수는 많아봐야 $k^{\ell_{n-1}}$이기 때문에, w에는 적어도 $\ell_{n-1} + 2$번 등장하고 길이가 ℓ_{n-1}인 단어 u가 있다. 결과적으로, 두 출현은 적어도 거리가 $\ell_{n-1} + 1$이고, 두 출현 사이에는 공단어가 아닌 단어 v가 있어야 한다. 단어 uvu는 이렇게 만들어진 인자다. ∎

문제에 답하기 위해, $n > 0$에 대해 길이가 ℓ_n인 각 단어가 지민 패턴 Z_n을 포함하는 것을 보이면 된다.

n에 대한 수학적 귀납법으로 증명하겠다. 각각의 공단어가 아닌 단어는 명백히 Z_1을 포함한다. 길이가 ℓ_{n-1}인 각 단어가 Z_{n-1}을 포함한다고 가정하자. 길이 ℓ_n인 임의의 단어 w가 Z_n을 포함하는 것을 보여야 한다. 위의 관찰에 의해, w는 uvu꼴의 인자를 포함한다. 여기서 $|u| = \ell_{n-1}$이고 $|v| > 0$이다.

수학적 귀납법의 가정에 의해 u는 Z_{n-1}을 포함하고 따라서 $u = u_1 u_2 u_3$이다. 여기서 $\psi : \{\alpha_1, \alpha_2, \ldots, \alpha_{n-1}\}^+ \to A^+$인 함수에 대해 $u_2 = \psi(Z_{n-1})$이다. 그럼 w는 인자 $u_2 \cdot z \cdot u_2$를 포함한다. 여기서 $z = u_3 v u_1$이다. $\psi(\alpha_n) = z$라고 둬서 ψ를 확장하면, w는 Z_n의 함수 이미지를 포함한다. 이것으로 증명이 끝난다.

노트

Z_n을 포함하지 않는 최장 이진 단어의 길이를 $f(n)$으로 적는다. 회피 불가능성의 결과로 $f(n)$은 유한하다. 하지만 예를 들어 $f(8) \geq 2^{(2^{16})} = 2^{65536}$일 정도로 유한성은 거의 무한대에 가깝다([48] 참고). 심지어 짧은 패턴에 대해서도 $f(n)$의 값은 커질 수 있다. 예를 들어 Z_4를 회피하는 길이 10482의 이진 단어가 존재한다.

패턴의 회피 불가능성은 결정 가능하다고 지민에 의해 증명됐다([176, 3장]을 참고하라). n개의 변수를 포함하는 패턴 P가 회피 불가능한 것과 그 패턴이 Z_n에 포함되는 것은 필요충분조건이기 때문에, 어떤 알고리듬이라도 지민 단어에 기초할 수 있다. 다시 말해 지민 단어는 회피 불가능한 패턴이고, 지민 단어는 모든 회피 불가능한 패턴을 포함한다.

하지만 패턴의 회피 가능성 문제에 대한 결정론적인 다항 시간 알고리듬의 존재성은 여전히 미해결 문제다. 단지 이 문제가 복잡도의 NP 등급에 속한 것만이 알려졌다.

06

문자열 압축

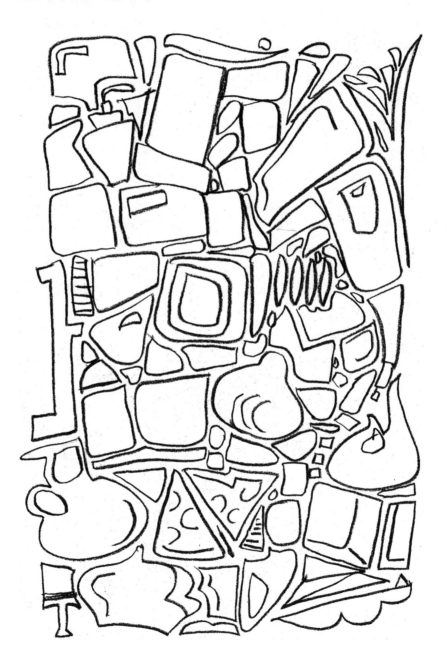

94 투에-모스 단어의 BW 변환

이 문제의 목표는 투에-모스 단어에 대한 버로우즈-휠러 변환의 재귀적 구조를 보이는 것이다. 투에-모스 단어는 $\{a,b\}^*$에서 자기 자신으로 가는 투에-모스 함수 μ에 의해 생성되며, 이 함수는 $\mu(a) = ab$와 $\mu(b) = ba$로 정의된다. μ를 문자 a에 반복 적용하면 길이가 2^n인 n차 투에-모스 단어 $\tau_n = \mu^n(a)$가 만들어진다.

w의 버로우즈-휠러 변환 $BW(w)$는 w의 정렬된 켤레(회전) 단어의 마지막 문자로 구성된 단어다. 투에-모스 단어의 목록은 $\tau_0 = a$, $\tau_1 = ab$, $\tau_2 = abba$, $\tau_3 = abbabaab$로 시작하고, 여기서 마지막 2개의 버로우즈-휠러 변환은 $BW(\tau_2) = baba$와 $BW(\tau_3) = bbababaa$이다.

윗줄 표시는 $\{a,b\}^*$에서 자기 자신으로 가는 일종의 함수로 $\overline{a} = b$와 $\overline{b} = a$로 정의된다.

> **질문** $n > 0$에 대한 버로우즈-휠러 변환 $BW(\tau_{n+1})$이 단어 $b^k \cdot \overline{BW(\tau_n)} \cdot a^k$임을 보여라. 여기서 $k = 2^{n-1}$이다.

풀이

이 풀이는 변환을 생성하는 정렬된 켤레 단어의 변환을 자세히 살펴보면 알 수 있다.

S_{n+1}이 $2^{n+1} \times 2^{n+1}$ 배열이라고 하자. 그 배열의 행은 τ_{n+1}의 정렬된 회전이다. 정의에 의해, $BW(\tau_{n+1})$은 S_{n+1}의 가장 오른쪽 열이다. 이 배열은 3개의 배열로 쪼개진다. T_{n+1}은 가장 위의 2^{n-1}개의 행이고, M_{n+1}은 가운데의 2^n개의 행이며, B_{n+1}은 아래의 2^{n-1}개의 행이다.

예제 다음에 $\tau_2 = abba$의 회전(왼쪽에 R_2)과 그 정렬된 회전(오른쪽에 S_2)이 있다. 따라서 $BW(\tau_2) = baba$이다.

$$R_2 = \begin{array}{cccc} a & b & b & a \\ b & b & a & a \\ b & a & a & b \\ a & a & b & b \end{array} \qquad S_2 = \begin{array}{cccc} a & a & b & b \\ a & b & b & a \\ b & a & a & b \\ b & b & a & a \end{array}$$

S_3 배열은 $\mathrm{BW}(\tau_3) = \mathrm{BW}(\mathsf{abbabaab}) = \mathsf{bbababaa}$를 준다.

$$
S_3 = \begin{array}{cccccccc}
\mathsf{a} & \mathsf{a} & \mathsf{b} & \mathsf{a} & \mathsf{b} & \mathsf{b} & \mathsf{b} & \mathsf{a} & \mathsf{b} \\
\mathsf{a} & \mathsf{b} & \mathsf{a} & \mathsf{a} & \mathsf{b} & \mathsf{a} & \mathsf{b} & \mathsf{b} \\
\mathsf{a} & \mathsf{b} & \mathsf{a} & \mathsf{b} & \mathsf{b} & \mathsf{a} & \mathsf{b} & \mathsf{a} \\
\mathsf{a} & \mathsf{b} & \mathsf{b} & \mathsf{a} & \mathsf{b} & \mathsf{a} & \mathsf{a} & \mathsf{b} \\
\mathsf{b} & \mathsf{a} & \mathsf{a} & \mathsf{b} & \mathsf{a} & \mathsf{b} & \mathsf{b} & \mathsf{a} \\
\mathsf{b} & \mathsf{a} & \mathsf{b} & \mathsf{a} & \mathsf{a} & \mathsf{b} & \mathsf{a} & \mathsf{b} \\
\mathsf{b} & \mathsf{a} & \mathsf{b} & \mathsf{b} & \mathsf{a} & \mathsf{b} & \mathsf{a} & \mathsf{a} \\
\mathsf{b} & \mathsf{b} & \mathsf{a} & \mathsf{b} & \mathsf{a} & \mathsf{a} & \mathsf{b} & \mathsf{a}
\end{array}
$$

S_3을 T_3, M_3, B_3으로 분해하면 $\mathrm{BW}(\tau_3)$이 $\mathsf{b}^2 \cdot \mathsf{abab} \cdot \mathsf{a}^2 = \mathsf{b}^2 \cdot \overline{\mathrm{BW}(\tau_2)} \cdot \mathsf{a}^2$임이 보인다.

$$
\begin{aligned}
T_3 \;=\; & \begin{array}{cccccccc}
\mathsf{a} & \mathsf{a} & \mathsf{b} & \mathsf{a} & \mathsf{b} & \mathsf{b} & \mathsf{a} & \mathsf{b} \\
\mathsf{a} & \mathsf{b} & \mathsf{a} & \mathsf{a} & \mathsf{b} & \mathsf{a} & \mathsf{b} & \mathsf{b}
\end{array} \\[4pt]
M_3 \;=\; & \begin{array}{cccccccc}
\mathsf{a} & \mathsf{b} & \mathsf{a} & \mathsf{b} & \mathsf{b} & \mathsf{a} & \mathsf{b} & \mathsf{a} \\
\mathsf{a} & \mathsf{b} & \mathsf{b} & \mathsf{a} & \mathsf{b} & \mathsf{a} & \mathsf{a} & \mathsf{b} \\
\mathsf{b} & \mathsf{a} & \mathsf{a} & \mathsf{b} & \mathsf{a} & \mathsf{b} & \mathsf{b} & \mathsf{a} \\
\mathsf{b} & \mathsf{a} & \mathsf{b} & \mathsf{a} & \mathsf{a} & \mathsf{b} & \mathsf{a} & \mathsf{b}
\end{array} \\[4pt]
B_3 \;=\; & \begin{array}{cccccccc}
\mathsf{b} & \mathsf{a} & \mathsf{b} & \mathsf{b} & \mathsf{a} & \mathsf{b} & \mathsf{a} & \mathsf{a} \\
\mathsf{b} & \mathsf{b} & \mathsf{a} & \mathsf{b} & \mathsf{a} & \mathsf{a} & \mathsf{b} & \mathsf{a}
\end{array}
\end{aligned}
$$

S_n의 행이 정렬됐기 때문에, μ이 여기에 작용했을 때, 간단한 검사로 이 배열이 정렬된 채 남아 있는지 볼 수 있다. μ의 정의에 의해 $\mu(S_n)$의 마지막 열은 $\overline{\mathrm{BW}(\tau_n)}$이다.

그럼 결과적으로 $M_{n+1} = \mu(S_n)$을 증명하기 위해 T_{n+1}과 B_{n+1}에 있는 τ_{n+1}의 회전을 찾는 것이 남는다.

관찰 τ_n에서 a의 출현 횟수와 b의 출현 횟수는 둘 다 2^{n-1}이다.

단어 $\tau_{n+1} = \mu(\tau_n)$에서, τ_n에 나온 b의 출현의 이미지인 ba의 출현을 생각해보자. 관찰에 의해, ba의 그런 출현은 2^{n-1}개 있다. 동등하게 이 출현은 τ_{n+1}의 짝수 위치에서 시작한다(n이 충분히 클 때 ba의 다른 출현이 있다).

T_{n+1}의 행들은 이 ba 인자들의 가운데에 있는 τ_{n+1}를 쪼개서 얻어진 회전으로 구성된다. T_{n+1}의 모든 행은 a로 시작해서 b로 끝난다.

τ_n에 bbb가 출현하지 않기 때문에, T_{n+1}의 (알파벳 순으로) 가장 큰 행은 ababa로 시작할 수 없고, 사실은 abaa로 시작한다. 따라서 이 행은 abab를 접두사로 갖는 $\mu(S_n)$의 가장

윗행보다 작다. 이것은 이 행이 aa를 접두사로 갖는 τ_n의 회전의 이미지기 때문이다.

대칭적으로 B_{n+1}은 τ_{n+1}위의 짝수 위치에서 시작하는 ab의 출현을 쪼개서 얻어진 회전으로 구성된다. 이들이 모두 $\mu(S_n)$의 마지막 행보다 더 크다는 것은 위와 유사한 방법으로 증명된다.

결론적으로 T_{n+1}과 B_{n+1}이 각각 $k = 2^{n-1}$개의 행을 갖기 때문에, M_{n+1}은 $\mu(S_n)$이다. T_{n+1}의 행은 b로 끝나고, $\text{BW}(\tau_{n+1})$의 접두사 b^k를 준다. B_{n+1}의 행은 a로 끝나고, $\text{BW}(\tau_{n+1})$의 접미사 a^k를 준다.

95 균형 단어의 BW 변환

버로우즈-휠러 연산은 단어 w를 w의 정렬된 켤레 단어의 마지막 문자로 구성된 $\text{BW}(w)$라는 단어에 대응시킨다. 이번 문제의 목표는 $\text{BW}(w) \in b^+a^+$인 원시 단어 $w \in \{a,b\}^+$를 특징짓는 것이다. 그런 단어 w는 a와 b의 지수를 표현해 길이 $\log |w|$인 단어로 압축될 수 있다.

이 특징짓기는 균형 단어$^{\text{balanced word}}$의 개념에 기반한다. 단어 $u \in \{a,b\}^+$의 밀도(또는 무게)는 그 안에 있는 a의 출현 횟수 즉, $|u|_a$다. 만약 단어 w의 같은 길이를 갖는 임의의 두 인자 u와 v가 거의 같은 밀도를 가진다면 w는 균형잡혔다고 한다. 더 엄밀하게 인자들이

$$|u| = |v| \implies -1 \le |u|_a - |v|_a \le 1$$

을 만족하는 것이다. 또한, w^2가 균형잡혔다면 w는 순환적으로 균형잡혔다$^{\text{circularly balanced}}$고 한다.

310

질문 원시 단어 $w \in \{a,b\}^+$에 대해, w가 순환적으로 균형잡힌 것과 $\mathrm{BW}(w) \in \mathrm{b}^+\mathrm{a}^+$임은 필요충분조건임을 보여라.

피보나치 단어는 순환적으로 균형잡힌 단어의 전형적인 사례다. 아래에 $\mathrm{b}^3\mathrm{a}^5$로부터 fib_4 ($F_6 = 8$의 길이, $F_5 = 5$의 밀도)의 켤레 단어를 복원하는 순환을 보여주는 그래프가 있다. 왼쪽 위의 문자로부터 순환을 따라가면 aabaabab의 문자는 순서대로 아랫줄에서 만난 것이다. 다른 문자에서 시작하면 $fib_4 = $ abaababa의 다른 켤레 단어를 주고, 이것은 그 자체로 윗줄의 a가 처음 출현한 곳에서 시작해 얻어진다. 사실 길이 $|fib_n|$과 밀도 $|fib_{n-1}|$인 임의의 단어가 순환적으로 균형잡힌 것과 그 단어가 fib_n의 켤레 단어인 것은 필요충분조건이다.

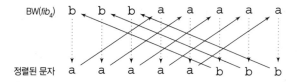

질문 $n > 0$에 대해 $\mathrm{BW}(fib_n) \in \mathrm{b}^+\mathrm{a}^+$임을 보여라.

예를 들어 $\mathrm{BW}(fib_1) = \mathrm{BW}(\mathrm{ab}) = \mathrm{ba}$, $\mathrm{BW}(fib_2) = \mathrm{BW}(\mathrm{aba}) = \mathrm{baa}$, $\mathrm{BW}(fib_3) = \mathrm{BW}(\mathrm{abaab}) = \mathrm{bbaaa}$이다.

풀이

순환적으로 균형잡힌 단어의 변환 첫 번째 문제의 직접적 의미를 증명하는 것으로 시작하겠다. 먼저 w^2에 있는 길이 $|w|$인 사전식으로 정렬된 인자들의 끝 문자로 구성된 $\mathrm{BW}(w)$가 동등하게 w^2 위의 위치 1에서 시작해 $|w|$까지 가는 정렬된 인자의 출현의 앞에 나오는 문자로 구성된 것을 알아두자. 풀이는 다음 보조정리로부터 쉽게 유도된다.

보조정리 7 순환적으로 균형잡힌 원시적 단어 w에 대해, $|u| = |v| = |w|$를 만족하는 $\mathrm{b}u$와 $\mathrm{a}v$가 w^2의 두 인자라고 하자. 그럼 $u < v$다.

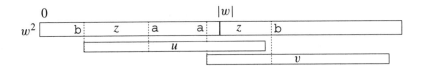

증명 z가 u와 v의 최장 공통 접두사라고 하자. u와 v가 w의 켤레이고, w가 원시적이기 때문에 $u \neq v$다. 따라서 (위의 그림처럼) za가 u의 접두사이고 zb가 v의 접두사이거나, 또는 zb가 u의 접두사이고 za가 v의 접두사다. 하지만 두 번째 경우는 $|b z b| = |a z a|$이고 $|b z b|_a - |a z a|_a = -2$이기 때문에 균형 조건과 모순이어서 불가능하다. 첫 번째 경우는 $u < v$를 보여준다. ∎

위의 보조정리의 직접적 결론은 w^2에 있는 b를 앞세워 출현하는 w의 임의의 켤레 단어가 a에 앞서는 임의의 켤레 단어보다 작다는 뜻이다. 따라서, $\mathrm{BW}(w) \in \mathrm{b}^+\mathrm{a}^+$이다.

역명제 증명 그 역명제를 증명하기 위해, w가 순환적으로 균형잡히지 않았다면 $\mathrm{BW}(w) \notin \mathrm{b}^+\mathrm{a}^+$임을 보여야 한다. 이것은 다음 보조정리의 직접적 결론이다.

보조정리 8 만약 원시 단어 $y \in \{\mathrm{a,b}\}^+$가 균형잡히지 않았다면, 이 단어는 어떤 단어 z에 대해 aza와 bzb 형태의 두 인자를 포함한다.

증명 u와 v가 y의 인자로, $\|u|_a - |v|_a\| > 1$이면서 최소 길이 $m = |u| = |v|$를 갖는다고 하자. m의 최소성 때문에 u와 v는 다른 문자로 시작하는데 그 문자들을 각각 a와 b라고 하자. z가 $\mathrm{a}^{-1}u$와 $\mathrm{b}^{-1}v$의 최장 공통 접두사라고 하자. $\|u|_a - |v|_a\| > 1$라는 부등식은 $|z| < m - 2$를 의미한다. 그럼 단어 $\bar{u}$와 $\bar{v}$, 그리고 $c \neq d$인 문자 c와 d에 대해 $u = \mathrm{a}zc\bar{u}$와 $v = \mathrm{b}zd\bar{v}$다. 다시, m의 최소성 때문에 $c = \mathrm{b}$이면서 $d = \mathrm{a}$라고 둘 수 없다. 그럼 $c = \mathrm{a}$이고 $d = \mathrm{b}$다(위의 그림 참고). 이것은 단어 aza와 bzb가 y의 인자임을 보여준다. ∎

312

결론적으로 w가 순환적으로 균형잡히지 않았을 때, w^2는 균형잡혀 있지 않으며, 위의 보조정리에 의해 aza와 bzb라는 두 인자를 포함한다. 따라서 za를 접두사로 갖고 a를 앞세우는 w의 켤레 단어는 zb를 접두사로 갖고 b를 앞세우는 켤레 단어보다 더 작다. 따라서 ab는 $\mathrm{BW}(w)$의 부분문자열이고, 이것은 $\mathrm{BW}(w) \notin \mathrm{b}^+\mathrm{a}^+$를 뜻한다.

피보나치 단어의 경우 두 번째 문제의 주장을 증명하기 위해, 피보나치 단어가 순환적으로 균형잡혔다는 것을 보이자. 피보나치 단어의 제곱 단어는 무한 피보나치 단어 **f**의 접두사이므로, 무한 피보나치 단어가 임의의 단어 z에 대해 aza와 bzb 꼴의 두 인자를 포함하지 않는다는 것을 보이면 된다. 이것은 첫 번째 문제의 결론을 사용해 유도할 수 있다.

f가 $\{\mathrm{a},\mathrm{b}\}^*$에서 자기 자신으로 가는 함수로, $\phi(\mathrm{a}) = \mathrm{ab}$, $\phi(\mathrm{b}) = \mathrm{a}$라고 정의된 ϕ의 반복 적용으로 생성된 단어 $\mathbf{f} = \phi^\infty(\mathrm{a})$임을 생각해보자. 이 단어는 또한 ϕ의 고정점으로, $\phi(\mathbf{f}) = \mathbf{f}$이다.

이 문제와 관련해서, 예를 들어 aa는 **f**의 인자이지만 bb는 그렇지 않다는 점, 마찬가지로 bab는 **f**의 인자지만 aaa는 그렇지 않다는 점을 생각해보자. 즉, **f**는 수많은 다른 (이진) 단어 중에서 bb와 aaa를 회피한다.

보조정리 9 무한 피보나치 단어 **f**는 임의의 단어 z에 대해 aza와 bzb 꼴의 인자를 포함하지 않는다.

$$\ldots \mathrm{a} \underbrace{\quad z \quad}_{} \mathrm{a} \ldots \ldots \mathrm{b} \underbrace{\quad z \quad}_{} \mathrm{b} \ldots$$

$$\underbrace{\mathrm{a} \; \mathrm{a} \, \mathrm{b}}_{\mathrm{b} \quad \mathrm{a}} \underbrace{u}_{\phi^{-1}(u)} \underbrace{\mathrm{a}}_{\mathrm{b}} \qquad \underbrace{\mathrm{a} \, \mathrm{b} \; \mathrm{a} \, \mathrm{b}}_{\mathrm{a} \quad \mathrm{a}} \underbrace{u}_{\phi^{-1}(u)} \underbrace{\mathrm{a} \, \mathrm{b}}_{\mathrm{a}}$$

증명 이 증명은 귀류법으로 보이겠다. **f**가 정리에서 말한 꼴의 두 인자를 포함한다고 가정하자. **f**에 등장하는 aza와 bzb에 대해 z가 가능한 가장 짧은 단어라고 하자.

a^3이나 b^2처럼 **f**에 의해 회피되는 단어를 생각해보면, z는 ab로 시작해야 하고 a로 끝나야 한다는 사실이 따라온다. 간단히 확인해보면 z의 길이가 최소한 4임을 알 수 있다. 그럼 $z = \mathrm{ab}u\mathrm{a}$이고 $u \neq \varepsilon$이다(위의 그림 참고). 실제로 a의 두 출현은 **f**가 a^3을 회피하기 때

문에 이뤄질 수 없다. 그럼 u는 공단어가 될 수 없다. $\mathbf{f}$가 회피하는 aaa의 ϕ에 의한 이미지인 ababab가 $\mathbf{f}$에 등장하지 않기 때문이다.

aza의 접두사 aab$u$a와, abab$u$ab는 {a, ab}에서 유일하게 인자분해되며, 이것은 접미사 부호다. 따라서 $\phi^{-1}(\text{aab}u\text{a}) = \text{ba}\phi^{-1}(u)\text{b}$와 $\phi^{-1}(\text{abab}u\text{ab}) = \text{aa}\phi^{-1}(u)\text{a}$가 $\mathbf{f}$에서 등장한다. 하지만 이것은 a$\phi^{-1}(u)$이 z보다 짧기 때문에 z의 길이의 최소성과는 모순이다. 따라서 $\mathbf{f}$는 aza와 bzb 꼴의 두 인자를 포함하지 않으며, 이것으로 증명이 완료된다. ∎

노트

이 문제의 결과는 맨타치 등Mantaci et al.이 처음으로 증명했고, [185]에서 다른 형태로 나타난다. 여기서 제시한 증명의 일부분은 [176, 2장]의 명제 2.1.3을 사용하는데, 이 명제는 추가적으로 위의 역명제의 보조정리에 나온 단어 z가 회문이라는 뜻이다.

이 문제는 균형잡힌 린던 단어인 크리스토펠Christoffel 단어와 관련이 있고, 이것은 베스텔과 드 루카de Luca[33]가 증명했다([35, 176]도 참고하라). 이 결과는 로테나우어가 [208]에서 다음과 같이 언급했다. w가 $p = |w|_a$와 $q = |w|_b$가 서로 소인 린던 단어라고 하자. 그럼 w가 크리스토펠 단어인 것은 $\mathrm{BW}(w) = \mathrm{b}^q\mathrm{a}^p$인 것과 필요충분조건이다.

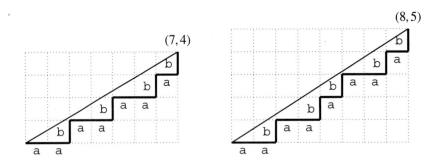

하위 크리스토펠 단어는 원점에서 시작하는 선분의 아래에서부터 근사된다. 위의 그림은 $(0, 0)$에서 $(7, 4)$로 가는 선분의 아래쪽에서 가까운 격자선 위의 경로를 나타내는 크리스토펠 단어 aabaabaabab를 보여준다(왼쪽). 길이가 $F_7 = 13$, 밀도가 $F_6 = 8$인 피보나치 단어 $fib_5 = $ abaababaabaab의 켤레 린던 단어는 $(0, 0)$에서 $(F_6, F_5) = (8, 5)$로 향하는 선분을 근사한다(오른쪽).

96 제자리 BW 변환

단어의 버로우즈-휠러^{BW} 변환은 선형으로 정렬 가능한 알파벳에 대해 선형 공간을 사용해 선형 시간 내에 계산될 수 있다. 이것은 단어의 접미사나 켤레 단어를 정렬하는 방법을 통해 달성되는데, 입력 단어에 추가로 선형 추가 공간을 필요로 한다.

이번 문제는 입력 단어를 추가적인 상수 메모리 공간을 사용해 그 변환으로 바꾸는 방법을 보여준다. 하지만 계산은 더 느리다.

x가 길이 n의 고정된 단어로, 그 마지막 문자가 끝 표시 #라고 하자. 끝 표시는 다른 모든 문자보다 더 작다. BW(x)를 얻기 위해 x의 켤레 단어를 정렬하는 것은 그 접미사를 정렬하는 것에 도달한다. 이 변환은 접미사에 앞서는(끝 표시에 대해 순환적으로) 문자로 구성된다. x = banana#의 예를 들면, BW(x) = annb#aa를 얻는다.

BW(x)

```
a     #
n     a     #
n     a     n     a     #
b     a     n     a     n     a     #
#     b     a     n     a     n     a     #
a     n     a     #
a     n     a     n     a     #
```

> **질문** 상수 크기의 추가 공간만을 사용해 $O(n^2)$시간 내에 길이 n의 끝 표시가 있는 단어의 버로우즈-휠러 변환을 계산하는 제자리 알고리듬을 설계하라.

풀이

처음에 $z = x$라고 하자. 목표는 (배열) z를 제자리에 두면서 $\mathrm{BW}(x)$로 변환하는 것이다. 계산은 z를 오른쪽에서 왼쪽으로 훑어가면서 수행된다.

x_i가 $0 \leq i < n$에 대해 x의 접미사 $x[i..n-1]$이라고 하자. i번째 반복이 진행되는 동안, 단어 $z = x[0..i] \cdot \mathrm{BW}(x[i+1..n-1])$는 단어 $x[0..i-1] \cdot \mathrm{BW}(x[i..n-1])$로 변환된다. 이를 위해 문자 $c = x[i]$가 $x_i, x_{i+1}, \ldots, x_{n-1}$의 접미사 중에서 x_i의 랭크를 찾기 위해 처리된다.

만약 p가 z 위의 #의 위치라면, $p-i$는 접미사 $x_{i+1}, x_{i+2}, \ldots, x_{n-1}$ 중에서 x_{i+1}의 랭크다. 그럼 $z[p]$는 접미사 x_{i+1}에 앞서기 때문에 i번째 반복이 끝날 때 c가 돼야 한다.

반복을 완성하기 위해 #의 새 위치를 알아내는 것이 남았다. #는 x_i 그 자체에 앞서기 때문에 접미사 $x_i, x_{i+1}, \ldots, x_{n-1}$ 중에서 x_i의 랭크를 찾아야 한다. 이것은 $z[i+1..n-1]$에 있는 c보다 작은 문자의 수 q를 세고, $z[i+1..p-1]$에 있는 c와 같은 문자의 수 t를 세는 것으로 쉽게 이뤄진다. 그럼 $r = q+t$가 x_i의 발견된 랭크다. 결국 이 계산은 $z[i+1..i+r]$을 z에서 왼쪽으로 한 칸 옮기고, $z[i+r]$을 #으로 두는 것으로 구성된다.

예제 $x = \mathrm{banana}\#$에 대해, 아래의 그림은 전체 계산을 묘사한다. $i = 2$번째 반복의 시작에서(가운데 행), $z = \mathrm{ban} \cdot \mathrm{an}\#\mathrm{a}$을 얻고, 밑줄 친 문자 $c = \mathrm{n}$을 처리한다. $\mathrm{an}\#\mathrm{a}$에서, c보다 작은 3개의 문자가 있다. 그리고 #의 앞에 c와 같은 문자가 하나 있다. 그럼 $r = 4$다. #를 c로 대입하면, $z[3..3+4-1]$은 옮겨지고 끝 표시가 그 뒤에 추가된다. 이것은 $\mathrm{ba} \cdot \mathrm{anna}\#$을 준다.

i				x				r
	b	a	n	a	n	a	#	
4	b	a	n	a	n̲	a	#	$2 = 2+0$
3	b	a	n	a̲	a	n	#	$2 = 1+1$
2	b	a	n̲	a	n	#	a	$4 = 3+1$
1	b	a̲	a	n	n	a	#	$3 = 1+2$
0	b̲	a	n	n	#	a	a	$4 = 4+0$
	a	n	n	b	#	a	a	

$$\mathrm{BW}(x)$$

316

INPLACEBW 알고리듬은 위의 전략을 구현한다. 이 전략은 $x[n-2 .. n-1]$이 그 자체로 변환이기 때문에 $i = n - 3$에서 반복을 시작한다.

```
INPLACEBW(x end-marked word of length n)
 1   for i ← n − 3 downto 0 do
 2       p ← position of # in x[i + 1 .. n − 1]
 3       c ← x[i]
 4       r ← 0
 5       for j ← i + 1 to n − 1 do
 6           if x[j] < c then
 7               r ← r + 1
 8       for j ← i + 1 to p − 1 do
 9           if x[j] = c then
10               r ← r + 1
11       x[p] ← c
12       x[i .. i + r − 1] ← x[i + 1 .. i + r]
13       x[i + r] ← #
14   return x
```

실행 시간에 대해서는 두 번째 줄, 다섯 번째에서 일곱 번째 줄, 여덟 번째에서 열 번째 줄, 열두 번째 줄에 있는 명령문은 전부 $O(n - i)$시간 내에 실행된다. 그럼 전체 실행 시간은 비교 모형에서 $O(n^2)$다.

노트

이 문제의 재료는 [73]에서 가져왔다. 저자들은 또한 어떻게 제자리 상수 크기의 알파벳에 대해 BW 변환을 같은 복잡도를 갖고서 원래 단어로 뒤집는지도 보였다. 버로우즈-휠러 변환에 대해 더 많은 내용은 아제로 등[Adjeroh et al.][2]이 쓴 책을 참고하라.

97 렘펠-지프 인자분해

이번 문제는 단어의 렘펠-지프 인자분해Lempel-Ziv factorisation를 다룬다. 여기서 렘펠-지프 인자분해는 단어 w를 곱단어 $w_0w_1\ldots w_k$로 분해하는 것이다. 이때 각 w_i는 현재 위치 $|w_0w_1\ldots w_{i-1}|$의 이전에 w에서 등장하는 $w_iw_{i+1}\ldots w_k$의 최장 접두사다. 만약 이전에 등장한 적이 없다면 w_i는 $w_iw_{i+1}\ldots w_k$의 첫 글자다.

렘펠-지프 인자분해는 LZ 배열에 저장된다. $LZ[0] = 0$이고, $1 \leq i \leq k$에 대해서 $LZ[i] = |w_0w_1\ldots w_{i-1}|$이다. 예를 들어 abaababababbbabbb의 렘펠-지프 인자분해는 a·b·a· aba·bab·babb·b이고, 이것은 $LZ = [0,1,2,3,6,9,13,14]$라는 배열을 준다.

> **질문** 고정된 크기의 알파벳을 가정하고, 단어의 LZ 배열을 선형 시간 내에 계산하는 방법을 보여라.

위의 문제보다 더 약한 조건인 알파벳이 선형적으로 정렬 가능할 때에도 같은 같은 실행 시간에 도달할 수 있다. 이것은 이 조건을 가정하면 선형 시간 내에 계산되는 최장 접미사 배열LPF로부터 유도된다(문제 53 참고).

단어 w의 LPF 배열은 w의 각 위치 i에 대해 다음과 같이 정의된다. $LPF[i]$는 i에서 시작하면서 그보다 앞에서도 시작하는 w의 최장 인자의 길이이다. 아래에 abaabababbbabbb의 LPF 배열을 예로 든다.

i	0	1	2	3	4	5	6	7	8	9	10	11	12	13
$w[i]$	a	b	a	a	b	a	b	a	b	b	a	b	b	b
$LPF[i]$	**0**	**0**	**1**	**3**	**2**	**4**	**3**	**2**	**1**	**4**	**3**	**2**	**2**	**1**

질문 그 LPF 배열이 주어진 단어의 렘펠-지프 인자분해를 선형 시간 내에 계산하는 알고리듬을 설계하라.

풀이

LZ의 직접 계산 첫 번째 문제의 풀이는 x의 접미사 트리 $T = ST(w)$를 활용한다. 그 종결 노드(또는 w가 끝 표시를 갖는다면 리프)는 w의 접미사로 식별되고 그 시작위치로 표시될 수 있다고 가정된다. 추가로, T의 각 노드 v에 대해, $first(v)$는 v에 루트를 둔 부분트리에서 리프의 가장 작은 표식으로, 이것은 트리를 바닥에서부터 탐색하는 것으로 계산될 수 있다.

$1 \le i \le k$에 대해 $LZ[0..i-1]$이 계산됐고, $LZ[i-1] = j$라고 하자. $LZ[i]$를 얻기 위해 문자별로 $w[j..n-1]$의 접두사의 철자 경로를 따라 접미사 트리는 $root(T)$에서부터 탐색된다. 이 과정이 계속될 수 없거나 탐색된 단어가 위치 j의 이전에 등장하지 않으면 이 계통은 멈춘다. 두 번째 조건은 다음과 같이 점검된다. 주어진 단계에서 트리의 현재 노드가 v의 명시적 노드이거나 묵시적인 내부 노드이고 이 경우 첫 번째 명시적 노드 v를 바라본다. 이전의 출현이 존재하는지 검사하는 것은 $first(v) < j$인지 검사하는 것에 이른다.

접미사 트리를 만드는 것은 선형적으로 정렬 가능한 알파벳에 대해 선형 시간이 걸리고 (문제 47 참고), 이 트리를 돌아보는 것은 고정된 알파벳에 대해 선형 시간이 걸린다. 이 과정은 일반적인 알파벳에 대해서는 $O(|w| \log alph(w))$다.

LPF에서 LZ를 만들기 다음 알고리듬은 두 번째 문제를 해결한다.

```
LZ-FACTORISATION(LPF table of a word of length n)
1  (LZ[0], i) ← (0, 0)
2  while LZ[i] < n do
3      LZ[i + 1] ← LZ[i] + max{1, LPF[LZ[i]]}
4      i ← i + 1
5  return LZ
```

LZ[0]이 정확히 설정된 것은 분명하다. while 루프의 i번째 반복에서 $0 \le j \le i$에 대해 LZ[j]가 정확히 설정됐다고 가정하자. 특히 LZ[i] $= |w_0 w_1 \ldots w_{i-1}|$이다.

w_i가 인자분해의 그다음 인자라고 하자. w_i가 공단어가 아니면 그 길이(1보다 큼)는 LPF[$|w_0 w_1 \ldots w_{i-1}|$]이다. 따라서 LZ[$i+1$] $=$ LZ[i] $+$ LPF[LZ[i]]이다. 만약 w_i가 공단어라면 LZ[$i+1$] $=$ LZ[i] $+ 1$이다. 두 경우 모두 세 번째 줄의 명령어가 LZ[$i+1$]을 정확히 계산한다.

이 알고리듬은 LZ[i] $\ge n$일 때 멈춘다. 따라서, $0 \le i \le k$에 대해 LZ[i]의 모든 값을 계산한다.

이 알고리듬의 모든 명령은 $k+1$번 반복되는 while 루프를 제외하면 상수 시간에 실행된다. 따라서 이 알고리듬은 $O(k)$시간 내에 실행된다.

노트

단어의 접미사 자동자(또는 DAWG)를 이용해 대안적인 알고리듬을 설계할 수 있다. [76]을 참고하면 두 번째 문제에 대한 알고리듬과 LPF 배열의 응용 방식을 볼 수 있다.

인자분해의 정의에 대해 많은 수의 가능한 변종이 있다. 위의 판본은 지프와 렘펠이 설계한 LZ77 압축 기법[243]에서 영감을 얻은 것이다([37] 참고). 이 판본은 실제 응용 상황에서 고성능을 보여줬기 때문에 이에 대한 연구가 자극받았다.

렘펠-지프 인자분해는 또한 단어에서 반복의 위치를 찾는 효율적인 알고리듬을 찾는데도 유용하고([67, 167] 참고) [26]에서 나온 런의 계산에 의해 높은 성능을 보인다(문제 87 참고). 렘펠-지프 인자분해는 또한 단어에 나오는 반복을 근사적으로 찾아낸다거나[168], 유전자 서열을 맞춘다거나[88] 하는 등의 다른 응용 분야에서도 반복을 다룰 수 있다.

98 렘펠-지프-웰치 복호화

렘펠-지프-웰치$^{\text{Lempel-Ziv-Welch}}$ 압축 기법은 렘펠-지프 인자분해의 한 타입에 기반한다. 이 압축 기법은 입력 문자열의 반복 인자를 단어의 사전 D에 있는 부호를 사용해 부호화시키는 것으로 구성된다. 이 사전은 알파벳 A에 있는 모든 문자로 초기화되고, 접두사에 대해 닫혀 있다. 즉, 사전에 있는 단어의 모든 접두사가 사전 안에 있다.

다음의 알고리듬은 $code_D(w)$가 사전 D에 있는 인자 w의 인덱스인 부호화 알고리듬이다.

```
LZW-ENCODER(input non-empty word)
 1  D ← A
 2  w ← first letter of input
 3  while not end of input do
 4      a ← next letter of input
 5      if wa ∈ D then
 6          w ← wa
 7      else WRITE(code_D(w))
 8          D ← D ∪ {wa}
 9          w ← a
10  WRITE(code_D(w))
```

압축 해제 알고리듬은 부호화기에 의해 생성된 수열을 읽어서 부호화기가 수행하는 것과 유사한 방식으로 사전을 갱신한다.

```
LZW-DECODER(input non-empty word)
 1  D ← A
 2  while not end of input do
 3      i ← next code of input
 4      w ← factor of code i in D
 5      WRITE(w)
 6      a ← first letter of next decoded factor
 7      D ← D ∪ {wa}
```

이 문제는 복호화기가 마주치는 중요한 상황만을 강조한다. 이 성질이 입력을 정확히 복호화할 수 있도록 확실하게 해주는 요소를 제공한다.

풀이

먼저 출력에 부호를 적은 직후 $a \in A$, $u \in A^*$, $au \in D$, $aua \notin D$에 대해 부호화기가 $v = auaua$를 읽는다면, 복호화기가 사전에 포함되지 않는 부호를 읽게 되는 것을 증명하겠다.

부호화기가 $au \in D$를 읽기 시작한다. 그럼 v에서 따라오는 a를 읽을 때, 부호화기는 au의 부호를 적고 aua를 사전에 추가한다. 계속해서 부호화기는 ua의 두 번째 출현을 읽고 aua의 부호를 적는다(사전이 접두사에 대해 닫혀 있으므로 aua는 연장될 수 없다).

복호화 단계에서 복호화기가 au의 부호를 읽을 때 복호화기는 그 다음으로 사전에 있기 전의 aua의 부호를 읽는다.

이제, 복호화기가 사전에 아직 포함되지 않은 부호 i를 읽는다면 그 부호는 인자 aua에 대응됨을 보이겠다. 여기서 au는 i의 직전에 읽은 부호에 해당하는 인자다.

w가 i의 직전에 읽은 부호에 대응하는 인자라고 하자. i를 읽기 전에 사전에 추가된 적이 없는 유일한 부호는 인자 wc에 대응한다. 여기서 c는 부호 i를 갖는 인자의 첫 번째 글자다. 따라서 $c = w[0]$이다. 만약 $w = au$라면, 부호 i는 인자 aua에 대응된다.

예제 8비트 아스키ASCII에 대한 단어 ACAGAATAGAGA가 입력 단어라고 하자.

사전은 처음에 아스키 기호를 포함하고, 그 인덱스는 아스키 부호 단어다. 또한 256이라는 단어 끝 기호를 포함한다.

부호화

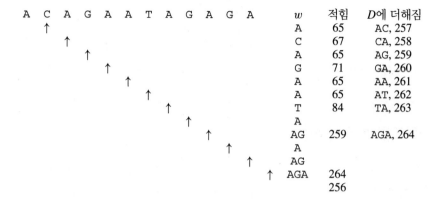

w	적힘	D에 더해짐
A	65	AC, 257
C	67	CA, 258
A	65	AG, 259
G	71	GA, 260
A	65	AA, 261
A	65	AT, 262
T	84	TA, 263
A		
AG	259	AGA, 264
A		
AG		
AGA	264	
	256	

복호화

입력 수열은 65, 67, 65, 71, 65, 65, 84, 259, 264, 256이다.

읽음	적힘	더해짐
65	A	
67	C	AC, 257
65	A	CA, 258
71	G	AG, 259
65	A	GA, 260
65	A	AA, 261
84	T	AT, 262
259	AG	TA, 263
264	AGA	AGA, 264
256		

중요한 순간은 인덱스 264를 읽을 때다. 이 시점에서 단어에 있는 어떤 단어도 이 인덱스를 갖지 않기 때문이다. 하지만 이전에 복호화된 인자가 AG이므로, 인덱스 264는 AGA에만 대응될 수 있다.

노트

렘펠-지프-웰치 기법은 웰치[239]가 설계했다. 이는 지프와 렘펠[243]에 의해 개발된 원래 기법을 개선한 것이다.

99 허프만 부호의 비용

문자열 $x \in A^*$에 적용되는 히프만^Huffman 압축 기법은 가장 짧은 부호화된 분자열을 만들어내기 위해 이진 부호 단어를 각 문자 x에 배정한다. 그 원리는 가장 자주 나타나는 문자에 가장 짧은 부호 단어를 주고, 가장 덜 나타나는 문자에 가장 긴 부호 단어를 대응시키는 것이다.

부호 단어는 이진 트리와 자연스럽게 연관된 접두사 부호(접두사가 없는 집합)를 형성한다. 이진 트리에서 노드에서 왼쪽과 오른쪽 자손으로 가는 링크는 각각 0과 1로 표시된다. 리프는 원래 문자에 해당하고, 가지의 표시는 부호 단어에 해당한다. 이 기법에서, 부호는 완전하다. 즉, 단어의 내부 노드는 모두 정확히 2개의 자손을 갖는다.

허프만 부호의 비용은 $\sum_{a \in A} freq(a) \times |code(a)|$라는 합이다. 여기서 $code(a)$는 문자 a의 이진 부호 단어다. 이 비용은 단어 x로부터 이 기법에 의해 압축된 가장 짧은 이진 문자열의 길이다. 이때 $a \in alph(x)$인 각 문자에 대해 $freq(a) = |x|_a$다. 다음의 알고리듬을 빈도(가중치)에 적용시켜보자.

HuffmanCost(S list of positive weights)
1 $result \leftarrow 0$
2 **while** $|S| > 1$ **do**
3      $p \leftarrow$ MinDelete(S)
4      $q \leftarrow$ MinDelete(S)
5   add $p + q$ to S
6      $result \leftarrow result + p + q$
7 **return** $result$

질문 HUFFMANCOST(S) 알고리듬이 항목 가중치의 목록 S로부터 허프만 부호의 최소 비용을 계산함을 증명하라.

[**힌트:** 부호와 연관된 허프만 트리를 생각해보자.]

예제 $S = \{7,1,3,1\}$이라고 하자. 최초에 $result = 0$이다.

1단계: $p = 1$, $q = 1$, $p + q = 2$, $S = \{7,3,2\}$, $result = 2$

2단계: $p = 2$, $q = 3$, $p + q = 5$, $S = \{7,5\}$, $result = 7$

3단계: $p = 5$, $q = 7$, $p + q = 12$, $S = \{12\}$, $result = 19$

이 알고리듬을 구성하는 허프만 포레스트는 허프만 트리로 끝나며, 다음의 그림에 나타나 있다. 노드는 그 가중치로 표시됐다.

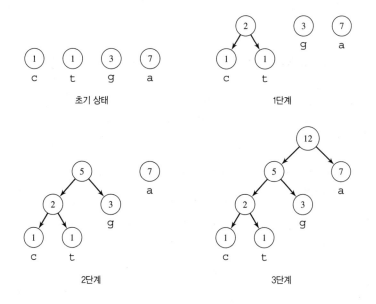

마지막 트리는 문자와 연관된 부호 단어를 주고, 다음 표로 요약된다.

	a	c	g	t
freq	7	1	3	1
code	1	000	01	001
|code|	1	3	2	3

이 트리의 비용은 $7 \times 1 + 1 \times 3 + 3 \times 2 + 1 \times 3 = 19$다. 이것은 cagataagagaa에 대응되는 압축된 단어의 길이 000 1 01 1 001 1 1 01 1 01 1 1이며 이 단어는 예제의 문자 빈도에 맞는다. 8비트 부호 단어로 부호화되면, 이 단어의 길이는 96이다.

> **질문** 목록 S가 오름차순일 때, HUFFNAMCOST(S) 알고리듬이 선형 시간 내에 수행될 수 있는 구현 방법을 보여라.

[**힌트:** 새 값(트리의 내부 노드에 해당)을 삽입하는 데 큐^{queue}를 사용하라.

풀이

HUFFMANCOST 알고리듬의 정확성 S_i가 while 루프의 i번째 단계의 S의 값을 나타낸다고 하자. $0 \leq i \leq |S| - 1$이다.

이 알고리듬의 루프 불변항이 있다. 즉, *result*는 S_i에 저장된 가중치를 나타내는 허프만 부호 단어의 전체 비용의 합이다.

첫 번째 반복 이전에, S_0은 깊이가 0인 노드 트리로 구성된 포레스트이다. 이는 *result* = 0이라는 초기화에 해당한다.

i번째 반복에서, 이 알고리듬은 적어도 2개의 가중치 p와 q를 S_{i-1}로부터 선택하고 삭제하며, $p + q$를 S_{i-1}에 더해 S_i를 생성한다. 이 과정은 그 루트가 $p + q$의 가중치를 갖는 새로운 트리의 생성을 흉내내고, 따라서 2개의 새로운 간선이 생성된다. 새로운 트리의 리프와 연관된 문자의 모든 부호 단어를 처리하기 위해 그럼 1개의 비트가 추가로 필요하다. 종합하면 이것은 $p + q$번 나타나고, 여섯 번째 줄에서 처리됐듯이 *result*가 $p + q$만큼 증가해야 함을 뜻한다. 결과적으로 i번째 반복이 끝나면 *result*는 호프만 S_i에 저장된 가중치를 나타내는 부호 단어의 전체 비용의 합이다.

($|S| - 1$)번째 반복이 끝났을 때, S에는 단 하나의 가중치만 남아 있고, *result*는 그에 대응하는 허프만 부호의 전체 비용이다.

while 루프의 몇 번째 반복에서든 S에 있는 두 최솟값이 아닌 다른 값을 고르면 *result*보다 더 큰 비용을 생성함이 분명하다.

선형 시간 처리 구현   선형 시간 내에 HUFFMANCOST(S)를 실행시키려면, 큐 Q에 새로 만들어진 가중치를 삽입하는 것으로 충분하다. 새로운 가중치는 오름차순으로 들어가기 때문에, Q는 여전히 정렬된 상태이고, 각 단계는 상수 시간 내에 실행돼 다음의 풀이를 준다.

HUFFMANCOSTLINEAR(S increasing list of positive weights)

```
1   result ← 0
2   Q ← ∅
3   while |S| + |Q| > 1 do
4       (p,q) ← extract the 2 smallest values among
               the first 2 values of S and the first 2 values of Q
5       ENQUEUE(Q,p + q)
6       result ← result + p + q
7   return result
```

예제 $S = \{1,1,3,7\}$이라고 하자. 처음에 *result* $= 0$이고 $Q = \emptyset$이다.

1단계: $p = 1$, $q = 1$, $p + q = 2$, $S = (3,7)$, $Q = (2)$, *result* $= 2$

2단계: $p = 2$, $q = 3$, $p + q = 5$, $S = (7)$, $Q = (5)$, *result* $= 7$

3단계: $p = 5$, $q = 7$, $p + q = 12$, $S = \emptyset$, $Q = (12)$, *result* $= 19$

노트

허프만 트리는 허프만[144]이 도입했다. 초기 빈도수가 이미 정렬된 후의 허프만 트리의 선형 시간 구성은 반 르우벤van Leeuwen[235]이 제시했다.

100 길이가 제한된 허프만 부호화

알파벳 문자의 빈도가 주어졌을 때, 허프만 알고리듬은 가능한 짧은 부호화 방식으로 문자를 부호화하는 최적의 접두사 부호를 만들어낸다. 일반적으로는 부호 단어의 길이에 제약 조건이 없다. 하지만 어떤 경우, 부호 단어의 길이에 한계가 필요하다. 그런 제약 조건을 만족하는 부호를 만드는 것이 이번 문제의 주제다.

동전 수집가$^{coin\ collector}$의 문제가 이런 제약 조건이 사용된 사례다. 동전 수집가는 두 가지 독립적인 성질을 갖는 동전을 모은다. 하나는 액면가(통화 가치)이고 다른 하나는 거래가(수집 가치)다. 목표는 전체 거래가를 최소화하면서 합계 N을 모으는 것이다.

액면가가 2의 거듭제곱 즉, $1 \le i \le L$에 대해 2^{-i}라고 하자. 동전은 다음과 같이 조직화된다. 동전이 그 거래가의 오름차순으로 정렬돼 있는 각 액면가에 대한 목록이 있다.

이 기법은 더 작은 액면가의 목록에 있는 마주한 동전을 2개씩 묶는 것으로 구성된다. 홀수 개라면 마지막 동전은 버린다. 이 묶음의 거래가는 두 동전의 거래가의 합이다. 새로 만들어진 묶음은 (거래가의 오름차순으로 정렬된) 그다음으로 작은 액면가의 동전과 연관된다. 이 과정은 2^{-1}의 액면가를 가진 동전 목록이 처리될 때까지 계속된다.

> **질문** n개의 빈도 목록에 대해 어떤 부호단어도 L보다 길지 않고, $O(nL)$시간 내에 실행되며, 길이가 제한된 최적 허프만 부호를 계산하는 알고리듬을 설계하라.

[**힌트:** 이 문제를 이진 동전 수집가의 문제로 바꿔라.]

예제 동전 수집가가

- 각각 4, 8, 13, 15의 거래가를 갖는 4개의 1/2유로 동전
- 각각 3, 5, 6의 거래가를 갖는 3개의 1/4유로 동전
- 각각 2, 2, 4, 6, 11의 가치를 갖는 5개의 1/8유로 동전

을 갖고서, 2유로를 모으려고 한다고 하자.

먼저 1/8유로 동전은 2개씩 짝지어서 1/4유로의 두 묶음으로 묶으면 각각 거래가가 4와 10이다. 거래가 11인 동전은 버린다.

그럼 이 두 묶음을 1/4유로 동전과 합치고 정렬한다. 1/4유로 동전과 묶음은 다시 묶여서 2개의 1/2유로 묶음을 만들고, 각각 7과 11의 거래가를 갖는다. 거래가 10인 묶음은 버린다.

계속해서, 이 두 묶음을 1/2유로 동전과 합치고 정렬한다. 최종적으로 1/2유로의 동전과 묶음이 처리되고, 이것은 거래가가 11, 19, 28인 세 묶음이 된다. 아래의 그림은 전체 처리 과정을 묘사한다.

```
                                          1/2유로:  4   8   13  15
  1/2유로:  4   8   13  15                1/4유로:  3   5   6
  1/4유로:  3   5   6          묶음                    4        10
  1/8유로:  2   2   4   6   11  ───────>             / \      / \
                                          1/8유로:  2   2     4   6


                                                    1/2유로:  4   8   13  15
          1/2유로:  4   8   13  15                            7         11
  합침    1/4유로:  3   4   5   6   10     묶음                / \       / \
  ───────>                   / \       / \  ───────>  1/4유로:  3   4   5   6
                            2   2     4   6                        \ /
                                                                   2   2


          1/2유로:  4   7   8   11  13  15            1유로:   11      19       28
  합침                / \       / \                          / \     / \      / \
  ───────>            3   4     5   6        묶음    1/2유로:  4   7   8   11  13  15
                          \ /                ───────>            / \       / \
                          2   2                                 3   4     5   6
                                                                    \ /
                                                                    2   2
```

처음 두 묶음이 해답을 준다. 2유로는 거래가가 2인 2개의 1/8유로 동전과, 거래가 3, 5, 6인 3개의 1/4유로 동전과, 거래가 4, 8인 2개의 1/2유로 동전으로 구성돼 전체 거래가가 30이다.

PACKAGEMERGE(S, L) 알고리듬은 액면가가 2^{-L}과 2^{-1} 사이에 있는 동전 집합 S에 대한 위의 전략을 구현한다. PACKAGE(S)는 S의 맞닿은 항목을 2개씩 묶고, MERGE(S, P)는 두 정렬된 리스트를 합친다.

결국 PACKAGEMERGE(S, L) 리스트의 처음 N개의 항목은 가장 작은 액면가를 갖고 답을 구성한다.

PACKAGEMERGE(S set of coins, L)
 1 **for** $d \leftarrow 1$ **to** L **do**
 2      $S_d \leftarrow$ list of coins of S with denomination 2^{-d}
            sorted by increasing numismatic value
 3 **for** $d \leftarrow L$ **downto** 1 **do**
 4      $P \leftarrow$ PACKAGE(S_d)
 5      $S_{d-1} \leftarrow$ MERGE(S_{d-1}, P)
 6 **return** S_0

PACKAGE(S')와 MERGE(S', P')는 둘 다 $n = |S|$인 선형 시간 내에 실행된다. 따라서 동전 목록이 이미 정렬돼 제공된다면 PACKAGEMERGE(S, L) 알고리듬은 $O(nL)$의 시간과 공간 내에 실행된다.

풀이

$1 \leq i \leq n$에 대해 n개의 빈도수 w_i가 주어지면 앞의 알고리듬은 L보다 긴 부호단어가 없도록 허프만 최적 부호를 찾기 위해 거래가가 $w_i (1 \leq i \leq n)$이고 액면가가 $2^{-j}(1 \leq j \leq L)$인 L개의 동전을 만들어서 그 합이 $n - 1$이 되도록 모으는 데 적용될 수 있다.

예제 오름차순으로 정렬된 6개의 빈도수 $w = (1, 2, 4, 6, 8, 20)$과 $L = 4$가 주어졌을 때, PACKAGEMERGE 알고리듬은 다음 그림과 같이 작동한다.

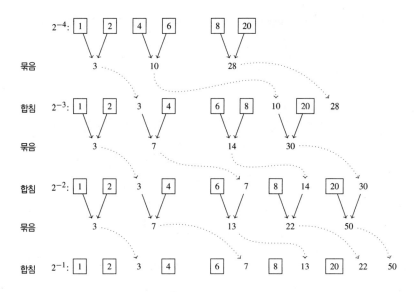

각 빈도수에 해당하는 부호단어의 길이는 마지막 수준에 있는 처음 $2n - 2 = 10$개의 항목을 오름차순으로 훑어서 계산한다. 이 과정을 다음 표에 요약했다. 여기서 가령 여섯 번째 항목은 가중치 7이고, 빈도 1, 2, 4에 해당한다. 아래 그림의 트리는 이 부호 단어 길이에 해당한다.

항목	가중치	1	2	4	6	8	20
1	1	1	0	0	0	0	0
2	2	1	1	0	0	0	0
3	3	2	2	0	0	0	0
4	4	2	2	1	0	0	0
5	6	2	2	1	1	0	0
6	7	3	3	2	1	0	0
7	8	3	3	2	1	1	0
8	13	4	4	3	2	1	0
9	20	4	4	3	2	1	1
10	22	4	4	3	3	3	1

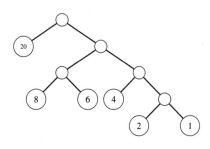

더 정확하게는 액면가마다 하나씩 L개의 동전 목록이 고려된다. 이 목록은 거래가의 오름차순으로 정렬됐다. 사실 이 경우 $L = O(\log n)$이기 때문에 정렬은 주어진 복잡도 내에 수행될 수 있고, 해답은 $O(nL)$의 시간과 공간 복잡도 내에서 생성될 수 있다.

마지막으로 2^{-1}에 해당하는 목록의 처음 $2n - 2$개의 항목이 처리된다. 이러한 항목은 원래 빈도의 각 출현이 연관된 부호 단어의 길이를 한 단위로 처리한다.

$(i,\ell) \in [1,n] \times [1,L]$이 가중치 w_i와 폭 $2^{-\ell}$인 노드라고 하자. 노드 집합의 가중치(또는 폭)는 그 안에 있는 노드의 가중치(또는 폭)의 합이다. n개의 리프를 갖는 이진 트리 T에 대해 $nodeset(T)$를 다음과 같이 정의한다. $nodeset(T) = \{(i,\ell) : 1 \le i \le n, 1 \le \ell \le \ell_i\}$. 여기서 ℓ_i는 T의 i번째 리프의 깊이이다.

따라서, $nodeset(T)$의 가중치는 $weight(T) = \sum_{i=1}^{n} w_i \ell_i$이고 그 폭은 $width(T) = n - 1$이다(수학적 귀납법에 의해 증명됨).

보조정리 10 거래가 $w_i (1 \le i \le n)$의 오름차순으로 정렬된 n개 동전의 목록 L에 PACKAGEMERGE 알고리듬을 써서 계산한 목록이 있을 때, 이 목록의 첫 $2n-2$개 항목은 폭 $n-1$의 최소 가중치 노드집합nodeset에 해당한다.

증명 $C = (k_1, k_2, \dots, k_n)$가 PACKAGEMERGE 알고리듬에 의해 생성된 부호단어 길이라고 하자. 그리고 $K = \sum_{i=1}^{n} 2^{-k_i}$라고 하자. 처음에 $C = (0,0,\dots,0)$이고 $K = n$이다. 알고리듬에 의해 생성된 첫 $2n-2$개의 항목 중에서 모든 항목이 K를 2^{-1}만큼 감소시키는 것을 쉽게 알 수 있다. 또한 알고리듬이 각 단계에서 욕심쟁이 방식으로 최소 가중치를 선택해 전체적으로 최소 가중치를 갖는 노드 집합을 생성하는 것도 쉽게 알 수 있다. ■

다음 두 조건이 성립하면 노드 집합 Z는 단조적monotone이다.

- $1 \le i < n$에 대해, $(i,\ell) \in Z \Rightarrow (i+1,\ell) \in Z$
- $\ell > 1$에 대해, $(i,\ell) \in Z \Rightarrow (i,\ell-1) \in Z$

다음의 보조정리는 쉽게 증명된다.

보조정리 11 정수 $X < n$에 대해 폭 X의 최소 가중치 노드 집합은 단조적이다.

보조정리 12 만약 $(\ell_1, \ell_2, \dots, \ell_n)$이 $1 \le i \le L$인 정수의 목록이고, Z가 노드 집합 $\{(i,\ell) : 1 \le i \le n, 1 \le \ell \le \ell_i\}$이면, $width(Z) = n - \sum_{i=1}^{n} 2^{-\ell_i}$다.

보조정리 13 만약 $y = (\ell_1, \ell_2, \dots, \ell_n)$이 음이 아닌 정수이고 그 폭이 1과 같은 단조 증가 목록이면, y는 이진 트리의 리프 깊이의 목록이다.

이제, 핵심 정리를 설명하겠다.

정리 14 만약 노드 집합 Z가 폭 $n-1$인 모든 노드 집합 중에서 최소 가중치를 갖는다면, Z는 트리 T의 노드 집합이고, 길이가 제한된 허프만 부호화 문제의 최적해다.

증명 Z가 폭 $n-1$을 갖는 최소 가중치 노드 집합이라고 하자. ℓ_i가 $1 \leq i \leq n$의 각각에 대해 $(i, \ell_i) \in A$인 최대 수준이라고 하자. 보조정리 11에 의해, Z는 단조적이다. 따라서 $1 \leq i < n$에 대해 $\ell_i \leq \ell_{i+1}$이다. Z가 단조적이고, 폭 $n-1$이기 때문에, 보조정리 12는 $\sum_{i=1}^{n} 2^{-\ell_i} = 1$을 뜻한다. 그럼 보조정리 13에 의해, $(\ell_1, \ell_2, \ldots, \ell_n)$은 이진트리 T의 리프 깊이의 목록이다. 따라서 $Z = nodeset(T)$다.

Z가 $n-1$의 폭을 갖는 모든 노드 집합 중에서 최소 가중치이므로, T가 최적이다. ■

노트

동전 수집가 문제와 PACKAGEMERGE 알고리듬은 라모어^{Larmore}와 허쉬버그^{Hirschberg}[172]가 도입했다. 이들은 또한 최적의 길이 제한 허프만 부호를 찾는 것을 동전 수집가 문제로 바꿀 수 있고, $O(nL)$의 시간과 공간을 사용해 해결할 수 있음을 보였다. 이들은 게다가 공간 복잡도를 $O(n)$으로 낮출 수 있음을 보였다. 다른 개선점은 [156]과 [220]에서 찾아볼 수 있다.

101 실시간 허프만 부호화

정적 허프만 압축 기법의 두 가지 중요한 단점은, 먼저 원문에 있는 문자의 빈도가 미리 알려져 있지 않으면, 원문을 2번 읽어야 한다는 것이고, 둘째로는 허프만 부호화 트리가 압축 파일에 반드시 포함돼야 한다는 것이다. 이번 문제는 이 단점을 회피하는 해결법을 보여준다.

이 해법은 부호화 트리가 원문으로부터 기호를 읽을 때마다 부호 트리를 갱신하는 동적 기법에 기반한다. 현재의 허프만 트리는 문자열의 이미 처리된 부분에 관련되고, 복호화 과정 동안 정확히 같은 방식으로 발달할 것이다.

> **질문** 원문을 한 번만 읽고, 압축된 문자열에 부호 트리를 저장할 필요가 없는 허프만 압축 기법을 설계하라.

[힌트: 허프만 트리는 자매 성질^{sibling property}에 의해 특징지어진다.]

자매 성질 T가 n개의 리프를 갖는 허프만 트리(모든 리프가 양의 가중치를 갖는 완전 이진 가중치 트리)라고 하자. T의 노드는 다음을 만족하는 목록 $(t_0, t_1, \ldots, t_{2n-2})$으로 늘어놓을 수 있다.

- 노드가 가중치에 대해 내림차순이다.

  $weight(t_0) \geq weight(t_1) \geq \cdots \geq weight(t_{2n-2})$
- $0 \leq i \leq n-2$인 임의의 i에 대해, 이웃한 노드 t_{2i}와 t_{2i+1}은 자매다(같은 부모를 갖는다).

풀이

부호와와 복호화 과정은 동적 허프만 트리를 ART라는 인공적 기호를 갖고 그 가중치가 1인 하나의 노드로 구성된 트리로 초기화한다.

부호화 과정 부호화 과정 동안 원문에서 기호 a를 읽을 때마다 트리에서 그 부호 단어가 출력에 덧붙여진다. 하지만 이것은 a가 이전에 나타난 적이 있을 때만 일어난다. 반대로 a의 원래 부호 단어가 따라오는 ART의 부호는 출력에 덧붙여진다. 이어서 이 트리는 다음과 같이 변형된다. 먼저 a가 트리의 리프가 아니라면 ART 리프의 부모로써 a라는 표시가 붙은 새 자손 리프를 가지는 새 노드가 삽입된다. 둘째로, 이 트리는 문자열의 새 접두사에 대한 허프만 트리를 얻기 위해 갱신된다(아래 참고).

복호화 과정 복호화에서는 압축된 문자열은 부호화 트리로 파싱^{parse}된다. 현재 노드는 부호화 알고리듬에서처럼 ART에 해당하는 루트로 초기화된다. 그럼 이 트리는 대칭적으로 성장한다. 압축된 파일에서 0을 읽을 때마다 트리의 왼쪽 링크로 걸어들어간다. 그리고 1을 읽으면 오른쪽 링크로 걸어들어간다. 현재 노드가 리프라면 그와 연관된 부호는 출력에 덧붙여지고, 트리는 부호화 단계에서 했던 것과 정확히 같은 방식으로 갱신된다.

갱신 부호화 과성(또는 복호화 과정) 동안 기호 a(또는 a의 부호)가 읽혀지면, 현재 트리는 기호의 정확한 빈도를 얻기 위해 갱신돼야 한다. 입력 문자열의 다음 기호를 생각하면 이에 연관된 리프의 가중치가 1만큼 증가하고 그 조상의 가중치는 그에 맞춰 바뀌어야 한다.

먼저 a에 해당하는 리프 t_q의 가중치가 1만큼 증가한다. 그렇다면 만약 자매 성질의 첫 번째 조건이 더 이상 만족되지 않는다면, t_q노드는 $weight(t_p) < weight(t_q)$인 목록에서 가장 가까운 노드 $t_p(p < q)$와 교환된다. 이것은 노드 t_p와 t_q에 루트를 둔 하위 트리를 교환한다는 뜻이다. 이렇게 하면 노드는 그 가중치에 따라 내림차순으로 남아 있게 된다. 그다음 같은 연산을 트리의 루트에 도착할 때까지 t_p의 부모에 대해서도 반복한다.

다음 알고리듬은 이 전략을 구현한다.

UPDATE(a)

1 $t_q \leftarrow leaf(a)$
2 **while** $t_q \neq root$ **do**
3      $weight(t_q) \leftarrow weight(t_q) + 1$
4      $p \leftarrow q$
5   **while** $weight(t_p - 1) < weight(t_q)$ **do**
6          $p \leftarrow p - 1$
7   swap nodes t_p and t_q
8      $t_q \leftarrow parent(t_p)$
9 $weight(root) \leftarrow weight(root) + 1$

증명의 밑그림 자매 성질이 노드의 가중치에 따른 내림차순 목록 $(t_0, t_1, \ldots, t_q, \ldots, t_{2n-2})$을 갖는 허프만 트리에 대해 성립한다고 하자. 아울러 리프 t_q의 가중치가 1만큼 증가했다고 하자. 그럼 두 부등식 $weight(t_p) \geq weight(t_q)$와 $weight(t_p) < weight(t_q) + 1$가 $weight(t_p) = weight(t_q)$임을 뜻한다. 노드 t_p는 노드 t_q와 같은 가중치를 갖고, 따라서 t_q의

부모나 조상이 될 수 없다. 부모의 가중치는 그 두 자손의 가중치의 합이고 리프는 양의 가중치를 갖기 때문이다. 그럼 t_q를 $weight(t_p) = weight(t_q)$이 되는 최소 노드 t_p와 교환하고, $weight(t_q)$를 1만큼 증가시키고, 같은 과정을 t_p의 루트가 같은 부모에 적용하면, 전체 트리의 자매 성질을 되돌려서 이 트리가 허프만 트리가 되도록 한다.

아래의 그림은 입력 문자열 cagataagagaa를 처리하는 첫 다섯 단계 동안에 어떻게 이 트리가 갱신되는지 묘사한 것이다.

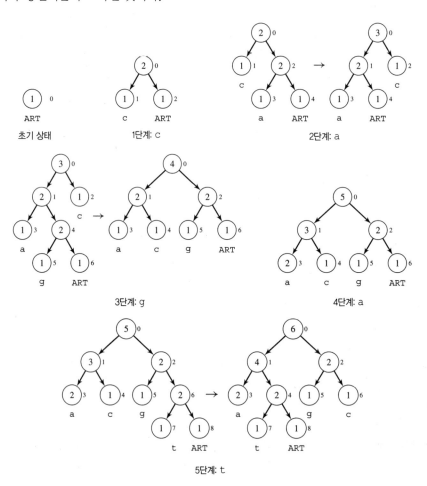

노트

여기서 소개한 허프만 압축 기법의 동적 판본은 폴러^{Faller}[108]와 갤러거^{Gallager}[125]가 독립적으로 밝혔다. 실용적인 판본은 코맥^{Cormack}과 호스풀^{Horspool}[62]과 크누스[161]가 제시했다. 부호화 길이에 대한 개선을 이끌어내는 정확한 분석은 비터^{Vitter}[236]가 제시했다.

허프만 부호화의 다양한 변종이 존재한다. 사례는 [121]을 참고하라.

---

102 런 길이 부호화

양의 정수 x의 이진 표현(전개)은 $r(x) \in \{0,1\}^*$으로 나타낸다. 단어 $w \in 1\{0,1\}^*$의 런 길이 부호화$^{run\text{-}length\ encoding}$는 $1^{p_0}0^{p_1}\ldots1^{p_{s-2}}0^{p_{s-1}}$의 꼴을 갖는다. 여기서 $s-2 \geq 0$이고 p_i는 $i = 0,\ldots,s-2$에 대해 양의 정수이며, $p_{s-1} \geq 0$이다. s는 w의 런 길이$^{run\ length}$라고 한다. 이번 문제에서는 두 정수의 합, 차, 곱의 이진 표현의 런 길이를 검토한다.

> **질문** x와 y가 $x \geq y > 0$인 두 정수라고 하자. n이 $r(x)$와 $r(y)$의 전체 런 길이라고 하자. $r(x+y)$, $r(x-y)$, $r(x \times y)$의 런 길이가 n에 대해 다항식임을 보여라.

풀이

$r(x) = 1^{p_0}0^{p_1}\ldots1^{p_{s-2}}0^{p_{s-1}}$이고, $r(y) = 1^{q_0}0^{q_1}\ldots1^{q_{t-2}}0^{q_{t-1}}$이라고 하자.

$r(x+y)$의 런 길이 수학적 귀납법으로 $r(x+y)$의 런 길이가 n에 대한 다항식임을 보이겠다. $n = 2$일 때, $s = 1$일 때, $t = 1$일 때 수학적 귀납법의 가정이 성립하는 것은 쉽게 알 수 있다. $r(x)$와 $r(y)$의 전체 런 길이가 $k < n$일 때 성립한다고 하자. 이제 $r(x)$와 $r(y)$의 전체 런 길이가 n일 때 수학적 귀납법을 적용해보자.

- $p_{s-1} \neq 0$과 $q_{t-1} \neq 0$인 경우.
  일반성을 잃지 않고 $p_{s-1} \geq q_{t-1}$라고 가정할 수 있다. 그럼,

$$r(x+y) = (1^{p_0}0^{p_1}\cdots 1^{p_{s-2}}0^{p_{s-1}-q_{t-1}} + 1^{q_0}0^{q_1}\cdots 1^{q_{t-2}}) \cdot 0^{q_{t-1}}$$

이다.

가정에 의해 $1^{p_0}0^{p_1}\cdots 1^{p_{s-2}}0^{p_{s-1}-q_{t-1}}$과 $1^{q_0}0^{q_1}\cdots 1^{q_{t-2}}$이 $n-1$보다 더 길지 않은 전체 런 길이를 갖기 때문에 그 합은 n에 대해 다항식인 런 길이를 갖는다.

예제 $r(x) = 1^3 0^2 1^2 0^3$과 $r(y) = 1^1 0^3 1^3 0^2$라고 하자. 그럼,

$$r(x+y) = (1^3 0^2 1^2 0^1 + 1^1 0^3 1^3) \cdot 0^2 = 1^1 0^2 1^1 0^1 1^2 0^1 1^1 0^2$$

```
    1 1 1 0 0 1 1 0 0 0              1 1 1 0 0 1 1 0
+      1 0 0 0 1 1 1 0 0     =    +      1 0 0 0 1 1 1
  ─────────────────────            ───────────────────
  1 0 0 1 0 1 1 0 1 0 0            1 0 0 1 0 1 1 0 1 · 0 0
```

이다.

- $p_{s-1} = 0$이고 $q_{t-1} \neq 0$인 경우.

  만약 $p_{s-2} \geq q_{t-1}$이라면,

  $$r(x+y) = (1^{p_0}0^{p_1}\cdots 1^{p_{s-2}-q_{t-1}} + 1^{q_0}0^{q_1}\cdots 1^{q_{t-2}}) \cdot 1^{q_{t-1}}$$

  이다.

  $1^{p_0}0^{p_1}\cdots 1^{p_{s-2}-q_{t-1}}$과 $1^{q_0}0^{q_1}\cdots 1^{q_{t-2}}$이 가정에 의해 $n-1$보다 길지 않은 전체 런 길이를 가지므로, 그 합은 n에 대해 다항식인 런 길이를 갖는다.

  예제 $r(x) = 1^3 0^2 1^5 0^0$과 $r(y) = 1^1 0^3 1^3 0^2$이라고 하자. 그럼,

  $$r(x+y) = (1^3 0^2 1^3 + 1^1 0^3 1^3) \cdot 1^2 = 1^1 0^2 1^1 0^1 1^3 0^1 1^2$$

```
    1 1 1 0 0 1 1 1 1 1              1 1 1 0 0 1 1 1
+      1 0 0 0 1 1 1 0 0     =    +      1 0 0 0 1 1 1
  ─────────────────────            ───────────────────
  1 0 0 1 0 1 1 1 0 1 1            1 0 0 1 0 1 1 1 0 · 1 1
```

  이다.

  만약 $p_{s-2} < q_{t-1}$이라면,

  $$r(x+y) = (1^{p_0}0^{p_1}\cdots 0^{p_{s-3}} + 1^{q_0}0^{q_1}\cdots 1^{q_{t-2}}0^{q_{t-1}-p_{s-2}}) \cdot 1^{p_{s-2}}$$

이다.

$1^{p_0}0^{p_1}\ldots0^{p_{s-3}}$과 $1^{q_0}0^{q_1}\ldots1^{q_{t-2}}0^{q_{t-1}-p_{s-2}}$가 가정에 의해 $n-1$보다 길지 않은 전체 런 길이를 가지므로, 그 합은 n에 대해 다항식인 런 길이를 갖는다.

예제 $r(x)=1^30^21^30^11^10^0$과 $r(y)=1^10^31^30^2$이라고 하자. 그럼,

$$r(x+y)=(1^30^21^30^1+1^10^31^30^1)\cdot1^1=1^10^21^10^11^30^21^1$$

$$
\begin{array}{r}
1\;1\;1\;0\;0\;1\;1\;1\;0\;1 \\
+\quad\;1\;0\;0\;0\;1\;1\;1\;0\;0 \\
\hline
1\;0\;0\;1\;0\;1\;1\;1\;0\;0\;1
\end{array}
\qquad=\qquad
\begin{array}{r}
1\;1\;1\;0\;0\;1\;1\;1\;0 \\
+\quad\;1\;0\;0\;0\;1\;1\;1\;0 \\
\hline
1\;0\;0\;1\;0\;1\;1\;1\;0\;0\;\cdot\;1
\end{array}
$$

이다.

- $p_{s-1}\neq0$이고 $q_{t-1}=0$인 경우는 유사하게 다룰 수 있다.
- $p_{s-1}=0$이고 $q_{t-1}=0$이라고 하자.

  그럼, 일반성을 잃지 않고 $p_{s-2}\geq q_{t-2}$이라고 가정할 수 있다. 그럼,

  $$r(x+y)=(1^{p_0}0^{p_1}\ldots1^{p_{s-2}-q_{t-2}}+1^{q_0}0^{q_1}\ldots0^{q_{t-3}}+1)\cdot1^{q_{t-2}-1}0$$

이다.

$1^{p_0}0^{p_1}\ldots1^{p_{s-2}-q_{t-2}}$와 $1^{q_0}0^{q_1}\ldots0^{q_{t-3}}$이 가정에 의해 $n-1$보다 길지 않은 전체 런 길이를 가지므로, 그 합은 n에 대해 다항식인 런 길이를 갖는다.

예제 $r(x)=1^30^21^50^0$과 $r(y)=1^10^51^30^0$이라고 하자. 그럼,

$$r(x+y)=(1^30^21^2+1^10^5+1)\cdot1^20^1=1^10^21^10^11^10^21^20^1$$

$$
\begin{array}{r}
1\;1\;1\;0\;0\;1\;1\;1\;1\;1 \\
+\quad\;1\;0\;0\;0\;0\;0\;1\;1\;1 \\
\hline
1\;0\;0\;1\;0\;1\;0\;0\;1\;1\;0
\end{array}
\qquad=\qquad
\begin{array}{r}
1\;1\;1\;0\;0\;1\;1 \\
+\quad\;1\;0\;0\;0\;0\;0 \\
+\qquad\qquad\;1 \\
\hline
1\;0\;0\;1\;0\;1\;0\;0\;\cdot\;1\;1\;0
\end{array}
$$

이다.

모든 경우를 고려한 결과 $r(x+y)$에 대한 문제를 해결했다.

$r(x-y)$의 런 길이 n에 대한 수학적 귀납법에 의해 $r(x-y)$가 n에 대해 다항식임을 증명하겠다.

$n = 2$인 경우 수학적 귀납법의 가정은 명백히 성립한다. $r(x)$와 $r(y)$의 전체 런 길이가 $k < n$과 같을 때 성립한다고 가정하자. $r(x)$와 $r(y)$의 전체 런 길이가 n인 x와 y를 생각해 보자.

- $p_{s-1} \neq 0$과 $q_{t-1} \neq 0$인 경우.

  일반성을 잃지 않고 $p_{s-1} \geq q_{t-1}$이라고 가정할 수 있다. 그럼,

$$r(x - y) = (1^{p_0} 0^{p_1} \ldots 1^{p_{s-2}} 0^{p_{s-1}-q_{t-1}} + 1^{q_0} 0^{q_1} \ldots 1^{q_{t-2}}) \cdot 0^{q_{t-1}}$$

  이다.

  $1^{p_0} 0^{p_1} \ldots 1^{p_{s-2}} 0^{p_{s-1}-q_{t-1}}$과 $1^{q_0} 0^{q_1} \ldots 1^{q_{t-2}}$가 가정에 의해 $n-1$보다 길지 않은 전체 런 길이를 갖기 때문에, 그 차이도 n에 대해 다항식인 런 길이를 갖는다.

  예제 $r(x) = 1^3 0^2 1^2 0^3$과 $r(y) = 1^1 0^3 1^3 0^2$이라고 하자. 그럼,

$$r(x - y) = (1^3 0^2 1^2 0^1 - 1^1 0^3 1^3) \cdot 0^2 = 1^1 0^2 1^5 0^2$$

```
    1 1 1 0 0 1 1 0 0 0                1 1 1 0 0 1 1 0
  -   1 0 0 0 1 1 1 0 0         =    -   1 0 0 0 1 1 1
  _____       _____
    1 0 0 1 1 1 1 1 0 0              1 0 0 1 1 1 1 1 · 0 0
```

  이다.

- $p_{s-1} = 0$이고 $q_{t-1} \neq 0$인 경우.

  만약 $p_{s-2} \geq q_{t-1}$이라면,

$$r(x - y) = (1^{p_0} 0^{p_1} \ldots 1^{p_{s-2}-q_{t-1}} + 1^{q_0} 0^{q_1} \ldots 1^{q_{t-2}}) \cdot 1^{q_{t-1}}$$

  $1^{p_0} 0^{p_1} \ldots 1^{p_{s-2}-q_{t-1}}$과 $1^{q_0} 0^{q_1} \ldots 1^{q_{t-2}}$은 가정에 의해 $n-1$보다 길지 않은 전체 런 길이를 가지므로, 그 차이는 n에 대해 다항식인 런 길이를 갖는다.

  예제 $r(x) = 1^3 0^2 1^5 0^0$과 $r(y) = 1^1 0^3 1^3 0^2$이라고 하자. 그럼,

$$r(x - y) = (1^3 0^2 1^3 - 1^1 0^3 1^3) \cdot 1^2 = 1^1 0^1 1^1 0^5 1^2$$

```
    1 1 1 0 0 1 1 1 1 1                1 1 1 0 0 1 1 1
  -   1 0 0 0 1 1 1 0 0         =    -   1 0 0 0 1 1 1
  _____       _____
    1 0 1 0 0 0 0 0 1 1              1 0 1 0 0 0 0 0 · 1 1
```

  이다.

만약 $p_{s-2} < q_{t-1}$이라면,

$$r(x-y) = (1^{p_0}0^{p_1}\ldots 0^{p_{s-3}} - 1^{q_0}0^{q_1}\ldots 1^{q_{t-2}}0^{q_{t-1}-p_{s-2}}) \cdot 1^{q_{t-1}}$$

이다.

$1^{p_0}0^{p_1}\ldots 0^{p_{t-1}}$과 $1^{q_0}0^{q_1}\ldots 1^{q_{t-2}}0^{q_{t-1}-p_{d-2}}$이 가정에 의해 $n-1$보다 길지 않은 런 길이를 가지므로, 그 차이는 n에 대해 다항식인 런 길이를 갖는다.

예제 $r(x) = 1^3 0^2 1^2 0^1 1^2 0^0$과 $r(y) = 1^1 0^3 1^2 0^3$이라고 하자. 그럼,

$$r(x-y) = (1^3 0^2 1^2 0^1 - 1^1 0^3 1^2 0^1) \cdot 1^2 = 1^1 0^1 1^1 0^5 1^2$$

$$
\begin{array}{r}
1\ 1\ 1\ 0\ 0\ 1\ 1\ 0\ 1\ 1 \\
-\quad 1\ 0\ 0\ 0\ 1\ 1\ 0\ 0\ 0 \\
\hline
1\ 0\ 1\ 0\ 0\ 0\ 0\ 0\ 1\ 1
\end{array}
\qquad = \qquad
\begin{array}{r}
1\ 1\ 1\ 0\ 0\ 1\ 1\ 0 \\
-\quad 1\ 0\ 0\ 0\ 1\ 1\ 0 \\
\hline
1\ 0\ 1\ 0\ 0\ 0\ 0\ 0\ \cdot\ 1\ 1
\end{array}
$$

이다.

- $p_{s-1} \neq 0$이고 $q_{t-1} = 0$인 경우는 유사하게 다룰 수 있다.
- $p_{s-1} = 0$이고 $q_{t-1} = 0$인 경우.

만약 $p_{s-2} \geq q_{t-2}$이라면,

$$r(x-y) = (1^{p_0}0^{p_1}\ldots 1^{p_{s-2}-q_{t-2}} - 1^{q_0}0^{q_1}\ldots 0^{q_{t-3}}) \cdot 0^{q_{t-2}}$$

이다.

$1^{p_0}0^{p_1}\ldots 1^{p_{s-2}-q_{t-2}}$와 $1^{q_0}0^{q_1}\ldots 0^{q_{t-3}}$이 가정에 의해 $n-1$보다 길지 않은 전체 런 길이를 가지므로, 그 차이도 n에 대해 다항식인 런 길이를 가진다.

예제 $r(x) = 1^3 0^2 1^5 0^0$과 $r(y) = 1^1 0^3 1^2 0^1 1^2 0^0$이라고 하자. 그럼,

$$r(x-y) = (1^3 0^2 1^3 - 1^1 0^3 1^2 0^1) \cdot 0^2 = 1^1 0^1 1^1 0^5 1^2$$

$$
\begin{array}{r}
1\ 1\ 1\ 0\ 0\ 1\ 1\ 1\ 1\ 1 \\
-\quad 1\ 0\ 0\ 0\ 1\ 1\ 0\ 1\ 1 \\
\hline
1\ 0\ 1\ 0\ 0\ 0\ 0\ 1\ 0\ 0
\end{array}
\qquad = \qquad
\begin{array}{r}
1\ 1\ 1\ 0\ 0\ 1\ 1\ 1 \\
-\quad 1\ 0\ 0\ 0\ 1\ 1\ 0 \\
\hline
1\ 0\ 1\ 0\ 0\ 0\ 1\ \cdot\ 0\ 0
\end{array}
$$

이다.

만약 $p_{s-2} < q_{t-2}$이라면,

$$r(x-y) = (1^{p_0}0^{p_1}\ldots 0^{p_{s-3}} - 1^{q_0}0^{q_1}\ldots 1^{q_{t-2}-p_{s-2}}) \cdot 0^{q_{t-2}}$$

이다.

$1^{p_0}0^{p_1}\ldots0^{p_{s-3}}$과 $1^{q_0}0^{q_1}\ldots1^{q_{t-2}-p_{s-2}}$가 가정에 의해 $n-1$보다 더 길지 않은 전체 런 길이를 갖기 때문에, 그 차이도 n에 대해 다항식인 런 길이를 갖는다.

예제 $r(x) = 1^3 0^2 1^1 0^1 1^3 0^0$과 $r(y) = 1^1 0^3 1^5 0^0$이라고 하자. 그럼,

$$r(x-y) = (1^3 0^2 1^1 0^1 - 1^1 0^3 1^2) \cdot 0^3 = 1^1 0^2 1^4 0^3$$

```
  1 1 1 0 0 1 0 1 1 1              1 1 1 0 0 1 0 1
-   1 0 0 0 1 1 1 1 1        =   -   1 0 0 0 1 1 1
_____            _____
  1 0 0 1 1 1 1 0 0 0              1 0 0 1 1 1 1 0 · 0 0
```

이다.

모든 경우를 고려한 결과 $r(x-y)$에 대한 문제를 해결했다.

$r(x \times y)$**의 런 길이**   수학적 귀납법에 의해 $r(x \times y)$의 런 길이가 n에 대해 다항식임을 증명하자.

$n=2$일 때는 조건이 당연히 성립한다. 따라서 수학적 귀납법을 위해 $r(x)$와 $r(y)$가 $k < n$인 전체 런 길이를 갖는다고 가정하자. 전체 런 길이가 n인 $r(x)$와 $r(y)$를 생각해보자.

- $p_{s-1} \neq 0$인 경우. 그럼,
$$r(x \times y) = (1^{p_0}0^{p_1}\ldots1^{p_{s-2}} \times 1^{q_0}0^{q_1}\ldots1^{q_{t-2}}0^{q_{t-1}}) \cdot 0^{p_{s-1}}$$

이다.

$1^{p_0}0^{p_1}\ldots1^{p_{s-2}}$와 $1^{q_0}0^{q_1}\ldots1^{q_{t-2}}0^{q_{t-1}}$이 가정에 의해 $n-1$보다 길지 않은 전체 런 길이를 갖기 때문에, 그 곱은 n에 대해 다항식인 런 길이를 갖는다.

예제 $r(x) = 1^3 0^2 1^2 0^3$과 $r(y) = 1^1 0^3 1^5 0^0$이라고 하자. 그럼,

$$r(x \times y) = (1^3 0^2 1^2 \times 1^1 0^3 1^5) \cdot 0^3$$

```
  1 1 1 0 0 1 1 0 0 0                1 1 1 0 0 1 1
×   1 0 0 0 1 1 1 1 1        =     × 1 0 0 0 1 1 1 1 1
_____              _____
                                                · 0 0 0
```

이다.

342

- $q_{t-1} \neq 0$인 경우는 유사하게 다룰 수 있다.
- $p_{s-1} = 0$과 $q_{t-1} = 0$인 경우. 그럼 $r(x \times y)$는

$$(1^{p_0} 0^{p_1} \ldots 1^{p_{s-2}} \times 1^{q_0} 0^{q_1} \ldots 0^{q_{t-3}+q_{t-2}}) + (1^{p_0} 0^{p_1} \ldots 1^{p_{s-2}} \times 1^{q_{t-2}})$$

이다.

$1^{p_0} 0^{p_1} \ldots 1^{p_{s-2}}$와 $1^{q_0} 0^{q_1} \ldots 0^{q_{t-3}+q_{t-2}}$가 가정에 의해 $n-1$보다 길지 않은 전체 런 길이를 가지므로, 그 곱은 n에 대해 다항식인 런 길이를 갖는다. 그리고 $1^{p_0} 0^{p_1} \ldots 1^{p_{s-2}}$와 $1^{q_{t-2}}$이 가정에 의해 n보다 길지 않은 전체 런 길이를 가지므로, 그 곱은 n에 대해 다항식인 런 길이를 갖는다.

예제 $r(x) = 1^3 0^2 1^2 0^0$과 $r(y) = 1^1 0^2 1^3 0^0$이라고 하자. 그럼,

$$r(x \times y) = (1^3 0^2 1^2 \times 1^1 0^5) + (1^3 0^2 1^2 \times 1^3)$$

```
  1 1 1 0 0 1 1              1 1 1 0 0 1 1           1 1 1 0 0 1 1
× 1 0 0 1 1 1      =       × 1 0 0 0 0 0     +     ×         1 1 1
```

이다.

모든 경우를 고려한 결과 $r(x \times y)$에 대한 문제를 해결했다.

노트

십진 기수법에 대한 더 간결한 표현의 산술적 연산을 생각해볼 수도 있다. 예를 들어

$$1^{5n} / 41 = 271 (00271)^{n-1}$$

이다. 하지만 이것은 런 길이 부호화가 아니고 그 확장이다.

103 빽빽한 인자 자동자

인자 자동자는 단어의 모든 인자를 받아들이는 최소 (결정론적) 자동자다. 이 자동자는 또한 유향 비순환 단어 그래프$^{\text{DAWG, Directed Acyclic Word Graph}}$라고도 하며, 모든 상태는 종결 상태이고, 모든 간선은 단일 문자로 표시돼 있다. 어떤 잘 구조화된 단어에 대해 이 자동자는 정확히 하나의 부모와 하나의 자손을 갖는 노드를 제거하고 간선을 그 단어의 인자에 따라 표시해서 매우 작게 압축될 수 있다. 그 결과 DAWG는 빽빽한 DAWG$^{\text{CDAWG,}}$ $^{\text{Compact DAWG}}$ 또는 접미사에 해당하는 노드가 종결 노드로 표시됐다면 빽빽한 접미사 자동자$^{\text{CSA, Compact Suffix Automaton}}$라고 한다.

이번 문제에서는 그 CDAWG가 극단적으로 작은 피보나치 단어 fib_n과 그 가지치기된 단어 g_n을 생각해본다. 단어 g_n은 마지막 두 글자가 삭제된 fib_n이다. 즉, $g_n = fib_n\{a,b\}^{-2}$다.

> **질문** 피보나치 단어 fib_n와 그 간결한 판본 g_n의 CDAWG의 구조를 생각해보자. 이 구조를 사용해 단어에 등장하는 서로 다른 인자의 수를 계산하라.

풀이

풀이는 $n \geq 4$인 모든 정수 $x \in [1..F_{n-2}]$가 $x = F_{i_0} + F_{i_1} + \cdots + F_{i_k}$라는 사실을 사용하는 늦은 피보나치 기수법에 기초한다. 여기서 $(F_{i_t} : 2 \leq i_t \leq n-2)$는 오름차순 피보나치 수열로 다음을 만족한다.

$$(*) \quad i_0 \in \{0,1\} \quad \text{그리고} \quad i_t \in \{i_{t-1}+1, i_{t-1}+2\} \quad (t > 0)$$

예를 들어 $n = 8$이면 $(3,4,6)$을 인덱스로 갖는 수열은 13에 해당한다. $F_3 + F_4 + F_6 = 2 + 3 + 8 = 13$이기 때문이다.

$(*)$을 만족하는 수열 $(F_{i_t} : 2 \leq i_t \leq n-2)$의 집합은 그 간선의 표시가 피보나치 수이고 모든 상태가 종결 상태인 간단한 결정론적 무향 자동자에 의해 받아들여진다. 다음의 그림은 $[1..53]$에 있는 정수에 대해 $n = 10$인 경우를 나타낸다.

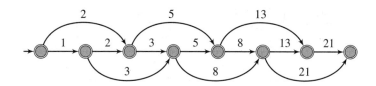

가지치기된 피보나치 단어의 CDAWG 앞의 자동자는 다음의 성질(문제 56에서 소개됨)을 따르는 g_n의 CDAWG로 쉽게 변환된다. R_i가 fib_i의 역단어를 나타내고, $suf(k,n)$이 g_n의 k차 접미사 $g_n[k..|g_n|-1]$이라고 하자.

성질 $n > 2$에 대해 $suf(k,n)$은 $R_{i_0}R_{i_1}...R_{i_m}$으로 유일하게 인자분해된다. 여기서 $t > 0$에 대해 $i_0 \in \{0,1\}$이고 $i_t \in \{i_{t-1}+1, i_{t-1}+2\}$이다.

이 성질의 도움을 받으면 앞의 자동자는 피보나치 수 F_i에 R_i를 대입하면 CDAWG(g_n)으로 바뀐다. 다음 그림은 위 그림의 CDAWG(g_{10})을 보여준다.

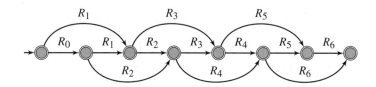

가지치기된 피보나치 단어의 인자 수 세기 CDAWG는 그에 해당하는 공단어가 아닌 (서로 다른) 인자의 수를 계산하는 데 유용하다. 실제로 각 간선의 길이에 그 간선을 포함하는 경로의 수를 곱해서 더하면 된다. 이 숫자는 사실 g_n에 있는 $F_{n-1}F_{n-2}-1$개의 인자로, $n > 2$에 대해 다음의 공식을 써서 얻을 수 있다. $F_2^2 + F_3^2 + \cdots + F_{n-2}^2 = F_{n-1}F_{n-2}-1$. 위 그림에서 CDAWG($g_{10}$)의 예를 들어보면, $1^2 + 2^2 + 3^2 + 5^2 + 8^2 + 13^2 + 21^2 = 21 \times 34 - 1 = 713$개의 공단어가 아닌 인자를 알 수 있다.

피보나치 단어의 CDAWG 피보나치 단어 fib_n의 빽빽한 DAWG는 가지치기된 피보나치 단어 g_n의 CDAWG와 약간만 다르다. 가지치기된 마지막 두 글자를 덧붙여주기만 하면 된다. CDAWG(fib_{10})을 얻기 위해서는 CDAWG(g_n)에 다음 그림과 같은 간단한 개조가 필요하다. 그 빽빽한 구조는 fib_{10}에 모두 781개의 인자를 나타낸다.

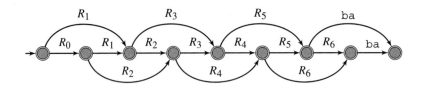

피보나치 단어 fib_n에 있는 인자의 수는 g_n에 있는 인자의 수보다 조금 더 많다. 이것은 마지막 노드에 도달하는 두 간선 위에 2개의 추가적인 글자를 고려해야 하기 때문이다. $n > 2$에 대해, fib_n는 $F_{n-1}F_{n-2} + 2F_{n-1} - 1$개의 공단어가 아닌 인자를 갖는다.

$n = 10$의 예를 들면, 추가된 단어는 ba다. 이것은 마지막 노드에 34개의 경로 위에 있고, $2 \cdot 34 = 68$개의 인자를 추가해야 한다. 따라서 fib_{10}은 $713 + 68 = 781$개의 공단어가 아 닌 인자를 갖는다.

노트

피보나치 단어의 CDAWG 구조는 [213]에서 설명한다. 다른 유용한 압축된 DAWG는 스터미안 단어의 더 일반적인 맥락에서 나온다. [27]을 참고하라. 이 자료 구조에 있는 노드의 수는 표지들이 단어를 나타내는 인덱스 짝으로 표현될 수 있기 때문에 이 구조를 저장할 메모리 공간의 양을 반영한다.

길이가 ℓ인 단어의 접미사 자동자 또는 인자 자동자는 적어도 $\ell + 1$개의 상태를 갖는다. 사실 이진 알파벳에 대해 그 하계는 단어가 스터미안 단어의 접두사일 때만 달성 가능하 며, 그 사례로 피보나치 단어가 있다[221].

처음에 언급했듯이, DAWG를 **빽빽**하게 만드는 가장 간단한 전략은 단일한 조상과 부모 를 갖는 노드를 삭제하는 것이다([38, 101, 150] 참고). 피보나치 인자에 대해 이 기법은 더 작은 CDAWG를 줄 뿐만 아니라, 더 유용한 자료 구조를 제공한다.

다음에 길이가 11인 g_7의 12개 상태를 갖는 접미사 자동자가 있다. 통상적인 **빽빽**한 판 본은 7개의 노드를 갖고, 위의 기법을 사용한 **빽빽**한 판본은 단지 5개의 노드를 갖는다.

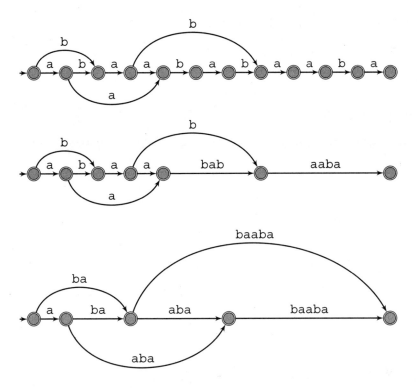

유한 투에-모스 단어는 마찬가지로 매우 짧은 묘사를 갖는다. [204]를 참고하라. 이 묘사로부터 길이가 $n \geq 16$인 투에-모스 단어의 인자 수가 $\frac{73}{192}n^2 + \frac{8}{3}$임을 쉽게 유도해낼 수 있다.

104 피보나치 단어에서 압축된 일치

압축된 일치compressed matching는 다음과 같은 문제를 말한다. 패턴과 문자열의 빽빽한 표현이 주어졌을 때, 그 압축된 표현에 대해 문자열에 있는 패턴의 위치를 빠르게 알아내라. 표현의 크기는 이 문제의 예제에서 볼 수 있듯 그 입력 단어 크기에 따라 로그적으로 증가한다.

입력 단어는 압축된 표현의 타입에 의존한다. 여기서는 패턴이 피보나치 단어의 연결로 정해져 있고, 그 표현이 그 인덱스의 수열인 매우 간단한 경우를 고려한다. 검색된 단어는 무한 피보나치 단어 $\mathbf{f} = \phi^{\infty}(\mathrm{a})$다. 여기서 ϕ는 $\phi(\mathrm{a}) = \mathrm{ab}$와 $\phi(\mathrm{b}) = \mathrm{a}$로 정의된 함수다. 단어 b가 인덱스 -1을 갖고 피보나치 단어의 목록에 추가된다. $fib_{-1} = \mathrm{b}$, $fib_0 = \mathrm{a}$, $fib_1 = \mathrm{ab}$, $fib_2 = \mathrm{aba}$, $fib_3 = \mathrm{abaab}, \ldots$

질문 정수 수열 $k_1, k_2, \ldots, k_n (k_i \geq -1)$이 주어졌을 때, $fib_{k_1} fib_{k_2} \cdots fib_{k_n}$이 무한 피보나치 단어 $\mathbf{f}$에 등장하는지를 $O(n + k_1 + k_2 + \cdots + k_n)$시간 내에 검사할 수 있는 방법을 보여라.

풀이

다음의 알고리듬은 피보나치 단어의 인덱스의 수열 $w = (k_1, k_2, \ldots, k_n)$을 입력받는다. $first(w)$와 $last(w)$를 각각 w의 첫 원소와 끝 원소라고 하자.

```
COMPRESSEDMATCH(w sequence of indices ≥ −1)
 1   while |w| > 1 do
 2       if w contains a factor (i, −1), i ∉ {0, 2} then
 3           return FALSE
 4       if first(w) = −1 then
 5           first(w) ← 1
 6       if last(w) = 2 then
 7           last(w) ← 1
 8       if last(w) = 0 then
 9           remove the last element
10       change all factors (0, −1) of w to 1
11       change all factors (2, −1) of w to (1, 1)
12       decrease all elements of w by 1
13   return TRUE
```

예제 입력 수열 $w = (0, 1, 3, 0, 1, 4)$를 갖고, 이 알고리듬은 5번 반복해 TRUE를 반환한다.

$$(0,1,3,0,1,4) \rightarrow (-1,0,2,-1,0,3) \rightarrow (0,-1,0,0,-1,2)$$
$$\rightarrow (0,-1,0,0) \rightarrow (0,-1) \rightarrow (0)$$

CompressedMatch 알고리듬은 단순히 $w = (k_1, k_2, \ldots, k_n)$ 수열에 대해 다음의 관찰을 구현한 것이다.

- **경우 (i)**: $fib_i fib_{-1}$이 **f**의 인자라는 것과 $i = 0$이거나 $i = 2$인 것은 필요충분조건이다. 실제로 만약 $i = 0$이면 $fib_i fib_{-1} = \mathrm{ab}$이고, $i = 2$라면 $fib_i fib_{-1} = \mathrm{abab}$다. 그리고 둘 다 **f**에 등장한다. 그렇지 않으면 $fib_i fib_{-1}$은 **f**에 나타나지 않는 접미사 bb나 ababab $= \phi(\mathrm{aaa})$를 갖는다.

- **경우 (ii)**: 만약 $k_1 = -1$이라면, 첫 문자 b가 **f**에서 반드시 a에 앞서야 하고 $fib_1 = \mathrm{ab}$이기 때문에 k_1은 1로 바뀔 수 있다.

- **경우 (iii)**: 마찬가지로, $k_n = 2$라면, b가 **f**에서 나올 때마다 a가 뒤따르므로 최종 출력에 변화 없이 접미사 aba가 ab로 줄어들 수 있어서 k_n을 1로 바꿀 수 있다.

- **경우 (iv)**: 인자 $(0, -1)$은 $fib_0 fib_{-1} = \mathrm{ab} = fib_1$ 때문에 1로 바꿀 수 있고, $(2, -1)$은 $fib_2 fib_{-1} = \mathrm{abab} = fib_1 fib_1$이기 때문에 $(1, 1)$로 바꿀 수 있다.

- **경우 (v)**: 유일하게 문제가 되는 경우는 $k_n = 0$이다. 이것은 **f**에 있는 a의 출현과 일치한 경우에 해당한다. 이 경우의 정확성 증명은 다시 문자 a가 **f**에 b가 등장할 때마다 그 뒤에 나온다는 사실에서 따라온다. 끝에서 두 번째 피보나치 인자의 마지막 문자에 따라 두 가지 하위 경우가 존재한다.

$fib_{k_{n-1}}$이 b로 끝나는 경우 $fib_{k_1} fib_{k_2} \cdots fib_{k_n}$가 **f**에 등장하는 것과, $fib_{k_1} fib_{k_2} \cdots fib_{k_{n-1}}$이 **f**에서 등장하는 것은 필요충분조건이다. b가 출현할 때마다 a가 따라오기 때문이다. 따라서 마지막 a는 불필요하고 삭제할 수 있다.

$fib_{k_{n-1}}$이 a로 끝나는 경우 0이 삭제되고 열두 번째 줄이 실행된 다음, 이 알고리듬은 $fib_{k_1 - 1} fib_{k_2 - 1} \cdots fib_{k_{n-1} - 1}$이 **f**에 등장하는지 검사한다. 하지만 $fib_{k_{n-1} - 1}$은 이제 b로 끝나고, $fib_{k_1 - 1} fib_{k_2 - 1} \cdots fib_{k_{n-1} - 1}$이 **f**에 등장하는 것과 $v = fib_{k_1 - 1} fib_{k_2 - 1} \cdots fib_{k_{n-1} - 1}\mathrm{a}$가 **f**에 등장하는 것은 필요충분조건이다. 따라서 **f**에 v가 등장한다면 단어 $fib_{k_1} fib_{k_2} \cdots fib_{k_n}$는 $\phi(v)$에 등장한다. 이는 마지막 원소 $k_n = 0$이 정확성을 해치지 않고 삭제될 수 있음을 보여준다.

이 알고리듬이 열두 번째 줄을 실행시킬 때, w의 모든 인덱스는 음수가 아니다. 따라서 여기서 고려한 논증은 실행 이후에도 적용할 수 있다. 이것으로 정확성 증명이 끝난다.

복잡도에 대해서는 반복에 나오는 서로 연속된 짝이 적어도 1만큼 인덱스 합이 줄어든다는 것을 살펴보자. 결과적으로 이 알고리듬은 필요한 실행 시간 $O(n + k_1 + k_2 + \cdots + kn)$을 달성한다.

노트

여기서 소개한 알고리듬은 리터가 폴란드 정보 경시대회 문제로 출제한 것이다. 대안적이면서 완전히 다른 알고리듬은 [238]에서 찾아볼 수 있다. 피보나치 단어의 압축된 인자 그래프를 사용해 또 다른 알고리듬을 얻을 수 있다.

---

105 일부분 일치에 의한 예측

일부분 일치에 의한 예측PPM, Prediction by Partial Matching은 부호화기가 문자열의 통계적 모형을 유지하는 무손실 압축 기법이다. 목표는 입력 단어의 주어진 인자를 따라오는 문자를 예측하는 것이다. 이번 문제에서는, 이 모형을 저장하는 데 사용된 자료 구조를 검토한다.

y가 압축될 문자열이라고 하고 $y[0..i]$가 이미 부호화됐다고 하자. PPM은 각 문자 $a \in A$에 대해 $y[0..i]$에서 $y[i + 1 - d..i] \cdot a$의 출현 횟수에 따른 확률 $p(a)$를 배정한다. 여기서 d는 문맥context의 길이다. 그럼 PPM은 $p(y[i + 1])$을 문자 출현 확률을 계산하는 적응적 산술 부호화기로 보낸다. $y[0..i]$에 $y[i + 1 - d..i + 1]$이 나타나지 않을 때, 부호화기는 $y[i + 1 - d..i + 1]$이 나타나거나 $d = -1$이 될 때까지 d의 값을 줄인다. 마지막 경우로, $y[i + 1]$은 이전에 나온 적이 없는 문자다. 부호화기가 d의 값을 줄일 때마다 부호화

기는 '탈출' 확률이라는 것을 적응적 산술 부호화기에 보낸다.

PPM*는 PPM의 변종으로, 최대 문맥 길이를 고려하지 않고 모든 문맥을 저장한다. 각 단계에서의 초기 문맥은 가장 짧은 결정론적 문맥으로, 항상 같은 문자가 따라오거나 최단 반복 접미사에 해당하는 것이다. 만약 그런 접미사가 없다면 가장 긴 문맥이다.

> **질문** 각 문맥의 출현 횟수를 실시간으로 유지할 수 있고, 상수 크기의 알파벳에 대해 선형 시간 내에 관리되는 자료 구조를 설계하라.

풀이

이 풀이는 접두사 트리에 기반한다. $y[0..i]$에 대한 접두사 트리는 $y[0..i-1]$의 접두사 트리로부터 만들어지며, 실질적으로는 $y[0..i]^R$의 접미사 트리로 구성된다.

T_i가 $y[0..i]$의 접두사 트리라고 하자. 그 노드는 $y[0..i]$의 인자다. 첫 트리 T_{-1}은 단일 노드로 정의된다. 접두사 링크는 그 루트와 가장 최근 리프를 제외한 T_i의 모든 노드에 대해 정의된다. 만약 wa의 모든 출현에 u가 앞서면 노드 w로부터 문자 a로 표시된 접두사 링크는 노드 wa나 노드 uwa를 향한다.

$y[0..i-1]$에 대한 접두사 트리를 만들었다고 가정하자. $head(w)$는 w의 최장 접미사로, w의 내부에 출현한다.

접두사 트리는 다음과 같이 갱신된다. $y[i]$의 삽입이 $w = y[0..i-1]$의 머리에서 시작하고, $w' = y[0..i]$의 머리에서 끝난다. 만약 $y[i]$가 이미 w의 다음에 나타났다면, 노드 w는 $y[i]$로 표시되고 w'의 머리를 향하는 접두사 링크를 갖는다. 만약 w가 $y[i]$로 표시된 접두사 링크를 갖지 않는다면, 탐색은 $y[i]$로 표시된 접두사 링크가 표시되거나 그 루트에 도착할 때까지 w의 부모에 대해 계속된다. 만약 도착한 노드 p가 w'이면 새로운 리프 q만이 트리에 추가된다. 만약 도착한 노드 p가 어떤 $u \in A^+$에 대해 uw'라면, 새로운 내부 노드 r과 새로운 리프 q가 트리에 추가된다.

이렇게 처리하는 동안, 방문된 모든 노드는 새로운 리프 q를 향하고 $y[i]$로 표시된 접두사 링크를 가진다. 새로운 내부 노드 r이 만들어졌을 때, p로 향하는 어떤 접두사 링크는 r을 향하도록 갱신될 필요가 있을수도 있다.

예제 아래의 그림은 $y = \texttt{gatata}$를 처리할 때 접두사 트리의 변환을 보여준다.

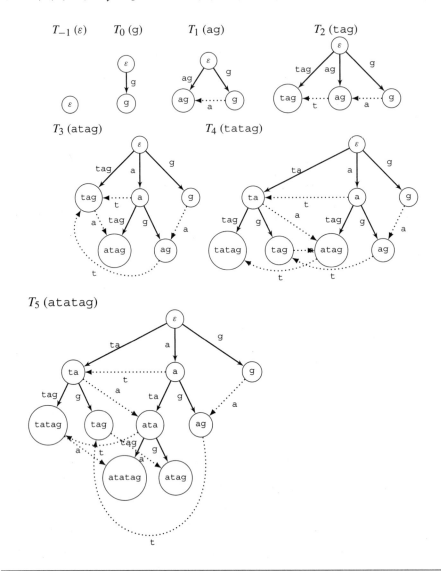

정리 15 위의 과정은 접두사 트리 T_{i-1}로부터 접두사 트리 T_i를 정확히 계산해낸다.

증명 T_{i-1}은 $w = y[0..i-1]$의 모든 접두사로 표시된 경로들만을 포함한다. 그럼 T_{i-1}은 $w' = y[0..i]$에 의해 표시된 경로들만 없다. T_{i-1}의 w에 대응되는 리프 s로부터 시작하고, $a = y[i]$로 표시된 접두사 링크를 갖는 첫 번째 노드를 찾아서 위로 올라가면 va가 w의 인자인 w의 최장 접미사에 대응하는 노드 t를 알아내게 된다.

- a라고 표시된 t로부터 접미사 링크가 va에 대응하는 노드 p로 향한다면, w'에 대응하는 새 리프 q가 트리에 반드시 추가돼야 하고, p에서 q로 가는 가지는 u로 표시된다. 여기서 $w' = uva$다. s에서 t로(t 자체는 제외하고) 훑어가는 모든 노드는 이제 q로 향하고 a로 표시된 접미사 링크를 반드시 갖게 된다.

- 만약 a로 표시되고 t에서 출발하는 접두사 링크가 $v'va$에 대응하는 노드 p를 향한다면, va에 대응하는 새 내부 노드 r이 두 자손, p와, w'에 대응하는 새 리프 q를 갖고 만들어진다. r에서 p로 향하는 가지는 반드시 v'으로 표시돼야 하고, r에서 q로 향하는 가지는 u로 표시돼야 한다. 여기서 $w' = uva$다. s에서 t로(t 자체는 제외하고) 훑어가는 모든 노드는 이제 q로 향하고 a로 표시된 접미사 링크를 갖는다. 그럼 v의 접미사 노드 v'에서 p로 가는 접미사 링크는 이제 새로운 내부 노드 r을 향하게 된다.

두 경우 모두, 트리는 T_{i-1}에 포함된 모든 경로와 w'에 대응하는 경로를 포함한다. 따라서 T_i다. ∎

정리 16 T_{n-1}의 구성은 $O(n)$시간 내에 수행된다.

증명 이 구성에 걸리는 실행 시간은 $0 \leq i \leq n-1$에 대해 $head(y[0..i])$를 계산할 때 각 단계마다 방문한 노드 수에 의존한다. k_i가 $head(y[0..i])$를 탐색하는 동안 방문한 노드의 수라고 하자. $|head(y[0..i])| \leq |head(y[0..i-1])y[i]| - k_i$를 얻는다. 끝으로 $\sum_0^{n-1} k_i = n - |head(y)| \leq n$이다. 따라서 T_{n-1} 전체를 구성하는 동안 최대 n개의 노드를 방문하고 이로써 증명이 완료된다. ∎

노트

일부분 일치에 의한 예측은 클리어리^{Cleary}와 위튼^{Witten}[56]에 의해 설계됐다([190]도 참고하라). PPM*은 [55]에서 처음 소개됐다. 여기서 제시한 접두사 트리 구성은 에프로스 Effros[107]가 소개했다.

106 접미사 배열 압축하기

접미사 배열은 문자열 색인을 위한 간단하고 공간 절약적인 자료 구조로 생각된다. 추가로, 접미사 배열의 많은 압축된 판본이 존재한다. 이번 문제에서는 제시된 문자열의 접미사(더 정확히는 부분 랭크 배열)의 정렬된 (부분) 리스트를 저장하는 배열을 압축하는 데 사용하는 접미사 배열을 논의한다. 이것은 간단한 정수론의 응용이다.

정수론의 도구 집합 $D \subseteq [0..t-1]$에 대해 구간 $[0..t-1]$의 모든 원소가 모듈로 t에 대해 D의 원소들의 차잇값으로 나타낼 수 있다면 이 집합은 t-차-덮개$^{\text{t-difference-cover}}$라고 한다.

$$[0..t-1] = \{(x-y) \bmod t : x, y \in D\}$$

예를 들어 $D = \{2,3,5\}$는 구간 $[0..5]$의 6-차-덮개다. $1 = 3-2$, $2 = 5-3$, $3 = 5-2$, $4 = 3-5 \pmod 6$이고 $5 = 2-3 \pmod 6$이기 때문이다.

모든 양의 정수 t에 대해, 크기가 $O(\sqrt{t})$인 t-차-덮개가 존재하고, 이것을 $O(\sqrt{t})$ 시간 내에 만들어낼 수 있다.

집합 $S(t) \subseteq [1..n]$에 대해 $|S(t)| = O(\sqrt{n/t})$이고 상수 시간 내에 계산 가능한 함수

$$h : [1..n-t] \times [1..n-t] \rightarrow [0..t]$$

가

$$0 \le h(i,j) \le t \text{ 그리고 } i + h(i,j), j + h(i,j) \in S(t)$$

을 만족한다면, 이 집합은 구간 $[1..n]$의 t-덮개라고 한다. t-덮개는 (구간 $[0..t-1]$의) t-차-덮개 $\mathcal{D}$로부터 $S(t) = \{i \in [1..n] : i \bmod t \in \mathcal{D}\}$라고 둬서 얻을 수 있다. 다음의 사실이 알려져 있다.

사실 $t \le n$인 t 각각에 대해 t-덮개 $S(t)$를 $O(\sqrt{n/t})$시간 내에 만들어낼 수 있다.

> **질문** 길이가 n인 문자열의 접미사들의 정렬된 부분 리스트를 $O(n^{3/4})$ 크기의 메모리 공간으로 표현할 수 있고, 임의의 두 접미사를 여전히 $O(\sqrt{n})$시간 내에 비교할 수 있음을 보여라.

[**힌트:** 정수 구간에 대해 t-덮개 개념을 사용하라.]

풀이

이 문제의 해답은 t-덮개에 기반한다. 문자열 w의 접미사의 정렬된 리스트를 저장하는 배열 SA 대신에, 동등하지만 SA의 역배열 Rank를 사용한다. 이것은 그 시작 위치에 의해 색인된 접미사의 랭크를 준다. 전체 배열을 갖고서, i와 j에서 시작하는 두 접미사를 비교하면 랭크를 비교할 수 있고, 이것은 상수 시간이 걸린다. 하지만 여기서 목표는 Rank 표의 일부분만을 유지하는 것이다.

S가 $[1..i]$의 고정된 $\sqrt{n}$-덮개 $\{i_1, i_2, \ldots, i_k\}$라고 하자. 여기서 정수는 $i_1 < i_2 < \cdots < i_k$처럼 정렬됐다. 그 크기는 그럼 $O(n^{3/4})$다. $\mathcal{L}$이 순서쌍의 리스트

$$((i_1, \text{Rank}[i_1]), (i_2, \text{Rank}[i_2]), \ldots, (i_k, \text{Rank}[i_k]))$$

이라고 하자. 이 리스트는 순서쌍의 첫 번째 원소에 대해 정렬됐기 때문에, 위치 i가 S에 속하는지 검사하고 $\mathcal{L}$에서 그 랭크를 찾는 것은 로그 시간 내에 수행된다.

길이 n인 w위의 위치 i와 j에서 시작하는 접미사를 사전식으로 비교하려고 한다고 가정하자. $\Delta = h(i,j)$라고 하자.

단어 $x[i..i + \Delta - 1]$과 $x[j..j + \Delta - 1]$은 먼저 쉬운 방법(문자별 비교)으로 비교되고, 이것은 $O(\Delta)$시간이 걸린다. 만약 일치한다면, $i + \Delta$와 $j + \Delta$에서 시작하는 접미사를 비교하는 것이 남는다. 두 위치 $i + \Delta$와 $j + \Delta$가 S에 포함되기 때문에, 이 비교에는 로그 시간이 걸리며, 로그 시간 내에 리스트 $\mathcal{L}$로부터 연관된 랭크를 복원할 수 있다.

종합하면, 이 비교는 $\Delta = O(\sqrt{n})$이기 때문에 $O(\sqrt{n})$시간이 걸린다.

예제 집합 $\mathcal{S}(6) = \{2, 3, 5, 8, 9, 11, 14, 15, 17, 20, 21, 23\}$은 $[1..23]$의 6-덮개이고, 6-차-덮개 $\mathcal{D} = \{2, 3, 5\}$로부터 만들어진다. 특히 $3 + 5$, $10 + 5 \in \mathcal{S}(6)$이므로 $h(3, 10) = 5$를 얻는다.

만약 단어 w 위의 위치 3과 10에서 시작하는 접미사를 비교하려면, 길이가 5인 접두사를 비교하고, $Rank[3 + 5] < Rank[10 + 5]$가 성립하는지만 검사하면 된다.

노트

이 증명에서 $\sqrt{n}$ 대신에 $t = n^{2/3}$으로 두면, 자료 구조는 $O(t)$의 메모리 공간을 쓰도록 줄어들지만, 두 접미사를 비교하는 시간은 $O(t)$로 증가한다.

차-덮개의 구성은 [178]에서 찾아볼 수 있다. 이것은 t-덮개를 만드는 데 사용되는데, 가령 [47]에서는 위의 사실을 증명했다.

압축된 인덱스를 위해 유사한 기법으로 버로우즈-휠러 변환과 접미사 배열을 기반으로 하는 FM-인덱스 개념이 있다. 이 개념은 페라기나^{Ferragina}와 맨치니^{Manzini}가 설계했다([112]와 그 참고문헌을 보라). 생물정보학에서의 그 응용법은 올레부쉬^{Ohlebusch}의 책에서 설명했다[196].

107 욕심쟁이 초문자열의 압축률

이 문제는 전체 길이가 n인 단어의 집합 X에 대해 초문자열 $Greedy(X)$를 계산하는 GREEDYSCS 알고리듬(문제 61에서 다른 형태로 제시됐었다)에 대한 것이다. 초문자열superstring 은 X에 있는 모든 단어를 표현하는 압축된 문자열로 볼 수 있으며, 이런 관점에서 초문자열에 의해 X를 표현할 때의 이득을 정량화하는 데 관심이 생긴다.

$GrCompr(X) = n - |Greedy(X)|$를 욕심쟁이 알고리듬에 의해 달성된 압축이라고 하자. 마찬가지로, $OptCompr(X) = n - |OPT(X)|$을 정의하자. 여기서 OPT는 X에 대한 어떤 (알려지지 않은) 최적 초문자열이다. 그 비율 $\frac{GrCompr(X)}{OptCompr(X)}$은 GREEDYSCS 알고리듬의 **압축률** compression ratio이라고 한다.

> **질문** GREEDYSCS 알고리듬의 압축률이 최소 1/2임을 보여라.

[**힌트:** 입력 단어 집합의 겹침 그래프를 생각해보라.]

풀이

문제 61에서 나온 GREEDYSCS 알고리듬의 반복적 판본을 다루는 것이 더 편리하다.

```
ITERATIVEGREEDYSCS(X non-empty set of words)
1    while |X| > 1 do
2        let x, y ∈ X, x ≠ y, with |Overlap(x,y)| maximal
3        X ← X \ {x,y} ∪ {x ⊗ y}
4    return x ∈ X
```

유향 그래프에 대한 추상적 문제로 시작해보자. G가 완전 유향 그래프로 그 간선이 음수가 아닌 정수 가중치를 갖는다고 가정하자. 만약 $u \to v$가 간선이면 $contract(u, v)$ 연산이 u와 v를 식별하고, u에서 나와서 v로 들어가는 간선을 삭제한다.

$OptHam(G)$가 G에 있는 해밀턴 경로의 최대 가중치라고 하고, $GreedyHam(G)$는 욕심쟁이 알고리듬에 의해 묵시적으로 생성된 해밀턴 경로의 가중치라고 하자. 각 단계

에서 그래프에 대한 욕심쟁이 알고리듬은 최대 가중치를 갖는 간선 $u \rightarrow v$를 선택하고, $contract(u, v)$를 적용한다. 이 알고리듬은 G가 단일 노드가 됐을 때 멈춘다. 선택된 간선들은 해밀턴 경로를 구성한다.

욕심쟁이 초문자열과 욕심쟁이 해밀턴 경로의 관계 단어 집합 X의 겹침 그래프^{overlap graph} G를 소개한다. 노드 집합은 X이고, $x_i \rightarrow x_j$의 가중치는 단어 x_i와 x_j 사이의 최대 겹침이다. ITERATIVEGREEDYSCS 알고리듬의 세 번째 줄의 명령은 $contract(x, y)$ 연산에 해당함을 알아두자. 이는 다음의 사실을 뜻한다.

관찰 X의 겹침 그래프에 대한 욕심쟁이 해밀턴 경로는 X의 욕심쟁이 초문자열에 해당한다.

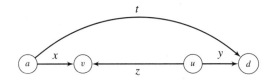

만약 위의 그림에서 나타난 타입의 각 구성에서

$$z \geq x, y \implies z + t \geq x + y$$

이라면, 가중치 그래프 G가 조건 (∗)을 만족한다고 한다. 게다가 이 조건이 임의의 수의 단축^{contraction}을 적용해 G로부터 얻은 각 그래프에 대해 성립하는 것이 필요하다.

겹침 그래프에 대한 다음과 같은 사실의 기술적이지만 쉬운 증명은 독자들에게 남겨두겠다(노트 참고).

보조정리 17 겹침 그래프는 조건 (∗)를 만족한다.

보조정리 18 G가 조건 (∗)를 만족하고, e는 최대 가중치 z의 간선이고, G'는 G로부터 $contract(e)$를 적용해 얻는다고 가정하자. 그럼 $OptHam(G') \geq OptHam(G) - 2z$이다.

증명 $e = u \rightarrow v$라고 하자. π가 G의 최적 해밀턴 경로라고 하자. $|\pi|$가 π의 전체 가중치를 나타낸다고 하자. G'에 있는 임의의 해밀턴 경로가 적어도 $|\pi| - 2z$의 가중치를 갖

거나, 또는 (동등하게) 간선 $u \rightarrow v$를 포함하고 G에 있는 임의의 해밀턴 경로 π'가 적어도 $|\pi| - z$의 전체 가중치를 가짐을 보이면 충분하다.

π에서 v가 u 다음에 있는 경우 최대 z의 가중치를 갖는 두 간선 (u, b)와 (c, v)를 삭제하고, 새로운 해밀턴 경로 π'를 얻기 위해 두 간선 (u, v)와 (c, s)를 삽입한다(다음 그림 참고). (u, v)를 단축시키는 것은 (u, b)와 (c, v)의 가중치 합만큼 경로의 전체 가중치를 줄이고, 이것은 최대 $2z$다. 그럼 G'의 해밀턴 경로의 전체 가중치가 최소한 $|\pi| - 2z$임을 얻는다. 아래 그림을 참고하라. 따라서 $OptHam(G') \geq OptHam(G) - 2z$이다.

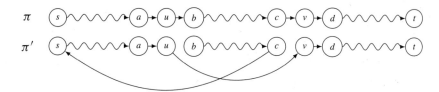

π에서 v가 u 이전에 있는 경우 $x = weight(a, v)$, $y = weight(u, d)$, $z = weight(u, v)$, $t = weight(a, d)$에 대해서 조건 (*)를 적용한다. $q = weight(v, b)$라고 하자. 아래 그림과 같이 π'가 π로부터 유도됐다고 하자.

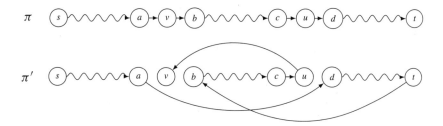

조건 (*)과 부등식 $q \leq z$ 때문에,

$$|\pi'| \geq |\pi| - x - y + z + t - q \geq |\pi| - z$$

이 성립한다. 결과적으로 $|\pi| \geq |\pi| - 2z$이고 $OptHam(G') \geq OptHam(G) - 2z$이다. 이것으로 보조정리 8의 증명을 마무리한다. ∎

보조정리 19 만약 G가 조건 (*)를 만족하면, $GreedyHam(G) \geq \frac{1}{2}OptHam(G)$이다.

증명 이 증명은 G의 노드의 수에 대해 수학적 귀납법을 이용한다. z가 G에 있는 간선의 최대 가중치라고 하자. 여기서 G를 단축하면 G'를 얻는다.

일단 G'는 G보다 작은 그래프이고 수학적 귀납법의 가정을 적용하면 $GreedyHam(G')$ $\geq \frac{1}{2}OptHam(G')$를 얻는다. 반대로 $OptHam(G') \geq OptHam(G) - 2z$와 $GreedyHam(G)$ $= GreedyHam(G') + z$를 알고 있다.

따라서 $GreedyHam(G) \geq \frac{1}{2}OptHam(G') + z \geq \frac{1}{2}(OptHam(G) - 2z) + z \geq \frac{1}{2}OptHam(G)$ 으로 증명이 마무리된다. ∎

위의 관찰과 보조정리 17, 18, 19는 초문자열에 대한 욕심쟁이 알고리듬이 압축률 1/2를 달성함을 직접적으로 의미한다.

노트

이 문제에 대해 여기서 제시한 증명은 타리오와 우코넨이 [230]에서 제시한 증명이다.

07

그 외의 다양한 알고리듬

108 이진 파스칼 단어

파스칼의 삼각형^{Pascal's triangle}은 파스칼 법칙을 따르는 이항 계수를 보여준다.

$$\binom{n}{i} = \binom{n-1}{i-1} + \binom{n-1}{i}$$

파스칼 삼각형의 정규적 구조는 그 계수에 빠른 접근을 허용한다. 이 문제에서 n차 이진 파스칼 단어 P_n은 모듈로 2 연산에서 파스칼 삼각형의 n번째 행이다. 즉, $0 \le i \le n$에 대해,

$$P_n[i] = \binom{n}{i} \bmod 2$$

이다. 아래에 $0 \le n \le 6$에 대한 단어 P_n이 있다.

```
P₀  =  1
P₁  =  1  1
P₂  =  1  0  1
P₃  =  1  1  1  1
P₄  =  1  0  0  0  1
P₅  =  1  1  0  0  1  1
P₆  =  1  0  1  0  1  0  1
```

> **질문** n이 이진수 표현 $r_k r_{k-1} \cdots r_0$과 i의 이진수 표현 $c_k c_{k-1} \cdots c_0$이 주어졌을 때, 문자 $P_n[i]$와 P_n에서 1의 등장 횟수를 $O(k)$시간 내에 계산하는 방법을 보여라.

[**힌트**: 루카스 정리를 쓸 수 있다.]

정리 [루카스, 1852] 만약 p가 소수이고, $r \ge c \ge 0$에 대해 $r_k r_{k-1} \cdots r_0$과 $c_k c_{k-1} \cdots c_0$이 각각 정수 r과 c의 p진법 표현이면

$$\binom{r}{c} \bmod p = \prod_{i=0}^{k} \binom{r_i}{c_i} \bmod p$$

이다.

풀이

다음의 성질이 P_n에 있는 문자를 계산하기 위한 $O(k)$시간 알고리듬을 이끌어낸다.

성질 1 $P_n[i] = 1 \Longleftrightarrow \forall j\, 1 \le j \le k\, (r_j = 0 \Rightarrow c_j = 0)$

증명 위의 성질은 루카스 정리의 결과다. 여기서는 $p = 2$로 두고, $r_j, c_j \in \{0, 1\}$라고 하자. 그럼,

$$\binom{r_j}{c_j} \bmod 2 = 1 \iff (r_j = 0 \Rightarrow c_j = 0)$$

이 돼서 이 성질이 직접 유도된다. ∎

예제 6과 4의 이진수 표현이 각각 110과 010이기 때문에, $P_6[4] = \binom{6}{4} \bmod 2 = 1$이다. 이 문제의 두 번째 부분을 답하기 위해, $g(n)$이 음수가 아닌 정수 n의 이진수 표현에 나오는 1의 개수라고 하자. 다음의 사실이 P_n에 있는 1의 출현 횟수를 주어진 시간 내에 계산하는 간단한 알고리듬을 제시한다.

성질 2 P_n에 있는 1의 개수는 $2^{g(n)}$이다.

증명 $r_k r_{k-1} \cdots r_0$와 $c_k c_{k-1} \cdots c_0$이 각각 n과 i의 이진수 표현이라고 하자.

$$R = \{j : r_j = 1\} \ \text{ 그리고 } \ C = \{j : c_j = 1\}$$

이라고 하자. 성질 1에 의해,

$$\binom{n}{i} \bmod 2 = 1 \iff C \subseteq R$$

이다. 찾으려는 숫자는 R의 부분집합 C의 개수와 같고, 이것은 $g(n)$의 정의에 따라 $2^{g(n)}$이다. 이로써 증명이 완료된다. ∎

노트

루카스^{Lucas} 정리의 쉬운 설명은 피네^{Fine}가 제시했다[114].

파스칼 단어의 수많은 흥미로운 성질 중 다음을 생각해보자. 단어 $w = w[0 .. k]$와 자연수 집합 X에 대해,

$$Filter(w, X) = w[i_1]w[i_2] \cdots w[i_t]$$

을 정의하자. 여기서 $i_1 < i_2 < \cdots < i_t$이고, $\{i_1, i_2, \ldots, i_t\} = X \cap [0 .. k]$이다. 그럼, 양의 정수 n과 2의 거듭제곱의 집합 Y에 대해, 다음의 등식을 얻는다.

$$Filter(P_n, Y) = n\text{의 이진수 역표현}^1$$

이것은 모듈로 2에서 파스칼 삼각형의 i번째 대각성분의 구조로부터, 대각성분을 왼쪽에서 오른쪽으로 0부터 시작하면 간단히 증명된다. 0번째 대각성분은 1로 돼 있고, 그다음은 10이 반복되며, 이렇게 이어진다. 이제 그 행이 연속된 숫자이고 표의 열이 유사한 패턴을 보여주는 표를 생각해보자.

---

109 자기 재생 단어

단어 함수는 단일 문자들의 이미지로 정의되기 때문에, 유한 단어나 무한 단어를 생성할 때 자주 사용된다. 이번 문제에서는 전혀 다른 타입의 문맥 의존적이라고 할 수 있는 순차 변환기$^{sequential\ transducer}$의 일종인 함수를 생각해본다.

작업용 알파벳은 $A = \{0, 1, 2\}$다. 단어 $w \in A^+$의 h에 의한 이미지는

$$h(w) = (0 \oplus w[0]) (w[0] \oplus w[1]) (w[1] \oplus w[2]) \cdots (w[n-1] \oplus 0)$$

라는 단어다. 여기서 $\oplus$은 모듈로 3에 의한 덧셈이다. A^+에 속한 첫 단어로부터 h를 반복 적용하면 다음의 두 예제에서 볼 수 있듯이 매우 특수한 성질을 갖는 더 긴 단어를 생성

---

1 이진수 역표현은 어떤 수의 이진수 표현을 거꾸로 적은 것이다. 예를 들어 30의 이진수 표현은 11110이고 그 역표현은 01111이며 십진수로는 15다. – 옮긴이

한다.

예제 1 이 절차를 첫 단어 $x = 1221$에 적용했을 때, 다음과 같이 시작하는 삼진수 단어 목록이 생성된다.

$$
\begin{aligned}
h^0(x) &= 1 \ 2 \ 2 \ 1 \\
h^1(x) &= 1 \ 0 \ 1 \ 0 \ 1 \\
h^2(x) &= 1 \ 1 \ 1 \ 1 \ 1 \ 1 \\
h^3(x) &= 1 \ 2 \ 2 \ 2 \ 2 \ 2 \ 1 \\
h^4(x) &= 1 \ 0 \ 1 \ 1 \ 1 \ 1 \ 0 \ 1 \\
h^5(x) &= 1 \ 1 \ 1 \ 2 \ 2 \ 2 \ 1 \ 1 \ 1 \\
h^6(x) &= 1 \ 2 \ 2 \ 0 \ 1 \ 1 \ 0 \ 2 \ 2 \ 1 \\
h^7(x) &= 1 \ 0 \ 1 \ 2 \ 1 \ 2 \ 1 \ 2 \ 1 \ 0 \ 1 \\
h^8(x) &= 1 \ 1 \ 1 \ 0 \ 0 \ 0 \ 0 \ 0 \ 0 \ 1 \ 1 \ 1 \\
h^9(x) &= 1 \ 2 \ 2 \ 1 \ 0 \ 0 \ 0 \ 0 \ 0 \ 1 \ 2 \ 2 \ 1
\end{aligned}
$$

특히 $h^9(x) = x \cdot 00000 \cdot x$로, x가 재생성됨을 보여준다.

예제 2 $y = 121$에 적용하면 이와 연관되어 다음과 같이 시작하는 목록이 생성된다.

$$
\begin{aligned}
h^0(y) &= 1 \ 2 \ 1 \\
h^1(y) &= 1 \ 0 \ 0 \ 1 \\
h^2(y) &= 1 \ 1 \ 0 \ 1 \ 1 \\
h^3(y) &= 1 \ 2 \ 1 \ 1 \ 2 \ 1
\end{aligned}
$$

> **질문** 임의의 단어 $w \in A^+$에 대해서, 다음의 두 성질이 성립함을 보여라.
> (A) 0으로 이뤄진 인자(즉, 0^*에 속한 인자)로 분리되는 w의 두 사본으로 $h^m(w)$가 구성되는 정수 m이 존재한다.
> (B) 만약 $|w|$가 3의 거듭제곱이면 $h^{|w|}(w) = ww$다.

풀이

(A) 단어 w의 길이가 n보다 작지 않은 3의 거듭제곱 단어 중 가장 작은 단어를 m이라고 하자. 그리고

$$\alpha(i) = \begin{pmatrix} m \\ i \end{pmatrix} \bmod 3$$

이라고 하자. 다음의 사실을 사용하겠다.

관찰 $i \in \{0, 1, \ldots, m\}$라고 하자. m이 3의 거듭제곱 단어이기 때문에, 명백히 $i \in \{0, m\}$이면 $\alpha(i) = 1$이고, 그렇지 않으면 (덜 명백하지만) $\alpha(i) = 0$이다.

독자들에게는 문제 108을 참고해 이번 문제의 처리 과정과 파스칼의 삼각형을 비교해볼 것을 권한다.

단어 1부터 시작해, m단계 이후, $h^m(1)$ 위의 i번째 위치에 문자 $\alpha(i)$가 있다.

위의 관찰에 의해, m번째 단계 이후 위치 t에 있는 하나의 1이 위치 $t+i$에 있는 문자에 기여하는 것은 $\alpha(i)$이다. 따라서 단어 $h^m(w)$에서 접두사 w는 $\alpha(0) = 1$이기 때문에 그대로 남아 있고, $\alpha(0) = 1$이기 때문에 오른쪽으로 m번째 위치에 복사된다. $i \notin \{0, m\}$에 대해 $\alpha(i) = 0$이기 때문에 $h^m(w)$의 다른 위치에 있는 문자들은 0이다. 이것으로 문제의 (A)를 풀었다.

(B) 위의 논증에 따라서, 만약 $|w|$가 3의 거듭제곱이면 단어 w는 오른쪽으로 m번째 위치에 복사되고 이것은 크기 m의 접두사를 변화시키지 않기 때문에 단어 ww를 준다. 이것으로 문제의 (B)를 풀었다.

노트

알파벳이 $A_j = \{0, 1, \ldots, j-1\}$이고, j가 소수일 때, $m = \min\{j^i : j^i \geq n\}$을 고를 수 있다. 여기서 n은 초기 단어 w의 길이이다. j가 소수가 아닐 때, 상황은 더 복잡해진다. 그럼 이제 $m = j \cdot n!$을 고를 수 있다. 하지만 이 경우, w의 두 사본을 분리하는 단어가 0이 아닌 값들을 가질 수 있다.

여기서 제시한 문제는 [13]에서 가져왔고, 이 논문에서는 2차원의 (더 흥미로운) 판본도 제시된다.

110 인자의 가중치

알파벳 $\{1,2\}$에 대해 가중치는 그 문자의 산술적 합이다. 이번 문제는 길이가 n인 단어가 주어졌을 때, 공단어가 아닌 모든 인자의 가중치를 다룬다. 이 제한된 알파벳에서는 가능한 최대 가중치는 $2n$이고 서로 다른 가중치를 갖는 인자의 최대 수는 $2n-1$이다.

예를 들어 단어 2221122의 인자의 가중치는 10개이며, $1, 2, \ldots, 8, 10, 12$다.

> **질문** 단어 $x \in \{1,2\}^+$의 공단어가 아닌 인자의 서로 다른 가중치의 개수를 계산하는 간단한 선형 시간 알고리듬을 설계하라.

> **질문** 선형 시간 내에 전처리를 거친 단어 x에 대해, '양수인 가중치 k를 갖는 x의 공단어가 아닌 인자가 존재하는가?'와 같은 형태의 질문을 상수 시간 내에 답할 수 있음을 보여라. 전처리 과정 후의 메모리 공간은 상수 크기여야 한다.

풀이

설명 전에 먼저 가중치의 몇 가지 성질을 보이자. 양의 정수 k에 대해,

$$\text{SameParity}(k) = \{i : 1 \le i \le k\text{이고 } (k-i)\text{이 짝수}\}$$

라고 하자. 이 집합의 크기는 $|\text{SameParity}(k)| = \lceil \frac{k}{2} \rceil$이다.

$i \le j$일 때 $sum(i, j)$가 x의 인자 $x[i..j]$의 가중치를 나타낸다고 하자. 다음의 사실로부터 이 문제의 매우 간단한 풀이가 유도된다.

사실 $k > 0$이 x의 어떤 인자의 가중치라면, SameParity(k)의 각 원소도 또한 x의 공단어가 아닌 인자의 가중치다.

증명 $i \leq j$일 때 $x[i..j]$의 가중치를 $sum(i, j) = k$라고 하자. 만약 $x[i] = 2$이거나 $x[j] = 2$라면, $x[i..j]$의 첫 번째나 마지막 문자를 잘라내면, 그 결과가 공단어가 아닌 한 가중치가 $k - 2$인 인자를 생성할 수 있다. 그렇지 않고 $x[i] = x[j] = 1$이고, 양 끝단의 문자를 잘라내면, 그 결과가 공단어가 아닌 한 가중치가 $k - 2$인 인자를 생성할 수 있다. 이 과정을 반복하면 위의 사실이 증명된다. ∎

만약 $x \in 2^+$라면 x가 $|x|$개의 다른 가중치 2, 3,..., 2$|x|$를 갖기 때문에 이 문제의 답은 간단하다. 나머지는 문자 1이 적어도 1번은 등장하는 x를 가정하는 것이다. $first$와 $last$가 각각 x에 있는 문자 1의 첫 위치와 끝 위치라고 하자. 그리고

$$s = sum(0, n - 1) \quad \text{그리고} \quad t = \max\{sum(first + 1, n - 1), sum(0, last - 1)\}$$

이라고 하자. 다시 말해서 s는 전체 단어 x의 가중치고, t는 x의 접두사나 접미사 중 s와 다른 홀짝성을 갖는 인자의 최대 가중치다.

다음의 관찰은 위의 사실의 결과다.

관찰 단어 x의 공단어가 아닌 모든 인자의 가중치 집합은 합집합 SameParity(s) ∪ SameParity(t)이다.

서로 다른 가중치의 개수 단어 x의 공단어가 아닌 인자의 서로 다른 가중치의 개수는

$$|\text{SameParity}(s)| + |\text{SameParity}(t)| = \left\lceil \frac{s}{2} \right\rceil + \left\lceil \frac{t}{2} \right\rceil$$

이다. 그 계산 시간은 s와 t를 계산하는 시간으로, 선형 시간 내에 수행된다.

단어 2221122에 대해, $s = 12$고, $t = \max\{5, 7\} = 7$이며, 그 인자의 가중치의 개수는 위에서 본 것과 같이 $\lceil \frac{12}{2} \rceil + \lceil \frac{7}{2} \rceil = 10$이다.

상수시간 질의 전처리 과정은 단어 x에 해당하는 두 값 s와 t를 계산하는 것으로 구성되고, 이것은 선형 시간 내에 수행된다. 전처리 후 메모리 공간은 s와 t 값을 저장하기 위한

것만이 사용된다.

그럼, '$k > 0$이 x의 공단어가 아닌 인자의 가중치인가?'라는 질의에 대해, 다음의 조건을 검사하는 것으로 충분하다.

$$k \le t \text{ 또는 } ((s - k)\text{가 음수가 아닌 짝수})$$

이것은 상수시간 내에 수행된다.

노트

더 큰 알파벳에 대해서 가령 $\{1,2,3,4,5\}$는 어떨까? 효율적인 알고리듬은 여전히 가능하지만, 위의 풀이와 같이 멋지고 간단한 것은 없다.

x를 그 길이가 2의 거듭제곱인 단어라고 하자. 정박된 구간$^{\text{anchored interval}}$ $[i..j]$는 $[0..|x| - 1]$의 부분 구간으로, i가 구간의 왼쪽 절반에 있고, j가 구간의 오른쪽 절반에 있는 것이다. 이와 관련된 x의 인자 $x[i..j]$는 정박된 인자라고 한다. 빠른 합성곱^{convolution}을 사용해, 단어 x의 모든 정박된 인자의 서로 다른 가중치를 $O(|x|\log|x|)$시간 내에 계산할 수 있다. x의 왼쪽 절반의 접미사의 가중치 집합의 특성 벡터와 오른쪽 절반의 접두사의 가중치 집합의 특성 벡터를 고를 수 있다. 두 벡터는 둘 다 길이가 $O(|x|)$다. 그럼, 이 두 벡터(수열)의 합성곱은 정박된 인자의 모든 가중치를 준다.

알파벳 $\{1,2,3,4,5\}$에 대해 재귀적 접근법을 이용해 길이가 n인 단어의 인자의 모든 서로 다른 가중치를 $O(n(\log n)^2)$시간 내에 계산할 수 있다. 이것은 이렇게 하기 위한 실행시간 $T(n)$이 $T(n) = 2T(n/2) + O(n\log n)$이라는 방정식을 만족하기 때문이다.

111 문자 출현 횟수 차이

공단어가 아닌 단어 x에 대해, $diff(x)$는 x에서 가장 많이 나타난 문자의 출현 횟수와 가장 적게 나타난 문자의 출현 횟수의 차다(같은 문자일 수 있다).

예를 들어,

$$diff(\text{aaa}) = 0 \quad \text{그리고} \quad diff(\text{cabbcadbeaebaabec}) = 4$$

이다. 두 번째 단어에서 a와 b가 가장 많이 나오는 문자로 5번 등장한다. 그리고 d가 가장 적게 나오는 문자로 1번 등장한다.

> **질문** 알파벳 A에 대해 길이가 n인 공단어가 아닌 단어 y의 값 $\max\{diff(\text{x}) : x$는 y의 인자$\}$를 $O(n|A|)$시간 내에 계산하는 알고리듬을 설계하라.

[**힌트**: 먼저 $A = \{\text{a,b}\}$를 고려하라.]

풀이

잠시만 $y \in \{\text{a,b}\}^+$이라고 가정하고, b가 가장 자주 나오는 문자인 y의 인자 x를 찾아보자. 이를 위해 y에 a는 -1을 대입하고 b는 1을 대입해서 Y로 바꾼다. 그럼 이 문제는 합이 최대가 되고 1과 -1을 적어도 1개씩은 포함하는 인자의 계산으로 바뀐다.

일반적인 알파벳을 고려하기 전에 이진 알파벳 $\{-1,1\}$에 대한 풀이를 생각하기 위해 몇 가지 표기법을 도입하겠다.

단어 $Y \in \{-1,1\}^+$ 위의 주어진 위치 i에 대해, sum_i가 $Y[0] + Y[1] + \cdots + Y[i]$라고 하자. 그리고 $pref_i$는 Y의 접두사 $Y[0..k]$에 해당하는 최소 합이라고 하자. 여기서 둘 다 $k < i$다. $Y[k+1..i]$가 최소 1번의 -1을 포함한다고 하자. 만약 그런 k가 없으면 $pref_i = \infty$다.

다음의 알고리듬은 단어 Y에 대해 이 문제에서 요구하는 값을 이끌어낸다.

```
MAXDIFFERENCE(Y non-empty word on {-1,1})
1   (maxdiff, prevsum, sum) ← (0,0,0)
2   pref ← ∞
3   for i ← 0 to |Y| - 1 do
4       sum ← sum + Y[i]
5       if Y[i] = -1 then
6           pref ← min{pref, prevsum}
```

```
7          prevsum ← sum
8          maxdiff ← max{maxdiff, sum − pref}
9   return maxdiff
```

MᴀxDɪFFERENCE 알고리듬은 입력 단어의 인자 중에서 최대 차이를 계산하기 위해 다음의 관찰을 구현한다.

관찰 $pref \neq \infty$라고 가정하자. 그럼 문자 $Y[k]$는 −1이고, 그 차이 $diff(Y[k+1..i])$는 $sum-pref$다. 게다가, $Y[k+1..i]$가 $Y[0...i]$의 접미사 중에서 최대 $diff$ 값을 가진다.

이 방식으로 두 문자 알파벳으로 이뤄진 단어에 대한 문제는 선형 시간 내에 해결된다.

더 큰 알파벳에 대해, 다음의 기법을 적용할 수 있다. 단어 y의 임의의 서로 다른 두 문자 a와 b에 대해, $y_{a,b}$가 y에 있는 다른 문자를 제거해서 만든 단어라고 하자. $y_{a,b}$를 알파벳 $\{-1, 1\}$에 대한 $Y_{a,b}$로 바꾸면, MᴀxDɪFFERENCE 알고리듬은 $Y_{a,b}$의 인자들 중의 최대 차이를 생성해내고, 이것은 $y_{a,b}$의 인자 중에서의 최대 차이이기도 하다.

그럼 결괏값은 a와 b를 고려한 모든 짝에 대해 MᴀxDɪFFERENCE를 실행시켜서 얻은 결과 중 최댓값이다.

모든 단어 $y_{a,b}$의 길이의 합은 $O(n|A|)$일 뿐이므로, 이 알고리듬의 전체 실행 시간은 알파벳 A로 만들어진 길이가 n인 단어에 대해 $O(n|A|)$다.

노트

이번 문제는 2010년도 고등학생을 대상으로 한 폴란드 정보 경시대회에 출제됐다.

112 경계가 없는 접두사로 인자분해

문자열에서 경계가 없는 패턴을 찾는 것은 두 패턴의 출현이 겹칠 수 없기 때문에, BM 알고리듬(문제 33)에 의한 어떤 복잡한 풀이도 없이 매우 효율적으로 수행된다. 패턴이 경계가 없는 패턴이 아니라면, 이 패턴을 경계가 없는 단어로 인자분해하는 것은 효율적인 검색 기법을 이끌어낸다.

공단어가 아닌 단어 u가 공단어가 아닌 고유 접두사 중 어떤 것도 접미사가 아니라면, 즉 $Border(u) = \varepsilon$이라면, 또는 동등하게 가장 짧은 주기가 그 주기라면, 즉 $per(u) = |u|$라면, 그 단어는 경계가 없다고 한다.

이번 문제의 목표는 단어를 경계가 없는 접두사로 인자분해하는 방법을 보이는 것이다.

예를 들어 단어 aababaaabaababaa를 생각해보자. 이 단어의 경계가 없는 접두사 집합은 {a, aab, aabab}이고 이 집합으로 인자분해를 하면

```
0   1   2   3   4   5   6   7   8   9  10  11  12     13 14  15
a   a   b   a   b   a   a   a   b   a   a   b   a   b  a   a
|_____ x6 _____||_ x5 _||__ x4 __||_____ x3 _____||x2||x1|
```

이다.

> **질문** 공단어가 아닌 단어 x를 $x_k x_{k-1} \ldots x_1$로 인자분해하는 방법을 보여라. 여기서 각 x_i는 x의 경계가 없는 접두사이고, x_1은 x의 경계가 없는 접두사 중 가장 짧은 것이다.

x의 인자분해는 그 인자 길이의 목록으로 표현될 수 있다. 앞의 예를 들면 $(5,1,3,5,1,1)$이 그 목록이고, 인자의 목록은 $x[0..4]$, $x[5..5]$, $x[6..8]$, $x[9..13]$, $x[14..14]$, $x[15..15]$이다.

> **질문** 단어를 경계가 없는 접두사로 인자분해해 인자 길이의 목록을 계산하는 선형 시간 알고리듬을 설계하라.

풀이

유일한 인자분해 $S(x)$가 x의 경계가 없는 접두사의 집합이라고 하자. 이것이 접미사 부호다. 즉, $u, v \in S(x)$이고 u와 v가 서로 다른 단어라면, 둘 중 어느 것도 서로의 접미사가 아니다. 반대로 가령 u가 v의 고유 접미사라면, u가 v의 공단어가 아닌 접두사이기 때문에, v는 경계가 없지 않기 때문에 모순이다. 그럼, $S(x)$에 있는 어떤 곱단어도 그 곱단어로 유일한 분해만을 허용한다. 이것은 x가 $S(x)$에 있는 단어로 인자분해된다면 유일하게 인자분해됨을 보여준다.

그 인자분해가 존재함을 증명하자. 만약 x가 경계가 없다면, 즉 $x \in S(x)$이라면, 그 인자분해는 단 하나의 인자인 x 그 자체만을 갖는다. 반대로 u가 x의 가장 짧은 공단어가 아닌 경계라고 하자. 그럼 u는 경계가 없다. 즉, $u \in S(x)$이다. 따라서 단어 xu^{-1}에 대해 같은 논리를 반복 적용해서 인자분해를 얻을 수 있다. 이것은 원했던 대로 마지막 인자가 $S(x)$의 가장 짧은 원소가 되는 인자분해를 이끌어낸다.

인자분해 공단어가 아닌 단어 x의 인자분해는 중간단계로 최단 경계표 *shtbord*를 갖는 경계표로부터 계산할 수 있다. 여기서, $x[0..\ell-1]$이 경계가 없으면 $shtbord[\ell] = 0$이고, 그렇지 않으면 그 최단 경계의 길이다. 이 표는 x의 경계표를 왼쪽에서 오른쪽으로 훑으면서 계산된다.

아래에 단어 $x = \text{aababaaabaababaa}$에 대한 표가 있다.

i		0	1	2	3	4	5	6	7	8	9	10	11	12	13	14	15
$x[i]$		a	a	b	a	b	a	a	a	b	a	a	b	a	b	a	a
ℓ	0	1	2	3	4	5	6	7	8	9	10	11	12	13	14	15	16
$border[\ell]$	—	0	1	0	1	0	1	2	2	3	4	2	3	4	5	6	7
$shtbord[\ell]$	—	0	1	0	1	0	1	1	1	3	1	1	3	1	5	1	1

x의 경계가 없는 접두사의 길이 ℓ은 $border[\ell] = 0$을 만족하며, 위의 예시에서는 1, 3, 5가 된다.

집합 $S(x)$는 접두사 부호이기 때문에, x를 오른쪽에서 왼쪽으로 훑어가며 인자분해를 계산하는 것이 자연스럽다. 위의 증명에 따라, 경계가 없는 접두사가 발견될 때까지 가장 짧은 경계의 표에서 인자의 길이를 선택한다.

```
FACTORISE(x non-empty word)
 1    border ← BORDERS(x)
 2    for ℓ ← 0 to |x| do
 3        if border [ℓ] > 0 and shtbord[border[ℓ]] > 0 then
 4            shtbord[ℓ] ← shtbord[border[ℓ]]
 5        else shtbord[ℓ] ← border[ℓ]
 6    L ← empty list
 7    ℓ ← |x|
 8    while border[ℓ] > 0 do
 9        L ← shtbord[ℓ] · L
10        ℓ ← ℓ − shtbord[ℓ]
11    L ← shtbord[ℓ] · L
12    return L
```

FACTORISE 알고리듬의 실행 시간에 대해서는, x의 경계표의 계산에 추가로 선형 시간이 걸리는 것이 명백하다. 여기서 경계표는 또한 선형 시간 내에 계산된다(문제 19 참고). 따라서 전체 처리 과정도 선형 시간 내에 처리된다.

노트

문제 21의 짧은 경계들의 표를 생성하는 데 적용된 기법을 이용해, 공단어가 아닌 가장 짧은 경계들의 표를 효율적으로 계산할 수 있는진 분명하지 않다.

---

113 단항 연장에 대한 원시성 검사

공단어가 아닌 단어 x는 두 단어 u와 v에 대해 $x = (uv)^e u$처럼 분해될 수 있다. 여기서 v는 공단어가 아니고, $|uv| = per(x)$는 x의 (가장 작은) 주기이며, e는 양의 정수다. $tail(x) = v$라고 두겠다(u가 아니다).

예를 들어 $tail(abcd) = abcd$인데 $u = \varepsilon$이고 $v = abcd$이기 때문이다. $tail(abaab)$ = a는 abaab = $(aba)^1 ab$이기 때문에 그렇다. $tail(abaababa)$ = ab는 abaababa = $(abaab)^1 aba$이기 때문이다. 이 단어는 피보나치 단어 fib_4이고, 일반적으로 $n \geq 3$에 대해 $tail(fib_n) = fib_{n-3}$이다.

이번 문제의 목표는 단어 x에 대해 알려진 것이 거의 없을 때 xa^k가 원시적인지 검사하는 것이다.

질문 x에 대한 정보는

- x는 단항이 아니다(적어도 2개의 서로 다른 문자를 포함한다).
- $tail(x)$는 단항이 아니거나, 또는 어떤 문자 b에 대해 $tail(x) \in b^*$이다.
- $\ell = |tail(x)|$다.

만을 가정한다.

어떤 정수 k와 문자 a에 대해 단어 xa^k가 원시적인지를 상수 시간 내에 답하는 방법을 보여라.

[**힌트**: $tail(x)$는 x를 원시적이지 않은 단어로 확장하기 위한 명백한 후보다.]

풀이

이 풀이는 다음의 성질을 사용한다. 단항이 아닌 단어 x에 대해,

$$xa^k \text{는 원시적이지 않다} \Rightarrow tail(x) = a^k$$

위의 역은 명백히 성립하므로, 이 성질은 문제에서 주어진 가정에 대해 상수 시간 내에 검사하는 방법을 이끌어낸다. xa^k의 원시성 검사는 $tail(x) \in b^*$인지 검사하는 것이기 때문이다. 즉, 만약 $a = b$이고 $k = \ell$인지 검사하는 것이다. 비록 이 성질이 말은 간단하지만, 지루한 증명이 필요하다. 다음의 보조적 사실로 시작해서 중요한 보조정리로 이어가겠다.

사실 만약 x가 단항이 아니고, $|uv| = per(x)$, $e > 0$, $|u'| < |u|$일 때 $x = (uv)^e u = u'v'u'$이면 v'는 단항이 아니다.

실제로, v'이 단항이면 v도 그렇다. 이것은 u가 단항이 아니라는 뜻이다(v에 있는 문자와 다른 문자를 갖고서 단항이 될 수는 없다). 단어 u'가 u의 고유한 접두사이자 접미사이기 때문에, $|y| = |z| = per(u)$이고 y는 v'의 접두사이고 z는 v'의 접미사로, 공단어가 아닌 두 단어 y와 z에 대해 $u = u'y = zu'$를 얻는다. 그럼 둘 다 단항이며, u와 x도 단항임을 뜻한다. 이것은 모순이다.

단항 연장 보조정리 만약 x가 단항이 아니고, a가 한 문자이고, k가 양의 정수이고, $a^k \neq tail(x)$이면, xa^k는 원시적이다.

증명 귀류법을 이용한다. xa^k가 원시적이지 않다고 가정하자. 즉,

$$xa^k = z^j, \ j \geq 2, \ |z| = per(xa^k)$$

이다. 그럼 $|z| > k$를 얻는다. 그렇지 않다면 x가 단항이고 $a^k \neq tail(x)$라서 $|z| \neq per(x)$기 때문이다. $|z|$는 x의 주기이므로, $|z| > per(x)$다. z^2가 x의 접두사이면 $|z| = per(x)$이므로 $j > 2$는 불가능하다.

결과적으로 남은 상황은 $j = 2$뿐이다. 즉,

$$xa^k = z^2 = u'v'u'v', \ x = (uv)^iu = u'v'u', \ v' = a^k$$

이다. 여기서 $v' \neq v = tail(x)$, $|uv| = per(x)$, $|u'v'| = per(xa^k)$다. 두 가지 경우를 생각해 보자.

$|u'| < |u|$**인 경우** 이것은 위의 보조적 사실이 $v' = a^k$가 단항이 아님을 뜻하기 때문에 불가능하다.

$|u'| > |u|$**인 경우** $i = 2$인 경우만을 생각해보자. 즉, $x = (uv)^2u$다. $i > 1$인 일반적인 경우는 유사하게 처리할 수 있다.

주장 $|u'| < |uv|$이다.

(이 주장의) 증명 귀류법을 쓰기 위해 $|u'| \geq |uv|$이라고 가정하자. 그럼 단어 x는 주기 $p = |uv|$와 $q = |x| - |u'| = |u'v'|$를 받아들인다. 여기서 $p + q \leq |x|$이다. 주기성 보조정리

376

에 따라 p(가장 짧은 주기)는 q의 약수다. 따라서 p는 또한 (주기 q를 갖는) xa^k의 주기다. 결과적으로 x와 xa^k는 같은 최단 주기를 가지며, 이는 불가능하다. ■

w가 $u'v' = uvw$를 만족한다고 하자. 위의 주장에 따라, w는 v'의 접미사이고, 따라서 w는 단항이다. 단어 u'는 (x의 접두사이브로) uvu의 접두사다. 이것은 $|w|$가 uvu의 주기임을 뜻한다. w는 단항이므로 uv도 단항이고, 전체 단어 x가 단항이다. 이는 모순이다.

두 경우가 모두 모순이므로 단어 xa^k는 원시적이다. ■

노트

이 문제의 풀이는 [215]에서 리터가 제시했다. 시간-공간적으로 최적인 원시성 검사(선형 시간, 상수 공간)는 문제 40에서 주어져 있지만, 여기서 제시한 문제는 특정한 경우를 고려할 때는 훨씬 빠른 해법을 제공한다.

114 부분적으로 교환 가능한 알파벳

부분적으로 교환 가능한 알파벳에 대한 단어의 연구는 동시 처리 프로세스^{process}의 표현에서 나왔다. 여기서 문자들은 프로세스의 이름이고 교환 가능성은 두 프로세스의 비동시성에 해당한다.

문자들 중 몇몇 짝을 교환할 수 있는 알파벳 A를 생각해보자. 이것은 임의의 교환 가능한 짝 (a, b)에 대해 $uabv$를 $ubav$로 변환할 수 있다는 뜻이다. A에 해당하는 (부분적) 교환 가능성 관계는 $\approx$으로 나타내고, 대칭적인 것으로 가정한다.

두 단어 중 한 단어가 바로 이웃한 단어들 사이의 교환 관계를 통해서 다른 단어로 변환될 수 있으면 (교환 가능성 관계에 대해서) 동등하고, $u \equiv v$로 나타낸다. $\equiv$는 등가 관계이지만 $\approx$는 일반적으로 그렇지 않음을 알아두자.

예를 들어 알파벳 $A = \{a, b, c, d\}$에 대해,

$$a \approx b \approx c \approx d \approx a \implies abcdabcd \equiv badbdcac$$

인데, 이것은 다음의 교환 관계로 이뤄진다.

```
a  b  c  d  a  b  c  d
b  a  c  d  a  b  c  d
b  a  d  c  a  b  c  d
b  a  d  c  b  a  c  d
b  a  d  b  c  a  c  d
b  a  d  b  c  a  d  c
b  a  d  b  c  d  a  c
b  a  d  b  d  c  a  c
```

> **질문** A^*에 있는 길이가 n인 두 단어 u와 v에 대해 $u \equiv v$인지를 검사하고, $O(n|A|)$시간 내에 수행되는 등가성 검사를 설계하라.

[**힌트**: 문자의 짝에 대해 단어의 투영을 고려하라.]

풀이

두 단어 $a, b \in A$에 대해, $\pi_{a,b}(w)$는 w를 (a, b) 짝 위로 투영시킨다는 뜻이다. 즉, w에서 (a, b)를 제외한 모든 단어를 삭제해서 만든 단어가 된다는 뜻이다. $|w|_a$가 w에서 문자 a의 출현 횟수를 나타낸다고 하자. 다음 성질이 이 문제 풀이의 기본이다.

성질 두 단어 u와 v에 대해, $u \equiv v$는 다음의 두 성질이 성립하는 것과 필요충분조건이다.

(i) $a \in A$인 각 문자에 대해 $|u|_a = |v|_a$이다.

(ii) a와 b가 교환 가능하지 않을 때는 항상 $\pi_{a,b}(u) = \pi_{a,b}(v)$이다.

증명 $u \equiv v$인 경우 이 조건이 성립함은 분명하다. 역으로 (i)과 (ii)가 성립한다고 가정하자. 증명은 같은 길이를 갖는 두 단어에 대해 수학적 귀납법으로 이뤄진다.

$u = au'$라고 하자. 여기서 $a \in A$이다. 그럼 v에서 문자 a의 첫 출현을 $\approx$ 관계를 사용해 첫 위치로 옮길 수 있다고 주장하겠다. 즉, 만약 그렇게 할 수 없다면 v에서 a 앞에 교환 가능하지 않은 어떤 문자 b가 존재하지 않는다는 뜻이다. 그럼 $\pi_{a,b}(u) \neq \pi_{a,b}(v)$이므로 모순이다.

문자 a를 v의 시작으로 옮긴 다음, $av' \equiv v$인 단어 av'를 얻었다. 그리고 조건 (i)과 (ii)는 u'와 v'에 대해 성립한다. 수학적 귀납법의 가정 $u' \equiv v'$에 의해, $u = au' \equiv av' \equiv v$이다. 이것으로 증명이 완료된다. ∎

등가성 검사는 위의 두 조건을 검사하는 것으로 구성된다. 첫 번째 조건을 검사하는 것은 명백히 $O(n|A|)$시간 내에(또는, 심지어 알파벳에 대한 어떤 가정 없이 $O(n \log |A|)$시간 내에도) 수행된다.

두 번째 조건은 서로 교환 가능하지 않은 모든 문자들의 짝 a, b에 대해 $\pi_{a,b}(u) = \pi_{a,b}(v)$인지 검사하는 것이다. 언뜻 보기에 이것은 $O(n|A|^2)$시간이 걸리는 알고리듬이 필요할 것 같다. 하지만 $\pi_{a,b}(u)$인 형태의 모든 단어의 길이의 합은 $O(n|A|)$에 불과하고, 이것은 알고리듬 실행 시간의 상계를 준다.

노트

이번 문제의 소재는 코리^{Cori}와 패렝^{Perrin}이 [61]에서 제시한 부분 교환 가능성의 성질에 기초했다.

등가성 문제에 대해 다른 알고리듬이 존재한다. 단어의 정규 형태$^{\text{canonical form}}$는 사전 순서에서 가장 작은 동등한 것으로 정의할 수 있다. 따라서 두 단어가 주어지면 정규 형태를 계산해 그 동등성을 검사할 수 있다. 정규 형태의 계산은 또한 흥미로운 분야다.

115 최대 고정밀도 목걸이

만약 어떤 단어가 그 컬레류에서 사전식 순서로 가장 작은 단어라면, 그 단어는 **목걸이**^{necklace}라고 한다. 알파벳 $\{0,1\}$로 이뤄진 단어의 **밀도**^{density}는 그 단어에 등장하는 1의 수다. $N(n,d)$가 길이가 n이고 밀도가 d인 모든 이진 목걸이의 집합이라고 하자.

이번 문제는 $0 \le d \le n$인 $N(n,d)$에 있는 사전식 순서에서 가장 큰 목걸이와 관련된 것이다. 예를 들어 00100101은 $N(8,3)$에 있는 최대 목걸이greatest necklace이다.

$$\{00000111, 00001011, 00001101, 00010011, 00010101, 00011001, 00100101\}$$

그리고 01011011은 $N(8,5)$의 최대 목걸이이다.

$$\{00011111, 00101111, 00110111, 00111011, 00111101, 01010111, 01011011\}$$

다음의 직관적인 특성이 최대 목걸이의 구조를 특징짓는다.

보조정리 20 C를 $N(n,d)$에 있는 최대 목걸이라고 하자.

(i) 만약 $d \le n/2$이면, $C = 0^{c_0}10^{c_1}1\cdots0^{c_{d-1}}1$이다. 여기서, $c_0 > 0$이고 $i > 0$ 각각에 대해 $c_i \in \{c_0, c_0 - 1\}$이 성립한다.

(ii) 만약 $d > n/2$이면, $C = 01^{c_0}01^{c_1}\cdots01^{c_{n-d-1}}$이다. 여기서, $c_0 > 0$이고 $i > 0$ 각각에 대해 $c_i \in \{c_0, c_0 + 1\}$이 성립한다.

(iii) 두 경우 모두, 이진 수열 $w = (0, |c_1 - c_0|, |c_2 - c_0|, \ldots)$은 그 길이와 밀도에서 최대 목걸이이다.

> **질문** 보조정리 20에 기반해 $N(n,d)$에 있는 최대 목걸이를 계산하는 선형 시간 알고리즘을 설계하라.

풀이

위의 보조정리는 (이진) 단어 w가 길이 ℓ의 목걸이일 때 다음의 두 정의를 생각해보게 한다.

$$\phi_t(w) = 0^{t-w[0]}1\,0^{t-w[1]}1\cdots0^{t-w[\ell-1]}1,$$

$$\psi_t(w) = 01^{t+w[0]}\,01^{t+w[1]}\cdots01^{t+w[\ell-1]}$$

다음의 두 가지 사실은 보조정리 20의 보다 직접적인 결과로, 두 함수 ϕ_t와 ψ_t가 사전식 순서를 보존함을 보여준다. 다음의 사실은 또한 아래에 나올 알고리듬의 재귀적 구조를 정당화한다.

사실 1 길이 ℓ의 이진 단어 w가 목걸이인 것은 $t > 0$인 모든 t에 대해 $\phi_t(w)$가 목걸이인 것과 필요충분조건이다.

사실 2 길이 ℓ의 이진 단어 w가 목걸이인 것은 $t \geq 0$인 모든 t에 대해 $\psi_t(w)$가 목걸이인 것과 필요충분조건이다.

다음의 알고리듬은 이 문제를 해결한다. 보조정리 20의 (iii)이 1번의 재귀적 호출에 의해 이 문제를 하나의 훨씬 작은 문제로 줄여준다.

GREATESTNECKLACE(n, d natural numbers, $d \leq n$)
1 **if** $d = 0$ **then**
2   **return** 0^n
3 **elseif** $d \leq n/2$ **then**
4      $(t, r) \leftarrow (\lfloor n/d \rfloor, n \bmod d)$
5      $w \leftarrow$ GREATESTNECKLACE($d, d - r$)
6   **return** $\phi_t(w)$
7 **elseif** $d < n$ **then**
8      $(t, r) \leftarrow (n/(n - d), n \bmod (n - d))$
9      $w \leftarrow$ GREATESTNECKLACE($n - d, r$)
10   **return** $\psi_{t-1}(w)$
11 **else return** 1^n

예제 $n = 8$과 $d = 3$에 대해, $t = 2$, $r = 2$를 얻는다. 그리고 재귀적 호출은 GREATESTNECKLACE$(3, 1) = w = 001$을 준다. 결과적으로 GREATESTNECKLACE$(8, 3) = 0^{2-0}10^{2-0}10^{2-1}1$로, 위에서 살펴봤듯이 00100101이다.

예제 $n = 8$과 $d = 5$에 대해, ($n - d = 3$이기 때문에) $t = 2$, $r = 2$를 얻는다. 그리고 재귀적 호출은 GREATESTNECKLACE$(3, 2) = w = 011$이다. 이것은 GREATESTNECKLACE$(8, 5) =$

$01^{1+0}01^{1+1}01^{1+1}$을 생성하며, 앞서 살펴봤듯이 01011011이다.

GREATESTNECKLACE 알고리듬의 정확성은 기본적으로 보조정리와 두 사실에서 유도된다.

GREATESTNECKLACE(n, d)의 실행 시간에 대해서는 재귀적 호출이 그 길이가 $n/2$인 단어를 다뤄야 한다는 것을 알아두자. 따라서 전체적으로 최종 단어를 생성하는 것이 선형 시간 내에 실행된다.

노트

이 문제의 소재는 사와다[Sawada]와 하트만[Hartman]이 [218]에서 제시했다.

116   등가-주기 이진 단어

두 단어가 주기가 같거나, 또는 동등하게 길이가 같고 경계 길이가 같은 집합이면 두 단어는 등가-주기[period equivalent]라고 한다. 예를 들어 abcdabcda와 abaaabaaa는 그 단어들이 1대1 대응이 되진 않지만 같은 주기 집합 {4,8,9}를 갖기 때문에 등가-주기다.

이번 문제의 목표는 단어의 주기 집합이 이진 단어로 구현될 수 있음을 보이는 것이다.

> **질문** w가 임의의 큰 알파벳으로 이뤄진 단어라고 하자. w와 등가-주기인 이진 단어를 선형 시간 내에 만들어내는 방법을 보여라.

[힌트: 주기 대신에 경계 길이를 생각하자.]

풀이

그 주기적 구조 대신에 w의 경계 길이를 다루는 것이 이 문제를 해결하고 그에 대응하는 알고리듬을 묘사하는 데 편리하다. 단어 w의 경계 구조는 공단어가 아닌 경계의 길이로 이뤄진 증가하는 리스트 $\mathcal{B}(w) = (q_1, q_2, \ldots, q_n)$으로 주어진다. 그리고 $q_n = |w| = N$이다. 예를 들어 $(1, 5, 9)$는 abcdabcda와 연관된 리스트다.

이 문제를 풀기 위해, 리스트 $\mathcal{B}(w)$로부터 단어의 수열 $(x_1, x_2, \ldots, x_n)$을 반복적으로 구성해내야 한다. 여기서 x_i는 경계 리스트 $(q_1, \ldots, q_i)$와 연관된 이진 단어다. w에 등가-주기인 이진 단어는 $x = x_n$이다.

길이 q_1인 경계가 없는 단어를 x_1이라고 하자. x_{i-1}을 가장 긴 경계로 갖는 길이 q_i의 단어 x_i는 그 길이가 맞아떨어진다면 $x_i y_i x_i$ 꼴이거나, x_{i-1}을 그 자신과 겹쳐서 만들어진 꼴이다. 단어 y_i는 단항이고, 그 문자는 불필요한 경계를 만들지 않도록 고른다.

예제 $(1, 3, 8, 13) = (q_1, q_2, q_3, q_4) = \mathcal{B}(\text{abacdabacdaba})$라고 하자. 경계가 없는 단어 $x_1 = 0$에서 시작하면, x_2는 두 x_1의 사이에 $y_2 = 1$을 끼워넣어서 만든다. 마찬가지로 단어 x_3는 x_2로부터 단항 단어 $y_3 = 00$을 선택해 만들 수 있다. y_3의 문자는 y_2와 다르다. 결과적으로 $x_4 = 0100001000010$이 x_3을 겹치도록 2번 등장시켜서 만들어진다.

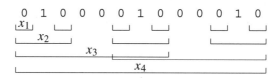

이 방법을 구현하는 Alternating 알고리듬에서, $prefix(z, k)$는 $k \le |z|$일 때 단어 z의 길이가 k인 접두사를 나타낸다.

Alternating(w non-empty word)

1 $(q_1, q_2, \ldots, q_n) \leftarrow \mathcal{B}(w)$
2 $(x_1, a) \leftarrow (01^{q_1 - 1}, 0)$
3 **for** $i \leftarrow 2$ **to** n **do**
4      $gap_i \leftarrow q_i - 2q_{i-1}$
5   **if** $gap_i > 0$ **then**
6          $a \leftarrow 1 - a$
7          $x_i \leftarrow x_{i-1} \cdot a^{gap_i} \cdot x_{i-1}$
8   **else** $x_i \leftarrow prefix(x_{i-1}, q_i - q_{i-1}) \cdot x_{i-1}$
9 **return** x_n

ALTERNATING 알고리듬은 왜 작동하는가? 이 사실의 증명은 단항 연장 보조정리(문제 113 참고)에 의해 직접 유도되는 다음 결과에 의존한다. z가 $(uv)^e u$로 적히고, $|uv|$가 그 (가장 짧은) 주기일 때, 정의에 의해 $tail(z) = v$다.

보조정리 21 z가 단항이 아닌 이진 단어라고 하자. k가 양수이고, a가 $a^k \neq tail(z)$인 문자라고 하자. 그럼 단어 $x = za^k z$는 $|za^k|$보다 짧은 주기를 갖지 않는다. 즉, z보다 더 긴 경계가 없다.

증명 귀류법으로 증명하겠다. $x = za^k z$가 주기 $p < |za^k|$를 갖는다고 가정하고, 다음의 두 경우를 생각해보자.

$p \leq |z|$**인 경우** 단어 x는 $|za^k|$와 p라는 2개의 주기를 갖고, 이 주기는 $|za^k| + p \leq |x|$라는 조건을 만족한다. 주기성 보조정리를 여기에 적용하면 $\gcd(|za^k|, p)$도 x의 주기다. 이것은 $\gcd(|za^k|, p) \leq p < |ua^k|$이므로 ua^k가 원시적이지 않다는 뜻이다. 하지만 이것은 ua^k가 가정에 의해 원시적이어야 한다는 단항 연장 보조정리의 결과와 모순이다.

$|u| < p < |ua^k|$**인 경우**

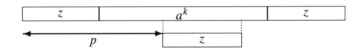

이 경우에 대한 부등식은 $za^k z$의 위치 p에 z의 내부적 출현이 있다는 뜻이다. 만약 $p \leq k$이라면, 즉 $p + |z| \leq |za^k|$이라면(위의 그림 참고), 이 출현은 a^k의 내부에 있고, 이것은 z가 단항이 아니라는 사실에 모순이다.

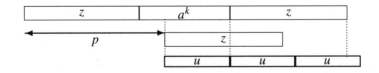

그렇지 않고 $p > k$라면, 즉 $p + |z| > |za^k|$라고 하자(위의 그림 참고). 그럼, z의 마지막 2번 출현이 겹치고, 이것은 $|za^k| - p$가 z의 주기라는 뜻이다. a의 접미사로써, z의 접두사 주기 $u = z[0..|za^k| - p - 1]$은 단항이고, 이것은 z 자체가 단항이라는 뜻이다. 이것도 모순

이다.

따라서 za^kz의 어떤 주기도 $|za^k|$보다 작을 수 없다. ∎

$\textsc{Alternating}$ 알고리듬의 정확성을 증명하기 위해 일곱 번째 줄에서 단항 단어를 써서 x_{i-1}의 출현 사이의 간격을 메꾸는 것이 불필요한 주기를 만들어내지 않음을 보여야 한다.

이를 위해, $q_1 > 1$이라고 하자. $q_1 = 1$인 경우는 x_i가 단항이 아닌 경우에 대해 첫 번째 i를 갖고 시작해서 유사하게 처리할 수 있다. $\textsc{Alternating}$ 알고리듬은 다음의 성질을 갖는다. 만약 $gap_i > 0$이면 $x_i = x_{i-1}y_i x_{i-1}$이다. 여기서 $y_i = a^{gap_i} \neq tail(x_{i-1})$이고 x_{i-1}은 단항이 아니다. 앞의 보조정리에 의해 $x_{i-1}y_i x_{i-1}$은 x_{i-1}보다 긴 경계가 없다. 따라서 불필요한 경계가 만들어지지 않고, 이는 $\textsc{Alternating}$의 정확성을 뜻한다.

그 경계 길이의 리스트를, 가령 문제 19의 $\textsc{Borders}$를 이용해 계산하고 이 알고리듬을 실행한다면 $O(N) = O(|w|)$인 선형 시간이 걸린다.

노트

사전 순서에서 첫 번째인 이진 단어에 대해, 여기서 보여준 알고리듬과 더 복잡한 알고리듬은 리터[215]가 제시했다.

정렬된 리스트 $\mathcal{B} = (q_1, q_2, \ldots, q_n)$이 단어의 경계 길이 목록에 해당하는 것은 $i > 1$일 때 $\delta_i = q_i - q_{i-1}$에 대해

$$\delta_{i-1} \mid \delta_i \Rightarrow \delta_{i-1} = \delta_i \quad \text{그리고} \quad q_i + \delta_i \leq n \Rightarrow q_i + \delta_i \in \mathcal{B}$$

인 것과 필요충분조건이다. 이것은 [176]의 정리 8.1.11의 한 모습이다. 위의 기법은 크기가 $O(n)$인 압축된 묘사를 주고, 이것은 길이 N의 출력 단어에 대해 $\log N$의 크기일 수 있다.

117 드 브루인 단어의 실시간 생성

n차 이진 드 브루인 단어는 알파벳 $\{0,1\}$로 이뤄지고 길이가 2^n인 단어이며, 이 단어에는 길이가 n인 모든 이진 단어가 순환적으로 정확히 한 번씩 등장한다. 예를 들어 00010111 과 01000111은 (켤레가 아닌) 3차 드 브루인 단어다.

드 브루인 단어는 길이 n인 이진 단어로부터 시작해 아래의 NEXT(w) 연산을 반복하면 생성할 수 있다. 아래의 연산은 찾는 드 브루인 단어의 다음 비트를 계산해 단어 w를 갱신한다. 전체 처리 과정은 w가 초기 단어를 반환했을 때 멈춘다.

```
DEBRUIJN(n positive integer)
1   (x, w₀) ← (ε, a binary word of length n)
2   w ← w₀
3   do w ← NEXT(w)
4       x ← x · w[n − 1]
5   while w ≠ w₀
6   return x
```

연산 NEXT는 적절한 실시간 생성 알고리듬을 얻기 위해 정해져야 한다. 비트 b의 부정을 $\overline{b}$라고 하자.

```
NEXT(w non-empty word of length n)
1   if w[1 .. n − 1] · 1 smallest in its conjugacy class then
2       b ← w[0]
3   else b ← w[0]
4   return w[1 .. n − 1] · b
```

> **질문** DEBRUIJN(n)을 실행하면 길이가 2^n인 드 브루인 단어가 생성됨을 보여라.

예제 $n = 3$이고 $w_0 = 111$이라고 하자. 알고리듬 DEBRUIJN의 네 번째 줄에서 w의 값은 11<u>0</u>,10<u>1</u>,01<u>0</u>,10<u>0</u>,00<u>0</u>,00<u>1</u>,01<u>1</u>,11<u>1</u>이다. 밑줄 친 비트는 드 브루인 단어 01000111

을 구성한다.

$n = 5$이고 $w_0 = 11111$에 대해서, w의 연속적인 값은

$1111\underline{0}$, $1110\underline{1}$, $1101\underline{1}$, $1011\underline{1}$, $0111\underline{0}$, $1110\underline{0}$, $1100\underline{1}$, $1001\underline{1}$, $0011\underline{0}$, $0110\underline{0}$, $1100\underline{0}$, $1000\underline{1}$, $0001\underline{0}$, $0010\underline{1}$, $0101\underline{1}$, $1011\underline{0}$, $0110\underline{1}$, $1101\underline{0}$, $1010\underline{1}$, $0101\underline{0}$, $1010\underline{0}$, $0100\underline{1}$, $1001\underline{0}$, $0010\underline{0}$, $0100\underline{0}$, $1000\underline{0}$, $0000\underline{0}$, $0000\underline{1}$, $0001\underline{1}$, $0011\underline{1}$, $0111\underline{1}$, $1111\underline{1}$로, 다음의 드 브루인 단어

$$01110011000101101010010000011111$$

을 만들어낸다.

풀이

알고리듬 DEBRUJIN의 정확성은 그 노드가 양방향 '다리bridge'에 의해 연결된 이동 순환shift cycle을 갖는 트리를 돌아다니면서 실행된다는 점을 해석해 증명된다. 이동 순환의 꼭짓점은 같은 켤레류에 속하는 길이 n의 단어들이다. 어떤 순환의 표현은 사전 순서에서 최소인 단어(목걸이, 또는 원시적이라면 린던 단어)다. 순환의 간선은 이동을 뜻한다. 즉, $au \rightarrow ua$의 형태로, 여기서 a는 단일 비트이고 u는 길이가 $n - 1$인 단어다. 이동 순환은 그래프 G_n을 형성한다.

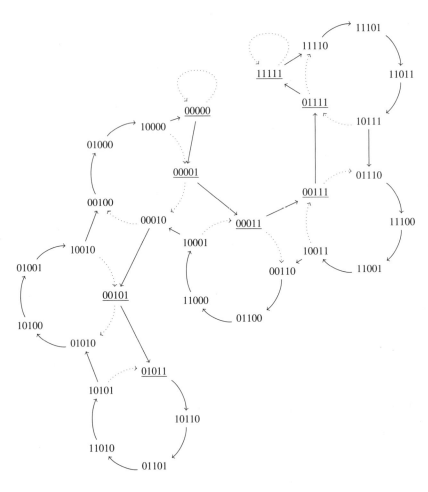

그래프 G_n은 분리된 순환에 다리를 연결하고 다음의 처리 과정을 통해 몇 가지 순환 간선 (그림에서 점선으로 나타냄)을 삭제해 그래프 G'_n(G'_5에 대해서 위의 그림 참고)으로 변환된다.

BRIDGES(G graph of cycles)

1   **for** each node u of G **do**

2   **if** $u1$ smallest in its conjugacy class **then**

3   remove edges $1u \to u1$ and $0u \to u0$

4   create edges $1u \to u0$ and $0u \to u1$

5   **return** modified graph

G'_n에 있는 모든 실선은 NEXT 함수와 연관돼 그래프를 돌아다니는 데 사용된다. 그래프 G'_n은 길이 n인 모든 단어를 포함하는 하나의 해밀턴 순환으로 구성된다. 한 단어의 순환류^{cyclic class}를 0이 더 많은 단어들의 또다른 순환류로 연결하는 다리는 그 노드가 순환이 되는 (루트가 아닌) 트리를 구성한다.

관찰 길이 n의 단어 w에 대해, $v = \text{NEXT}(w)$인 것과 $w \to v$가 G'_n의 간선인 것은 필요충분조건이다.

따라서 위의 알고리듬은 해밀턴 순환을 사용해 묵시적으로 그래프를 돌아다닌다. 이것으로 정확성 증명을 마친다.

노트

이 알고리듬은 사와다 등^{Sawada et al.}[219]이 제시했다. 여기서 제시한 증명은 이들이 제시한 것과 완전히 다르다. BRIDGE 함수의 for 루프는 다음과 같이 바꿔도 된다.

```
1    for each node u of G do
2        if 0u smallest in its conjugacy class then
3            remove edges 0u → u0 and 1u → u1
4            create edges 0u → u1 and 1u → u0
```

이렇게 하면 새로운 형태의 다리로 이어진 또 다른 이동 순환 그래프를 얻고, 새로운 해밀턴 순환에 해당하는 다른 판본의 NEXT 연산을 얻는다.

118 드 브루인 단어의 재귀적 생성

문제 117에 이어서, 이번 문제는 알파벳 B = {0,1}을 이용해 드 브루인 단어를 생성하는 또 다른 방법을 제시한다. 이 기법은 재귀적이고, 설명을 위해 몇 가지 정의가 필요하다.

먼저 $Shift$를 정의하겠다. $|u| < |x|$인 단어 u가 단어 x에 순환적으로 정확히 1번만 나올 때, $Shift(x,u)$는 u를 접미사로 받아들이는 x의 켤레를 나타낸다. 예를 들어 $Shift(001011101, 0111) = 010010111$이고, $Shift(001011101, 1010) = 010111010$이다.

$N = 2^n$일 때, 두 단어 $x, y \in B^N$ 사이의 연산 $\oplus$를 정의해보자. x의 길이 n인 접미사 u가 y에서 유일한 순환 인자를 가질 때, $x \oplus y$는 $x \cdot Shift(y,u)$를 나타낸다. 예를 들어 $n = 2$일 때 $Shift(1101, 10) = 1110$이므로 $0010 \oplus 1101 = 0010\,1110$이다.

그리고 이진 단어 w에 대해 $\Psi(w)$가 길이 $|w|$인 이진 단어 v로, $0 \le i \le |w| - 1$에 대해

$$v[i] = (w[0] + w[1] + \cdots + w[i]) \bmod 2$$

으로 정의된다고 하자. 예를 들어 $\Psi(0010111011) = 0011010010$이다. 또한 $\bar{x}$는 x의 보어를 나타낸다. 즉, 각 비트별로 뒤집은 것이다.

> **질문** 만약 x가 길이 2^n인 이진 드 브루인 단어라면, $\Psi(x) \oplus \overline{\Psi(x)}$는 길이가 2^{n+1}인 이진 드 브루인 단어임을 보여라.

[**힌트:** $\Psi(x) \oplus \overline{\Psi(x)}$의 순환 인자를 세어보자.]

예제 드 브루인 단어 0011에 대해 $\Psi(0011) = 0010$이고 $\overline{\Psi(0011)} = 1101$이다. 그럼 $0010 \oplus 1101 = 0010\,1110$으로, 길이 8인 드 브루인 단어다.

풀이

$Cfact_k(z)$가 단어 z의 길이 k인 순환 인자의 집합을 나타낸다고 하자. 다음 사실로부터 시작하겠다.

관찰 1 만약 길이가 N인 두 단어 x와 y가 길이 $n < N$인 공통 접미사를 갖는다면, $Cfact_{n+1}(x \cdot y) = Cfact_{n+1}(x) \cup Cfact_{n+1}(y)$이다.

두 번째 관찰은 첫 번째 관찰의 결과다.

관찰 2 x와 y가 길이 $N = 2^n$인 이진 단어라고 하자. $Cfact_{n+1}(x) \cup Cfact_{n+1}(y) = B^{n+1}$이고 x의 길이가 n인 접미사가 $Cfact_n(y)$에 속할 때, $x \oplus y$는 드 브루인 단어다.

증명 x와 y가 길이 n인 같은 접미사를 갖는다고 가정할 수 있다. 이 가정이 연산 $\oplus$의 결과를 바꾸지 않고, 그럼 $x \oplus y = x \cdot y$이기 때문이다. 관찰 1은 가정에 의해 $Cfact_{n+1}(x \oplus y) = Cfact_{n+1}(x \cdot y) = Cfact_{n+1}(x) \cup Cfact_{n+1}(y) = B^{n+1}$을 뜻한다. $x \oplus y$은 길이 2^{n+1}을 가지므로, 길이 $n+1$인 모든 이진 단어는 그 안에 순환적으로 정확히 1번만 등장한다. 이것은 $x \oplus y$이 드 브루인 단어임을 뜻한다. ∎

이 문제에 답하려면, x가 길이 2^n인 드 브루인 단어라고 하자. 연산 Ψ는 다음의 두 성질을 만족한다.

(i) $Cfact_{n+1}(\Psi(x)) \cap Cfact_{n+1}(\overline{\Psi(x)}) = \emptyset$;

(ii) $|Cfact_{n+1}(\Psi(x))| = 2^n$ and $|Cfact_{n+1}(\overline{\Psi(x)})| = 2^n$.

성질 (i)와 (ii)는 단어 $\Psi(x)$와 $\overline{\Psi(x)}$가 관찰 2의 가정을 만족함을 뜻한다. 결과적으로 $\Psi(x) \oplus \overline{\Psi(x)}$는 길이 2^{n+1}인 이진 드 브루인 단어다.

노트

드 브루인 단어를 만드는 데 사용된 재귀적 접근법은 [206]에서 가져왔다. 이것은 또한 그래프 동형 사상의 특수한 형태를 사용하는 렘펠 알고리듬의 구문론적 판본이기도 하다. [174]를 참고하라.

이것은 문자열 알고리듬에서 대수적 기법의 간단한 응용 사례다. 대수적 기법의 더 진보된 응용은 선형 이동 레지스터^{Linear Shift Register}라는 것과 관련된 원시 다항식^{Primitive Polynomials}에 기반해 드 브루인 단어를 생성한다. [131]을 참고하라.

이 알고리듬은 그래프 이론적으로 놀라운 특성을 갖는다. $w_2 = 0011$에서 시작하고, $n \geq 3$에 대해

$$w_n = \Psi(w_{n-1}) \oplus \overline{\Psi(w_{n-1})}$$

을 정의하자. 그럼 2^n개의 노드를 갖는 $n+1$차 드 브루인 그래프 G_{n+1}에서, w_n은 해밀턴 순환 C에 해당한다. C를 제거해 두 단일 노드 루프로 분해하면 그래프 G_{n+1}은 $2^n - 2$의 크고 단일한 단순 순환이 된다.

---

119 변수의 길이가 주어진 단어 방정식

단어 방정식$^{\text{word equation}}$은 그 단어가 상수이거나 변수인 단어들 사이의 방정식이다. 상수는 알파벳 $A = \{a, b, \dots\}$에 속하고, 변수는 서로 다른 미지수의 알파벳 $U = \{X, Y, \dots\}$에 속한다. 방정식은 $L = R$로 적으며, 여기서 $L, R \in (A \cup U)^*$이고 그 해답은 상수를 불변으로 남겨두고, 등식 $\psi(L) = \psi(R)$이 성립하는 함수 $\psi : (A \cup U)^* \to A^*$다.

이번 문제에서는 이 방정식에 나오는 각 변수 X에 대해 길이 $|\psi(X)|$가 주어져 있고, 그 길이를 $|X|$로 나타낸다.

예를 들어 $XYbX = aYbXba$이고 $|X| = 3$, $|Y| = 4$는 그 (유일한) 해답으로 $\psi(X) = aba$와 $\psi(Y) = baba$으로 정의되는 ψ를 갖는다.

$$\overbrace{\underbrace{\mathtt{a\,b\,a}}_{}\ \underbrace{\mathtt{b\,a\,b\,a}}_{Y}}^{X}\ \overbrace{\underbrace{\mathtt{b}}_{}}^{Y}\ \overbrace{\underbrace{\mathtt{a\,b\,a}}_{X}}^{}\ \overbrace{\mathtt{b\,a}}^{X}$$

반면 $aXY = YbX$는 해답이 없다. $a\psi(X)$와 $b\psi(X)$는 반드시 켤레 단어가 돼야 하는데, 이는 $|a\psi(X)|_a = 1 + |\psi(X)|_a$와 $|b\psi(X)|_a = |\psi(X)|_a$가 둘 다 성립하는 것과는 양립할 수 없

기 때문이다. 그러나 $aXY = YaX$는 $|X| = |Y| = 1$일 때 $A^{|X|}$를 해답으로 갖는다.

> **질문** 변수 길이와 단어 방정식이 주어졌을 때, 방정식 길이와 출력 길이의 합에 대해 선형 시간 내에 해답이 존재하는지 검사하는 방법을 보여라.

풀이

ψ를 방정식 $L = R$의 잠재적 해답이라고 하자. 만약 주어진 변수 길이에 대해 $|\psi(L)| \neq |\psi(R)|$이면 이 방정식은 명백히 해답이 없다. 그럼, 변수 길이는 맞는다 치고 $n = |\psi(L)| = |\psi(R)|$이라고 두자.

무향 그래프 $G = (V, E)$가 다음과 같이 정의된다고 하자.

- $V = \{0, 1, \ldots, n-1\}$는 $x = \psi(L) = \psi(R)$에 대한 위치의 집합이다.
- E는 간선 (i, j)의 집합이다. 여기서 i와 j는 어떤 변수 X에 대해, $\psi(L)$이나 $\psi(R)$에서 $\psi(X)$이 2번 출현하는 같은 상대적 위치를 나타낸다. 예를 들어 i와 j는 첫 번째 출현 위치가 될 수 있다.

이 그래프를 만들기 위해 $\psi(L)$이나 $\psi(R)$에서 $\psi(X)$의 출현으로 덮여 있는 x위의 위치 목록이 미리 계산돼야 한다.

만약 그 인덱스가 서로 다른 두 상수라면, 두 위치가 **충돌한다**conflict고 한다.

관찰 방정식을 풀 수 있는 것과 G의 연결된 같은 성분에 충돌하는 위치가 없는 것은 필요충분조건이다.

제곱 시간 알고리듬 그래프가 계산된 다음, 그 연결된 성분이 만들어지고 위치가 충돌하는 조건이 점검된다. 연결된 성분을 계산하기 위한 효율적인 표준 알고리듬을 사용하면, 그래프 크기가 $O(n^2)$이기 때문에 전체 시간이 $O(n^2)$만큼 걸린다.

예제 $|X| = 3$, $|Y| = 4$으로 두고 위의 방정식 $XYbX = aYbXba$과 연관된 그래프를 생각해보자. 이 그래프는 2개의 연결된 성분 $\{0, 2, 4, 6, 8, 10\}$과 $\{1, 3, 5, 7, 9\}$를 갖는다. 위치 0과 10은 문자 a에 해당하고, 위치 5, 7, 9는 문자 b에 해당한다. 충돌하는 위치는 없

으며, 유일한 해법이 존재해 단어 abababababa를 만들어낸다.

선형 시간 알고리듬 이 알고리듬은 간단한 방법으로 G의 간선 수를 줄이면 빨라진다. $i < j$인 간선 (i, j)만 생각하면 충분하다. 여기서 i와 j는 $\psi(L)$ 또는 in $\psi(R)$에서 나오는 두 연속된 $\psi(X)$의 위치이고(위의 그림 참고), 두 리스트를 합칠 수 있다. 새 그래프의 연결된 성분들은 위의 관찰을 만족하며, 이 알고리듬은 이제 선형 시간 내에 실행된다. 그래프 크기가 선형적이고, 각 위치에서 출발하는 최대 2개의 나가는 간선이 있기 때문이다.

노트

변수에 관련된 길이가 주어지지 않았을 때, 이 문제가 결정 가능하다는 것은 마카닌^{Makanin}[181]이 밝혔다. 이 문제는 NP-어려움^{NP-hard}으로 알려져 있지만, NP 문제의 부류에 속하는진 아직 해결되지 않았다.

알려진 가장 빠른 알고리듬은 지수 시간 내에 실행된다([176, 12장]을 참고하라). 만약 가장 짧은 해답이 (유일한) 단일한 지수 함수적으로 길이를 갖는다면, 이 문제를 해결하는 간단한 NP 알고리듬이 존재한다. 가장 짧은 해답이 단일한 지수 함수적 길이보다 긴 방정식의 알려진 사례는 없다. 하지만 이것이 항상 참인가에 대해서 증명하는 것은 아직 해결하지 못한 문제다.

120 세 문자 알파벳으로 이뤄진 다양한 인자

단어 w의 문자 출현 횟수가 짝별로 서로 다르면(어떤 문자는 없을 수도 있다) 단어 w는 다양하다고 한다. 이 문제는 단어 $x \in \{a,b,c\}^*$에 나타나는 다양한 인자를 다룬다.

예제 단어 aab는 다양하지만 aa와 공단어는 다양하지 않다. 단어 abbccc는 그 자체로 다양하지만, abcabcabc는 다양한 인자가 없다. cbaabacccbba의 가장 긴 다양한 인자는 cbaabaccc다.

분명히 길이가 최대 2인 어떤 단어도 다양한 인자가 없다. 길이 3인 단어는 만약 이 단어가 세 글자의 순열이라면 다양하지 않다. 자연스럽게 다음의 관찰이 따라온다.

관찰 1 $|x| \geq 3$인 단어 $x \in \{a,b,c\}^*$가 다양한 인자가 없는 것과 길이가 3인 접두사가 다양하지 않은 것은, 즉 세 문자의 순열이고 x의 주기를 이루는 단어인 것과 필요충분조건이다.

> **질문** 세 문자 알파벳으로 이뤄진 단어 x의 가장 긴 다양한 인자를 찾는 선형 시간 알고리듬을 설계하라.

[**힌트:** 아래에 증명된 핵심 성질을 생각해보자.]

핵심 성질 만약 단어 $x[0..n-1] \in \{a,b,c\}^*$가 다양한 인자를 갖는다면, 그 단어는 $0 \leq i < 3$이나 $n-3 \leq j < n$에 대해 가장 긴 인자 $w = x[i..j]$를 갖는다. 즉,

$$w \in \bigcup_{i=0}^{2} Pref(x[i..n-1]) \cup \bigcup_{j=n-3}^{n-1} Suff(x[0..j])$$

이다.

풀이

관찰 1의 조건을 검사하는 것은 선형 시간이 걸리기 때문에, 단어 x가 다양한 인자를 포

함하는 경우를 보면 된다. 알고리듬에 대해 논하기 전에, 핵심 성질의 증명부터 하겠다.

핵심 성질의 증명은 귀류법으로 이뤄진다. x가 가장 긴 다양한 인자 w를 갖는데, 이때 $|u| \geq 3$와 $|v| \geq 3$를 둘 다에 대해 $x = uwv$이다. 다시 말해, x는 문자 a, b, c, d, e, f에 대해 $abcwdef$ 꼴의 인자를 갖는다. w와 w의 왼쪽과 오른쪽으로 세 칸까지 중에 나오는 문자의 출현 횟수에 해당하는 모든 경우를 고려해본다. 일반성을 잃지 않고 다음과 같이 가정할 수 있다.

$$|w|_a < |w|_b < |w|_c$$

나음의 관찰은 검사할 경우의 수를 확실히 제한해준다.

관찰 2 a, b, c, d, e, f가 단일 문자이고 $|w|_a < |w|_b < |w|_c$일 때, 만약 w가 $abcwdef$의 가장 긴 다양한 인자라면,

$$c \notin \{c, d\} \quad \text{그리고} \quad |w|_a + 1 = |w|_b = |w|_c - 1$$

안타깝게도 아직 a에서 f까지의 문자에 대해 고려해야 할 몇 가지 경우가 남아 있다. 하지만 이들 전부는 국소적 창 $abcwdef$에 있는 다양한 인자 w의 확장 불가능성과의 모순이 유도된다. 결과적으로 이 문제는 여섯 가지 경우로 줄어들고, 이것에 대한 증명은 독자에게 남겨두겠다.

핵심 성질의 결과로, 이 문제는 몇 가지 종류의 더 간단한 응용법이 있다. 다양한 접두사와 접미사 문제는 단어의 가장 긴 다양한 접두사와 가장 긴 다양한 접미사를 계산한다. 이 결과를 얻으려면 각각 $0 \leq i < 3$에 대한 x의 세 접미사 $x[i..n-1]$과 $n-3 \leq j < n$에 대한 x의 세 접두사 $x[0..j]$에 대해 계산하면 된다.

가장 긴 다양한 접두사에 대한 선형 시간 풀이 x의 가장 긴 다양한 접두사에 대한 계산만 설명하면 된다. 다른 경우는 비슷하거나 대칭적이다.

예제 $y = \text{cbaabacccbba}$의 가장 긴 다양한 접두사는 다음 표의 인덱스 8에 나타난 cbaabaccc다. 사실 이것이 y의 가장 긴 다양한 인자임을 검사해볼 수 있다.

i		0	1	2	3	4	5	6	7	8	9	10	11
$y[i]$		c	b	a	a	b	a	c	c	c	b	b	a
$|y|_a$	0	0	0	1	2	2	3	3	3	**3**	3	3	4
$|y|_b$	0	0	1	1	1	2	2	2	2	**2**	3	4	4
$|y|_c$	0	1	1	1	1	1	1	2	3	**4**	4	4	4

x의 가장 긴 다양한 접두사를 찾는 계산은 x에 대해 실시간으로 수행될 수 있다. 세 글자가 나타난 횟수는 이어지는 접두사에서 계산된다. 이 벡터가 짝별로 서로 다른 숫자를 갖는 가장 큰 인덱스가 찾으려는 접두사를 준다.

노트

가장 긴 다양한 인자는 aaaabccbaaaaaa에 있는 ccbaaaaaa처럼 단어보다 훨씬 짧아질 수 있다. 그리고 핵심 성질에서 경계 거리 3은 2로 줄일 수 없다. 그 반례로 abcacbacba가 있는데, 그 가장 긴 다양한 인자가 cacbac다.

이번 문제는 25회 폴란드 정보 경시대회에 "3개의 탑Three towers"이라는 이름으로 출제됐었다.

121 가장 긴 증가하는 부분문자열

이번 문제에서는 양의 정수로 이뤄진 알파벳의 단어 x를 고려한다. x의 증가하는 부분문자열은 부분문자열 $x[i_0]x[i_1]\cdots x[i_{\ell-1}]$로, 여기서 $0 \le i_0 < i_1 < \cdots < i_{\ell-1} < |x|$이고 $x[i_0] \le x[i_1] \le \cdots \le x[i_{\ell-1}]$이다.

예제 $x = 3\ 6\ 4\ 10\ 1\ 15\ 13\ 4\ 19\ 16\ 10$이라고 하자. x의 가장 긴 증가하는 부분문자열은 길이가 5인 $y = 3\ 4\ 10\ 13\ 16$이다. 또 다른 부분문자열은 $z = 3\ 4\ 10\ 13\ 19$다. 만약 21이 x에 추가되면, y와 z는 길이가 6인 부분문자열로 길어진다. 하지만 만약 18이 x에 추가된다면, z 18은 증가하지 않기 때문에 y 18이 가장 긴 부분문자열이 된다.

LIS 알고리듬이 $O(|x| \log |x|)$시간 내에 단어 x에 있는 증가하는 부분문자열의 가장 긴 길이를 계산함을 보여라.

```
LIS(x non-empty word over positive integers)
1   ℓ ← 1
2   for i ← 1 to |x| − 1 do
3       (a,x[i]) ← (x[i],∞)
4       k ← min{j : 0 ≤ j ≤ ℓ and a < x|j]}
5       x[k] ← a
6       if k = ℓ then
7           ℓ ← ℓ + 1
8   return ℓ
```

이어지는 예제   다음의 표는 LIS 알고리듬을 실행하기 전과 후의 x를 보여준다.

i	0	1	2	3	4	5	6	7	8	9	10
$x[i]$	3	6	4	10	1	15	13	4	19	16	10

i	0	1	2	3	4	5	6	7	8	9	10
$x[i]$	1	4	4	10	16	∞	∞	∞	∞	∞	∞

LIS 알고리듬을 주의 깊게 들여다보면, 예제에서 볼 수 있듯이 이 알고리듬이 끝났을 때 계산된 단어 $x[0 .. \ell - 1]$이 증가하지만 대체로 x의 부분문자열은 아닌 것을 알 수 있다. 이것은 다음 문제로 이어진다.

단어 x의 가장 긴 증가하는 부분문자열을 $O(|x| \log |x|)$ 시간 내에 계산하는 알고리듬을 설계하라.

풀이

복잡도 x의 접두사 $x[0..\ell-1]$에 저장된 값은 $x[0] \le x[1] \le \cdots \le x[\ell-1]$을 만족하며 ∞이 이어진다(이 값들은 $x[0..\ell-1]$의 초깃값과 다를 수 있다). 따라서 네 번째 줄의 명령은 $O(\log|x|)$시간 내에 실행되도록 구현될 수 있고, 사실은 ℓ이 x의 가장 긴 증가하는 부분 문자열의 길이라면 $O(\log\ell)$시간 내에 실행된다. 이것은 전체적으로 $O(|x|\log|x|)$ 또는 $O(|x|\log\ell)$의 실행 시간을 달성한다. 입력에 추가로 상수 크기의 메모리 공간만이 필요한 것은 분명하다.

정확성 Lis 알고리듬의 정확성은 for 루프의 불변량에 의존한다. $0 \le j < \ell$인 임의의 j에 대해, $x[i]$는 가장 작은 값으로, $best[j]$라고 하자. 이것은 $x[0..i]$에 있는 길이 j인 증가하는 부분문자열을 끝낼 수 있다.

$j=0$에서 시작하면 분명히 성립하고, $x[0]$은 변하지 않는다. 네 번째 줄에서 일곱 번째 줄까지의 효과는 $best[k]$를 감소시키거나, 앞에서 계산된 가장 긴 증가하는 부분문자열을 확대한다.

가장 긴 증가하는 부분문자열 Lis 알고리듬은 가장 긴 증가하는 부분문자열을 계산하도록 개선될 수 있다. $x[0..\ell]$ 저장된 값, 또는 x 위의 위치는 증가하는 부분문자열 안에 있는 그 선대의 분리된 배열에 유지될 수 있다. 초기화 다음으로 새 배열을 관리하는 핵심 명령어는 현재 원소 $x[i]$의 그 앞을, 배열이 추가됐을 때 교체된 원소의 앞으로 두는 것이다. 알고리듬이 종료됐을 때, 가장 긴 증가하는 부분문자열은 배열에서 가장 큰/가장 오른쪽의 값으로부터 그 앞의 링크를 훑어가면서 복원된다.

다음에는 위의 예제에 대한 인덱스에서 정의된 그 앞값의 배열이 있다. 여기서 인덱스 9나 8에서부터 거꾸로 따라가면 2개의 가장 긴 증가하는 부분문자열이 복원된다.

j	0	1	2	3	4	5	6	7	8	9	10
$pred[j]$	–	0	0	2	–	3	3	2	6	6	3

노트

이 알고리듬이 쌍대인 문제를 풀 수 있음을 알아두자. 그리고 주어진 단어를 분할할 수 있는 분리된 엄격하게 증가하는 부분문자열의 가장 작은 수를 계산할 수 있다(예를 들어 [226]을 참고하라).

단어가 n번째 가장 작은 양의 정수의 순열로 구성됐을 때, 이 문제는 영 타블로^{Young} ^{tableaux}를 갖는 순열의 표현과 관련된다. 이런 맥락에서 셴스테드^{Schensted}의 알고리듬에 대해서는 [176, 5장]의 라스코^{Lascoux}, 르클레르^{Leclerc}, 티본^{Thibon}이 쓴 장을 참고하라. 이 경우, 계산 수행 시간은 $O(n \log \log n)$으로 줄어들 수 있고([241] 참고), 심지어 $O(n \log \log \ell)$까지도 줄어들 수 있다([95]와 그 안의 참고문헌을 참고하라).

122 린던 단어를 통한 회피 불가능한 집합

린던 단어는 종종 관련없어 보이는 문제에서 갑자기 등장한다. 이번에는 린던 단어가 어떤 분해의 기본적 요소로 나타나는 것을 보일 것이고, 이것이 이번 문제의 핵심 도구다.

이번 문제는 단어의 회피 불가능한 집합을 다룬다. 임의의 무한 이진 단어가 집합 $X \subseteq \{0,1\}^*$에 있는 인자를 가지면 이 집합 X는 회피 불가능하다.

먼저, $\mathcal{N}_k$가 $k > 0$인 길이 k의 목걸이 집합이라고 하자. 목걸이는 그 켤레류에서 사전 순서로 가장 작은 단어다. 각각의 목걸이는 린던 단어의 거듭제곱 단어다.

예제 집합 $\mathcal{N}_3 = \{000, 001, 011, 111\}$은 회피 가능하다. $(01)^\infty$가 $\mathcal{N}_3$에 인자가 없기 때문이다. 하지만 마지막의 1을 시작 지점으로 옮기면 회피 불가능한 집합 $\{000, 100, 101, 111\}$을 얻는다.

관찰 1 만약 $X \subseteq \{0,1\}^k$이 회피 불가능하면 $|X| \geq |\mathcal{N}_k|$이다.

사실 각각의 $w \in \{0,1\}^k$에 대해, w^∞의 길이가 k인 인자는 w의 모든 켤레 단어이고, 그 중 적어도 하나는 회피 불가능한 집합 X에 있어야 한다. 첫 번째 문제는 회피 불가능하게 되는 더 유연한 조건을 제시한다.

> **질문** $|y| \geq 2k$인 목걸이 $y \in \{0,1\}^*$에 대해, 단어 y^2가 $X \subseteq \{0,1\}^k$에 있는 단어를 포함한다면 X가 회피 불가능함을 보여라.

회피 불가능한 집합의 무식한 구성은 앞소수 단어pre-prime 개념에 기반한다. 앞소수 단어 w는 목걸이의 접두사다.

관찰 2 앞소수 단어는 린던 단어의 거듭제곱 단어의 접두사다.

이 관찰은 앞소수 단어 w를 $u^e v$로 두는 특수한 분해를 정당화한다. 여기서 u는 린던 단어이고, $e \geq 1$이며, $|v| < |u|$이고, u는 가장 짧은 가능한 단어다. w의 머리와 꼬리는 각각 $head(w) = u^e$와 $tail(w) = v$로 정의된다.

예제 $w = 0101110$은 그 린던 접두사 $01, 01011, 010111$에 대해 각각 $01^2 \cdot 110$, $01011 \cdot 10$와 $010111 \cdot 0$으로 인자분해된다. 그 특수한 분해는 $01011 \cdot 10$이고 $head(w) = 01011$, $tail(w) = 10$이다.

v가 u의 고유 접두사일 필요는 없다. 즉, $|u|$는 대체로 w의 주기가 아니다. 앞소수 단어의 그런 인자분해가 항상 존재함은 분명하다. 이 인자분해가 이번 문제의 핵심 개념이다.

> **질문** 크기 $|\mathcal{N}_k|$의 회피 불가능한 집합 $X_k \subseteq \{0,1\}^k$이 있음을 보여라. 결과적으로, $|\mathcal{N}_k|$는 그런 집합의 가장 작은 크기다.

[힌트: $tail(w) \cdot head(w)$인 형태의 단어를 생각해보자.]

풀이

먼저 첫 번째 문제의 내용을 증명하겠다. 이것은 $\{0,1\}^k$의 부분집합에 대한 제한된 조건을 제공해 무한대를 없애준다.

귀류법을 쓰기 위해, $X \subseteq \{0,1\}^k$에 인자가 없는 무한 단어 x가 있다고 하자. x에 겹치지 않고 2번 출현하는 단어 u를 생각해보자. 그럼 uvu는 x의 인자이고 $|u|, |v| \geq k$이다. y가 uv의 목걸이 켤레 단어라고 하자. 이 가정은 y^2 인자인 단어 $w \in X$가 존재함을 뜻한다. 하지만 두 부등식 $|u|, |v| \geq k$에 의해, 이 단어는 uvu에도 등장하며, 따라서 x에도 있다. 이것은 x가 X에 있는 어떤 단어도 포함하지 않는다는 가정에 모순이며, 이것으로 증명이 끝난다.

가장 작은 회피 불가능한 집합   찾으려는 회피 불가능한 집합은

$$X_k = \{tail(w) \cdot head(w) : w \in \mathcal{N}_k\}$$

이다. 예를 들어 $X_4 = \{0000, 0001, 1001, 0101, 1011, 1111\}$이고, X_7은 20개의 단어를 포함한다(꼬리는 밑줄을 쳤다).

> 0000000, 0000001, 1000001, 0100001, 1100001, 0010001, 0110001,
> 1010001, 1110001, 1001001, 0100101, 1100101, 0110011, 1010011,
> 1110011, 1010101, 1101011, 1011011, 1110111, 1111111

X_k가 두 번째 문제의 답임을 증명하기 전에, 먼저 목걸이의 유용한 특성과 특수한 분해를 설명하겠다. 그 기술적인 증명은 독자들에게 남겨두겠다(노트 참고).

관찰 2 $w \in \{0,1\}^k$가 길이가 적어도 $2k$이고 그 분해가 $u^e \cdot v$인 목걸이 y의 앞소수 접두사라고 하자. z가 y의 길이 $|v|$인 접미사라고 하자. 그럼 $u^e \cdot z$는 그 분해가 $u^e \cdot z$인 목걸이이다.

정리   집합 X_k는 회피 불가능하다.

증명   첫 번째 문제 덕분에 길이가 최소 $2k$인 목걸이 y에 대해 y^2가 X_k에 있는 인자를 가짐을 보이면 충분하다. 그런 y를 하나 고정하고, $u^e \cdot v$가 y의 길이가 k이고 앞소수 단어인 접미사의 분해라고 하자. 목표는 X_k에 포함되는 y^2의 인자를 찾는 것이다.

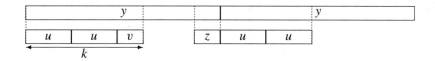

z가 y의 길이 $|v|$인 접미사라고 하자. 관찰 2에 따라 단어 $w = u^e z$은 목걸이이고, $u^e \cdot z$는 그 분해다. 따라서 $z \cdot u^e \in X_k$이다. z가 y의 접미사고 u^e는 y의 접두사이기 때문에, zu^e는 y^2의 인자다(위의 그림 참고). 이것으로 증명을 마무리한다. ∎

노트

이 문제의 풀이는 샹파르노 등$^{\text{Champarnaud et al.}}$[53]이 제시했다. 어떤 단어가 앞소수 단어 인지 검사하는 것은 문제 42에서 다뤘다.

123   단어 동기화하기

이번 문제는 양의 정수 n에 대해 $I_n = \{0,1,\ldots,n-1\}$에서 자기 자신으로 가는 합성 함수의 동기화를 다룬다. 그런 두 함수 f_a와 f_b에 대해 $w[i] = $ a이면 $h_i = f_a$이고 $w[i] = $ b 이면 $h_i = f_b$일 때, 단어 $w \in \{a,b\}^+$는 그 합성 함수 $h_0 \circ h_1 \circ \cdots \circ h_{|w|-1}$를 부호화한다 (함수 h_i는 i가 줄어드는 순서로, 즉 w에 대해 오른쪽에서 왼쪽으로 I_n의 원소에 작용한다는 것을 알아 두자). 만약 집합 $f_w(I_n)$이 하나의 원소를 포함한다면 단어 w는 동기화한다고 말한다.

유용한 개념은 짝 동기자$^{\text{pair synchroniser}}$다. 만약 $i,j \in I_n$에 대해 $f_u(i) = f_u(j)$라면 단어 $u \in \{a,b\}^*$는 짝 (i,j)의 동기자다.

예제 두 함수 $g_a(i) = (i + 1) \bmod n$, $g_b(i) = \min\{i, g_a(i)\}$를 생각해보자. $n = 3$에 대해, 이 함수들은 자동자로 묘사된다. 다음에 나올 표에서 보듯이, $w = \mathsf{baab}$는 동기화한다. g_w에 의한 집합 $\{0,1,2\}$의 이미지가 싱글톤 $\{0\}$이기 때문이다. 이 단어는 명백히 모든 짝을 동기화하지만, 아래의 표는 짝 $(0,2)$에 대해 b, $(0,1)$에 대해 baa, $(1,2)$에 대해 ba와 같은 추가적인 동기자를 보여준다.

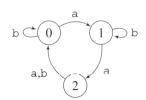

w		b		a		a		b
$g_w(0)$	$=$	0	$\leftarrow$	2	$\leftarrow$	1	$\leftarrow$	0	$\leftarrow$	0
$g_w(1)$	$=$	0	$\leftarrow$	0	$\leftarrow$	2	$\leftarrow$	1	$\leftarrow$	1
$g_w(2)$	$=$	0	$\leftarrow$	2	$\leftarrow$	1	$\leftarrow$	0	$\leftarrow$	2

임의의 양의 정수 n에 대해 단어 $w = \mathsf{b}(\mathsf{a}^{n-1}\mathsf{b})^{n-2}$는 함수 g_a와 g_b를 동기화하는 단어다. 그 단어가 이 특정한 경우에서 가장 짧다는 것을 보이는 것은 더 어렵다. 이것은 동기화하는 단어의 길이에 대해 제곱 시간인 하계를 이끌어낸다.

> **질문** 함수의 짝이 동기화하는 단어를 받아들이는 것과 I_n의 원소의 각 짝 (i,j)에 대해 동기자가 존재하는 것이 필요충분조건임을 보여라.

[**힌트:** 동기자로부터 동기화하는 단어를 계산하라.]

> **질문** 함수의 짝이 동기화하는 단어를 받아들이는지 제곱 시간 내에 검사하는 방법을 보여라.

[**힌트:** 짝 동기자를 검사하라.]

풀이

첫 번째 문제의 필요조건은 동기화하는 단어는 I_n의 원소들의 모든 짝에 대해 동기자이기 때문에 자명하다. 그럼 충분조건을 증명하면 된다. 즉, 원소 $i, j \in \text{In}$의 짝 (i, j)에 대해 동기자가 존재할 때, 동기화하는 단어가 존재함을 보여야 한다. SyncWord 알고리듬은 광역적으로 동기화하는 단어를 구성한다.

SyncWord(fa,fb functions from In to itself)
1    $J \leftarrow I_n$
2    $w \leftarrow \varepsilon$
3   **while** $|J| > 1$ **do**
4        $i, j \leftarrow$ any two distinct elements from J
5        $u \leftarrow$ a synchroniser of (i, j)
6        $J \leftarrow f_u(J)$
7        $w \leftarrow u \cdot w$
8   **return** w

짝 동기자의 존재성   두 번째 질문에 답하기 위해, 원소의 각 짝이 동기자인지 아닌지 검사해야 한다.

이를 위해 G가 유향 그래프라고 하고 그 노드가 $i, j \in I_n$에 대해 짝 (i, j)라고 하자. 그리고 $(i, j) \to (p, q)$의 꼴을 갖는 그 간선은 문자 $a \in \{\mathsf{a}, \mathsf{b}\}$에 대해 $p = f_{\mathsf{a}}(i)$와 $q = f_{\mathsf{a}}(j)$를 만족한다.

그럼 짝 (i, j)가 동기자를 갖는 것은 (i, j)에서 (p, p) 꼴의 노드로 향하는 경로가 존재하는 것과 필요충분조건이다. 이 성질이 만족되는지는 그래프를 탐색하는 표준적인 알고리듬으로 수행된다.

만약 어떤 짝이 동기자가 없다면, 함수는 동기화하는 첫 번째 진술에 의해 단어를 갖지 않는다. 그렇지 않으면 동기화하는 단어가 존재한다.

그래프 처리의 실행 시간은 $O(n^2)$로, 요구 사항을 만족한다. 하지만 동기화하는 단어를 얻기 위해 알고리듬 SyncWord를 실행히키는 것은 세제곱 시간이 걸리고, 단어에 대한 연산이 상수 시간에 처리된다.

노트

두 함수가 유한 자동자의 상태 집합에 작용하는 문자일 때, 동기화하는 단어는 리셋 단어 reset word라고 한다. 예를 들어 [29]를 참고하라.

위의 기법이 제곱 시간에 작동하긴 하지만(국소적 동기자의 존재를 검사하면 충분하다), 동기화하는 단어의 실제 생성은 세제곱 시간이 걸린다. 이것은 생성된 단어의 길이가 세제곱으로 커진다는 사실 때문이다. 체르니의 추측Cerny's conjecture은 동기화하는 단어의 상계가 단지 제곱으로 커진다고 주장한다. 하지만 알려진 최선의 상계는 $\frac{114}{685}n^3 + O(n^2)$에 불과하다(그 이전의 최선의 상계는 $\frac{114}{684}n^3 + O(n^2)$였다). [229]와 그 안의 참고문헌을 참고하라.

---

124 금고 열림 단어

이번 문제는 동기화하는 문제의 특수한 비결정론적 판본이다. 기호로 표시가 된 간선과 모든 간선이 고리가 되는 유일한 빠짐구멍sink 노드 $\mathcal{S}$를 갖는 그래프 G가 주어졌다고 하자. $\mathcal{S}$로 표시된 비결정론적으로 선택된 각각의 경로가 시작 노드와 독립적으로 s로 향하는 동기화하는 단어 $\mathcal{S}$를 찾으려고 한다.

이번 문제는 일반적으로 어렵지만, 금고 열림 단어safe-opening word라는 매우 특수한 경우를 살펴보겠다. 이것은 알파벳 $B_n = \{0,1\}^n$으로 이뤄진 단어에 대한 몇 가지 놀라운 연산을 보여준다.

이 문제에 대한 설명 회전 금고rotating safe는 동그란 자물쇠를 갖는다. 이것은 그 주위를 둘러서 n개의 구분 불가능한 버튼이 같은 간격으로 붙어 있다. 각 버튼은 문의 반대편에 있는 스위치에 연결돼 있고, 밖에서는 보이지 않는다. 스위치는 0(꺼짐) 또는 1(켜짐)의 상태에 있을 수 있다. 누를 때 동시에 여러 개의 버튼을 눌러도 된다. 만약 결과적으로 모든 스위치가 켜졌다면, 금고 문은 열리고 열린 상태로 남게 된다. 매번 누르기 직전에 동그란 자물쇠는 각 스위치의 켜짐/꺼짐 상태는 변하지 않고 무작위 위치로 회전한다. 초기 상황은 모른다.

목표는 금고를 여는 접두사를 갖는 선택 $A_i \in B_n$으로 이뤄진 금고 열림 단어라는 문자열

$$S(n) = A_1 \cdot A_2 \cdots A_{2^n-1}$$

을 찾는 것이다.

버튼 위치가 꼭대기부터 시계방향으로 1부터 n으로 숫자를 붙였다고 가정하면, 눌러진 상태는 n비트 단어 $b_1 b_2 \dots b_n$으로 묘사된다. 위치 i의 버튼이 눌린 것은 $b_i = 1$인 것과 같다. 버튼은 움직이더라도, 즉 위치를 바꾸더라도 위치는 고정된다.

예제 버튼 2개에 대해 가장 짧은 유일한 금고 열림 단어는 $S(2) = 11 \cdot 01 \cdot 11$임을 쉽게 검사해볼 수 있다.

> **질문** n이 2의 거듭제곱이라고 하자. 알파벳 B_n에 대해 길이가 $2^n - 1$인 금고 열림 단어 $S(n)$을 만들어라.

이 문제에 대한 추상적 설명 각각의 눌림 A_i는 길이 n인 이진 단어로 나타낼 수 있다. $\equiv$를 켤레 (순환 이동) 등가 관계라고 하자. $G_n = (V, E)$가 유향 그래프이고 여기서 V는 길이 n인 이진 단어 집합으로 동그란 자물쇠의 상태를 나타내며 간선은 $A \in B_n$에 대해 $u \neq 1^n$이면 $v \equiv u$의 각각에 대해

$$u \xrightarrow{A} (v \text{ xor } A)$$

이고, 그렇지 않으면 $1^n \xrightarrow{A} 1^n$인 꼴을 갖는다.

예제 $u = 0111$과 $A = 1010$에 대해, u의 켤레 단어 0111, 1110, 1101, 1011인 네 개의 노드 v가 있고, 그 결과 간선은 다음과 같다.

$$u \xrightarrow{A} 1101, \; u \xrightarrow{A} 0100, \; u \xrightarrow{A} 0111, \; u \xrightarrow{A} 0001$$

목표는 B_n^*에 있는 단어 $S = A_1 \cdot A_2 \cdots A_{2^n-1}$를 찾는 것이다. 이 단어에 대해서, S로 표시된 G_n에서 비결정론적으로 선택된 각각의 경로가 시작 노드에 상관 없이 싱크 1^n으로 유

도된다.

풀이

재귀적 관계식을 설명하기 위해 단어 $X, Y \in B_n^*$에 대한 두 연산을 정의하겠다. B_n^*에 있는 단어에 대해서,

$$X \odot Y = X \cdot Y[0] \cdot X \cdot Y[1] \cdot X \cdots X \cdot Y[N-1] \cdot X$$

이고, $|X| = |Y| = N$일 때, $X \otimes Y \in \Sigma_{2n}^*$은

$$X \otimes Y = X[0]Y[0] \cdot X[1]Y[1] \cdots X[N-1]Y[N-1]$$

이다. 예를 들어 $(01 \cdot 11 \cdot 10) \otimes (10 \cdot 11 \cdot 00) = 0110 \cdot 1111 \cdot 1000$이다.

재귀적 관계 $Z(n) = (0^n)^{2^n - 1}$이 B_n으로 이뤄지고 길이가 $2^n - 1$인 단어라고 하자. $\mathcal{S}(n)$이 $n \geq 2$에 대해 금고 열림 단어라고 하자. 그럼 $\mathcal{S}(2n)$을 다음과 같이 계산한다.

(i) $\mathcal{B}(n) = \mathcal{S}(n) \otimes \mathcal{S}(n)$, $\mathcal{C}(n) = Z(n) \otimes \mathcal{S}(n)$

(ii) $\mathcal{S}(2n) = \mathcal{B}(n) \odot \mathcal{C}(n)$

예제 $\mathcal{S}(2) = 11 \cdot 01 \cdot 11$임을 알고 있으면,

$$\mathcal{B}(2) = 1111 \cdot 0101 \cdot 1111,$$
$$\mathcal{C}(2) = 0011 \cdot 0001 \cdot 0011$$
$$\mathcal{S}(4) = 1111 \cdot 0101 \cdot 1111 \cdot \mathbf{0011} \cdot 1111 \cdot 0101 \cdot 1111 \cdot \mathbf{0001} \cdot 1111 \cdot 0101 \cdot 1111$$
$$\cdot \mathbf{0011} \cdot 1111 \cdot 0101 \cdot 1111.$$

을 얻는다.

주장 만약 n이 2의 거듭제곱이면, 방정식 (ii)로부터 재귀적 관계식은 정확한 금고 열림 단어를 생성한다.

증명 단어 $\mathcal{B}(n)$은 그 위치가 순환의 반대편에 있는 버튼을 정확히 같은 방식으로 다룬다. 다시 말해, 위치 i와 $i + n/2$에 있는 버튼은 동시에 둘 다 눌려 있거나 둘 다 눌려

있지 않다. 따라서 만약 각각의 짝 $(i, i + n/2)$에 해당하는 버튼이 동기화된 상태에서, 즉 같은 상태에서 시작했다면 어떤 시점에 단어 $\mathcal{B}(n)$은 원하는 조건을 달성한다.

단어 $\mathcal{C}(n)$의 역할이 정확히 이것이다. 어떤 i에 대해 그 접두사 $C_1 \cdot C_2 \cdots C_i$를 실행한 다음, 반대편에 있는 버튼의 모든 짝들은 동기화된다.

그럼 전체 단어 $\mathcal{B}(n)$을 이어서 적용하는 것으로 금고가 열린다. ■

빽빽한 그래프에 대한 설명 알파벳 B_n은 지수 함수적 크기를 갖지만, 그 풀이는 B'_n으로 나타낸 작은 부분만 사용된다. G_n 대신에 그 빽빽한 판본인 G'_n을 생각해보자. 그 노드들은 (가장 작은) 켤레류의 대표들이고, 간선은 B'_n에서 나온 표시만을 갖는다. 아래의 그림은 G'_4를 나타내는데 G'_4의 문자 0001, 0011, 0101, 1111을 1, 3, 5, 15로 나타내고 켤레류를 나타내는 목걸이 단어 노드 0000, 0001, 0011, 0101, 0111, 1111를 각각 A, B, C, D, E, F로 나타내고 있다.

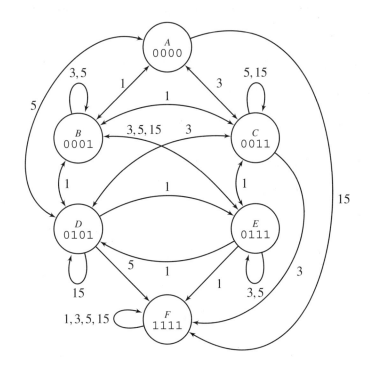

G'_4의 시작 노드에 독립적으로 $15,5,15,3,15,5,15,1,15,5,15,3,15,5,15$로 표시된 모든 경로가 1111로 향하는 것을 살펴보자.

이 문자열의 정확성은 노드 전체 집합에서 시작해서 전이 함수를 계속 적용하면 알 수 있다. 결과적으로 집합 $\{F\}$를 얻게 된다. 실제로 다음과 같다.

$$\{A,B,C,D,E,F\} \xrightarrow{15} \{B,C,D,E,F\} \xrightarrow{5} \{A,B,C,E,F\} \xrightarrow{15}$$
$$\{B,C,E,F\} \xrightarrow{3} \{A,B,E,D,F\} \xrightarrow{15} \{B,E,D,F\} \xrightarrow{5} \{A,B,E,F\}$$
$$\xrightarrow{15} \{B,E,F\} \xrightarrow{1} \{A,D,C,F\} \xrightarrow{15} \{D,C,F\} \xrightarrow{5} \{A,C,F\}$$
$$\xrightarrow{15} \{C,F\} \xrightarrow{3} \{A,D,F\} \xrightarrow{15} \{D,F\} \xrightarrow{5} \{A,F\} \xrightarrow{15} \{F\}$$

노트

이번 문제의 내용은 귀의 원래 판본(https://www.austms.org.au/Publ/Gazette/2013/Mar13/Puzzle.pdf)에서 응용했다. 금고 열림 단어의 길이는 다루지 않았지만, 만약 n이 2의 거듭제곱이 아니라면 그런 단어가 없다는 것이 알려져 있다.

금고 열림 문자열의 또 다른 설명이 있다. 이진 단어가 표준적인 방법으로 음수가 아닌 정수로 표현됐다고 하자. 그럼 $S(2) = 3 \cdot 1 \cdot 3$이고,

$$S(4) = 15 \cdot 5 \cdot 15 \cdot 3 \cdot 15 \cdot 5 \cdot 15 \cdot 1 \cdot 15 \cdot 5 \cdot 15 \cdot 3 \cdot 15 \cdot 5 \cdot 15$$

이다. 이제 재귀적 방정식 (i)와 (ii)는 훨씬 짧아진다.

$$S(2n) = (2^n \times S(n) + S(n)) \odot S(n)$$

여기서 연산 $+$, $\times$는 정수 수열에 대해 성분별 산술 연산을 나타낸다.

125 짧아진 순열의 초단어

자연수 알파벳에서, 만약 어떤 단어에 $\{1, 2, \ldots, n\}$에 있는 모든 숫자가 정확히 한 번씩만 나타난다면, 그 단어는 n-순열이라고 한다(문제 14와 문제 15를 참고). 어떤 단어가 n-순열이고 마지막 원소가 삭제됐다면 그 단어는 짧아진 n-순열^{shortened n-permutation}, 또는 n-shortperm이라고 한다. n이 주어졌을 때 표준적인 순열과 짧아진 순열 사이의 전단사 관계는 $n!$개의 짧아진 n-순열이 존재함을 뜻한다.

이번 문제는 모든 짧아진 n-순열에 대해 가장 짧은 초단어를 만드는 것이다. 그 길이는 $n! + n - 2$이고, 이것은 명백한 하계다. 예를 들어 3213123은 짧아진 3-순열에 대해 가장 짧은 초단어다. 다음과 같이 모든 짧아진 3-순열을 포함하기 때문이다.

$$32, 21, 13, 31, 12, 23$$

질문 짧아진 n-순열에 대해 출력 길이에 대해 선형 시간 내에 길이 $n! + n - 2$인 초단어를 만드는 방법을 보여라.

[**힌트:** 적절한 그래프에 있는 오일러 순환을 생각해보자.]

풀이

이 문제는 드 브루인 그래프와 매우 유사한 유향 그래프 $\mathcal{J}_n$(잭슨 그래프^{Jackson graph})에서 오일러 순환을 찾는 것으로 바뀐다. $\mathcal{J}_n$의 노드 집합 V_n은 $\{1, 2, \ldots, n\}$에 있는 원소들의 $(n-2)$-조합으로 된 모든 단어로 구성된다. 각 단어 $w = a_1 a_2 \ldots a_{n-2} \in V_n$에 대해 다음과 같이 2개의 나가는 간선이 존재한다.

$$a_1 a_2 \cdots a_{n-2} \xrightarrow{b} a_2 \cdots a_{n-2} b$$

여기서 $b \in \{1, 2, \ldots, n\} - \{a_1, a_2, \ldots, a_{n-2}\}$이다. b로 표시된 그런 간선은 짧아진 치환 $a_1 a_2 \cdots a_{n-2} b$에 대응한다. 다음 그림에 $\mathcal{J}_4$가 묘사돼 있고, 여기서 간선의 표시는 생략했다.

관찰 만약 $b_1 b_2 \cdots b_m$이 $a_1 a_2 \cdots a_{n-2}$에서 시작하는 오일러 순환의 표시라면, $a_1 a_2 \cdots a_{n-2} b_1 b_2 \cdots b_m$은 짧아진 n-순열 에 대해 가장 짧은 초단어다.

예제 $\mathcal{J}_4$에서, 오일러 순환 $12 \rightarrow 23 \rightarrow 34 \rightarrow 41 \rightarrow 12 \rightarrow 24 \rightarrow 43 \rightarrow 32 \rightarrow 21 \rightarrow 14 \rightarrow 43 \rightarrow 31 \rightarrow 14 \rightarrow 42 \rightarrow 21 \rightarrow 13 \rightarrow 32 \rightarrow 24 \rightarrow 41 \rightarrow 13 \rightarrow 34 \rightarrow 42 \rightarrow 23 \rightarrow 31 \rightarrow 12$은 12가 접두사이고 길이가 $26 = 4! + 4 - 2$인 초단어를 생성한다.

$$12\ 34124321431421324134 2312$$

이번 문제를 풀기 위해, 그래프 $\mathcal{J}_n$이 오일러 그래프임을 보이면 충분하다.

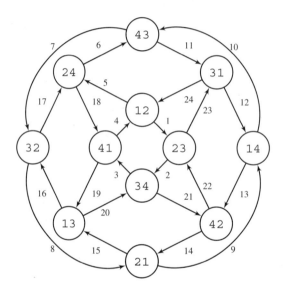

보조정리 22 같은 원소 집합을 갖는 2개의 짧아진 n-순열에 대해, 어떤 하나가 잭슨 그래프 $\mathcal{J}_n$에 있는 다른 하나에 도달 가능하다.

증명 각각의 짧아진 순열 $a_1 a_2 \cdots a_{n-2}$에 대해 $\mathcal{J}_n$에 순환적 이동 $a_2 \cdots a_{n-2} a_1$과 $a_2 a_1 a_3 \cdots a_{n-2}$(처음 두 원소의 교환)으로 갈 수 있는 경로가 있음을 보이면 충분하다. 임의의 순열은 이 두 가지 교환을 여러 번 적용하는 것으로 분해될 수 있기 때문이다.

이것을 $123\cdots n-2$ 형태의 짧아진 순열에 대해, 대표적인 사례로 $n=7$에 대해 12345를 갖고서 증명의 밑그림을 그려보겠다. $a=6$이고 $b=7$이라고 하자. $\mathcal{J}_7$에 다음의 경로가 있다.

$$12345 \rightarrow 2345a \rightarrow 345ab \rightarrow 45ab2 \rightarrow 5ab23 \rightarrow ab234$$
$$\rightarrow b2345 \rightarrow 23451$$

이것은 12345에서 그 순환적 이동인 23451로 향하는 경로 $12345 \xrightarrow{*} 23451$가 존재함을 보여준다. 또한, $12345 \xrightarrow{*} 345ab$인 경로도 있다. 그럼 두 경로를 사용해,

$$12345 \xrightarrow{*} 345ab \xrightarrow{*} ab345 \longrightarrow b3452 \longrightarrow 34521 \xrightarrow{*} 21345$$

인 경로를 얻을 수 있고, 이것은 단어의 처음 두 원소의 교환에 해당한다. 이것으로 증명의 밑그림을 마무리한다. ∎

이 보조정리는 잭슨 그래프가 강하게 연결됐음을 유도할 수 있다. 또한 이 그래프는 정규적이다. 즉 각 노드의 입력 차수와 출력 차수가 2와 같다. 이 조건이 오일러 그래프임을 뜻한다는 것은 알려진 사실이다. 이런 관찰에 따라서, 오일러 순환으로부터 원하는 초단어를 추출해낼 수 있다.

노트

모든 짧아진 n-순열에 대해 가장 짧은 초단어를 만드는 문제는 잭슨이 완전히 해결했다 [151, 211].

이 문제는 $\mathcal{J}_n$의 선 그래프 $\mathcal{H}_n$에서 해밀턴 순환을 찾는 문제와 동등하다. $\mathcal{H}_n$의 노드는 짧아진 순열로 간주하는데, $\mathcal{J}_n$의 간선에 해당한다. 즉, $\mathcal{H}_n$에 간선 (e, e')이 있는 것과 $\mathcal{J}_n$의 간선 e'에서 시작하는 노드가 e의 끝 노드인 것은 필요충분조건이다.

$\mathcal{H}_n$의 간선은 다음과 같이 표시될 수 있다. $\mathcal{H}_n$의 각 노드 $a_1 a_2 \cdots a_{n-1}$에 대해, 이 그래프는 2개의 표시된 간선을 가진다.

$$a_1 a_2 \cdots a_{n-1} \xrightarrow{1} a_2 \cdots a_{n-1} a_1 \quad \text{그리고} \quad a_1 a_2 \cdots a_{n-1} \xrightarrow{0} a_2 \cdots a_{n-1} a_1 a_n$$

여기서 $a_n \notin \{a_1, a_2, \ldots a_{n-1}\}$이다. $\mathcal{J}_n$에서 오일러 순환은 이제 $\mathcal{H}_n$에서 해밀턴 순환에 해당한다. 예를 들어 앞의 사례에서 $\mathcal{J}_4$에 있는 오일러 순환은 끝에 하나의 간선을 추가하면 $\mathcal{H}_4$의 해밀턴 순환과 연관된다.

$$
\begin{aligned}
&123 \xrightarrow{0} 234 \xrightarrow{0} 341 \xrightarrow{0} 412 \xrightarrow{1} 124 \xrightarrow{0} 243 \xrightarrow{1} 432 \xrightarrow{0} \\
&321 \xrightarrow{0} 214 \xrightarrow{0} 143 \xrightarrow{1} 431 \xrightarrow{1} 314 \xrightarrow{0} 142 \xrightarrow{1} 421 \xrightarrow{0} \\
&213 \xrightarrow{1} 132 \xrightarrow{0} 324 \xrightarrow{0} 241 \xrightarrow{0} 413 \xrightarrow{1} 134 \xrightarrow{0} 342 \xrightarrow{1} \\
&423 \xrightarrow{0} 231 \xrightarrow{1} 312 \xrightarrow{1} 123
\end{aligned}
$$

123에서 시작하는 해밀턴 순환은 $x = 00010100011010100010 1011$으로 표시된 단어로 식별된다.

흥미롭게도 $\mathcal{H}_n$에 있는 해밀턴 순환을 묘사하면서 매우 짧은 설명을 갖는 단어 x_n의 부류가 존재한다. 단어에 대한 흥미로운 연산 $\odot$을 다음과 같이 정의하자. 두 이진 단어 u와 $v = v[0..k-1]$에 대해,

$$u \odot v = u\, v[0]\, u\, v[1]\, u\, v[2] \cdots u\, v[k-1]$$

이라고 하자. $\bar{u}$는 u의 모든 기호를 뒤집는 연산이다. 그럼, $n \geq 2$에 대해,

$$x_2 = 00 \quad \text{그리고} \quad x_{n+1} = 001^{n-2} \odot \overline{x_n}$$

이라고 하자. 예를 들어 $x_3 = 00 \odot 11 = 001001$이고 $x_4 = 001 \odot 110\,110 = (0011\,0011\,0010)^2$이다. $n \geq 2$에 대해 단어 x_n이 $\mathcal{H}_n$에 있는 $123\cdots n-1$으로부터 시작하는 해밀턴 순환을 설명함을 [211]에서 보였다.

여기서 나타난 단어와 해밀턴 순환 사이의 연결은 드 브루인 그래프에서 보이는 드 브루인 단어와 해밀턴 순환 사이의 관계와 유사하다.

참고문헌

[1] Z. Adamczyk and W. Rytter. A note on a simple computation of the maximal suffix of a string. *J. Discrete Algorithms*, 20:61–64, 2013.

[2] D. Adjeroh, T. Bell and A. Mukherjee. *The Burrows-Wheeler Transform*. Springer, 2008.

[3] A. V. Aho and M. J. Corasick. Efficient string matching: An aid to bibliographic search. *Commun. ACM*, 18(6):333–340, 1975.

[4] A. V. Aho, J. E. Hopcroft and J. D. Ullman. *The Design and Analysis of Computer Algorithms*. Addison-Wesley, 1974.

[5] C. Allauzen, M. Crochemore and M. Raffinot. Factor oracle: A new structure for pattern matching. In J. Pavelka, G. Tel and M. Bartosek, eds., *SOFSEM '99, Theory and Practice of Informatics, 26th Conference on Current Trends in Theory and Practice of Informatics*, Milovy, Czech Republic, 27 November– 4 December 1999, Lecture Notes in Computer Science, vol. 1725, pp. 295–310. Springer, 1999.

[6] J. Allouche and J. O. Shallit. The ubiquitous Prouhet-Thue-Morse sequence. In C. Ding, T. Helleseth and H. Niederreiter, eds., *Sequences and Their Applications, proceedings SETA 98*, pp. 1–16. Springer-Verlag, 1999.

[7] J. Allouche and J. O. Shallit. *Automatic Sequences: Theory, Applications, Generalizations*. Cambridge University Press, 2003.

[8] J. Almeida, A. Costa, R. Kyriakoglou and D. Perrin. Profinite semigroups and symbolic dynamics, volume 2274 of Lecture Notes in Mathematics, Springer, 2020.

[9] M. Alzamel, M. Crochemore, C. S. Iliopoulos, et al. How much different are two words with different shortest periods? In L. S. Iliadis, I. Maglogiannis and V. P. Plagianakos, eds., *Artificial Intelligence Applications and Innovations AIAI 2018 IFIP WG 12.5 International Workshops, SEDSEAL, 5G-PINE, MHDW, and HEALTHIOT*, Rhodes, Greece, 25–27 May 2018, IFIP Advances in Information and Communication Technology, vol. 520, pp. 168–178. Springer, 2018.

[10] A. Amir and M. Farach. Efficient matching of nonrectangular shapes. *Ann. Math. Artif. Intell.*, 4:211–224, 1991.

[11] A. Amir, M. Farach and S. Muthukrishnan. Alphabet dependence in parameterized matching. *Inf. Process. Lett.*, 49(3):111–115, 1994.

[12] A. Amir, C. S. Iliopoulos and J. Radoszewski. Two strings at Hamming distance 1 cannot be both quasiperiodic. *Inf. Process. Lett.*, 128:54–57, 2017.

[13] S. Amoroso and G. Cooper. Tessellation structures for reproduction of arbitrary patterns. *J. Comput. Syst. Sci.*, 5(5):455–464, 1971.

[14] A. Apostolico and M. Crochemore. Optimal canonization of all substrings of a string. *Inf. Comput.*, 95(1):76–95, 1991.

[15] A. Apostolico and R. Giancarlo. Pattern matching machine implementation of a fast test for unique decipherability. *Inf. Process. Lett.*, 18(3):155–158, 1984.

[16] A. Apostolico and R. Giancarlo. The Boyer-Moore-Galil string searching strategies revisited. *SIAM J. Comput.*, 15(1):98–105, 1986.

[17] G. Assayag and S. Dubnov. Using factor oracles for machine improvisation. *Soft Comput.*, 8(9):604–610, 2004.

[18] G. Badkobeh. Infinite words containing the minimal number of repetitions. *J. Discrete Algorithms*, 20:38–42, 2013.

[19] G. Badkobeh and M. Crochemore. Fewest repetitions in infinite binary words. *RAIRO Theor. Inf. Applic.*, 46(1):17–31, 2012.

[20] G. Badkobeh, G. Fici and S. J. Puglisi. Algorithms for anti-powers in strings. *Inf. Process. Lett.*, 137:57–60, 2018.

[21] R. A. Baeza-Yates. Searching subsequences. *Theor. Comput. Sci.*, 78(2):363–376, 1991.

[22] H. Bai, A. Deza and F. Franek. On a lemma of Crochemore and Rytter. *J. Discrete Algorithms*, 34:18–22, 2015.

[23] B. S. Baker. A theory of parameterized pattern matching: Algorithms and applications. In S. R. Kosaraju, D. S. Johnson and A. Aggarwal, eds., *Proceedings of the Twenty-Fifth Annual ACM Symposium on Theory of Computing*, 16-18 May 1993, San Diego, CA, pp. 71–80. ACM, 1993.

[24] B. S. Baker. Parameterized pattern matching: Algorithms and applications. *J. Comput. Syst. Sci.*, 52(1):28–42, 1996.

[25] H. Bannai, M. Giraud, K. Kusano, W. Matsubara, A. Shinohara and J. Simpson. The number of runs in a ternary word. In J. Holub and J. Zdárek, eds., *Proceedings of the Prague Stringology Conference 2010*, Prague, Czech Republic, 30 August–1 September 2010, pp. 178–181. Prague Stringology Club, Department of Theoretical Computer Science, Faculty of Information Technology, Czech Technical University in Prague, 2010.

[26] H. Bannai, I. Tomohiro, S. Inenaga, Y. Nakashima, M. Takeda and K. Tsuruta. The "runs" theorem. *SIAM J. Comput.*, 46(5):1501–1514, 2017.

[27] P. Baturo, M. Piatkowski and W. Rytter. Usefulness of directed acyclic subword graphs in problems related to standard sturmian words. *Int. J. Found. Comput. Sci.*, 20(6):1005–1023, 2009.

[28] M. Béal, F. Mignosi and A. Restivo. Minimal forbidden words and symbolic dynamics. In C. Puech and R. Reischuk, eds., *STACS 96, 13th Annual Symposium on Theoretical Aspects of Computer Science*, Grenoble, France, 22-24 February 1996, Lecture Notes in Computer Science, vol. 1046, pp. 555–566. Springer, 1996.

[29] M. Béal and D. Perrin. Synchronised automata. In V. Berthé and M. Rigo, eds., *Combinatorics, Words and Symbolic Dynamics. Encyclopedia of Mathematics and Its Applications*, pp. 213–240. Cambridge University Press, 2016.

[30] M.-P. Béal, M. Crochemore, F. Mignosi, A. Restivo and M. Sciortino. Forbidden words of regular languages. *Fundam. Inform.*, 56(1,2):121–135, 2003.

[31] J. L. Bentley and R. Sedgewick. Fast algorithms for sorting and searching strings. In M. E. Saks, ed., *Proceedings of the Eighth Annual ACM-SIAM Symposium on Discrete Algorithms*, LA, 5–7 January 1997, New Orleans, pp. 360–369. ACM/SIAM, 1997.

[32] J. Berstel. Langford strings are square free. *Bull. EATCS*, 37:127–128, 1989.

[33] J. Berstel and A. de Luca. Sturmian words, Lyndon words and trees. *Theor. Comput. Sci.*, 178(1–2):171–203, 1997.

[34] J. Berstel and J. Karhumäki. Combinatorics on words: A tutorial. *EATCS*, 79:178, 2003.

[35] J. Berstel, A. Lauve, C. Reutenauer and F. Saliola. *Combinatorics on Words*, CRM Monograph Series, vol. 27. Université de Montréal et American Mathematical Society, 2008.

[36] J. Berstel and D. Perrin. *Theory of Codes*. Academic Press, 1985.

[37] J. Berstel and A. Savelli. Crochemore factorization of sturmian and other infinite words. In *Mathematical Foundations of Computer Science 2006, 31st International Symposium, MFCS 2006*, Stará Lesná, Slovakia, 28 August–1 September 2006, Lecture Notes in Computer Science, vol. 4162, pp. 157–166. Springer, 2006.

[38] A. Blumer, J. Blumer, D. Haussler, A. Ehrenfeucht, M. T. Chen and J. I. Seiferas. The smallest automaton recognizing the subwords of a text. *Theor. Comput. Sci.*, 40:31–55, 1985.

[39] K. S. Booth. Lexicographically least circular substrings. *Inf. Process. Lett.*, 10(4/5):240–242, 1980.

[40] J. Bourdon and I. Rusu. Statistical properties of factor oracles. *J. Discrete Algorithms*, 9(1):57–66, 2011.

[41] R. S. Boyer and J. S. Moore. A fast string searching algorithm. *Commun. ACM*, 20(10):762–772, 1977.

[42] F. Brandenburg. Uniformly growing k-th power-free homomorphisms. *Theor. Comput. Sci.*, 23:69–82, 1983.

[43] D. Breslauer. An on-line string superprimitivity test. *Inf. Process. Lett.*, 44(6):345–347, 1992.

[44] D. Breslauer, L. Colussi and L. Toniolo. Tight comparison bounds for the string prefix-matching problem. *Inf. Process. Lett.*, 47(1):51–57, 1993.

[45] D. Breslauer, R. Grossi and F. Mignosi. Simple real-time constant-space string matching. *Theor. Comput. Sci.*, 483:2–9, 2013.

[46] S. Brlek, D. Jamet and G. Paquin. Smooth words on 2-letter alphabets having same parity. *Theor. Comput. Sci.*, 393(1–3):166–181, 2008.

[47] S. Burkhardt and J. Kärkkäinen. Fast lightweight suffix array construction and checking. In R. A. Baeza-Yates, E. Chávez and M. Crochemore, eds., *Combinatorial Pattern Matching, CPM 2003*, Lecture Notes in Computer Science, vol. 2676, pp. 55–69. Springer, 2003.

[48] A. Carayol and S. Göller. On long words avoiding Zimin patterns. In H. Vollmer and B. Vallée, eds., *34th Symposium on Theoretical Aspects of Computer Science, STACS 2017*, 8–11 March, 2017, Hannover, Germany, vol. 66 of LIPIcs, pp. 19:1–19:13. Schloss Dagstuhl – Leibniz-Zentrum fuer Informatik, 2017.

[49] Y. Césari and M. Vincent. Une caractérisation des mots périodiques. *C. R. Acad. Sci.*, 286:1175, 1978.

[50] S. Chairungsee and M. Crochemore. Efficient computing of longest previous reverse factors. In Y. Shoukourian, ed., *Seventh International Conference on Computer Science and Information Technologies*, CSIT 2009, pp. 27–30. The National Academy of Sciences of Armenia Publishers, Yerevan, Armenia, 2009.

[51] S. Chairungsee and M. Crochemore. Using minimal absent words to build phylogeny. *Theor. Comput. Sci.*, 450(1):109–116, 2012.

[52] S. Chairungsee and M. Crochemore. Longest previous non-overlapping factors table computation. In X. Gao, H. D. and M. Han, eds., *Combinatorial Optimization and Applications - 11th International Conference, COCOA 2017*, Shanghai, China, 10-18 December, 2017, Proceedings, Part II, vol. 10628 *Lecture Notes in Computer Science*, pp. 483–491. Springer, 2017.

[53] J. Champarnaud, G. Hansel and D. Perrin. Unavoidable sets of constant length. *IJAC*, 14(2):241–251, 2004.

[54] S. Cho, J. C. Na, K. Park and J. S. Sim. A fast algorithm for order-preserving pattern matching. *Inf. Process. Lett.*, 115(2):397–402, 2015.

[55] J. G. Cleary, W. J. Teahan and I. H. Witten. Unbounded length contexts for PPM. In J. A. Storer and M. Cohn, eds., *Proceedings of the IEEE Data Compression Conference, DCC 1995*, Snowbird, UT, 28–30 March, 1995, pp. 52–61. IEEE Computer Society, 1995.

[56] J. G. Cleary and I. H. Witten. A comparison of enumerative and adaptive codes. *IEEE Trans. Inf. Theory*, 30(2):306–315, 1984.

[57] J. Clément, P. Flajolet and B. Vallée. The analysis of hybrid trie structures. In H. J. Karloff, ed., *Proceedings of the Ninth Annual ACM-SIAM Symposium on Discrete Algorithms*, 25-27 January 1998, San Francisco, 25–27 January 1998, pp. 531–539. ACM/SIAM, 1998.

[58] P. Clifford and R. Clifford. Simple deterministic wildcard matching. *Inf. Process. Lett.*, 101(2):53–54, 2007.

[59] R. Cole. Tight bounds on the complexity of the Boyer-Moore string matching algorithm. *SIAM J. Comput.*, 23(5):1075–1091, 1994.

[60] R. Cole and R. Hariharan. Tighter upper bounds on the exact complexity of string matching. *SIAM J. Comput.*, 26(3):803–856, 1997.

[61] R. Cori and D. Perrin. Automates et commutations partielles. *ITA*, 19(1):21–32, 1985.

[62] G. V. Cormack and R. N. Horspool. Algorithms for adaptive Huffman codes. *Inf. Process. Lett.*, 18(3):159–165, 1984.

[63] T. H. Cormen, C. E. Leiserson, R. L. Rivest and C. Stein. *Introduction to Algorithms*, 3rd Edition. MIT Press, 2009.

[64] M. Crochemore. An optimal algorithm for computing the repetitions in a word. *Inf. Process. Lett.*, 12(5):244–250, 1981.

[65] M. Crochemore. Sharp characterization of square-free morphisms. *Theor. Comput. Sci.*, 18(2):221–226, 1982.

[66] M. Crochemore. *Régularités évitables*. Thèse d'état, Université de Haute-Normandie, 1983.

[67] M. Crochemore. Transducers and repetitions. *Theor. Comput. Sci.*, 45(1):63–86, 1986.

[68] M. Crochemore. Longest common factor of two words. In H. Ehrig, R. A. Kowalski, G. Levi and U. Montanari, eds., *TAPSOFT'87: Proceedings of the International Joint Conference on Theory and Practice of Software Development*, Pisa, Italy, 23-27 March, 1987, Volume 1: Advanced Seminar on Foundations of Innovative Software Development I and Colloquium on Trees in Algebra and Programming (CAAP'87), vol. 249, Lecture Notes in Computer Science, pp. 26–36. Springer, 1987.

[69] M. Crochemore. String-matching on ordered alphabets. *Theor. Comput. Sci.*, 92(1):33–47, 1992.

[70] M. Crochemore, A. Czumaj, L. Gasieniec, S. Jarominek, T. Lecroq, W. Plandowski and W. Rytter. Speeding up two string-matching algorithms. *Algorithmica*, 12(4/5):247–267, 1994.

[71] M. Crochemore, C. Epifanio, R. Grossi and F. Mignosi. Linear-size suffix tries. *Theor. Comput. Sci.*, 638:171–178, 2016.

[72] M. Crochemore, S. Z. Fazekas, C. S. Iliopoulos and I. Jayasekera. Number of occurrences of powers in strings. *Int. J. Found. Comput. Sci.*, 21(4):535–547, 2010.

[73] M. Crochemore, R. Grossi, J. Kärkkäinen and G. M. Landau. Computing the Burrows-Wheeler transform in place and in small space. *J. Discrete Algorithms*, 32:44–52, 2015.

[74] M. Crochemore, C. Hancart and T. Lecroq. *Algorithms on Strings*. Cambridge University Press, 2007.

[75] M. Crochemore, A. Héliou, G. Kucherov, L. Mouchard, S. P. Pissis and Y. Ramusat. Absent words in a sliding window with applications. *Inf. Comput.*, 270, 2020.

[76] M. Crochemore and L. Ilie. Computing longest previous factors in linear time and applications. *Inf. Process. Lett.*, 106(2):75–80, 2008.

[77] M. Crochemore and L. Ilie. Maximal repetitions in strings. *J. Comput. Syst. Sci.*, 74(5):796–807, 2008.

[78] M. Crochemore, L. Ilie, C. S. Iliopoulos, M. Kubica, W. Rytter and T. Waleń. Computing the longest previous factor. *Eur. J. Comb.*, 34(1):15–26, 2013.

[79] M. Crochemore, L. Ilie and E. Seid-Hilmi. The structure of factor oracles. *Int. J. Found. Comput. Sci.*, 18(4):781–797, 2007.

[80] M. Crochemore, L. Ilie and L. Tinta. The "runs" conjecture. *Theor. Comput. Sci.*, 412(27):2931–2941, 2011.

[81] M. Crochemore, C. S. Iliopoulos, T. Kociumaka et al. Order-preserving indexing. *Theor. Comput. Sci.*, 638:122–135, 2016.

[82] M. Crochemore, C. S. Iliopoulos, T. Kociumaka, et al. The maximum number of squares in a tree. In J. Kärkkäinen and J. Stoye, eds., *Combinatorial Pattern Matching: 23rd Annual Symposium, CPM 2012*, Helsinki, Finland, 3–5 July,

2012. Proceedings, Lecture Notes in Computer Science, vol. 7354, pp. 27–40. Springer, 2012.

[83] M. Crochemore, C. S. Iliopoulos, T. Kociumaka, et al. Near-optimal computation of runs over general alphabet via non-crossing LCE queries. In S. Inenaga, K. Sadakane and T. Sakai, eds., *String Processing and Information Retrieval - 23rd International Symposium, SPIRE 2016*, Beppu, Japan, 18–20 October, 2016, Proceedings, vol. 9954, *Lecture Notes in Computer Science*, pp. 22–34, 2016.

[84] M. Crochemore, C. S. Iliopoulos, M. Kubica, J. Radoszewski, W. Rytter, K. Stencel and T. Walen. New simple efficient algorithms computing powers and runs in strings. *Discrete Appl. Math.*, 163:258–267, 2014.

[85] M. Crochemore, C. S. Iliopoulos, M. Kubica, J. Radoszewski, W. Rytter and T. Walen. On the maximal number of cubic runs in a string. In A. Dediu, H. Fernau, and C. Martín-Vide, eds., *Language and Automata Theory and Applications, 4th International Conference, LATA 2010*, Trier, Germany, 24–28 May, 2010. Proceedings, vol. 6031, *Lecture Notes in Computer Science*, pp. 227–238. Springer, 2010.

[86] M. Crochemore, C. S. Iliopoulos, M. Kubica, J. Radoszewski, W. Rytter and T. Walen. The maximal number of cubic runs in a word. *J. Comput. Syst. Sci.*, 78(6):1828–1836, 2012.

[87] M. Crochemore, C. S. Iliopoulos, M. Kubica, W. Rytter and T. Waleń. Efficient algorithms for three variants of the LPF table. *J. Discrete Algorithms*, 11:51–61, 2012.

[88] M. Crochemore, G. M. Landau and M. Ziv-Ukelson. A subquadratic sequence alignment algorithm for unrestricted scoring matrices. *SIAM J. Comput.*, 32(6):1654–1673, 2003.

[89] M. Crochemore and T. Lecroq. Tight bounds on the complexity of the Apostolico-Giancarlo algorithm. *Inf. Process. Lett.*, 63(4):195–203, 1997.

[90] M. Crochemore, M. Lerest and P. Wender. An optimal test on finite unavoidable sets of words. *Inf. Process. Lett.*, 16(4):179–180, 1983.

[91] M. Crochemore and R. Mercas. On the density of Lyndon roots in factors. *Theor. Comput. Sci.*, 656:234–240, 2016.

[92] M. Crochemore, F. Mignosi and A. Restivo. Automata and forbidden words. *Inf. Process. Lett.*, 67(3):111–117, 1998.

[93] M. Crochemore, F. Mignosi, A. Restivo and S. Salemi. Text compression using antidictonaries. In J. Wiedermann, P. van Emde Boas, and M. Nielsen, eds., *International Conference on Automata, Languages an Programming* (Prague, 1999), Lecture Notes in Computer Science, pp. 261–270. Springer-Verlag, 1999. Rapport I.G.M. 98-10, Université de Marne-la-Vallée.

[94] M. Crochemore and D. Perrin. Two-way string-matching. *J. ACM*, 38(3):651–675, 1991.

[95] M. Crochemore and E. Porat. Fast computation of a longest increasing subsequence and application. *Inf. Comput.*, 208(9):1054–1059, 2010.

[96] M. Crochemore and W. Rytter. *Text Algorithms*. Oxford University Press, 1994.

[97] M. Crochemore and W. Rytter. Squares, cubes, and time-space efficient string searching. *Algorithmica*, 13(5):405–425, 1995.

[98] M. Crochemore and W. Rytter. *Jewels of Stringology*. World Scientific Publishing, Hong-Kong, 2002.

[99] M. Crochemore and G. Tischler. Computing longest previous non-overlapping factors. *Inf. Process. Lett.*, 111(6):291–295, 2011.

[100] M. Crochemore and Z. Tronícek. On the size of DASG for multiple texts. In A. H. F. Laender and A. L. Oliveira, eds., *String Processing and Information Retrieval, 9th International Symposium, SPIRE 2002*, Lisbon, Portugal, 11–13 September, 2002, Proceedings, vol. 2476, *Lecture Notes in Computer Science*, pp. 58–64. Springer, 2002.

[101] M. Crochemore and R. Vérin. On compact directed acyclic word graphs. In J. Mycielski, G. Rozenberg, and A. Salomaa, eds., *Structures in Logic and Computer Science, A Selection of Essays in Honor of Andrzej Ehrenfeucht*, vol. 1261 *Lecture Notes in Computer Science*, pp. 192–211. Springer, 1997.

[102] A. Deza and F. Franek. A d-step approach to the maximum number of distinct squares and runs in strings. *Discrete Appl.Math.*, 163(3):268–274, 2014.

[103] A. Deza, F. Franek and A. Thierry. How many double squares can a string contain? *Discrete Appl. Math.*, 180:52–69, 2015.

[104] F. Durand and J. Leroy. The constant of recognizability is computable for primitive morphisms. *CoRR*, abs/1610.05577, 2016.

[105] J. Duval. Factorizing words over an ordered alphabet. *J. Algorithms*, 4(4):363–381, 1983.

[106] J. Duval, R. Kolpakov, G. Kucherov, T. Lecroq and A. Lefebvre. Linear-time computation of local periods. *Theor. Comput. Sci.*, 326(1-3):229–240, 2004.

[107] M. Effros. PPM performance with BWT complexity: A new method for lossless data compression. In *Data Compression Conference, DCC 2000*, Snowbird, UT, 28–30 March, 2000, pp. 203–212. IEEE Computer Society, 2000.

[108] N. Faller. An adaptive system for data compression. In *Record of the 7th Asilomar Conference on Circuits, Systems, and Computers*, pp. 593–597, 1973.

[109] H. Fan, N. Yao and H. Ma. Fast variants of the Backward-Oracle-Marching algorithm. In *ICICSE '09, Fourth International Conference on Internet Computing for Science and Engineering*, pp. 56–59. IEEE Computer Society, 2009.

[110] M. Farach. Optimal suffix tree construction with large alphabets. In *38th Annual Symposium on Foundations of Computer Science, FOCS '97, Miami Beach*, FL, 19–22 October, 1997, pp. 137–143. IEEE Computer Society, 1997.

[111] S. Faro and T. Lecroq. Efficient variants of the Backward-Oracle-Matching algorithm. *Int. J. Found. Comput. Sci.*, 20(6):967–984, 2009.

[112] P. Ferragina and G. Manzini. Indexing compressed text. *J. ACM*, 52(4):552–581, 2005.

[113] G. Fici, A. Restivo, M. Silva and L. Q. Zamboni. Anti-powers in infinite words. *J. Comb. Theory, Ser. A*, 157:109–119, 2018.

[114] N. J. Fine. Binomial coefficients modulo a prime. *Am. Math. Mon.*, 54(10, Part 1):589–592, December 1947.

[115] J. Fischer and V. Heun. Theoretical and practical improvements on the RMQ-problem, with applications to LCA and LCE. In M. Lewenstein and G. Valiente, eds., *Combinatorial Pattern Matching, 17th Annual Symposium, CPM 2006*,

Barcelona, Spain, 5–7 July, 2006, Proceedings, vol. 4009 *Lecture Notes in Computer Science*, pp. 36–48. Springer, 2006.

[116] J. Fischer, Š. Holub, T. I and M. Lewenstein. Beyond the runs theorem. In *22nd SPIRE*, Lecture Notes in Computer Science, vol. 9309, pp. 272–281, 2015.

[117] A. S. Fraenkel and J. Simpson. How many squares must a binary sequence contain? *Electr. J. Comb.*, 2, 1995.

[118] A. S. Fraenkel and J. Simpson. How many squares can a string contain? *J. Comb. Theory, Ser. A*, 82(1):112–120, 1998.

[119] F. Franek, A. S. M. S. Islam, M. S. Rahman and W. F. Smyth. Algorithms to compute the Lyndon array. *CoRR*, abs/1605.08935, 2016.

[120] H. Fredricksen and J. Maiorana. Necklaces of beads in k colors and k-ary de bruijn sequences. *Discrete Math.*, 23(3):207–210, 1978.

[121] A. Fruchtman, Y. Gross, S. T. Klein and D. Shapira. Weighted adaptive Huffman coding. In A. Bilgin, M. W. Marcellin, J. Serra-Sagrista and J. A. Storer, eds., Data Compression Conference, DCC 2020, Snowbird, UT, 24–27 March 2020, pp. 368–385. IEEE, 2020. http://arxiv.org/abs/2005.08232vl.

[122] Z. Galil. On improving the worse case running time of the Boyer-Moore string matching algorithm. *Commun. ACM*, 22(9):505–508, 1979.

[123] Z. Galil and R. Giancarlo. On the exact complexity of string matching: Upper bounds. *SIAM J. Comput.*, 21(3):407–437, 1992.

[124] Z. Galil and J. I. Seiferas. Time-space-optimal string matching. *J. Comput. Syst. Sci.*, 26(3):280–294, 1983.

[125] R. G. Gallager. Variations on a theme by Huffman. *IEEE Trans. Inf. Theory*, 24(6):668–674, 1978.

[126] J. Gallant, D. Maier and J. A. Storer. On finding minimal length superstrings. *J. Comput. Syst. Sci.*, 20(1):50–58, 1980.

[127] P. Gawrychowski, T. Kociumaka, J. Radoszewski, W. Rytter and T. Walen. Universal reconstruction of a string. In F. Dehne, J. Sack and U. Stege, eds, *Algorithms and Data Structures: 14th International Symposium, WADS 2015*, Victoria, BC, Canada, 5–7 August, 2015. Proceedings, vol. 9214, *Lecture Notes in Computer Science*, pp. 386–397. Springer, 2015.

[128] P. Gawrychowski, T. Kociumaka, W. Rytter and T. Walen. Faster longest common extension queries in strings over general alphabets. In R. Grossi and M. Lewenstein, eds., *27th Annual Symposium on Combinatorial Pattern Matching, CPM 2016*, 27–29 June, 2016, Tel Aviv, Israel, vol. 54, LIPIcs, pp. 5:1–5:13. Schloss Dagstuhl – Leibniz-Zentrum fuer Informatik, 2016.

[129] P. Gawrychowski and P. Uznanski. Order-preserving pattern matching with k mismatches. In A. S. Kulikov, S. O. Kuznetsov and P. A. Pevzner, eds., *Combinatorial Pattern Matching: 25th Annual Symposium, CPM 2014*, Moscow, Russia, 16–18 June , 2014. Proceedings, vol. 8486, *Lecture Notes in Computer Science*, pp. 130–139. Springer, 2014.

[130] A. Glen, J. Justin, S. Widmer and L. Q. Zamboni. Palindromic richness. *Eur. J. Comb.*, 30(2):510–531, 2009.

[131] S. W. Golomb. *Shift Register Sequences* 3rd rev. ed. World Scientific, 2017.

[132] J. Grytczuk, K. Kosinski and M. Zmarz. How to play Thue games. *Theor. Comput. Sci.*, 582:83–88, 2015.

[133] C. Guo, J. Shallit and A. M. Shur. On the combinatorics of palindromes and antipalindromes. *CoRR*, abs/1503.09112, 2015.

[134] D. Gusfield. *Algorithms on Strings, Trees and Sequences: Computer Science and Computational Biology*. Cambridge University Press, 1997.

[135] D. Gusfield and J. Stoye. Linear time algorithms for finding and representing all the tandem repeats in a string. *J. Comput. Syst. Sci.*, 69(4):525–546, 2004.

[136] C. Hancart. On Simon's string searching algorithm. *Inf. Process. Lett.*, 47(2):95–99, 1993.

[137] T. Harju and T. Kärki. On the number of frames in binary words. *Theor. Comput. Sci.*, 412(39):5276–5284, 2011.

[138] A. Hartman and M. Rodeh. Optimal parsing of strings. In A. Apostolico and Z. Galil, eds., *Combinatorial Algorithms on Words*, vol. 12, NATO ASI Series F: Computer and System Sciences, pp. 155–167, Springer, 1985.

[139] M. M. Hasan, A. S. M. S. Islam, M. S. Rahman and M. S. Rahman. Order preserving pattern matching revisited. *Pattern Recogn. Lett.*, 55:15–21, 2015.

[140] D. Hendrian, T. Takagi and S. Inenaga. Online algorithms for constructing linear-size suffix trie. *CoRR*, abs/1901.10045, 2019.

[141] D. Hickerson. There are at most $2n$ distinct twins in any finite string of length n. Personal communication by D. Gusfield, 2003.

[142] C. Hohlweg and C. Reutenauer. Lyndon words, permutations and trees. *Theor. Comput. Sci.*, 307(1):173–178, 2003.

[143] R. Houston. Tackling the minimal superpermutation problem. *CoRR*, abs/1408.5108, 2014.

[144] D. A. Huffman. A method for the construction of minimum redundancy codes. *Proc. I.R.E.*, 40:1098–1101, 1951.

[145] R. M. Idury and A. A. Schäffer. Multiple matching of parameterized patterns. *Theor. Comput. Sci.*, 154(2):203–224, 1996.

[146] L. Ilie. A simple proof that a word of length n has at most $2n$ distinct squares. *J. Comb. Theory, Ser. A*, 112(1):163–164, 2005.

[147] L. Ilie. A note on the number of squares in a word. *Theor. Comput. Sci.*, 380(3):373–376, 2007.

[148] L. Ilie and W. F. Smyth. Minimum unique substrings and maximum repeats. *Fundam. Inform.*, 110(1-4):183–195, 2011.

[149] C. S. Iliopoulos, D. Moore and W. F. Smyth. A characterization of the squares in a Fibonacci string. *Theor. Comput. Sci.*, 172(1–2):281–291, 1997.

[150] S. Inenaga, H. Hoshino, A. Shinohara, M. Takeda, S. Arikawa, G. Mauri and G. Pavesi. On-line construction of compact directed acyclic word graphs. In A. Amir and G. M. Landau, eds., *Combinatorial Pattern Matching, 12th Annual Symposium, CPM 2001*, Jerusalem, Israel, 1-4 July 2001, Proceedings, vol. 2089, *Lecture Notes in Computer Science*, pp. 169–180. Springer, 2001.

[151] B. W. Jackson. Universal cycles of k-subsets and k-permutations. *Discrete Math.*, 117(1-3):141–150, 1993.

[152] N. Johnston. All minimal superpermutations on five symbols have been found. www.njohnston.ca/2014/08/all-minimal-superpermutations-on-five-symbols-have-been-found/, 2014.

[153] J. Kärkkäinen and P. Sanders. Simple linear work suffix array construction. In J. C. M. Baeten, J. K. Lenstra, J. Parrow and G. J. Woeginger, eds., *Automata, Languages and Programming, 30th International Colloquium, ICALP 2003*, Eindhoven, The Netherlands, 30–4 June, 2003. Proceedings, vol. 2719, *Lecture Notes in Computer Science*, pp. 943–955. Springer, 2003.

[154] J. Kärkkäinen P. Sanders and S. Burkhardt. Linear work suffix array construction. *J. ACM*, 53(6):918–936, 2006.

[155] T. Kasai, G. Lee, H. Arimura, S. Arikawa and K. Park. Linear-time longest-common-prefix computation in suffix arrays and its applications. In A. Amir and G. M. Landau, eds., *Combinatorial Pattern Matching, 12th Annual Symposium, CPM 2001*, Jerusalem, Israel, 1–4 July 2001, Proceedings vol. 2089, *Lecture Notes in Computer Science*, pp. 181–192. Springer, 2001.

[156] J. Katajainen, A. Moffat and A. Turpin. A fast and space-economical algorithm for length-limited coding. In J. Staples, P. Eades, N. Katoh and A. Moffat, eds., *Algorithms and Computation, 6th International Symposium, ISAAC '95*, Cairns, Australia, 4–6 December 1995, Proceedings vol. 1004, *Lecture Notes in Computer Science*, pp. 12–21. Springer, 1995.

[157] D. Kempa, A. Policriti, N. Prezza and E. Rotenberg. String attractors: Verification and optimization. *CoRR*, abs/1803.01695, 2018.

[158] A. J. Kfoury. A linear-time algorithm to decide whether A binary word contains an overlap. *ITA*, 22(2):135–145, 1988.

[159] D. K. Kim, J. S. Sim, H. Park and K. Park. Constructing suffix arrays in linear time. *J. Discrete Algorithms*, 3(2-4):126–142, 2005.

[160] J. Kim, P. Eades, R. Fleischer, S. Hong, C. S. Iliopoulos, K. Park, S. J. Puglisi and T. Tokuyama. Order-preserving matching. *Theor. Comput. Sci.*, 525:68–79, 2014.

[161] D. E. Knuth. Dynamic Huffman coding. *J. Algorithms*, 6(2):163–180, 1985.

[162] D. E. Knuth, J. H. Morris Jr. and V. R. Pratt. Fast pattern matching in strings. *SIAM J. Comput.*, 6(2):323–350, 1977.

[163] P. Ko and S. Aluru. Space efficient linear time construction of suffix arrays. *J. Discrete Algorithms*, 3(2-4):143–156, 2005.

[164] T. Kociumaka, J. Pachocki, J. Radoszewski, W. Rytter and T. Walen. Efficient counting of square substrings in a tree. *Theor. Comput. Sci.*, 544:60–73, 2014.

[165] T. Kociumaka, J. Radoszewski, W. Rytter, J. Straszynski, T. Walen and W. Zuba. Efficient representation and counting of antipower factors in words. In C. Martín-Vide, A. Okhotin and D. Shapira, eds., *Language and Automata Theory and Applications: 13th International Conference, LATA 2019*, St. Petersburg, Russia, 26–29 March, 2019, Proceedings, vol. 11417, *Lecture Notes in Computer Science*, pp. 421–433. Springer, 2019.

[166] W. Kolakoski. Problem 5304. *Am. Math. Mon.*, 72(674), 1965.

[167] R. M. Kolpakov and G. Kucherov. Finding maximal repetitions in a word in linear time. In *40th Annual Symposium on Foundations of Computer Science, FOCS '99*, 17–18 October 1999, New York, pp. 596–604. IEEE Computer Society, 1999.

[168] R. M. Kolpakov and G. Kucherov. Finding approximate repetitions under Hamming distance. In F. Meyer auf der Heide, ed., *Algorithms - ESA 2001*,

9th Annual European Symposium, Aarhus, Denmark, 28–31 August 2001, Proceedings, vol. 2161, *Lecture Notes in Computer Science*, pp. 170–181. Springer, 2001.

[169] K. Kosinski, R. Mercas and D. Nowotka. Corrigendum to 'a note on Thue games' [*Inf. Process. Lett.* 118 (2017) 75-77]. *Inf. Process. Lett.*, 130:63–65, 2018.

[170] M. Kubica, T. Kulczynski, J. Radoszewski, W. Rytter and T. Walen. A linear time algorithm for consecutive permutation pattern matching. *Inf. Process. Lett.*, 113(12):430–433, 2013.

[171] P. Kurka. *Topological and Symbolic Dynamics*. Société Mathématique de France, 2003.

[172] L. L. Larmore and D. S. Hirschberg. A fast algorithm for optimal length-limited Huffman codes. *J. ACM*, 37(3):464–473, 1990.

[173] A. Lefebvre and T. Lecroq. Compror: On-line lossless data compression with a factor oracle. *Inf. Process. Lett.*, 83(1):1–6, 2002.

[174] A. Lempel. On a homomorphism of the de Bruijn graph and its applications to the design of feedback shift registers. *IEEE Trans. Comput.*, 19(12):1204–1209, 1970.

[175] M. Lothaire. *Combinatorics on Words*. Addison-Wesley, 1983. Reprinted in 1997.

[176] M. Lothaire. *Algebraic Combinatorics on Words. Encyclopedia of Mathematics and Its Applications*. Cambridge University Press, 2002.

[177] M. Lothaire. *Applied Combinatorics on Words*. Cambridge University Press, 2005.

[178] M. Maekawa. A $\sqrt{N}$ algorithm for mutual exclusion in decentralized systems. *ACM Trans. Comput. Syst.*, 3(2):145–159, 1985.

[179] M. G. Main and R. J. Lorentz. An $O(n \log n)$ algorithm for recognizing repetition. Report CS-79-056, Washington State University, Pullman, 1979.

[180] M. G. Main and R. J. Lorentz. Linear time recognition of square-free strings. In A. Apostolico and Z. Galil, eds., *Combinatorial Algorithms on Words*, vol. 12, *Series F: Computer and System Sciences*, pp. 271–278. Springer, 1985.

[181] G. S. Makanin. The problem of solvability of equations in a free semi-group. *Math. Sb.*, 103(2):147–236, 1977. In Russian. English translation in: *Math. USSR-Sb*, 32, 129-198, 1977.

[182] A. Mancheron and C. Moan. Combinatorial characterization of the language recognized by factor and suffix oracles. *Int. J. Found. Comput. Sci.*, 16(6):1179–1191, 2005.

[183] S. Mantaci, A. Restivo, G. Romana G. Rosone and M. Sciortino. String attractors and combinatorics on words. *CoRR*, abs/1907.04660, 2019.

[184] S. Mantaci, A. Restivo, G. Rosone and M. Sciortino. Suffix array and Lyndon factorization of a text. *J. Discrete Algorithms*, 28:2–8, 2014.

[185] S. Mantaci, A. Restivo and M. Sciortino. Burrows-Wheeler transform and Sturmian words. *Inf. Process. Lett.*, 86(5):241–246, 2003.

[186] W. J. Masek and M. Paterson. A faster algorithm computing string edit distances. *J. Comput. Syst. Sci.*, 20(1):18–31, 1980.

[187] E. M. McCreight. A space-economical suffix tree construction algorithm. *J. ACM*, 23(2):262–272, 1976.

[188] J. Mendivelso and Y. Pinzón. Parameterized matching: Solutions and extensions. In J. Holub and J. Žďárek, eds., *Proceedings of the Prague Stringology Conference 2015*, pp. 118–131, Czech Technical University in Prague, Czech Republic, 2015.

[189] T. Mieno, Y. Kuhara, T. Akagi, et al. Minimal unique substrings and minimal absent words in a sliding window, *International Conference on Current Trends in Theory and Practice of Informatics*, pp. 148–160, Springer, 2019.

[190] A. Moffat. Implementing the PPM data compression scheme. *IEEE Trans. Commun.*, 38(11):1917–1921, 1990.

[191] S. P. Mohanty. Shortest string containing all permutations. *Discrete Math.*, 31:91–95, 1980.

[192] E. Moreno and D. Perrin. Corrigendum to 'on the theorem of Fredricksen and Maiorana about de Bruijn sequences'. *Adv. Appl. Math.*, 33(2):413–415, 2004.

[193] G. Navarro and N. Prezza. Universal compressed text indexing. *Theor. Comput. Sci.*, 762:41–50, 2019.

[194] G. Navarro and M. Raffinot. *Flexible Pattern Matching in Strings: Practical On-line Search Algorithms for Texts and Biological Sequences*. Cambridge University Press, 2002.

[195] J. Nilsson. Letter frequencies in the Kolakoski sequence. *Acta Phys. Pol. A*, 126(2):549–552, 2014.

[196] E. Ohlebusch. *Bioinformatics Algorithms*. Oldenbusch Verlag, 2013.

[197] R. Oldenburger. Exponent trajectories in symbolic dynamics. *Trans. AMS*, 46:453–466, 1939.

[198] T. Ota, H. Fukae and H. Morita. Dynamic construction of an antidictionary with linear complexity. *Theor. Comput. Sci.*, 526:108–119, 2014.

[199] T. Ota and H. Morita. On a universal antidictionary coding for stationary ergodic sources with finite alphabet. In *International Symposium on Information Theory and Its Applications, ISITA 2014*, Melbourne, Australia, 26–29 October 2014, pp. 294–298. IEEE, 2014.

[200] T. Ota and H. Morita. A compact tree representation of an antidictionary. *IEICE Trans.*, 100-A(9):1973–1984, 2017.

[201] J. Pansiot. Decidability of periodicity for infinite words. *ITA*, 20(1):43–46, 1986.

[202] N. Prezza. String attractors. *CoRR*, abs/1709.05314, 2017.

[203] S. J. Puglisi, J. Simpson and W. F. Smyth. How many runs can a string contain? *Theor. Comput. Sci.*, 401(1-3):165–171, 2008.

[204] J. Radoszewski and W. Rytter. On the structure of compacted subword graphs of Thue-Morse words and their applications. *J. Discrete Algorithms*, 11:15–24, 2012.

[205] N. Rampersad, J. Shallit and M. Wang. Avoiding large squares in infinite binary words. *Theor. Comput. Sci.*, 339(1):19–34, 2005.

[206] D. Repke and W. Rytter. On semi-perfect de Bruijn words. *Theor. Comput. Sci.*, 720:55–63, 2018.

[207] A. Restivo and S. Salemi. Overlap-free words on two symbols. In M. Nivat and D. Perrin, eds., *Automata on Infinite Words*, Ecole de Printemps d'Informatique Théorique, Le Mont Dore, 14–18 May, 1984, vol. 192, *Lecture Notes in Computer Science*, pp. 198–206. Springer, 1985.

[208] C. Reutenauer. *From Christoffel Words to Markov Numbers*. Oxford University Press, 2018.

[209] G. Rozenberg and A. Salomaa. *The Mathematical Theory of L Systems*. Academic Press, 1980.

[210] M. Rubinchik and A. M. Shur. *Eertree: An efficient data structure for processing palindromes in strings*. CoRR, abs/1506.04862, 2015.

[211] F. Ruskey and A. Williams. An explicit universal cycle for the (n-1)-permutations of an n-set. *ACM Trans. Algorithms*, 6(3):45:1–45:12, 2010.

[212] W. Rytter. A correct preprocessing algorithm for Boyer-Moore string-searching. *SIAM J. Comput.*, 9(3):509–512, 1980.

[213] W. Rytter. The structure of subword graphs and suffix trees of Fibonacci words. *Theor. Comput. Sci.*, 363(2):211–223, 2006.

[214] W. Rytter. The number of runs in a string. *Informat. Comput.*, 205(9):1459–1469, 2007.

[215] W. Rytter. Two fast constructions of compact representations of binary words with given set of periods. *Theor. Comput. Sci.*, 656:180–187, 2016.

[216] W. Rytter. Computing the k-th letter of Fibonacci word. Personal communication, 2017.

[217] A. A. Sardinas and G. W. Patterson. A necessary and sufficient condition for the unique decomposition of coded messages. Research Division Report 50-27, Moore School of Electrical Engineering, University of Pennsylvania, 1950.

[218] J. Sawada and P. Hartman. Finding the largest fixed-density necklace and Lyndon word. *Inf. Process. Lett.*, 125:15–19, 2017.

[219] J. Sawada, A. Williams and D. Wong. A surprisingly simple de Bruijn sequence construction. *Discrete Math.*, 339(1):127–131, 2016.

[220] B. Schieber. Computing a minimum weight-link path in graphs with the concave Monge property. *J. Algorithms*, 29(2):204–222, 1998.

[221] M. Sciortino and L. Q. Zamboni. Suffix automata and standard Sturmian words. In T. Harju, J. Karhumäki and A. Lepistö, eds., *Developments in Language Theory, 11th International Conference, DLT 2007*, Turku, Finland, 3–6 July, 2007, Proceedings, vol. 4588, *Lecture Notes in Computer Science*, pp. 382–398. Springer, 2007.

[222] J. Shallit. On the maximum number of distinct factors of a binary string. *Graphs Combinat.*, 9(2–4):197–200, 1993.

[223] Y. Shiloach. A fast equivalence-checking algorithm for circular lists. *Inf. Process. Lett.*, 8(5):236–238, 1979.

[224] R. M. Silva, D. Pratas, L. Castro, A. J. Pinho and P. J. S. G. Ferreira. Three minimal sequences found in ebola virus genomes and absent from human DNA. *Bioinformatics*, 31(15):2421–2425, 2015.

[225] I. Simon. String matching algorithms and automata. In R. Baeza-Yates and N. Ziviani, eds., *Proceedings of the 1st South American Workshop on String Processing*, pp. 151–157, Belo Horizonte, Brasil, 1993. Universidade Federal de Minas Gerais.

[226] S. S. Skiena. *The Algorithm Design Manual*. 2nd ed., Springer, 2008.

[227] T. Skolem. On certain distributions of integers in pairs with given differences. *Math. Scand.*, 5:57–68, 1957.

[228] B. Smyth. *Computing Patterns in Strings*. Pearson Education Limited, 2003.

[229] M. Szykula. Improving the upper bound on the length of the shortest reset word. In R. Niedermeier and B. Vallée, eds., *35th Symposium on Theoretical Aspects of Computer Science, STACS 2018*, 28 February – 3 March 2018, Caen, France, vol. 96, LIPIcs, pp. 56:1–56:13. Schloss Dagstuhl - Leibniz-Zentrum fuer Informatik, 2018.

[230] J. Tarhio and E. Ukkonen. A greedy approximation algorithm for constructing shortest common superstrings. *Theor. Comput. Sci.*, 57:131–145, 1988.

[231] Z. Tronícek and B. Melichar. Directed acyclic subsequence graph. In J. Holub and M. Simánek, eds., *Proceedings of the Prague Stringology Club Workshop 1998*, Prague, Czech Republic, 3–4 September, 1998, pp. 107–118. Department of Computer Science and Engineering, Faculty of Electrical Engineering, Czech Technical University, 1998.

[232] Z. Tronícek and A. Shinohara. The size of subsequence automaton. *Theor. Comput. Sci.*, 341(1–3):379–384, 2005.

[233] K. Tsuruta, S. Inenaga, H. Bannai and M. Takeda. Shortest unique substrings queries in optimal time. In V. Geffert, B. Preneel, B. Rovan, J. Stuller and A. M. Tjoa, eds., *SOFSEM 2014: Theory and Practice of Computer Science: 40th International Conference on Current Trends in Theory and Practice of Computer Science*, Nový Smokovec, Slovakia, 26–29 January 2014, Proceedings, vol. 8327, Lecture Notes in Computer Science, pp. 503–513. Springer, 2014.

[234] E. Ukkonen. On-line construction of suffix trees. *Algorithmica*, 14(3):249–260, 1995.

[235] J. van Leeuwen. On the construction of Huffman trees. In *ICALP*, pp. 382–410, 1976.

[236] J. S. Vitter. Design and analysis of dynamic Huffman codes. *J. ACM*, 34(4):825–845, 1987.

[237] N. Vörös. On the complexity measures of symbol-sequences. In A. Iványi, ed., *Conference of Young Programmers and Mathematicians*, pp. 43–50, Budapest, 1984. Faculty of Sciences, Eötvös Loránd University.

[238] B. Walczak. A simple representation of subwords of the Fibonacci word. *Inf. Process. Lett.*, 110(21):956–960, 2010.

[239] T. A. Welch. A technique for high-performance data compression. *IEEE Computer*, 17(6):8–19, 1984.

[240] W. A. Wythoff. A modification of the game of Nim. *Nieuw Arch. Wisk.*, 8:199–202, 1907/1909.

[241] I.-H. Yang, C.-P. Huang and K.-M. Chao. A fast algorithm for computing a longest increasing subsequence. *Inf. Process. Lett.*, 93(5):249–253, 2005.

[242] E. Zalinescu. Shorter strings containing all k-element permutations. *Inf. Process. Lett.*, 111(12):605–608, 2011.

[243] J. Ziv and A. Lempel. A universal algorithm for sequential data compression. *IEEE Trans. Inf. Theory*, 23(3):337–343, 1977.

| 찾아보기 |

125가지 문자열 알고리듬

발 행 | 2024년 4월 30일

지은이 | 막심 크로슈모르 · 티에리 르크로크 · 보이체흐 리터
옮긴이 | 남 기 환

펴낸이 | 권 성 준
편집장 | 황 영 주
편 집 | 김 진 아
　　　　임 지 원
　　　　김 은 비
디자인 | 윤 서 빈

에이콘출판주식회사
서울특별시 양천구 국회대로 287 (목동)
전화 02-2653-7600, 팩스 02-2653-0433
www.acornpub.co.kr / editor@acornpub.co.kr

한국어판 ⓒ 에이콘출판주식회사, 2024, Printed in Korea.
ISBN 979-11-6175-839-8
http://www.acornpub.co.kr/book/125-algorithms

책값은 뒤표지에 있습니다.